"十四五"职业教育国家规划教材

心理健康教育

刘 冬 胡 铂 主编

中国财经出版传媒集团

经济科学出版社
Economic Science Press

图书在版编目（CIP）数据

心理健康教育/刘冬，胡铂主编．——北京：经济科学出版社，2023.8

"十四五"职业教育国家规划教材

ISBN 978-7-5218-4880-9

Ⅰ.①心⋯　Ⅱ.①刘⋯②胡⋯　Ⅲ.①心理健康-健康教育-高等职业教育-教材　Ⅳ.①G444

中国国家版本馆 CIP 数据核字（2023）第 124729 号

责任编辑：李　雪　刘　莎　袁　溦　顾瑞兰
责任校对：隗立娜
责任印制：邱　天

心理健康教育

刘　冬　胡　铂　主编

经济科学出版社出版、发行　新华书店经销
社址：北京市海淀区阜成路甲 28 号　邮编：100142
总编部电话：010-88191217　发行部电话：010-88191522
网址：www.esp.com.cn
电子邮箱：esp@esp.com.cn
天猫网店：经济科学出版社旗舰店
网址：http://jjkxcbs.tmall.com
固安华明印业有限公司印装
787×1092　16 开　23.5 印张　500000 字
2023 年 8 月第 1 版　2023 年 8 月第 1 次印刷
ISBN 978-7-5218-4880-9　定价：66.00 元
（图书出现印装问题，本社负责调换。电话：010-88191545）
（版权所有　侵权必究　打击盗版　举报热线：010-88191661
QQ：2242791300　营销中心电话：010-88191537
电子邮箱：dbts@esp.com.cn）

编委会名单

主　编：刘　冬　胡　铂

副主编：郑利群　王柳丁　陈艳芳

编　委：周兰芳　荣太原　周　琦　王　玲
　　　　郑思思　田　竹　李霄霞　卢　希
　　　　郭宇曦　张志宇　程　思　张雅美
　　　　徐　丹　贠　哲　杨　丹

前言

近些年来我国职业教育改革和发展取得了历史性的突破，站在了一个新的历史起点上，进入了一个新阶段。与普通本科院校相比，高职教育的人才培养目标更具职业指向性与职业操作性。未来的高职院校学生将成为在社会生产、建设、服务等领域一线工作的技能型实用人才，是我国建设人力强国的后备力量。所以，他们能否健康成长、是否拥有完善的人格关系到中华民族的发展与振兴。

为培养高职学生良好的个性心理品质，增强克服困难、承受挫折的能力，提高适应社会生活的能力，我们编写了《心理健康教育》这本教材。本书系统地阐述了10个高职生心理健康发展主题，运用了大量案例、体验活动，为教师在课堂教学中实施"项目化教学"提供了丰富的教学参考，同时也便于学生课后自我学习、自我测试，在实践与体验中内化主流价值观、优化心理素质，从而完善自我、发展自我、健全人格，以增强承受挫折、适应环境的能力。这也形成了本书的编写特色。

本教材以教育部等部门相关文件为指导，在对高校师生充分调研的基础上，从现实出发，以学生为中心、以教材建设为着眼点，将价值塑造、知识传授和能力培养三者融合，寓价值观引导于知识传授和能力培养之中，帮助学生塑造正确的世界观、人生观、价值观，使心理健康教育与思政课程同向同行，将显性教育和隐性教育相统一。在教学目标的设计上在原知识、能力、素质的基础上，增加了思政目标，实现显性心理与隐形思政的教育目的，最大限度地挖掘心理健康教育课程的思政教育功能。

本书在模块教学中还增加了知识窗、心灵感悟、拓展阅读、心理测试等作为教材的补充，构建心理健康教育领域多维度、多层面知识构架，力争使高职学生学会心理调适的方法，掌握自我塑造的基本途径，同时为职业院校开展心理健康教育课程及心理咨询与辅导工作提供借鉴。

编者

2023年8月

目录

模块一 让心灵充满阳光
——心理健康 /1

项目1 解密心理健康 ·· 3
  1.1 认识心理健康 ·· 3
  1.2 心理健康的标准 ·· 5
  1.3 心理健康的意义 ·· 9
  课堂实践 ·· 10

项目2 揭开心灵面纱 ·· 13
  2.1 心理特点面面观 ·· 13
  2.2 高职学生的烦恼 ·· 17
  2.3 做自己的心理医生 ·· 20
  课堂实践 ·· 25

参考文献 ·· 27

模块二 高职生活"心开始"
——社会适应 /29

项目3 社会适应概述 ·· 31
  3.1 认识适应 ·· 31
  3.2 高职学生的社会适应 ·· 33
  课堂实践 ·· 37

项目4 高职学生的适应烦恼 ·· 41
  4.1 自我评价降低 ·· 41
  4.2 学习动力不足 ·· 42
  4.3 缺乏明确目标 ·· 43
  4.4 角色转变困难 ·· 44
  4.5 人际适应不良 ·· 45

4.6　情感困扰增多 ………………………………………………………… 46
　　课堂实践 ……………………………………………………………………… 47

项目5　高职学生适应不良的心理调适 …………………………………… 50
　　5.1　熟悉校园，挖掘身边最美的风景 …………………………………… 50
　　5.2　学会成长，体验眼前的独立生活 …………………………………… 53
　　5.3　懂得学习，学会利用校园学习资源 ………………………………… 55
　　5.4　升华理想，展望未来美好的生活 …………………………………… 56
　　5.5　转变角色，营造和谐的人际关系 …………………………………… 58
　　课堂实践 ……………………………………………………………………… 60

参考文献 ……………………………………………………………………… 61

模块三　自我探索与自我完善
　　——自我意识　/63

项目6　自我意识概述 ……………………………………………………… 65
　　6.1　认识自我意识 ………………………………………………………… 65
　　6.2　自我意识与心理健康 ………………………………………………… 71
　　课堂实践 ……………………………………………………………………… 72

项目7　高职学生的自我意识 ……………………………………………… 75
　　7.1　高职学生自我意识的发展规律 ……………………………………… 75
　　7.2　高职学生自我意识发展的特点 ……………………………………… 78
　　7.3　是谁影响了我 ………………………………………………………… 80
　　7.4　迷失的自我 …………………………………………………………… 83
　　课堂实践 ……………………………………………………………………… 86

项目8　自我成长与自我完善 ……………………………………………… 89
　　8.1　正确认识自我 ………………………………………………………… 89
　　8.2　愉快接纳自我 ………………………………………………………… 92
　　8.3　积极完善自我 ………………………………………………………… 95
　　课堂实践 ……………………………………………………………………… 98

参考文献 ……………………………………………………………………… 101

模块四　塑独特人格魅力
　　——人格发展　/103

项目9　初识"人格"真面目 ……………………………………………… 105
　　9.1　人格的含义 …………………………………………………………… 105
　　9.2　人格的特征 …………………………………………………………… 107

9.3　高职学生人格发展的特点 …………………………………………………… 108
　　9.4　人格的结构 …………………………………………………………………… 109
　　课堂实践 …………………………………………………………………………… 110
项目10　气质与性格 …………………………………………………………………… 113
　　10.1　气质及类型 ………………………………………………………………… 113
　　10.2　性格及分类 ………………………………………………………………… 119
　　10.3　气质与性格的关系 ………………………………………………………… 122
　　课堂实践 …………………………………………………………………………… 123
项目11　我的"人格"我做主 ………………………………………………………… 129
　　11.1　认识健全人格 ……………………………………………………………… 129
　　11.2　高职学生人格障碍的类型 ………………………………………………… 132
　　11.3　塑造健全人格 ……………………………………………………………… 133
　　课堂实践 …………………………………………………………………………… 137
参考文献 ………………………………………………………………………………… 139

模块五　做情绪的主人
　　　　——情绪管理　/141

项目12　认识丰富多彩的情绪 ………………………………………………………… 143
　　12.1　认识情绪 …………………………………………………………………… 143
　　12.2　情绪与心理健康 …………………………………………………………… 148
　　课堂实践 …………………………………………………………………………… 151
项目13　学会识别和表达情绪 ………………………………………………………… 154
　　13.1　高职学生的情绪特点 ……………………………………………………… 154
　　13.2　学会识别和表达情绪 ……………………………………………………… 158
　　课堂实践 …………………………………………………………………………… 164
项目14　学会调控情绪 ………………………………………………………………… 167
　　14.1　情绪管理 …………………………………………………………………… 167
　　14.2　情绪调控 …………………………………………………………………… 169
　　课堂实践 …………………………………………………………………………… 173
参考文献 ………………………………………………………………………………… 177

模块六　激发学习潜能
　　　　——学习与心理健康　/179

项目15　知己知彼知学习 ……………………………………………………………… 181
　　15.1　从心理学的角度认识学习 ………………………………………………… 181

15.2 高职学生学习的特点 ……………………………………………… 183
　　课堂实践 ………………………………………………………………… 184

项目16　高职学生的学习困扰 …………………………………………… 186
16.1 学习动机不当 …………………………………………………… 186
16.2 学习注意力不集中 ……………………………………………… 188
16.3 考试焦虑 ………………………………………………………… 191
　　课堂实践 ………………………………………………………………… 192

项目17　打造终身学习的能力 …………………………………………… 197
17.1 学会学习 ………………………………………………………… 197
17.2 时间与目标管理 ………………………………………………… 204
　　课堂实践 ………………………………………………………………… 209

参考文献 ……………………………………………………………………… 210

模块七　宝剑锋从磨砺出
——挫折与压力　/211

项目18　认识挫折 ………………………………………………………… 213
18.1 挫折的含义 ……………………………………………………… 213
18.2 挫折的心理看点 ………………………………………………… 215
18.3 挫折因何而生 …………………………………………………… 216
18.4 求学路上的挫折 ………………………………………………… 218
　　课堂实践 ………………………………………………………………… 219

项目19　自助与成长
　　　——增强生命的弹性 ……………………………………………… 221
19.1 挫折的心理反应 ………………………………………………… 221
19.2 挫折的应对策略 ………………………………………………… 226
　　课堂实践 ………………………………………………………………… 236

项目20　历练与考验
　　　——成就精彩的人生 ……………………………………………… 238
20.1 成长需要压力 …………………………………………………… 238
20.2 正视已有压力 …………………………………………………… 241
20.3 从容应对压力 …………………………………………………… 242
　　课堂实践 ………………………………………………………………… 247

参考文献 ……………………………………………………………………… 250

模块八　搭建心灵沟通桥梁
——人际交往　/253

项目21　高职学生人际交往概述 ……………………………………………… 255
　21.1　人际交往的内涵 ……………………………………………………… 255
　21.2　高职学生的人际交往 ………………………………………………… 258
　课堂实践 …………………………………………………………………… 263

项目22　高职学生的人际交往困扰 …………………………………………… 265
　22.1　影响高职学生人际交往的因素 ……………………………………… 265
　22.2　高职学生人际交往中常见的心理问题 ……………………………… 270
　课堂实践 …………………………………………………………………… 272

项目23　构建和谐人际 ………………………………………………………… 275
　23.1　积极构建良好人际 …………………………………………………… 275
　23.2　善于利用人际交往的原则 …………………………………………… 277
　23.3　掌握人际交往的艺术 ………………………………………………… 280
　课堂实践 …………………………………………………………………… 285

参考文献 ………………………………………………………………………… 286

模块九　我们的爱情
——恋爱与性心理　/289

项目24　探索爱情的真谛 ……………………………………………………… 291
　24.1　解读爱情 ……………………………………………………………… 291
　24.2　高职学生的爱情 ……………………………………………………… 296
　24.3　恋爱对高职学生的影响 ……………………………………………… 299
　课堂实践 …………………………………………………………………… 300

项目25　高职学生恋爱中常见的心理困扰及调适 …………………………… 304
　25.1　高职学生恋爱中的心理困扰 ………………………………………… 304
　25.2　培养爱的能力 ………………………………………………………… 312
　课堂实践 …………………………………………………………………… 315

项目26　高职学生性心理困扰及调适 ………………………………………… 316
　26.1　高职学生性心理问题 ………………………………………………… 316
　26.2　高职学生性心理困扰 ………………………………………………… 318
　26.3　高职学生性心理问题的调适 ………………………………………… 320
　课堂实践 …………………………………………………………………… 322

参考文献 ………………………………………………………………………… 323

模块十 让生命开出绚丽之花
——生命教育 /325

项目 27 点亮生命之光 ········ 327
  27.1 认识生命 ········ 328
  27.2 探索生命 ········ 332
  课堂实践 ········ 334

项目 28 开启生命旅程的灯塔 ········ 336
  28.1 生命观之"我"见 ········ 336
  28.2 是谁影响了"我"的生命观 ········ 342
  课堂实践 ········ 346

项目 29 生命的礼赞 ········ 348
  29.1 生命意义的追寻 ········ 348
  29.2 生命能量卡 ········ 352
  课堂实践 ········ 360

参考文献 ········ 362

后记 ········ 363

模块一 让心灵充满阳光
——心理健康

"大学生应锻炼的诸多综合素质中,排第一位的不是才华,而是一颗强大的心脏。"

————资深媒体人白岩松

党的十八大以来,以习近平同志为核心的党中央高度重视学生心理健康教育工作,习近平总书记对学生心理健康作出了系列重要指示,为做好新时代高校学生心理健康教育工作提供了根本遵循。大学阶段是个人成长、发展的重要阶段,心理健康是大学生成长成才的前提条件和重要保障。那么什么是心理健康?如何去衡量?当我们的心理健康出现问题时,我们又可以采取哪些方式进行心理保健?

学习目标

通过本模块的学习让学生理解什么是心理健康、衡量的标准以及心理健康对于每个人的重要意义;熟悉高职学生的心理特点,常见的心理问题和主要的心理自我保健方式。用发展的视角看待健康,健康并不是一个终极的目标,而是一个要维持的过程;了解道德的内涵,感悟社会发展幸福生活来之不易,珍惜当下美好的大学生涯。

学习重点

正确理解心理健康的含义,了解高职学生的心理特点,掌握自我保健的基本途径。

学习难点

将学到的心理健康知识应用到生活中解决实际问题。

项目1 解密心理健康

案例导入

2023年2月23日，2022年版心理健康蓝皮书《中国国民心理健康发展报告（2021—2022）》发布会在北京举行。心理健康蓝皮书是基于近20万人次的调查，综合分析呈现了当前我国多个人群的心理健康基本特征，探讨了不同人群的心理健康现状、发展趋势及影响因素，并就进一步维护和改善国民心理健康状况提出了建议。调查报告显示，21.48%的大学生存在抑郁风险，45.28%的大学生存在焦虑风险，而且本科生心理健康状况比专科生差。报告进一步发现，睡眠质量非常差、压力值高、无聊值高、学业效能感低、单身想脱单的大学生抑郁和焦虑风险检出率最高。

——摘自《中国国民心理健康发展报告（2021—2022）》

心理健康作为健康概念中的重要部分，已经越来越受到人们的关注。那么什么是心理健康？有没有标准可依？对于高职学生来说有什么意义？

1.1 认识心理健康

心理的概念与实质

1.1.1 心理健康的含义

心理健康是一种积极适应社会生活，能以旺盛的精力从事生活、学习和工作，保持乐观向上的心理状态。心理健康是完整健康概念的组成部分，是人类健康不可分割的重要内容。那么何为心理健康？对此国内外的许多学者有不同的看法。

咨询心理学家布洛克（D. H. Blocker）认为：心理健康的本质在于个体能够不断地学习有效的技巧，改变行为的模式和应对策略，以应对紧张状态，从而成功地适应其环境。

第三届国际心理卫生大会曾给心理健康下了这样一个定义："心理健康是指在身体、智能，以及情感上能保持同他人的心理不相矛盾，并将个人的心境发展成为最佳的状态。"

我国学者刘华山教授认为：心理健康是一种持续的心理状态，在这种状态下，个人具有生命的活力、积极的内心体验、良好的社会适应，能够有效地发挥个人的身心潜力与积极的社会功能。

由此可见，虽然人们所站的角度不同，对心理健康的理解有一定的差异，但都存在一些共同之处，那就是：心理健康是一种持续的积极发展的心理状态，在这种状态下个体能做出良好的适应，能充分发挥身心潜能，而不仅是没有心理疾病。所以，心理健康有两层含义：一是没有心理疾病，这是最基本的含义，如同身体没有疾病是身体健康的最基本条件一样；二是具有一种积极发展的心理状态，这是最本质的含义，它意味着要消除一切不健康的心理倾向，使一个人的心理处于最佳状态。

1.1.2 心理健康的界定

如何辨别心理异常

心理健康是健康概念中重要的组成部分。因为心理现象是主观精神现象，它的度量很难有一个固定清晰的界限，因而心理健康的衡量很难像衡量躯体那样具体、精确、绝对。为了使人们能了解自己的心理健康状况，心理专家将人的心理健康水平大致分为三个等级：

（1）一般常态心理者。这部分人表现为心情经常处于愉快的状态，适应能力强，善于自我调节，能较好地完成同龄人发展水平应做的活动。

（2）轻度失调心理者。这部分人在遇到学习、生活中的烦恼时，容易产生抑郁、焦虑等消极的情绪状态，人际交往中略感困难，自我调节能力弱，若通过心理教师或专业人员的帮助，可维持心理健康。

（3）严重病态心理者。这部分人表现为严重的适应失调，已影响正常的生活和学习，若不及时进行心理治疗，就会加重病情，以致难以维持正常的学习和工作。

知识窗 1-1

树立科学健康观

健康不仅仅是没有疾病，应该包括躯体健康、心理健康、社会适应和道德健康这四个方面。如何衡量人是否处于健康的状态呢？1978 年世界卫生组织（WHO）提出了衡量是否健康的 10 项标准：

(1) 精力充沛，能从容不迫地应付日常生活和工作的压力而不感到过分紧张；

(2) 精神状态正常，没有抑郁、焦虑、恐惧发作等症状；

(3) 善于休息，睡眠良好；

(4) 应变能力强，能适应环境的各种变化；

(5) 能够抵抗一般性感冒和传染病；

(6) 体重得当，身材均匀，站立时头、肩、臂位置协调；

(7) 眼睛明亮，反应敏锐，眼睑不发炎；

(8) 牙齿清洁，无空洞，无痛感；齿龈颜色正常，不出血；

(9) 头发有光泽，无头皮屑；

(10) 肌肉、皮肤富有弹性，走路轻松有力。

心理健康水平虽然分为不同等级，要清晰地判别正常心理和异常心理，也不是一件容易的事情。目前最常用的区分标准主要有如下四种：

(1) 统计学标准。它是以统计学的正态分布理论为基础，建立在心理活动存在定量性差异的假设之上。以近于均值为正常，偏离均值作为变态，偏离越远，变态越重。

(2) 心理测量学标准。心理测验通过有代表性地取样、成立常模样本、检测信度、效度和方法的标准化，才能形成测评量表，通过施测，从量化上确定是否心理健康。此标准可以在一定程度上避免专家的主观看法，但也有一定的局限性。

(3) 生理学标准。有些心理变态是由于某些生理、生化、神经、遗传等器质性原因造成的，因此把这些原因找出来，就能较好地确定心理变化。

(4) 社会适应性标准。在正常情况下，人体维持着生理心理的平衡状态，人能依照社会生活的需要适应环境和改造环境。因此，正常人的行为符合社会的准则，能根据社会要求和道德规范行事，亦即其行为符合社会常模，是适应性行为。如果由于器质的或功能的缺陷使得个体能力受损，不能按照社会认可的方式行事，致使其行为后果对本人或社会不适应的时候，则认为此人有心理异常。

体验活动 1-1

有一次，美国前总统罗斯福家里被盗，丢失了很多东西。一位朋友得知消息后写信安慰他，罗斯福在给朋友的回信中写道："亲爱的朋友，谢谢你来信安慰我。我现在很好，感谢生活！因为：第一，贼偷去的是我的东西，而没有伤害我的生命；第二，贼只偷去我的部分东西，而不是全部；第三，最值得庆幸的是，做贼的是他，而不是我。"

当你遇到类似事情的时候是否也可以这样做？请试着用下面的句型来表达你的心情或经历。

"还好＿＿＿＿＿＿＿＿＿＿＿＿，而不是＿＿＿＿＿＿＿＿＿＿。"

1.2 心理健康的标准

心理健康的
内涵和特征

综合国内外学者的众多观点，我们认为可以从以下七条标准判别心理健康：

1. 智力正常

智力是人的观察力、注意力、记忆力、想象力、思维力和实践活动能力的综合。智力正常是人正常生活最基本的心理条件。

知识窗 1-2

智力 & 智商

智力也叫智能,是人们认识客观事物并运用知识解决实际问题的能力,包括观察力、记忆力、想象力、分析判断能力、思维能力、应变能力等。智力的高低通常用智力商数即智商来表示,用以标示智力发展水平。智力测验是通过科学的测试帮助人们了解智力发展水平的一种方式。我国比较常用的智力测验有韦氏成人智力测验、联合型瑞文测验和中国比内智力测验。

2. 善于调节与控制情绪

情绪对心理健康起着重要的作用。心理健康的人愉快、乐观、开朗、自信等积极情绪占优势,善于从生活中寻找乐趣,对生活充满希望。人不可能时常处于良好的情绪状态中,心理健康者能适度地表达和控制自己的情绪,在情绪偶尔出现小幅度波动时善于加以调节和自控,保持良好心境。

3. 具有较强的意志品质

良好的意志品质主要表现为做事的目的明确、自觉性强、积极进取,果断、韧性大、自制性强,遇到困难挫折不气馁。意志坚强使个体能顺利地度过挫折和艰难时期,是成功的重要条件之一。

4. 人际关系和谐

个体的心理健康状况主要在与他人的交往中表现出来。心理健康者对人怀有广泛的爱心,能信任和尊重别人、善于包容他人的过失、看重他人的长处;能设身处地地理解别人,并以恰当的方式让别人理解自己,人际关系和谐融洽。在和谐的人际环境中,个体能获得有效的社会支持和社会信息,也是个体获得心理健康的主要途径。

5. 能主动地适应和改造现实环境

主动而不是被动地适应外界环境、掌握自己而不随波逐流,这对个体发展也很重要。一个心理健康的人,其行为能顺应社会的变化,具有积极的处事态度,与社会接触广泛,对社会现状有清晰的认识,对于自我实现与奉献社会的看法统一协调。

6. 人格的完整与稳定

人格是个体比较稳定的心理特征的总和,包括气质、能力、性格和理想、信念、动机、兴趣、人生观等方面的平衡发展。人格作为人的整体精神面貌能够完整、协调、和谐地表现出来。

7. 心理行为符合年龄特征

人的心理活动与行为表现应与人的生理发展阶段相符合。一个人的心理行为若严重地偏离自己的生理年龄,一般都是心理不健康的表现。过分老成可能会产生沉重的心理负担,而过于幼稚则可能成为社会竞争的牺牲品。

小贴士

在理解心理健康的概念和标准时,我们应注意:

(1) 心理健康是一种动态的心理变化过程,而非静态的结果。心理健康是一个动态的变化过程,判断心理是否健康,需要根据最近一段时间的具体表现来判定,判定的结果既不代表过去,也不代表未来,但与过去、未来有一定联系。

(2) 心理健康不是没有心理困扰,而是当他们遇到问题的时候,能积极调整心理能量,有效地解决问题。

(3) 每个人很难做到符合所有的标准,并且心理健康也是一个不断变化的状态,但只要在日常生活中以这些标准为尺度,不断调整和完善自我,就可以达到心理健康。

(4) 不同的国家、不同的民族对心理健康有不同的认识。随着社会的发展和变化,心理健康的标准也会发生变化。

体验活动 1-2

测一测:你的心理健康吗

(1) 每当考试或被提问时,是否会紧张得出汗?　　　　　　　　是☐　　否☐
(2) 看见不熟悉的人是否会手足无措?　　　　　　　　　　　　是☐　　否☐
(3) 看见不熟悉的人是否会使工作不能进行下去?　　　　　　　是☐　　否☐
(4) 紧张时,头脑是否会不清醒?　　　　　　　　　　　　　　是☐　　否☐
(5) 心理紧张时是否会出差错?　　　　　　　　　　　　　　　是☐　　否☐
(6) 是否经常把别人交办的事搞错?　　　　　　　　　　　　　是☐　　否☐
(7) 是否会无缘无故地挂念不熟悉的人?　　　　　　　　　　　是☐　　否☐
(8) 没有熟人在身边是否会感到恐惧不安?　　　　　　　　　　是☐　　否☐
(9) 是否经常犹豫不决,下不了决心?　　　　　　　　　　　　是☐　　否☐
(10) 是否总希望有人和自己闲谈?　　　　　　　　　　　　　是☐　　否☐
(11) 是否被人认为不机灵?　　　　　　　　　　　　　　　　是☐　　否☐
(12) 在别人家里吃饭,是否会感到别扭和不愉快?　　　　　　是☐　　否☐
(13) 和别人见面,是否会有孤独感?　　　　　　　　　　　　是☐　　否☐
(14) 是否会因不愉快的事缠身,一直忧忧郁郁,解脱不开?　　是☐　　否☐
(15) 是否经常哭泣?　　　　　　　　　　　　　　　　　　　是☐　　否☐
(16) 是否因处境艰难而沮丧气馁?　　　　　　　　　　　　　是☐　　否☐
(17) 是否感到厌世?　　　　　　　　　　　　　　　　　　　是☐　　否☐
(18) 是否有生不如死之感?　　　　　　　　　　　　　　　　是☐　　否☐
(19) 是否总是愁眉不展?　　　　　　　　　　　　　　　　　是☐　　否☐
(20) 家庭中是否有愁眉不展之人?　　　　　　　　　　　　　是☐　　否☐

(21) 遇事是否会无所适从？	是☐	否☐
(22) 别人是否认为你有神经质？	是☐	否☐
(23) 是否有神经官能症？	是☐	否☐
(24) 家庭成员是否有精神病患者？	是☐	否☐
(25) 是否进过精神病院？	是☐	否☐
(26) 家庭成员是否有人进过精神病院？	是☐	否☐
(27) 是否神经过敏？	是☐	否☐
(28) 家庭成员中有无神经过敏的人？	是☐	否☐
(29) 感情是否容易冲动？	是☐	否☐
(30) 一受到批评，是否就会心慌意乱？	是☐	否☐
(31) 是否被人认为是个挑剔的人？	是☐	否☐
(32) 是否总是会被人误解？	是☐	否☐
(33) 是否一点也不能宽容别人，甚至连自己的朋友也是这样？	是☐	否☐
(34) 是否会一门心思想某件事或做某件事，而不听从别人的劝告？	是☐	否☐
(35) 脾气是否暴躁、焦急？	是☐	否☐
(36) 做任何事是否都松松垮垮、没有条理？	是☐	否☐
(37) 是否稍被冒犯就会火冒三丈？	是☐	否☐
(38) 是否被人批评就会暴跳如雷？	是☐	否☐
(39) 是否稍不如意就会怒气冲冲？	是☐	否☐
(40) 是否别人请求帮助就会不耐烦？	是☐	否☐
(41) 是否会因一点小事怒发冲冠？	是☐	否☐
(42) 是否会经常发抖？	是☐	否☐
(43) 是否会经常感到坐立不安、情绪紧张？	是☐	否☐
(44) 是否会因突然的声响而突然跳起来，全身发抖？	是☐	否☐
(45) 别人做错了事，自己是否也会感到不安？	是☐	否☐
(46) 半夜里是否经常听到声音？	是☐	否☐
(47) 是否经常做噩梦？	是☐	否☐
(48) 是否经常有恐怖的情景浮现在眼前？	是☐	否☐
(49) 是否经常会感到胆怯和害怕？	是☐	否☐
(50) 是否经常出冷汗？	是☐	否☐

计分方法：

回答"是"计1分，回答"否"计0分。

判断标准：

将全部得分相加求和，如果分数超过15分，则说明你在某些方面可能存在心理问题，建议寻求专业咨询师进行心理咨询。

1.3 心理健康的意义

1.3.1 心理健康有利于促进身体健康，减少心身疾病和反社会行为的发生

心理健康的人在压力、挫折面前可以调整自身的情绪和心理状态，积极应对生活中发生的具体事件，并采取有效措施预防精神疾病的发生，减少因心理因素引发的躯体疾病的概率，降低由于负性情绪引发的反社会行为的发生。

知识窗 1-3

心身疾病

心身疾病是一组发生、发展和防治与心理社会因素密切相关，但以躯体症状表现为主的疾病。按照器官系统分类划分，心身疾病有消化系统的胃、十二指肠溃疡等；心血管系统的原发性高血压、冠心病等；呼吸系统的支气管哮喘、过度换气综合征等；皮肤系统的神经性皮炎、荨麻疹等；内分泌代谢系统的甲状腺功能亢进、糖尿病等；神经系统的紧张性头痛、偏头痛等；泌尿与生殖系统的遗尿病、经前紧张综合征等；骨骼肌肉系统的类风湿性关节炎、腰痛等；还有癫痫、口腔炎等。以上各类疾病，均可在心理应激后发病、情绪影响下恶化，心理治疗有助于病情的康复。

1.3.2 心理健康有助于提高生活品质，提升主观幸福感

幸福感也称为主观幸福感，它是衡量个体生活质量的重要综合性心理指标。从心理学的角度出发，幸福感的高低取决于个体对于生活质量的主观感受，即个体自觉满意即产生幸福体验，个体不满意即无幸福感。研究表明，心理越健康的人越容易感到幸福。心理健康的人能积极地看待生活，他们往往更关注生活中的积极因素，更容易满足。而人们感到不幸福的原因是他们给幸福设置了太多条件，一旦没有达到，即产生失望感，因而很难拥有幸福体验。

体验活动 1-3

谁更幸福

在南美洲的丛林中，有一个庄园主每天过着锦衣玉食的生活，可他每天都担心失去

财富,终日长吁短叹,被噩梦困扰。梦中他失去了一切,每天吃不饱、穿不暖,犯错还要受鞭打。长此以往,庄园主的精神越来越不好,噩梦也变得越来越频繁,他每天坐立不安,愁眉不展。

庄园主有一位老奴隶,每天工作非常辛苦,还吃不饱,因为工作了一天累得要死,他睡得很踏实,还经常做一些美梦。梦中他过着主人一样的幸福生活,有漂亮的衣服、可口的食物、美丽的妻子……老奴隶每天都期望夜晚早些来临,好让他继续重温那国王一般的生活。

故事中的谁更幸福一些呢?＿＿＿＿＿＿＿＿＿＿＿＿＿＿＿＿。

领悟:

庄园主似乎并不幸福,他虽然过着锦衣玉食的生活,但是他的身体与精神备受煎熬,没有一日是快乐的。老奴隶虽然吃不饱、穿不暖,因为有梦想,所以每天对生活充满期待,很快乐。

幸福可以选择。

1.3.3 心理健康有利于促进个体取得成功

健康的心理状态是人们学习科学文化知识的前提条件,是建立良好人际关系的基本条件,是迎接生活挑战所必备的必要条件。如果一个人经常地、过度地处于焦虑、郁闷、孤僻、自卑、犹豫、暴躁、怨恨、猜忌等不良心理状态,是不可能在学习、工作和生活中充分发挥个人潜能,取得成就,得到发展的。因此,良好的心理健康水平是良好心理素质的重要表现,是个体取得成功的必备条件。

总之,心理健康有助于克服人的消极心理状态,有助于缓解人际的冲突、有助于塑造良好的个性、有助于人的积极性和创造力的提高,从而促进身心健康、提高生活质量,促进个体取得成功。

课 堂 实 践

1-1 心灵游戏

未来的某一天,我们的家园受到严重破坏,人类为了继续生存决定迁至另一个星球进行开发,并开始新的生活,每个人除了可以携带一些生活必需品,还可以选择5种附属品携带。请你从浪漫爱情、事业成功、渊博学识、家财万贯、出众外貌、强健体魄、美丽心灵、美满家庭中选择你认为最重要的5种写下来。

你的答案：_____。

在你前往新星球的路途中遇到了一些问题，需要你放弃 5 种附属品当中的一种，
你的选择是：_____，原因是_____。

路途真的不是一帆风顺，你不得不逐个放弃你的附属品，直至只剩下 1 种，才能够安全到达，那么你：

第二个放弃的是：_____，原因是_____；
第三个放弃的是：_____，原因是_____；
第四个放弃的是：_____，原因是_____；
最后你决定留下和你在新星球开始新生活的附属品是：_____，原因是
_____。

领悟：

选择与放弃的过程是艰难与痛苦的，我们在生活中常常遇到很难作出选择的事情，原因就在于似乎每件事都很重要，很难取舍。游戏的过程中，你一直在放弃，最后仅剩下一样你最为看重的事情，那么其他被放弃的顺序，即代表了它们在你心中的重要程度。只要你明了心中最看重的是什么，选择不再是难事。

1-2 心理测试

指导语：

请认真阅读每一个题目，并根据您的实际回答"是"或"否"。

(1) 你有过被疲劳困扰的经历吗？　　　　　　　　　　　　　是☐　否☐
(2) 你是否需要更多的休息？　　　　　　　　　　　　　　　是☐　否☐
(3) 你感觉到犯困或昏昏欲睡吗？　　　　　　　　　　　　　是☐　否☐
(4) 你在着手做事情时是否感到费力？　　　　　　　　　　　是☐　否☐
(5) 你在着手做事情时并不感到费力，但当你继续进行时是否感到力不从心？

　　　　　　　　　　　　　　　　　　　　　　　　　　　　是☐　否☐
(6) 你感觉到体力不够吗？　　　　　　　　　　　　　　　　是☐　否☐
(7) 你感觉到你的肌肉力量比以前减小了吗？　　　　　　　　是☐　否☐
(8) 你感觉到虚弱吗？　　　　　　　　　　　　　　　　　　是☐　否☐
(9) 你集中注意力有困难吗？　　　　　　　　　　　　　　　是☐　否☐
(10) 你在思考问题时头脑像往常一样清晰、敏捷吗？　　　　 是☐　否☐
(11) 你在讲话时出现口头不利落吗？　　　　　　　　　　　 是☐　否☐
(12) 讲话时，你发现找到一个合适的字眼很困难吗？　　　　 是☐　否☐
(13) 你现在的记忆力像往常一样吗？　　　　　　　　　　　 是☐　否☐
(14) 你还喜欢做过去习惯做的事情吗？　　　　　　　　　　 是☐　否☐

评分标准：

①第（1）、(2)、(3)、(4)、(5)、(6)、(7)、(8)、(9)、(11)、(12)题，回答"是"计1分，"否"计0分。

②第（10)、(13)、(14)题，回答"是"计0分，回答"否"计1分。

结果解释：

疲劳总分：将14道题目的得分相加。

躯体疲劳：将（1）～（8）题的得分相加。

脑力疲劳：将（9）～（14）题的得分相加。

疲劳是一种主观不适感觉，是人们连续学习或工作以后效率下降的一种现象。疲劳分为生理疲劳和心理疲劳两种，生理疲劳是疲劳在生理上的反应，心理疲劳是疲劳在心理上的反应。得分越高，反映疲劳程度越严重。

项目 2 揭开心灵面纱

案例导入

别人眼中的"00 后"高职学生

高职院校辅导员说:"在'00 后'的脸上,几乎看不到沉重的表情,他们努力地张扬着自己的个性,自由调皮地绽放着,懂得轻松幽默地应对外界,却不失一颗积极向上的心。"

心理咨询师说:"'00 后'高职学生普遍自我评价不高,自信心不足。他们遭遇长时间的漠视,是心理问题高发人群。"

社会人士说:"'00 后'高职学生自立自强、乐于助人,从他们身上可以真切感受到人与人之间的互助友爱,感受到社会的温暖和谐。"

用人单位说:"'00 后'高职学生更吃苦耐劳、更稳定,心态比较好,而且动手能力比较强。"

不同社会角色的人给出了不同的社会评价,"00 后"高职学生到底是怎样的一个社会群体,他们有什么心理特点?在成长的过程中会遇到什么心理困扰?他们可以通过何种方式提供自我的心理保健能力呢?

2.1 心理特点面面观

<small>高职学生心理健康的特点与影响因素</small>

"00 后"已经成为大学生群体的主力军,他们除了具有"00 后"大学生的共同特点外,还因为就读于高职院校,具有一些独特性。从整体上看,高职学生正处于青年初期,斯普兰格将此时期形容为为了生活的"第二次诞生"。他们在此阶段表现出来的一般特征是生理和心理正走向成熟而又未真正成熟;随着年龄的增长他们不断深入成人世界,承担更多的社会责任;他们生活的空间逐步扩大,需要独自面对的问题也越来越多。

下面我们将从"00 后"高职学生的认知发展和社会性发展等方面具体介绍高职学生的心理特点:

2.1.1 高职学生的思维特点

随着高职学生身心发展日趋成熟、知识经验愈加丰富、智力水平接近顶峰，其抽象思维能力得到了迅速发展，思维的独立性、批判性日益增强，思维的深度、广度、灵活性与创造性也有了长足发展。但是，高职学生的抽象思维水平还不够成熟，在认识复杂的社会问题时，易出现简单化、主观化、片面化的倾向。

案例 2-1

播种"喜果"，托起"共富梦"

钱继昌是金华职业技术学院园艺技术专业 2019 级学生，是百万高职扩招生代表，收获三年高职教育的园艺专业知识，在老师的指导下，他对无花果贮藏保鲜技术进行研究，经过近百次的试验，2021 年终于成功开发出无花果保鲜技术，使无花果保鲜期从 2 天延长至 15 天。他还发明了一种无花果生物保鲜的方法和一种适于无花果保鲜运输的泡沫箱，开创了中国无花果远距离冷链物流的先河。钱继昌在产业上把土地和课本揉捏成创业腾飞的翅膀，选品种、拓基地、建协会，构建"种植—加工—销售—服务"和"互联网＋实体公司＋分销市场"的全产业链商业模式，通过全维度基地布局，实现了全年天天有鲜果，解决了我国无花果种植规模小，全年鲜果销售供货难等问题。他把无花果卖到了全国 31 个省（区、市），也把金华的无花果引种到了全国，红皮无花果鲜果销量稳居全国第一，2021 年占全国红皮无花果鲜果 60% 的市场份额，营业收入达 3.25 亿元，打造了中国的无花果王国。他在全国 17 个省（区、市）共建基地 77 个，带动就业 1 万余人。曾获得"建行杯"第七届浙江省国际"互联网＋"大学生创新创业大赛金奖。

资料来源：笔者根据相关资料改编。

钱继昌只是我们诸多优秀高职学生的一员，他在专业学习和劳动实践的基础上创新思维，不断解决无花果在种植、储藏、运输、销售过程中的难题，最终成为无花果行业的引领者，成就了共同富裕的大产业。高职学生应充分发挥思维独创性的特点，善于创新，勇于创新，使创新的成果惠及我们学习、生活及未来的工作。

体验活动 2-1

创新思维训练

请从下列 5 个图形中选出与众不同的一个。

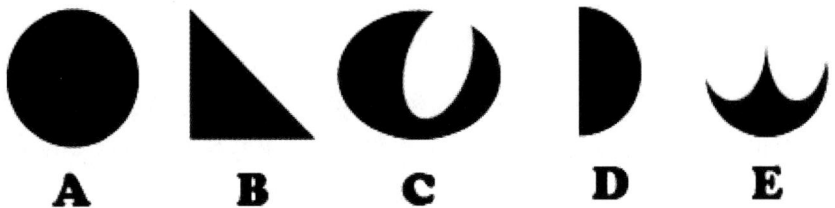

答案：

(1) 如果你选择 B，恭喜你，你答对了！因为图形 B 是唯一全部由直线构成的图形；
(2) 如果你选择 C，恭喜你，你也答对了！因为图形 C 是唯一不对称的；
(3) 如果你选择 A，恭喜你，你也答对了！因为图形 A 的每一点都是连续的；
(4) 如果你选择 D，恭喜你，你也答对了！因为图形 D 是唯一由直线和圆弧组成的；
(5) 如果你选择 E，恭喜你，你也答对了！因为图形 E 是唯一的非几何图形。

换句话说，由于观点不同，它们都是正确的答案。

2.1.2 高职学生的情绪特点

高职学生正处于 18~22 岁的青春年华，他们富有青春气息，他们充满青春活力。进入高职校园后，随着生活范围的扩大和心理需求的增加，他们的情绪体验也变得多样、强烈；由于生活经历和经验的缺乏，高职学生在情绪控制方面所表现出来的能力还有待完善；伴随着成长，他们更渴望有独立和自我的空间，情绪表达也变得越来越内隐。这是因为高职学生刚刚度过青春期，他们的情绪依然是丰富且不稳定的，容易受到内部因素和外在刺激的影响，出现较大的波动。无论从生理、心理和社会的角度，还是从青春期情绪丰富而不稳定特点的角度来看，高职学生在受到内在需要和外界环境的强烈刺激之下，都容易出现情绪波动。

2.1.3 高职学生的意志品质

从整体上看，高职学生的意志水平有所提高，但仍表现得不平衡、不稳定。首先，高职学生一方面在自己不擅长的领域或问题上可以广泛地听取别人的意见，借鉴成功经验，甚至有时会盲从他人的想法或选择，改变自己的初衷；另一方面又表现出对自己坚持的事情，拒绝听取他人的建议，固执己见。其次，高职学生在做决策或采取行动时果断性有所提高，但有时也会因为患得患失，一时冲动等情况而表现得优柔寡断或过于草率。最后，高职学生的自制力和坚持性还有待提高，特别是对于学习目标的坚持上，通常都是三分钟热度，遇到困难或挫折即放弃，遇到诱惑难以控制，常常表现为沉迷于网络游戏、手机依赖、网购成瘾等。

案例 2-2

爱国修德

何金宗是陇南师范高等专科学校，文学与传媒学院语文教育专业2020级专科生。他来自一个贫困山区的农村家庭，在很多人都抱怨自己出身贫寒的时候，他却没有这样想，相反，他把苦难当成一笔宝贵的财富，因为困难让他学会了坚持，学会了生存，让他养成了吃苦耐劳、艰苦朴素的生活作风，铸就了他坚韧不拔、自强不息的意志品质。在学校他一边学习一边勤工助学，在假期兼职赚取生活费，他始终坚信，只有靠自己的双手才能实现自己的梦想。2018年9月，他胸怀保家卫国之志，为许多人的岁月静好背上沉重的行囊，积极到投身国防建设中去。通过自己的坚持和努力从普通一兵转变为一名合格的特种兵，每一步都走得很艰辛，有无数次想放弃，可还是一次又有一次坚持过来了。"清澈的爱，只为中国"，这句话在不同场合，不同地点说出来，2020年5月他赴中印边境线参加"边境维稳某行动"和祁发宝、烈士陈红军、陈祥榕、肖思远、王焯然等执行同一任务，"没有人生而英雄，只是选择无畏"，穿上军装就是扛起了重担，肩负了使命，对他们来说"脚下是祖国，身后是人民"，始终牢记"决不把领土守小了，决不把主权守丢了"的崇高使命，以英勇的气概战胜一切来犯之敌。"清澈的爱，只为中国"，这不只是一种口号，更是一种信仰，作为那次事件的亲身经历者，那一刻，身体和生命已不完全属于自己，在血与火的浇铸下孕育着新的含义，用鲜血和使命，践行着保卫祖国的光荣使命。

资料来源：笔者根据相关资料改编。

想一想：
你的身边是否也有类似的事例？从他们的身上你学到了什么？

2.1.4 高职学生的自我意识

自我意识是人对自己及自己与周围环境关系的认识，主要是通过自我观察、自我检验、自我评价、自我调节、自我完善来实现。高职学生已经逐渐摆脱自我中心的倾向，开始发现自我、关心自我，逐渐能够客观地评价自我。但是在入学初期，学生通常因为考入的是高职院校而感到自卑，这与我们长期持有的"以成绩好坏论英雄"的教育观念有关，他们通常因为自己的成绩不好而怀疑或否定自己的其他能力，甚至放弃自己；高职学生因在中学期间大多是被老师忽视的群体，他们渴望被关注、被尊重，在意或依赖他人对自己的评价，有时就容易产生自我认识偏差。

2.1.5 高职学生的社会交往

高职学生相对于本科生的最大的特点表现在他们强烈渴望友情，对于良好人际关系的需求更为强烈。来到一个新的环境，高职学生希望从此开始新的生活，他们主动、真诚地与人交往。但是由于期望过高以及对问题的复杂程度预测不足，在交往的过程中常常遇到各种困扰。随着交往范围的扩大，心理的逐渐成熟，高职学生的交往能力也在提高。

2.1.6 高职学生的实践能力

相对于本科生来说，大多数高职学生不善于静心读书、潜心做学问，但他们兴趣广泛，各有专长，因而他们热衷于参加各种文体活动，课余文化生活丰富多彩。他们积极主动地组织、参与各种第二课堂活动，有较高的热情和表现欲望，在活动中不仅结交了朋友，还使自己的实践能力得到提升，对自我的评价和认识也变得更加客观。

案例 2-3

战场上的"神枪手"到校园里的"发明能手"

赵明翔，男，汉族，江苏建筑职业技术学院建筑建造学院地下与隧道工程技术专业2019级专科生。他来自"铁军故里"江苏盐城，2017年参军入伍，同年12月主动请战奔赴反恐怖斗争一线，服役于武警新疆总队某支队，多次执行反恐维稳任务和中央领导警卫勤务，是"迎着子弹上一线"战斗精神的原型人物之一。2019年退役复学，担任地下19-1班班长至今，任建筑建造学院学生会主席。在校期间潜心技术创新，主持省级大创项目1项，先后申请专利44项，已公开发明专利10项，授权实用新型专利20项，发表学术论文2篇，转变为"发明能手"。其事迹被人民网、中国网、中国青年网、学习强国平台、环球人物网等主流媒体报道，被"把青春华章写在祖国大地上"网上思政平台收录，并登上微博热搜，浏览量近7000万次。

资料来源：笔者根据相关资料改编。

2.2 高职学生的烦恼

成长的过程总会遇到困难与问题，高职学生初次进入大学校园，特别是高职院校，会遇到很多从没遇到的问题，如果这些问题没有顺利解决，就容易给高职学生造成心理困扰。

2.2.1 新生适应问题

对于刚刚踏进高职校园的新生来说，大学是一个新奇而又陌生的新环境。从原本单纯、熟悉的环境进入更复杂、要求更高的新环境里，他们必须在各个方面做出相应的变化，如果与环境变化相脱节，就容易出现适应上的问题，从而影响正常的学习和生活。

从中学到大学环境的改变是一个客观的事实。由于个体存在差异，因而适应环境的时间和程度也存在着明显的差异。部分大学生由于高考发挥失常、错填志愿、家长意愿等原因，对自己所在的学校缺乏兴趣，加之对高职教育的特点与目的认识不足，使得部分学生逃避现实、不能尽快适应高职生活，出现一系列心理适应问题。

案例 2-4

小李在高中是受人瞩目的学生。高考失利，进入高职院校，专业也不符合她的兴趣，自觉前途无望。入学一段时间后难以适应学校环境，认为到处充满"腐败"和"丑恶"。小李每天郁郁寡欢，身体疲乏，学习能力减退，不爱接触同学和老师，对学校和所学专业都很抵触，对未来没有信心。

无论是谁，面对环境的变化都要有一个适应的过程。大学新生适应新环境的关键是要对其有一个详细、全面的认识，明确新环境对自身的要求，逐渐从原有的环境中解脱出来，不断调整自己的生活方式、思维方式和行为方式。

2.2.2 人际交往问题

据不完全统计，大学新生中有适应不良和人际交往问题的同学占 68.7%，并且呈上升趋势。进入高职院校，远离熟悉的生活和社会环境，新生们需要完成一个人际关系的适应过程。如果不能顺利处理此问题，不仅会影响学业和生活，甚至可能会对人际交往产生退缩心理，或产生嫉妒、猜疑等心理障碍。

高职学生的人际交往主要存在以下问题：缺少知心朋友、交往不良、感到交往困难、缺乏与人交往的愿望和兴趣等。这些问题同时也带来了一系列不良情绪，如不满、失望、孤独、烦恼、害怕、自卑，严重者表现为行为上的自我封闭、逃避现实、抑郁不安、自暴自弃等。

案例 2-5

一天，某职业院校的 6 名女生非常激动地冲进辅导员办公室，强烈要求换宿舍，她们再也不能一起生活。老师询问原因，大家开始还扭捏不说，后来 1 名女生开口大家就打开了话匣子。老师发现问题无非是谁经常让别人带饭给她，而从没帮别人打过饭；谁又经常不打水蹭别人的水；谁常常拿起东西就用也不管是谁的等这类生活琐事。

案例中的宿舍只是高职院校中宿舍问题的一个缩影，宿舍人际关系也是高职学生需处理的众多人际关系中较复杂的一种。虽然宿舍成员之间的纠纷往往是由于生活习惯不同、不注重细节，缺乏宿舍规范等原因，但是如果处理不妥当就会造成非常严重的后果。

2.2.3 学习问题

学习仍然是高职学生的首要任务和主要活动方式,高职学生的心理发展状况对其学习过程和学习效果有着直接的影响。从中学到大学,学习环境、内容方法都发生了很大的变化,特别是高职院校"工学结合"的教育理念和教育模式,许多高职学生产生了诸多学习心理问题,其中缺乏学习动机是高职学生中普遍存在的问题。

高职学生常见的神经症

案例 2-6

同学一:"高职院校我根本不想上,现在的专业我也不喜欢,我不想学。"
同学二:"未来工作的成绩主要依赖处理人际关系的能力,学习成绩的好坏不重要。"
同学三:"我考上大学,实现了父母对我的期望,目标完成,不用再努力学习了。"
同学四:"本来我的学习基础就不好,在班里我各方面都不如别人,再努力也不能超过他们。"

案例中的四位同学的想法都是缺乏学习动机的具体表现。心理学认为,学习动机缺乏主要由内部和外部两个方面原因造成。同学一缺乏学习兴趣和同学四的信心不足都属于内部原因;同学二的社会回报和同学三的父母期望都属于外部原因。学习动力不足常常表现在学习懒散、经常旷课、听课时注意力分散等。

2.2.4 情感问题

"爱情"是大学校园中的一个永葆青春而又敏感的话题,年轻的恋人也是高职校园中一道靓丽的风景线。学生们在享受甜蜜爱情的同时,却也产生了一系列复杂、独特而微妙的情感体验,这也是学生们最容易产生心理困扰的领域之一。随着性生理的发育成熟,大学生对异性敏感、向往,校园恋爱现象普遍。但由于性心理的不完全成熟和生活经验欠缺,导致高职学生在实际生活中与异性交往困难、有的因单相思而苦恼、有的为失恋而痛苦、有的陷入多角关系而不能自拔,或因不知如何应付而陷入困惑之中等一系列心理问题。

案例 2-7

小涵是在新生报到时认识了枫,枫帮她提行李,还帮她办好了所有入学手续,两个人慢慢熟悉起来,并确立了恋爱关系。一年后枫提出分手,因为他爱上了别人。孤独无助的小涵非常痛苦,她不能接受这个事实,曾多次试图挽回,终没能留下枫。小涵不知道未来的生活该如何继续……

案例中的小涵既尝到了爱情的甜蜜又体验到了失去爱情的痛彻心扉，不知所措。由于无法从失恋的泥沼中挣脱出来，她的现实生活受到了严重的影响。

2.3 做自己的心理医生

如何区分抑郁症与抑郁情绪

2.3.1 掌握必要的心理健康知识

高职学生若想提高自身的心理健康水平，提升心理素质，除接受专业的心理辅导外，还应努力学习必要的心理知识。高职学生可以通过以下途径学习到心理知识：

（1）心理健康课程是高职学生了解心理健康知识，提高心理健康水平的主要渠道。在课堂上，老师利用情景设计、实例演绎、案例分析、心理测评及自我剖析，心理训练等教学手段，使高职学生在轻松愉快的学习氛围中领悟和成长。因此通过心理健康课程的学习，高职学生可以获得系统的、科学的心理学和心理健康的知识，可以了解心理问题是如何产生的，有什么表现，以及如何应对等。而心理健康讲座通常是就某一具体心理现象或问题的深入解析，可以帮助高职学生更深入地理解问题、解决问题。

（2）高职学生还可以通过阅读心理学书籍、访问专业心理网站、观看心理影片等形式，开阔心理视野，了解心理现象，掌握心理常识。

知识窗 2-1

心理书籍推荐

《心理学与生活》（第16版）作者：[美]格里格、津巴多著，王垒、王甦，等译。

出版社：人民邮电出版社。

推荐理由：美国许多大学里推广的经典教材，写作流畅，通俗易懂，更深入生活，把心理学理论知识与人们的日常生活与工作联系起来，是了解心理学与自己的极好读物。

《自控力》作者：凯利·麦格尼格尔著，王岑卉译。

出版社：印刷工业出版社。

推荐理由：如果你想让生活变得更美好，就从自控力入手吧。只需10周，成功掌握自己的时间和生活。提高自控力的最有效途径，在于弄清自己如何失控、为何失控。

《人格心理学》（第七版）作者：[美]柏格著，陈会昌，等译。

出版社：中国轻工业出版社。

推荐理由：本书行文流畅、通俗易懂，融入了丰富的生活案例，新闻事件和心理测试，帮助读者测验自己或他人的人格特征。

《社会心理学》（第 8 版）作者：[美] 戴维·迈尔斯著，侯玉波，等译。

出版社：人民邮电出版社。

推荐理由：本书将基础研究与实践应用完美地结合在一起，是人们了解自身、了解社会、了解自己与社会之间关系的最佳指导性书籍。

《你不知道的自己》作者：曾奇峰著。

出版社：希望出版社。

推荐理由：身处不断变化的时代，社会发展的压力使人们越来越难以找到自我。本书通过资深治疗师的手记、随笔、如何摆脱焦虑、烦躁、愤怒、失落、紧张、恐惧的心理问题，如何做一个身心健康的人。

心理网站推荐

中华心理网	http://www.psy.com.cn
525 心理网	http://www.psy525.cn
壹心理	http://www.xinli001.com
中国大学生在我心理专栏	http://dxs.moe.gov.cn/zx/xl/

心理影片推荐

《大象》	心理看点：校园暴力，社会心理学、犯罪心理学
《沉默的羔羊》	心理看点：不正常的心理学，潜意识，人格分析；变态心理学，异性癖，食人狂
《心理游戏》	心理看点：人格/性格测试，应用，设计情景
《爱德华大夫》	心理看点：梦的解析，失忆，强迫泛化；精神分析中的经典
《梦旅人》	心理看点：精神病患者，精神分裂
《圣女贞德》	心理看点：精神分裂症
《雨人》	心理看点：孤独症（通俗点叫自闭症），高功能孤独症
《和莎莫的 500 天》	心理看点：恋爱心理，失恋治愈
《火柴人》	心理看点：洁癖，强迫性人格
《第六感》	心理看点：儿童心理学
《苏菲的世界》	心理看点：心理教育，自我分析，犯罪心理学
《心灵捕手》	心理看点：心理咨询，认知行为疗法，精神分析
《美国精神病人》	心理看点：双重人格，精神分裂症
《死亡实验》	心理看点：服从心理，经典的社会心理学实验
《穿 Prada 的女王》	心理看点：社会适应、人际交往
《荒岛余生》	心理看点：社会适应、人际交往
《叫我第一名》	心理看点：挫折压力、自我悦纳、自我完善

《型色男女》　　　　心理看点：九型人格
《一个头两个大》　　心理看点：多重人格
《搏击俱乐部》　　　心理看点：多重人格
《以怒制怒》　　　　心理看点：情绪管理
《初恋那件小事》　　心理看点：恋爱心理
《和莎莫的500天》　 心理看点：恋爱心理

（3）积极参与有益于心理健康的活动。校园文化活动包括各种学术活动、文艺活动、体育活动、庆祝活动、纪念活动和心理健康活动等。课余时间参加校园文化活动，可以使脑力劳动和课外活动有机结合，使大脑得到休息和调节，有利于学习；可以激发艺术兴趣、开发文化潜能，有利于陶冶高尚的情操，培养健康的审美心理；可以学会展现自己、欣赏他人，扩大人际交往范围，学会与人交往，培养合作精神和组织协调能力，从而体验自信、力量和愉悦。总之，校园文化活动是学生培养和提高自身综合素质的一个平台。因此，同学们应以主动的心态积极参与校园文化活动，在活动中提高心理健康水平。

知识窗 2-2

"5·25"大学生心理健康日

2000 年，由北京师范大学心理系团总支、学生会倡议，随后 10 多所高校响应，并经有关部门批准，确定 5 月 25 日为"北京大学生心理健康日"。"5·25"是"我爱我"的谐音，对此，发起人的解释是：爱自己才能更好地爱他人。2004 年团中央学校部、全国学联共同决定将 5 月 25 日定为全国大中学生心理健康节。

把这样一个意义重大的日子定在 5 月 25 日，是用心挑选的。首先，5 月 4 日是"五四"青年节，长久以来，5 月本身就被人们赋予了和年轻人一样的活力和激情。作为新一代的年轻人，首选的活动当然是 5 月。其次，鉴于大学生缺乏对心理健康知识的了解，由此导致缺乏对自己心理问题的认识，所以，"心理健康日"活动就是要提倡学生爱自己，珍爱自己的生命，把握自己的机会，为自己创造更好的成才之路，并由珍爱自己发展到关爱他人，关爱社会。

2.3.2　提高自我心理调适能力

1. 合理宣泄情绪

保持健康的情绪，首先应学会合理宣泄，找到充分表达自己情绪的方法，既不要压抑，也不要放纵。高职学生生活在特定的校园环境中，接收的信息多、变化快，经常会遇到新情况、新要求和新问题，若不能适应这些新变化，就会出现心理冲突，如果不能妥善处理和及时缓解心理冲突，就会滋长消极情绪，给人的精神生活带来消极的影响。心理冲突如果加剧成为超强度的、不能容忍的，或者持续时间过长，都会导致紧张、焦虑，不利于心理健康。

对于消极情绪，高职学生要学会几种自我疏导、自我排解的方式，如在嫉妒、痛苦、悲伤时放声大哭，或诉诸笔端，或找亲朋好友一吐为快，或进行剧烈的劳动与体育运动，或通过听音乐、阅读各种书籍转移注意力，这样便可将忧闷排遣出来。还有一种很好的调节方式就是"幽默"，幽默能使紧张的精神放松，摆脱窘困的场面，消除身心的某些痛苦，调节和保持心理健康。

2. 提高心理的耐受力

高职学生生活在校园环境中，经常会遇到各种困难和障碍，从而产生紧张、不愉快和烦恼的情绪反应。因此，提高学生对挫折的耐受力，缓解、消除紧张的情绪反应，对于他们保持人格的完整与心理平衡，发展健康的情绪和健康的心理是有益的。当我们遭受挫折和困难时，要正确认识和对待，学会客观冷静地分析遭受挫折的原因，学会使用积极的心理防御机制和心理调控方法，减轻挫折感，提高耐受力。如不少学生把嫉妒化为奋发努力、积极进取的行为；把单相思转化为珍惜友谊的情感；长相平凡的同学，通过努力学习，在学业上出类拔萃；当不了学生干部，可通过各种途径展示自己的才华，以增强自尊心和自信心等。

体验活动 2-2

心有千千结

活动目的：让大家明白，世上没有解不开的难题。只要冷静思考，加上他人、团体的帮助，困难、矛盾都可以解决。

活动准备：9人1组，手拉手围成1个大圆圈站着，各人注意各自左边、右边的人。

活动时间：15分钟。

活动步骤：

（1）9个人在圆圈内随意走动一会儿，随着教师"停"的口令，大家都停止走动。

（2）每个人重新拉住原来的左边、右边的人的手。

（3）想方设法恢复到原来的圆圈。

（4）请大家谈参加活动感受。

资料来源：马兰花，曹继霞. 大学生心理健康教育 [M]. 北京：经济科学出版社，2010.

3. 培养乐观的精神

积极乐观的精神能促使人保持良好的状态，从而放松、从容应对生活。大仲马曾说过："人生是一串由无数小烦恼组成的念珠，成功者是笑着数完这串念珠的人。"

海伦·凯勒是一个先天不足的人，她又聋又盲，然而她凭着非凡的乐观精神，欣赏着上帝给她带来的一切，最终成为美国著名的教育家。

4. 培养兴趣，充实生活

培养业余爱好，参与多方面的娱乐活动也是保持良好的心理健康水平的方法。高职学生可以在寂寞孤独、烦闷忧郁时，通过自我娱乐来缓解情绪，这对维护心理健康是极有好处的。因此，每个学生在高职阶段，都有必要依据自己的性格特点和条件，培养和发展一些兴趣和业余爱好，以丰富精神生活，培养自己开阔的胸怀。

5. 调整心理认知

"内因是变化的根据，外因是变化的条件"，加强自我心理调节，是增进心理健康的根本途径。认知方式在促进心理健康过程中起着根本作用，积极乐观还是消极悲观地面对事物，其心理反应完全不一样。

案例2-8

高职学生小杰和小刚在期末考试中双双挂科。面对考试不及格，小杰垂头丧气，担心这次不及格要影响以后深造或找工作，他甚至觉得，自己智力不如他人，今后不会有大的发展前途。如此这番一想，小杰开始自卑、郁闷、情绪低落。

小刚则认为考试不及格没什么大不了的，许多科学家大文豪都曾考试不及格。不过啊，这次考试不及格，说明自己的学习还存在一定的问题，需要改进，回家认真复习，争取补考过关。

小杰和小刚对待考试不及格的心态不同，小杰悲观，小刚乐观，两个人由对此事的认知产生的情绪反应也不同。由此可见，积极乐观的认知方式对免除和减轻心理压力有正面作用，消极悲观的认知方式不利于心理健康。我们要注意纠正片面的、绝对的、无限夸大失败后果的思维方式，学会用全面发展的观点看问题。

6. 积极悦纳自我

悦纳自我就是对自己的认可、肯定和欣赏。悦纳自我是健全自我意识的核心和关键。高职学生首先应自我接纳，才能为他人所接纳。我们要学会健全自我评价，客观地分析自己、认识自己、评价自己，正视自己的不足，允许犯错误和不完美，避免对自己苛求和对失败不能释怀。

2.3.3 寻求专业的心理援助

心理咨询是解决高职学生个别心理问题和团体心理困扰最有效、最直接的方式。在专业心理教师的指导下，能有效地发现问题产生的原因，分析自己的行为表现，进而找到解决问题的方法，并使之迁移至自己生活中类似的问题。

免费心理援助热线（不受区域限制）

上海	021-62530984	北京	010-82951332
广东	020-81899120	四川	028-87577510
重庆	023-12320-1	陕西	4008960960
湖北	027-85844666	浙江	0571-85029595
辽宁	024-23813000	天津	022-88188858
河北	0311-68052995	山西	0351-8726199
内蒙古	0476-4222333	吉林	0431-82708315
黑龙江	0451-82480130	江苏	025-83712977
安徽	0551-63666903	福建	0591-85666222
江西	0791-88330120	山东	0531-88942284
河南	0371-58678856	湖南	0731-85292999
广西	0772-3136120	海南	0898-96363
贵州	0851-86774080	云南	0871-65011111
西藏	15726787719	甘肃	0931-4638858
青海	0971-8140371	宁夏	0951-2160707
新疆	0991-3016111		

课 堂 实 践

2-1 拓展阅读：正确认识心理咨询

1. 心理咨询的含义

心理咨询是运用心理学的原理和技术，通过心理咨询师与来访者的交谈、探讨、协商、解释，帮助来访者找出引起心理问题的原因，寻求摆脱困境与解决问题的条件、途径和方法，进而帮助来访者提高环境适应能力，逐步学会以更加积极的方式对待自己和他人。心理咨询的实质是助人自助。

2. 心理咨询的功能

心理咨询具有四种功能：教育功能、发展功能、保健功能和治疗功能。

立足于发展性咨询是高职学生心理咨询的特色与生命力所在。

3. 心理咨询的对象

（1）心理健康的学生。通过心理辅导加深学生自我认识，有效地开发潜能、优化人格；或通过咨询分析学生成长遇到的烦恼，共同寻找出有效的对策，改善适应能力。

（2）心理偏常的学生。这些人为数不多，由于种种原因在认知、情感、意志、行为方面存在某些障碍。通过咨询与转介使他们的症状得到缓解或消失，恢复常态。

4. 心理咨询的原则

（1）保密原则。未经来访者同意，心理咨询师不能以任何方式向任何人或机构透露来访者一切咨询信息。这是心理咨询中最重要的原则。因此，同学们有什么心理问题，可以放心寻求心理咨询的帮助，你的个人隐私将得到无条件的尊重。

（2）自愿原则。它是指每一次咨询都是以来访者自愿前来咨询为前提，心理咨询师不能以任何形式强迫来访者接受或维持心理咨询。这是由心理咨询的自助性质和咨询的人际互动性质所决定的。因为心理咨询是帮助来访者自助，那么自助的前提必定是来访者意识到自己的问题，有自我改变的愿望和动机，并积极主动地寻求心理咨询师的帮助。忽视来访者的求助意愿和动机，或违背来访者的意愿的咨询将变成一种强迫性质的说教，背离了咨询的本义，即使是心理咨询师出于助人之心的良好意愿，也难以取得好的效果。

（3）尊重与接纳原则。在心理咨询过程中，心理咨询师要以来访者为中心，给予来访者充分的尊重，努力与其建立真诚、平等、信赖的关系；对来访者的心理与行为、观点与立场无条件接纳。用心去理解来访者面临的困扰和感受。

（4）价值中立原则。在心理咨询过程中，心理咨询师要尊重来访者的价值观念，不以自己的价值观念为原则，对来访者的行为准则任意进行价值判断；不能以任何方式向来访者强行灌输某一价值准则，或强迫来访者接受自己的观点。当来访者的价值观与心理咨询师相冲突的时候，后者要暂时放下自己的价值观念体系，认真倾听，了解来访者的态度、观点，在准确了解的基础上，予以接纳和理解，然后再进行分析、比较，引导来访者自己判断是非，最终做出自己的抉择。

（5）方案守法原则。它是指在咨询过程中，心理咨询师和来访者共同制订的咨询方案不能包括直接或间接损害他人或社会利益的内容。

5. 心理咨询的方式

（1）面谈咨询。它是指在专门的心理咨询机构或医院的心理咨询门诊进行的，心理咨询师与来访者面对面交流的咨询方式。面谈咨询中，心理咨询师不仅能够通过来访者的语言、语调而且还能够通过眼神、表情、动作等全面而详细地了解情况，因而能更深入地为当事人提供有效的帮助。面谈咨询是最常见的、优先的心理咨询方式。

（2）电话咨询。它是利用电话进行交谈的咨询方式。其优点是方便、快捷，隐蔽性、保密性强，因而深受当事人的喜爱。这种形式既可以用于一般咨询，也常用于心理危机干预。故电话咨询热线被称为"希望线""生命线"。

（3）信函或短信咨询。它是以通信或发短信的方式进行心理咨询。当事人来信提出自己要咨询的问题，心理咨询师给予答复。其优点是不受居住条件等因素限制，对于那些不善于口头表达或较为拘谨的当事人来说是一种容易接受的方式。但咨询效果会受当事人的书面表达能力、理解力和个性特点的影响。

（4）网络咨询。网络具有极强的保密性、及时性，为心理咨询提供了无限的发展空间，通过网络，当事人能够真正毫无顾忌地倾诉自己的隐私，暴露自己的问题，从而使心理咨询师能够在尽可能短的时间内掌握当事人的基本情况，做出适时的分析判断，并可以通过时时交谈不断矫正其分析判断,做出切合实际的引导及处理。随着网络技术的不断提高和互联网的迅速普及,网络咨询将具有十分广阔的前景。网上咨询服务的类型一般有:BBS咨询、邮件咨询、QQ、MSN或其他聊天工具的同步咨询、网上咨询室的语音/视频咨询。

(5) 团体咨询。通过有组织有计划的集体活动形式,解决一组具有共同发展课题或有同样烦恼的问题的咨询形式。

(6) 现场咨询。它是指学校心理咨询师深入到学生中,为广大学生提供多方面服务的一种咨询形式。

(7) 专栏咨询。它是指在宣传橱窗、报纸、期刊、广播和网络开辟心理咨询专栏,对读者、听众、观众提出的典型心理问题进行公开解答。优点是受益面广,具有治疗与预防并重的功能,但是存在模糊、粗浅、泛泛而论的缺陷。

6. 心理咨询的作用

(1) 心理咨询可以帮助来访学生采取正确而有效的方式管理自己的情绪,使之消除消极情绪,建立积极稳定的情绪,避免产生各种情绪障碍,让生活更愉快。

(2) 心理咨询可以引导来访学生深入认识自己、发现自己、了解自己与周围的相互关系,是他们能更全面、更客观地看待自己,改变对自己的不良认知,重塑自知与自信。

(3) 心理咨询可以为来访学生提供新的应对挫折的经验和机会。来访学生通过与心理老师交流,可以找到更有效地解决生活和学习中种种挫折的方法,从而帮助学生摆脱烦恼和痛苦,提高应对挫折的能力。

(4) 心理咨询可以帮助来访学生在人生重大问题上做出合理的选择,使之在人生的路上少走弯路,茁壮成长。

思考与实践 2-1

(1) 你的心理健康吗?

(2) 心理健康的标准是什么?

(3) 如果发现你周围的人出现心理不健康的问题,你将如何应对?

参考文献

[1] 韦有华. 人格心理辅导 [M]. 上海:上海教育出版社,2000.

[2] 刘华山. 心理健康概念与标准的再认识 [J]. 心理科学,2001 (4):31-33.

[3] 周春燕. 高职院校大学生心理健康现状、形成原因及教育对策 [D]. 江苏:苏州大学,2010.

[4] 张大均,吴明霞. 大学生心理健康 [M]. 北京:清华大学出版社,2007.

[5] "心理阳光工程"组委会. 大学新生心理健康教育读本 [M]. 北京:华龄出版社,2004.

模块二　高职生活"心开始"
——社会适应

"故兵无常势,水无常形;能因敌变化而取胜者,谓之神。"
——《孙子·虚实篇》

皮亚杰曾经说过:"智慧的本质就是适应"。物竞天择,适者生存,这是自然生存的法则。人的一生,都是在不断适应中成长。很多人在入学前对学校充满了无尽的幻想,宽敞的图书馆、先进的设备和实验室、古树成行的美丽校园,学识渊博、风度翩翩的教授,校园的生活一定是丰富多彩的。然而现实总会存在落差,面对校园生活的种种新变化,我们该如何转换自己的角色,快速适应校园的新环境呢?

学习目标
通过本模块的学习让学生理解什么是社会适应以及高职学生社会适应的内涵究竟是什么;熟悉高职校园的新变化,了解高职学生常常遇见的适应问题,掌握自我心理调适的方式。从而能够适应外在世界和社会的变化,投身到国家建设中,在新时代新天地中施展抱负、建功立业,成为伟大理想的追梦人,伟大事业的生力军。

学习重点
正确理解社会适应的内涵,了解高职学生校园适应出现的问题,掌握自我调适的基本途径。

学习难点
通过知识学习与实践,不断提升适应能力。

项目3 社会适应概述

案例导入

新生的烦恼

小李是一名刚迈入学校的大一新生,在入学前他的生活全部由父母料理,开学三个月后他因为不适应学校的学习和生活,前去和辅导员咨询。通过沟通了解到,小李的学习成绩过去一直不错,可是在入学一个月后的英语分级考试中,小李一下子排到了班级的后面。一位原本学习不如他的高中校友,在这次考试中竟高出自己10分,他感到心里很不是滋味,十分失落,书看不下去了,行动也懒散了。自从考试之后,他十分注意这个校友,他干什么,自己就干什么;上课注意力不集中、思维停顿,老是不由自主地注视那位同学,进而产生失眠,不愿意进教室,怕去上课,作业也做不下去。

另外,由于小李性格内向,到学校后他发现自己与舍友很难交流,他们谈论的足球、明星自己一点儿也不懂,也听不进去。有时想和大家聊聊,但发现自己一开口,本来很热烈的场面,顿时没有声音了,所以自己不喜欢回宿舍。

小李在开学三个月后表现出诸多适应不良的症状,如信心丧失、对考试过于忧虑、不善于与人交往等。出现这些问题的主要原因是什么呢?仅仅在开学的三个月小李就出现了这样或那样的问题,在以后的校园生活中,他还会遇到哪些挫折?会出现哪些问题呢?我们又该用何种心态来面对这样的问题?该用怎样的方法去解决这些问题呢?

3.1 认识适应

3.1.1 社会适应的含义

"社会"是一个复杂系统,在现代意义上是指为了共同利益、价值观和目标的人的联盟。我们在社会中生存,因此我们的生活离不开社会,只有在社会中才能找到自我。关于社会,马克思曾经在《德意志意识形态》中讲过的:"只有在集体中,个人才能获得全面发展其才能的手段,也就是说,只有在集体中才可能有个人自由。"

"适应"一词在朱智贤主编的《心理学大辞典》中是这样定义的:"适应是源于生物学的一个词,用来表示对环境变化做出的反应。"因此,只有个人与环境相适应,相互平衡,才能达到认识环境、改造环境、发展自我的目的。从适应的定义中,我们不难看出适应现象的性质与特点:①心理适应是主体对环境变化所做出的一种反应,没有环境的变化就无所谓适应或不适应;②心理适应是一个重建平衡的动态变化过程;③心理适应的内部机制是同化与顺应的平衡。从社会学角度进行表述,甘永祥在《青年社会学》一书中把适应分为两种:无意适应和有意适应。认为无意适应是指在不知不觉的情况下接受了别人的教化和社会的熏陶,参与了社会化过程。有意适应主要是指有目的地、有计划地调节自身,以适应社会。

对于社会适应的定义,有许多不同的表述。总的来说,社会适应是指个人为与环境取得和谐的关系而产生的心理和行为的变化。它是个体与各种环境因素连续而不断改变的相互作用过程。个体一生不断面临新的情境,每一发展阶段都有特定的要求,比如人格发展、对父母的心理上的独立、职业选择、人际关系、婚姻、家庭、退休、死亡等。因此,社会适应是一个毕生的过程。

知识窗 3-1

社会适应能力

社会适应能力,指的是一个人在心理上适应社会生活和社会环境的能力,是人在社会上生存需要的心理和生理上的各种适应性的改变。社会适应能力的高低,从某种意义上说,表明一个人的成熟程度,主要包括以下五个方面:

(1) 个人生活自理能力;

(2) 基本劳动能力;

(3) 选择并从事某种职业的能力;

(4) 社会交往能力;

(5) 用道德规范约束自己的能力。

3.1.2 社会适应的方式

每个人在遇到情境的变化时,会表现出不同的应对方式,总结起来包含以下三种:

(1) 问题解决。采用此种方式的人是通过改变环境,使周围环境逐步达到自身的需要。

(2) 接受情境。采用此种方式的人是通过改变自己的态度、价值观,来接受和遵从新情境的社会规范和准则,并主动地做出与社会相符的行为。

(3) 心理防御。采用此种方式的人是利用心理防御机制来掩盖由新情境的要求和个体需要之间的矛盾产生的压力和焦虑。

在适应环境的过程中，大多数个体都能顺利应对，并在工作、学习、生活和人际交往中不断发挥作用并体验到舒适和满足感。但是也有些人在某些情境下会产生压力感和生理、心理上的功能障碍等不适应的症状，从而造成个体产生自卑感或内疚感、心身障碍和神经症，甚至还会导致精神疾病。

3.2 高职学生的社会适应

高职学生初次开始校园生活，将要面临一系列的情境变化，如区别于高中的教学模式，新的生活环境和重新开始的人际关系等，这就要求高职学生积极应对。

3.2.1 环境的变化

环境是个体活动的场所。高职新生面对的环境，从自然环境、人文环境到语言环境、人际环境、生活环境，与以往相比在一定程度上都有所改变。

1. 自然环境与人文环境的变化

从大的方面而言，北方与南方、西部与东部、内陆与沿海地区等在地理位置、气候特征、生物种类、历史文化、饮食习惯、政治经济活动等方面存在差异。北方广阔的草原、成群的牛羊、强烈的气候变化、干燥的空气等与南方连绵的山脉丘陵、温和的气候、绵绵的阴雨是截然不同的。俗话说"一方水土养一方人"，长期生活在一个地区，个体的生理和心理机制也会与自然达成一种平衡，以适应外部环境，故而出现个性的地区差异。如我们认为北方人粗犷、豪爽；南方人细腻、多愁善感；西部地区的人单纯、淳朴；沿海地区的人则复杂多变、思想活跃。很多高职新生（尤其是异地求学的新生）没有在入学前对自己将要就读的学校所处地区的地势、气候、饮食习惯、生活方式及该地区人的特征等有所了解，入学后，他们要面对的首要问题就是适应自然环境的变化。例如，南方某院校一年级新生王某，原籍是北方某中等城市，入学后，习惯了以面食为主食的她，非常不习惯南方的米饭；习惯了直话直说的她，非常不适应南方人说话委婉、含蓄；同时南方的阴雨绵绵也让她感觉到郁闷、压抑。她经常在同学面前抱怨，有时甚至提到退学。像小王就是因为缺乏对就读学校自然环境的了解，表现出对南方自然环境的不适应。

2. 语言环境的变化

我国的地方语言丰富多彩。不同省市有不同的方言，甚至同一城市的不同县区其语言形式也有所不同。在中学时，我们多采用地方方言与人沟通交流。但在全国考生汇集的高职院校，如果仍采用地方方言则会造成沟通不畅，这时就需要使用普通话。因此，对于一些新生来说，如何适应语言的改变是一个大问题。尤其是一些平时在生活中从没有说过普通话，觉得自己普通话说得不是很好、性格又较为内向的新生来说，这是一个大难题。同时，高职新生还要对学校所在地的方言有所了解。新生一接触学校周边环境，会发现在一些公共场所，譬如商场、餐馆、娱乐场所等，当地方言的使用率很高。

3. 生活环境的变化

对高职新生来说，离开家乡到异地求学就意味着走进一个不同的生活环境。在这个生活环境中，大到城市的经济水平与文化特色、城市的布局与规划、公交车线路、站点的设置小到当地日常小吃等，都需要他们逐步熟悉。还有他们经常出入的校园内及周边环境，包括教室、图书馆、宿舍、食堂、网吧、书店、娱乐场所、小旅店、医疗场所等，都需要新生了解。

3.2.2 经济关系的变化

离开家人走进高校，就意味着高职学生拥有了较大的消费自由。在中学，家长一般会对孩子的消费进行规划和直接指导。到了高校，尽管学生仍依赖着家庭的经济支持，但在使用、规划上可以按照自己意志进行消费，拥有相当的自主权。而且，有部分高职学生开始勤工俭学、做兼职，有了自己独立的经济收入，在经济上相对独立于家庭。如何管理、使用自己的财产也是高职学生面临的一个新课题。

案例 3-1

小谭，某高校大三毕业生，因为高考的发挥失常来到这所高职院校，初来学校时，没有像周围许多同学那样自怨自艾，对学校的环境诸多不满，而是利用自己军训的休息时间，熟悉校园内外环境，找寻各种做兼职的机会，高职三年，她做过家教、做过服务生、做过旅馆的接待、做过旅行社的计调、做过导游，这几年的经历让她的生活、经济都很是独立，非但没有和家里再要过学费、生活费，还主动帮家里减轻负担，还用自己挣的钱报考了驾校、教师资格证等多项考试，为自己毕业后的将来打下了良好的基础。

经济独立，是我们新生活的起点，作为即将走向社会的高职学生，只有逐渐地做到经济独立，才能真正体验大学生活的真正价值。

3.2.3 学习的变化

第一，高职院校学习与中学学习相比，最大的不同在于专业性。普通中学教育是为继续升学、一般就业打好文化基础，课程设置和内容全国基本相同。而高职学校是按专业培养技术应用型人才，学生根据自己的兴趣、需要、爱好和特长选择专业。专业性特点决定了高职教育的培养目标从中学的"为升入高一级学校而奋斗"转变为"如何使自己成为优秀技能应用型人才"；学习要求从"卷面高分"转变为"技术能手"；从所学课程内容来看，中学学习的是基础知识和基本技能，所学内容都是在原有知识基础上的纵向延伸，学生对这些课程的体系、思想、学习方法都比较熟悉。高职的课程则是一种模块化的设计，每门课程都是知识体系中的一个"模块"，不同的"模块"组合在一起形成一个知识体系。

第二，高职课程与中学课程的不同在于数量上的"多"和深度上的"难"。高职课程设置较中学相比数量偏多，且与其他专业存在连带关系，这就要求学生广泛猎取相关知识。高职院校的学习内容比较抽象，通常涉及事物的本质和基本的原理，对学生的思维和想象力提出了更高的要求，所以学起来就相对较"难"。

第三，学习的自主性有很大不同。中学生大多依靠教师安排学习活动，自主性很少。高职学生则主要靠自己安排学习活动，可选择的学习范围大、时间多、场所多，除教室外还有图书馆、阅览室、宿舍等，教师不再跟班督促。所以，高职学习任务的完成更多依靠学生的自我控制能力。

第四，学习方式有很大改变。中学生多为模仿、记忆以及对知识的一般理解和创造，虽然高职学生学习途径仍以课堂教学为主，但高职学生创造性学习多，深层次理解多，学生可以通过专题讨论、社会调查、参观考察、查阅文献、听取讲座、科学实验等多渠道、多途径进行学习，增加了学习的研究性和探索性。同时多数高校实行学分制，也反映了高职学习的自主性和极强的弹性。

3.2.4 角色的变化

进入高职，多数新生在集体中的角色会发生变化。他们可能从中学时代的中心地位退居到边缘地带，由重要角色变为普通角色。也有部分新生由依赖父母的孩子转变为相对独立的成年人。

1. 生活角色

高职学生大多已成年或接近成年，他们在生理上已经成熟，一般都能独立处理日常生活事务。但由于他们长期以学习为主要活动，一切生活事务都由家长包办，因而大部分新生缺乏独立处理日常生活事务的经历与能力。进入高职后，有的新生能顺利实现由依赖型向独立型生活方式的转换，但也有部分新生在这一过程中遇到较大困难。如有的新生入学报到时十几位亲人随行；有的新生家长在学校附近租房"陪读"；有的新生不能料理日常生活事务。不少新生在小学和中学阶段"衣来伸手，饭来张口"，离开父母"保姆式"的照顾，他们便不知所措。在这方面独生子女表现更突出，他们更难实现生活方式转换。不少新生在独立理财、料理个人卫生、照顾身体、保管自身财物等方面不同程度地存在困难和问题，而独生子女、非农业户口新生在这些方面的困难和问题相对更大。

2. 交际角色

人际关系是人与人之间通过交往与相互作用形成的直接交往关系，包括认知、情感、行为等因素。在马斯洛的需要层次理论中爱与归属的需要即通过人际交往并形成和谐的人际关系来满足。高职新生也需要通过人际交往、建立和谐的人际关系，才能满足其归属需要。进入高职以后，新生由"熟人社会"进入"陌生人社会"，人际交往对象、范围、形式、内容等都发生了变化，如同学关系不限于同班同学关系，还包括室友关系、新老生关系、老乡关系、社团成员关系等；交往也不限于学习交往，还包括其他方面交往；交往不限于现实交往，还包括以网络交往为主要形式的虚拟交往。

(1) 师生关系。

高职学生生活在校园，交往的对象主要是老师和同学，但由于高等教育的特点，教师和学生的交往与高中时期相比有很大不同。首先，多数任课教师不坐班，上完课后，老师可能就不见踪影了，师生之间交流较少。其次，辅导员老师可能一人管理几百名学生，大多数的管理工作是通过班委来完成的，所以很多老师对于本班学生是只知其名，不识其人；而普通学生平时也很少有机会接触到辅导员老师，甚至不知道老师的名字，这与高中时的班主任朝夕相处的模式差别巨大。

(2) 同学之间的关系。

高职学生在校期间最主要的人际关系就是同学关系，这也与中学有很大不同。首先，个体差异逐渐凸显。高职学生来自不同地域和不同家庭，大家在思想观念、价值标准、生活方式、生活习惯等方面有较大差异。而且高职中同学间的价值观会出现很大的分化，可能会产生一些观念上或利益上的冲突。其次，身处异地的同乡关系得到迅速发展。由于高职学生与家庭成员间的交往机会大大减少，来自同一城市的同学间更能得到认同及归属感，因此同乡间感情交流较多，关注程度较高。再次，宿舍关系成为高职学生最为密切的人际关系。宿舍是高职学生主要的生活场所，是他们的另一个家。然而他们的家庭成员可能来自不同省份、民族和专业，生活经历、生活习惯与性格也不尽相同，日常生活中难免产生分歧与矛盾，如何使家庭成员和谐共处也是高职学生需要处理的一个难题。最后，班级仍是重要的组织依托。高职校园中，课程安排通常以班级、专业为单位，因此同学们的大部分学习时间是与班级同学一同度过的。除此之外，高职校园还经常组织丰富多彩的校内外文体活动，也需要同班同学一起报名参加。从一定意义上讲，与同班同学和室友之间的关系是高职新生人际关系的主要内容。

(3) 与异性同学的关系。

新生刚度过青春期，生理发育已成熟，心理发展逐渐成熟。进入高职后，丰富多彩的文艺活动和相对宽松的校园氛围为新生扩大交往提供了有利条件，也为异性交往提供了更多机会。新生内心渴望接近异性同学，希望与其建立亲密关系，有的已开始恋爱，有研究表明，20.2%的大一学生开始恋爱。但部分新生不善于与异性同学交往。据麦可思2015—2016级新生调查，新生遇到的"人际关系问题"中，最主要的问题是"与异性同学相处有困难"，高职高专的比例为25%。

(4) 原有社会关系。

高职学生由熟人环境到陌生人环境，原有人际关系不能迁移到新环境，新的人际关系尚未建立，比较依赖原有社会支持系统，主要表现为恋家，与以前的同学、朋友保持联系,向他们诉说衷肠,表现出怀旧倾向。

面对如此多的变化,高职学生要:

(1) 学会做人:不断增强自主性、判断力和个人的责任感,拥有正确的人生观、价值观,拥有明确的伦理道德观念和是非观念。

(2) 学会做事:要有敬业精神、独立处理问题的能力和应付各种情况与各种环境的工作能力,能够不断积累做事的相关经验。

(3) 学会与人相处:对他人尊重、真诚的态度,与人和谐相处,能够与他人进行良好的沟通。

(4) 学会学习:热爱学习,能够不断用新知识充实自己。

经典解读 3-1

懂得适应的蚌

当沙子进入蚌的内壳时,蚌觉得不舒服,但是又无力把沙子吐出去。所以蚌面临两个选择:一是只顾抱怨,却又无力改变现状,让自己的日子很不好受;另一个是想办法把这粒沙子同化,使它跟自己和平相处。于是蚌开始把自己的精力和营养分出来一部分把沙子包起来。当沙子裹上蚌的外衣时,蚌就觉得它是自己的一部分,不再是异物了。沙子裹上蚌的成分越多,蚌越把它当作自己的一部分,越能心平气和地与沙子相处。

解读:

适应"异己"的结果是:蚌孕育了一颗光彩夺目的珍珠。

人的一生就是一个不断适应的过程:胎儿失去了襁褓,才学会了站立和走路;青少年离开了父母的呵护,才成为具有独立能力的人。如果我们一辈子都惧怕丧失,都不愿意付出任何努力去适应,那么我们也终将失去发展的机会。从这个角度来讲,你今天由于适应所带来的痛苦,换来的正是明天的飞跃。

课 堂 实 践

3-1 团体游戏:准备应变

(1) 如何将吹起的气球放入小口瓶,又如何将小口瓶中的气球拿出去?你也许非常容易做到,但你未必能领悟其中的道理。想想看,能悟出什么道理?

(2)《西游记》中的孙悟空在西天取经路上,靠着自己七十二变,当然也靠着一行人同心协力，战胜妖魔鬼怪，最终打通取经的成功道路。

首先写出关于"变"的词语：
_____

然后，回忆自己曾经走过的生活道路，想想自己是如何应"变"的。比如，在困难时你是如何随机应变的。在一种方法不能解决问题时，你又是如何变通的？在人前遭遇尴尬时，你是如何应对的？

最后，请写出你对"应变"的思考：
_____

(3) 要适应环境就要变通，有时甚至要放弃自己原有的东西，才能适应环境转变的需求，才能获得更大的发展。有人认为大学生至少应该有"四变"：

"心变"：转变对人对事主观的、天真的心态；

"脸变"：担任多种角色，少点娃娃脸，多点成人颜色；

"向变"：调整或改变原来的奋斗目标；

"法变"：转变自己的学习、生活、交往的方式方法。

还有哪些需要"变"，请你补充：

领悟：

通过这个小游戏，给予我们许多感悟。在面对新的生活，建议我们做好三个主要转变：第一，转变你的学习目标、学习方式和方法。第二，转变你的人际关系观念：不要根据个人好恶交往，学会与自己看不惯的人和平相处。不要将自己的标准强加于人，而应在相互协调的约定下进行自我的心理调适。第三，转变你对自己的认识与评价：通过对自己存在的不足以及和别人的差距进行客观分析。差距分为两类：一类是必须想办法缩短差距。比如学习方面、人际交往方面的问题。因为学习、掌握知识是将来开创事业的必备手段，而交往是重要的辅助手段，这些是你今后安身立命的根本。另一类差距是正常的差距。这类差距能缩短更好，不能缩短也无大碍，因为个体之间肯定存在差异，一个人不可能在所有方面都优秀。在了解自己的不足和差距的同时，还要肯定自己的优点，自爱、自信、保持开放的心态，这样才能客观面对"相对平凡"的现状。

3-2 心理测试：你的社会适应能力如何

请你仔细阅读以下题目，根据你的实际情况在题后的括号中填写答案（A 是；B 无法肯定；C 不是）

(1) 我最怕转学或转班级，每到一个新环境，我总要经过很长一段时间才能适应。
（ ）

(2) 每到一个新的地方，我很容易同别人接近。（ ）

(3) 在陌生人面前，我经常无话可说，以致感到尴尬。（ ）

（4）我最喜欢学习新知识或新学科，它给我一种新鲜感，能调动我的积极性。
（　　）

（5）每到一个新地方，我第一天总是睡不好，就是在家里，只要换一张床，有时也会失眠。（　　）

（6）不管生活条件有多大变化，我也能很快习惯。（　　）

（7）越是人多的地方，我越感到紧张。（　　）

（8）在正式比赛或考试时，我的成绩多半不会比平时练习差。（　　）

（9）我最怕在班上发言，全班同学都看着我，心都快跳出来了。（　　）

（10）即使有的同学对我有看法，我仍能同他（她）交往。（　　）

（11）老师在场的时候，我做事情总有些不自在。（　　）

（12）和同学、家人相处，我很少固执己见，乐于采纳别人的看法。（　　）

（13）同别人争论时，我常常感到语塞，事后才想起该怎样反驳对方，可惜已经太迟了。（　　）

（14）我对生活条件要求不高，即使生活条件很艰苦，我也能过得很愉快。（　　）

（15）有时自己明明把课文背得滚瓜烂熟，可在课堂上背的时候，还是会出差错。（　　）

（16）在决定胜负成败的关键时刻，我虽然很紧张，但总能很快使自己镇定下来。（　　）

（17）我不喜欢的东西，不管怎么学也学不会。（　　）

（18）在嘈杂混乱的环境里，我仍然能集中精力学习，并且效率较高。（　　）

（19）我不喜欢陌生人来家里做客，每逢这种情况，我就有意回避。（　　）

（20）我很喜欢参加社交活动，我感到这是交朋友的好机会。（　　）

评分方法：

①凡是单数号题（（1）、（3）、（5）、（7）……）选择A计-2分；B计0分；C计2分。

②凡是双数号题（（2）、（4）、（6）、（8）……）选择A计2分；B计0分；C计-2分。

将各题的得分相加，即得总分。

结果解释：

35~40分：社会适应能力很强，能很快地适应新的学习、生活环境，与人交往轻松、大方，给人的印象极好，无论进入什么样的环境，都能应付自如，左右逢源。

29~34分：社会适应能力良好。

17~28分：社会适应能力一般，当进入一个新环境，经过一段时间的努力，基本上能适应。

6~16分：社会适应能力较差，依赖于较好的学习、生活环境，一旦遇到困难则易怨天尤人，甚至消沉。

5分以下：社会适应能力很差，在各种新环境中，即使经过一段相当长时间的努力，也不一定能够适应，常常因困惑与周围事物格格不入而十分苦恼。在与他人的交往中，总是显得拘谨、羞怯、手足无措。

如果你在这个测试中得分较高，说明你社会适应能力较强。但是，如果你得分较低，也不必忧心忡忡，因为一个人的社会适应能力是随着年龄的增长、知识经验的丰富而不断增强的。只要你充满信心，刻苦学习，虚心求教，加强锻炼，你一定会成为适应社会的成功者。

项目4　高职学生的适应烦恼

案例导入

高职新生的心声

（1）一直以为大学的生活是美好的开始，可最近的生活让我感到很迷茫，对校园不熟悉，对其他的同学也不熟悉，感觉一切都太陌生，没有安全感。

（2）对学习没有目标，更没有明确的学习方向，不能给自己制订学习计划，也没有很好的学习规划，不知道自己能否轻松的毕业。

（3）能否跟同学、老师搞好关系？能否评上贫困生？

（4）离开家后各种不适应，什么时候放假啊？

（5）面临新的学习方式，大学自主学习很是不适应，学习氛围不浓，究竟该如何与同学沟通？

（6）专业知识能学什么，除了专业知识还有什么实实在在的东西能学到，上过大学是不是比没上过大学的人强？

（7）学生会、社团都是干什么的，参加这些活动对我们有好处吗？

（8）第一次住宿，如何适应集体生活？

进入高职院校，每个新生都会面临着一系列翻天覆地的变化。学生要不断调整自己以适应此变化，其中也会不可避免地感到不知所措、无所适从，那么适应不良都会引发哪些心理问题呢？具体表现是什么？

4.1　自我评价降低

部分高考发挥失常的高职学生因没有考上理想的学校，潜意识中有自卑和压抑的情绪，心理负担和精神压力较大，容易导致自我认识偏差。此外，高职学生已经步入成年人行列，年龄的增长使他们的自我意识、自我控制能力和自我评价能力都有所改变。由于心理活动的复杂性，他们很难客观地认识自己，甚至会出现一些偏差。加之高职新生认识能力还不成熟，自我控制能力较弱，因而在认识评价自我时易受外界事物的影响，也易受情感波动的影响,缺乏必要的客观性和正确性;同时高职学生对自我的理解和判断流于肤浅,常常会"一叶障目,不识泰山",导致出现了自我否定或者自我评价过低的情况。

高职新生面对新的环境、新的挑战、新的分化和竞争的严峻局面,原有的心理平衡被打破,可能会使他们一时无法接受理想自我和现实自我之间的巨大差距。很多同学就是不能在理想与现实之间找到一个较好的平衡点,而由此差距产生的心理落差导致个体自我认知失调,心灰意冷,产生强烈的自卑感,甚至开始怀疑自己的能力,长期下去可能引发心理疾病。对于刚入校的新生来说,出现这种情况的概率是非常大的。

也有许多高职新生由于心理发展不成熟,容易产生自卑感。比如,某些男同学可能会因为身材矮小而自卑;某些女同学可能因长相不佳而自卑;某些同学可能因为普通话讲得不是很好而自卑;还有一些来自农村或小城镇的同学,与来自大城市的同学相比,往往会觉得自己见识浅薄、没有特长,从而产生自卑感等。

案例 4-1

某大一学生,一直觉得自己应该考上更好的大学,结果高考发挥失常没有考进本科,到一所高职院校读书。刚步入校门,觉得自己与其他人的差距很大,认为所有人都瞧不起自己。感觉什么事情都做不好。因此不良情绪泛化。

4.2 学习动力不足

高职学习与高中有很大的不同,学习相对轻松了,没有老师和家长的严格管理,没有沉重的升学压力,更没有高中时堆积如山的作业,许多学生会感到无所事事。但学习知识的广度和深度大大增加,专业性也变得很强,学习中更需要他们发挥主动性。在学习环境、学习内容、学习方式转变的情况下,高职学生主要表现出以下的学习适应困难:

一是学习热情不高,多为应付考试。由于很多学生入学时的成绩相对较差,有时会有力不从心的感觉。大一时还能有高中时奋发学习、不懂就问的精神,大二以后的学习则只是应付考试,他们认为只要顺利拿到毕业证即可。

二是对公共课学习缺乏兴趣。部分学生认为公共课并不重要,经常会有缺课、旷课,甚至到考试时才能见到,他们宁愿选择在宿舍上网、玩游戏、聊天打发时间,甚至有些同学认为专业课的学习也无关紧要,只要能拿到毕业证即可。

三是缺乏学习的自主性。高职的教学管理相对宽松,课外时间相对增多,学生可以自由支配和利用的时间也相对增多。特别是没有了中学里老师的耳提面命,许多新生不知从何学起,难免会产生困惑、迷茫和无所适从的感觉。也有一些高职新生在学习上有一种"船到码头车到站"的放松心理，学习动机发生变化，没有正确的学习目标，缺乏较强的学习动力与意志，于是不思进取，得过且过。

案例 4-2

小明给班级心理委员写了一封信：上大学后，自由支配的时间比较多，但却变得比较懒散，学习没有什么动力，不想学。每天起床不知道应该干什么，除了有时候去上课，其余大部分时间是在宿舍里睡觉、玩游戏，感觉很无聊，也很空虚。

4.3 缺乏明确目标

中学时，学生将考上大学作为唯一和最终目标来激励自己。在经过高考的激烈竞争之后，很多学生感到筋疲力尽，认为进入大学可以好好放松一下。但进入大学校门发现事实并非如此，除了有繁重的功课，还要适应自主的学习方式以及学会选择学习场所。中学十几年的苦读，不少学生是在家长和老师的双重推动下进行的，学习上带有很大的被动性。失去了目标和动力，他们便显得失落和迷茫。据有关统计，近半数的大一新生认为自己缺乏生活目标，从而得过且过，学习上提不起兴趣，考试通过即可。在高层次目标尚未建立之前常出现情绪低落、彷徨迷失的现象，这在高职新生中并不少见。造成高职新生这种情况的很大原因在于他们缺乏学习的主动性，进入大学后，面对强调学习主动性的大学学习，他们以往学习上的被动心理明显表现出来，容易出现徘徊和迷茫心理。对专业不了解，对今后发展方向茫然无知；或者因为自己所在高职院校有许多不如意的地方而产生失望、厌学等心理，有的对专业选择摇摆不定，放弃目前的学习。学生普遍缺乏长期的目标和理想，过于担忧眼前的问题。

明确的目标和清晰的规划是高职学生成才发展的必要条件。目标不明确、规划不清晰就会阻碍他们成才与发展。在中小学阶段，家长往往给孩子灌输"出人头地"的思想，教育他们要通过努力学习实现上大学的目标。这一阶段学生目标很明确。当他们通过努力实现了这一目标而新目标尚未确立时，就出现目标真空，缺乏学习动力和兴趣，出现显性逃课和隐性逃课现象；课余时间无所事事、得过且过。这是高职新生中凸出的适应性问题。目标不明确主要表现为：尚未确立新的奋斗目标，或虽已确立但不明确、经常变动。

案例 4-3

某男生，大一期间学习优异，积极参加各种校园文化活动。参加本系学生会，后来在学生会主席团竞选过程中失利。自己认为生活没有方向，开始旷课、抽烟、玩游戏……

4.4 角色转变困难

高职新生一般要经历两大角色转换：从中学生到大学学生的角色转换，从被动接受到主动探索，从应试教育到高技能人才培养的转换。在转换过程中，有的新生能正确认识和评价自己及新环境，并很快确立新的奋斗目标，制定新规划，较好地适应新环境。有的新生则难以较好地适应新环境，表现为自我意识和目标意识不强，对自身定位不准确，未能确立新的奋斗目标或目标不明确，未能制定清晰可行的规划，或虽有规划但不切实执行。高职新生角色转变困难主要原因是：

1. 部分新生不能正确认识和评价自己

自我意识是个体对自身的认识与评价，本质上，它是个体对自我身心状态以及自身同外在世界关系的认知。个体能否全面、客观、正确地认识和评价自身，是衡量个体自我意识强弱的标准，关系到个体对自身的定位，关系到个体人格完善，关系到个体目标意识的确立与强化。大学新生刚从中学来到大学，环境变化使其有必要重新认识与评价自我，从而形成与"新环境中的我"相符合的自我意识，避免自我评价过高或过低，实事求是认识与评价自我。如前所述，部分新生不能正确对待从中学生到大学生、从优秀评价到一般评价这两种转换，自我意识出现偏差，尤其后一种转换使相当部分新生产生心理落差。

2. 部分新生不能正确认识和评价新环境

大学生主要活动都是在校园环境中进行的，校园环境是大学生成长成才的主要环境。校园环境通常可分为硬环境与软环境，前者是学生学习活动赖以开展的物质条件，后者是影响学生成长成才的精神条件。校园环境状况对大学生成长成才有重要影响；对特定校园环境的认识与评价，也影响大学生成长成才。实践证明，认识评价新环境的方式，将影响人们对新环境的态度，进而影响人们在新环境中的思想和行为。正确认识和评价新环境，肯定其有利因素，辩证看待其不利因素，人们就会包容和理解新环境，自觉适应和优化新环境，在新环境中努力实现自己的目标；错误认识和评价新环境，夸大其不利因素，忽视其有利因素，就难以适应新环境，难以在新环境中实现自己的目标。在现实中，确有部分新生不能正确认识和评价新环境，有的没有被理想的大学录取，退而求其次来到现在的学校，对学校的负面情绪不少；有的对住宿条件不满意；有的对学习条件不满意，等等。我们在调查中，以新生对学校的总体评价为例考察其对新环境的认知评价情况。对学校的总体评价直接影响新生学习动力，其中负面评价很大程度上会消解新生学习动力。如有的新生高考未发挥好，就读的学校与理想学校相差甚远，于是对学校丧失信心，进而对自己的前途丧失信心，逐渐放弃努力，游戏人生。有调查显示高职高专院校新生对学校的满意度最低。

案例 4-4

某学生，入学后第一天就想回家。没过多长时间别的问题又出现了，怎么管好自己的生活费，成为她最烦心的事。以前在家，如果钱没有了，就向父母要，从来没觉得缺钱。现在一个月还不到，家里给转的 4000 元生活费已经快花完了，原来自己花钱这么大手大脚，没有计划。学习上没有家长的监管，不能主动学习。

经典解读 4-1

水与容器

有一个人在社会上总是落魄，不得意，便去到智者处。智者沉思良久，默然舀起一瓢水，问："这水是什么形状？"这人摇头："水哪有什么形状？"智者不答，只是把水倒入杯子，这人恍然大悟似地说："我知道了，水的形状像杯子。"智者没有回答，又把杯子中的水倒入旁边的花瓶，这人又说："我又知道了，水的形状像花瓶。"智者摇头，轻轻提起花瓶，把水轻轻倒入一个盛满沙土的盆。清清的水一下便溶入沙土不见了。这人陷入了沉思。智者低身抓起一把沙土，叹道："看，水就这么消失了，这也是一生！"这个人对智者的话咀嚼良久，高兴地说："我知道了，您是通过水告诉我，社会处处像一个个规则的容器，人应该像水一样，盛进什么容器就是什么形状。而且，人还极可能在一个规则的容器中消失，就像这水一样，消失得无影无踪，而且一切无法改变！""是这样。"智者拈须，转而又说："又不是这样！"说毕，智者出门，这人随后。在屋檐下，智者蹲下身，手在青石板的台阶上的凹处摸了一会儿。他迷惑，他不知道这本来平整的石阶上的"小窝"藏着什么玄机。智者说："一到雨天，雨水就会从屋檐落下，看，这个凹处就是水落下长期击打造成的结果。"此人遂大悟："我明白了，人可能被装入规则的容器，但又像这小小的水滴，改变着坚硬的青石板，直到破坏容器。"智者不语，这人回到了社会，从此这世间又多了一个充满活力的人。

解读：

我们每个人之于社会之于校园，犹似一滴水，要像水适应容器一样适应社会，适应校园，适应新环境，又要具备滴水穿石的恒心与毅力，只有这样才能有所作为。

4.5 人际适应不良

到了大学，周围的同学来自不同的地方，有着不同的家庭背景，性格经历也存在差异，彼此都很陌生，导致有些同学出现人际适应不良的问题。他们中有的自我保护意识比较强烈，不愿意主动接近别人；有的因为无法融入新集体，找不到可以倾诉的对象，只好哭着打电话向高中同学倾诉刚到高职时的困惑；有的缺乏经验、技巧而不善交往，社交能力欠缺；有的来自农村，心理自卑，不敢参与社会活动；有的个性强，自尊心强，总觉得自己是最好的，看不起别人，不愿与人交往；有的每天只往返于宿舍、教室、食堂，面对丰富多彩的校园文化无所适从。

处于青春期的高职新生，有着强烈的自尊、认同和归属的需要，非常渴望从朋友中获得感情的共鸣，但往往由于青春期的闭锁心理，当他们与大学里面的新同学接触时，总习惯拿高中时的好友为标准来加以衡量。由于有老朋友的存在，常常会觉得新面孔不太合意，因此他们宁愿采取被动接受的态度，从而阻碍了同学相互间的沟通和交流。此外，在高中阶段，上大学几乎是所有高中生最迫切的目标，在这个统一的目标下，找到志同道合的朋友很容易。但是进入学校以后，个人的目标和志向会发生很大的变化，要找到一个在某一方面有共同追求的朋友，就需要较长时间的努力。这就表现出：觅新友难，觅知音更难。

有人曾做过调查，约95%的高职新生承认他们课余时间做得最多的一件事是给老朋友打电话、发短信，向他们倾诉进校后的孤独、寂寞与思念之情。由此可见，大学生对新的人际关系的适应远比对学习和生活环境的适应困难。

案例4-5

某女生，在家是独生女，漂亮、聪明，在家族当中算得上是最优秀的。父母、爷姥万千宠爱，家庭经济条件优越，很早就有自己独立的卧室。到学校后，四人一间宿舍，感到委屈和不适应，经常抱怨寝室同学，还要娇小姐脾气，指使别人干这干那，好像是理所当然的。这样，其他三位同学开始逐渐疏远她，她感到十分孤单，却又不知道别人为什么远离她。

4.6 情感困扰增多

到了大学，各种情感问题也随之而来，这主要表现在两个方面：一是严重的恋旧情节；二是"剪不断，理还乱"的感情问题。有的同学进入大学，与大学同学朝夕相处，但心理上还依赖过去的情感，整天沉迷于过去的回忆之中，不敢或不屑结交新朋友。即使有痛苦也不向他人倾诉，有欢乐也不同他人分享，表现出一定的恋旧情节。但有时毕竟是"远水救不了近火"，在某些特定的时间和场所，个体需要适时地将情绪发泄、表达出来才舒畅，如果长期将这些情绪压抑起来，就会导致郁闷、烦躁。有的同学一进入大学就迫不及待地谈恋爱，希望把压抑的感情释放出来。因为目前在我国大多数中学校园里，青春期性健康教育尚属空白，一些正常的异性交往得不到正确引导，甚至遭到指责。而大学里相对宽松的异性交往空间，使得原本被压抑的情感得到释放。由于社会多元价值观的影响，更主要的是缺乏青春期性生理、性心理以及性伦理、性法制、异性交往方面的知识和技能，使得部分大学生面对异性的求爱、自己对异性的爱慕以及失恋、性骚扰行为等不知所措。在大学里，有些学生认为没有谈恋爱是一件"很不光彩的事""只能证明自己无能"。有的人因此"为恋爱而恋爱"，进行模仿式、游戏式的恋爱；还有的同学没有女友或男友，却在自己同学面前炫耀自己以前异性同学或亲属的照片，以满足自己的虚荣心。虽然这和学生的正常生理需求有关,但有些同学过于强求,给自己造成不必要的痛苦。

新生进入高校之后的"迷惘""困惑"是正常现象,因为这是个体从"平衡状态到打破平衡、再到重新建立新的平衡"的客观规律,也是促进高职学生从自我否定到不断自我完善的必然过程,更是个体在生活环境、生活内容、行为要求变更后的必然反应。

案例 4-6

某女生,学习成绩优异如愿考上大学。可是自己的男朋友在外地求学,于是开始了异地恋生活。时间不长,本班一男生就开始追求这位女生,给予无微不至的关怀,于是在两个男生面前该女生无法选择。

课 堂 实 践

4-1 心灵游戏:寻找归属

每个人都有一个属相,你是否知道,在我们这个群体中,谁的属相与自己相同?群体中又究竟有多少种属相呢?下面我们一起来做游戏:寻找归属。

(1) 不用语言交流,通过肢体语言找到与自己属相相同的人。

(2) 所有学生先都蹲下,同一属相的学生用肢体语言集体表演所属相动物的典型特征,如果大家看明白了,鼓掌表示认同,他们就可以站立起来,派一名代表到主持人处领取"生肖面具"。直到所有的人都站立起来。

(3) 戴上"生肖面具"的学生排在第一位,其余同属相的学生均排在其后。通过成语(或俗语)接龙壮大自己的队伍。如龙马精神,属龙的与属马的就连成一体。

(4) 最后看看,自己的归属找到了吗?是一个还是一批,是一群还是全部?

领悟:

每个人都有一个属相,去寻找与自己属相相同的人,充满着好奇。游戏中,没有设组长,因为要寻找相同的属相,一些"领袖人物"会自然产生,他们会具有号召性地去召集所有同一属相的人,并带领全体成员用肢体语言表演属相动物的典型动作。每个人在团体中不仅找到归属而且扮演了适当的角色,还能让大家深刻地体会到了人与人之间的交流除了语言外,还可以依靠许多其他方法,如动作、神态、眼神等。

4-2 心灵游戏:我的"角落"

游戏导入:

有没有人想过,这个房间的每个"角落"属于你。有没有人想过,这个房间里有多少个"角落"。有没有人想过，房间里的某个"角落"与你的人生有关，与你思考人生的模式有关，与你习以为常的行事方式有关，与你的未来有关，与你的生命状态有关。切身体验之后，每个人都会找到自己的答案。

人员与场地：

20～30人，大组完成，活动中可分组，15人一组为宜，室内为宜。

规则与程序：

（1）组员在室内随意走动，注意观察室内的一切陈设和现象。

（2）时间到，导师喊"停"，组员停下来，手拉手围成一个圈，每个组员都记下自己左右两边的人，并环顾室内环境，在自己心目中选取一个中意的"角落"。

（3）"角落"可以是室内的一个地方、一件物品或是一个其他有形的东西等，形式不限，只要是在室内，自己觉得中意。选定好以后默记在自己心中，不要告诉别人，不要与人交流，游戏始终不能说话。

（4）询问大家，保证在场的每个组员都有了确定的"角落"，要求每个组员尽量用自己身体的任何部位去够到自己选定的"角落"，条件是不能与两边的人松手，即全组成员仍然要保持刚才的牵手状态。导师喊"开始"。

（5）够到自己"角落"的成员，务必要占领自己的"角落"，不能轻易走动。

（6）没够到自己"角落"的人，要继续想办法尽量够到自己的"角落"，但是仍然不能松手，仍然不能说话。

（7）时间大约15分钟。

心灵感悟：

（1）远大的人生理想和目标。每个人的成长环境、教育背景、交往人群以及性情禀赋和机遇条件都不同，这使得我们每个人的人生理想和目标也是不一样的。

（2）信心、保持梦想。每个人都怀着许多美好梦想，梦想之所以美好是因为它与现实存在一定的差距，我们还在不断为这个梦想奋斗和努力。

（3）过程。很多时候，人生就像一段旅程，我们不能只在乎目的地，要更多体验和享受沿途的风景。目的是我们需要达到的结果，但是在通往目的地的过程中，我们还会遇到许多惊喜和意外。

4-3 心理测试：大学，你适应了吗？

下面是一个关于"入学适应"的心理小测试。这个测试共有25个小问题，每个问题由a、b、c分别代表"是的""有时""不"，请你快速回答这25个问题（不必认真考虑），然后对照答案计算自己的得分，看看自己的"适应度"如何。

一、环境的适应

（1）你了解学校近年来在教育教学方面取得的优异成绩吗？　　　　a　b　c

（2）你知道学校在城区的具体位置吗？　　　　　　　　　　　　　a　b　c

（3）你知道学校的门牌号和邮政编码吗？　　　　　　　　　　　　　　a　b　c
（4）你知道你的宿舍、教室、阅览室、食堂的具体位置及其位置关系吗？　a　b　c
（5）你知道你所在的年级有多少个班、多少名同学吗？　　　　　　　　a　b　c

二、人际关系的适应

（6）你知道辅导员的名字吗？　　　　　　　　　　　　　　　　　　　a　b　c
（7）如果辅导员不在教室也不在办公室，你仍然能够很快与他取得联系吗？　a　b　c
（8）你认识所有的任课老师并知道他们的名字吗？　　　　　　　　　　a　b　c
（9）在校园里你见到老师、同学你总是主动打招呼吗？　　　　　　　　a　b　c
（10）你经常和你的同桌交谈吗？　　　　　　　　　　　　　　　　　a　b　c

三、学习的适应

（11）你总是在课前预习将要学习的内容吗？　　　　　　　　　　　　a　b　c
（12）你经常有课上回答问题的机会吗？　　　　　　　　　　　　　　a　b　c
（13）遇到不会的问题，你从同学或老师那里得到过帮助吗？　　　　　a　b　c
（14）你感到作业多得难以应付，很难按时完成吗？　　　　　　　　　a　b　c
（15）如果你有一天的闲暇时间，你会制订一个休息与学习兼顾的计划吗？　a　b　c

四、生活的适应

（16）你知道食堂打饭的人流高峰期大约出现在什么时候吗？　　　　　a　b　c
（17）如果你得了感冒，你知道到什么地方去拿药吗？　　　　　　　　a　b　c
（18）你知道校园内所有的厕所的位置吗？　　　　　　　　　　　　　a　b　c
（19）你知道离宿舍最近的电话亭的位置并能熟练使用吗？　　　　　　a　b　c
（20）你知道到什么地方去洗衣服、晾衣服吗？　　　　　　　　　　　a　b　c

五、心理的适应

（21）你知道自己的入学成绩和大致的名次吗？　　　　　　　　　　　a　b　c
（22）你知道你的同学有多少人在高中担任过班干部吗？　　　　　　　a　b　c
（23）你知道自己在哪些方面相对于你的同学有特长吗？　　　　　　　a　b　c
（24）你总是在闲暇的时候回忆快乐的高中时光吗？　　　　　　　　　a　b　c
（25）你在梦里梦到过爸爸、妈妈或者别的亲人吗？　　　　　　　　　a　b　c

计分方法：

（14）、（24）、（25）三个小题，选 a 的计 2 分，选 b 的计 1 分，选 c 的计 0 分；其余的各小题选 a 的计 0 分，选 b 的计 1 分，选 c 的计 2 分。

结果解释：

这个问卷分为 5 个项目，1~5 有关"环境的适应"，6~10 小题有关"人际关系的适应"，11~15 小题有关"学习的适应"，16~20 小题有关"生活的适应"，21~25 小题有关"心理的适应"。如果你在一个部分的得分在 3 分以下说明你在这个方面的适应能力较好；得分为 4~6 分，则说明你这方面的适应能力一般；得分超过 7 分，说明你在这方面的适应能力较差，你要努力提高啊！

项目5 高职学生适应不良的心理调适

案例导入

我的未来不是梦

小张,男,27岁,是某大学计算机网络专业博士研究生。没有人会想到,几年前,小张曾就读于某专科学院。由于高考成绩平平,他上了某专科学校的计算机网络专业。

入学后,他深知要适应现代社会对人才的高要求,就要在学校里首先不能懈怠。他明显感受到自己目前的知识与社会的要求相差甚远,他没有像周围同学一样对校园的各种新环境充满好奇,也没有像许多同学那样为大学入学的种种不顺而气馁,而是非常努力学习。专科三年,他的学习成绩一直在班级名列前茅,大二就通过了英语四级考试,并于毕业当年顺利通过了专接本考试,直接进入某大学本科,从此学习势头一发不可收拾,直接被保送了研究生,接着又获得了直升博士资格。

入学之初,很多学生都是雄心勃勃、信誓旦旦地对自己的学习进行构想,希望自己能取得好的成绩。但是,有了好的学习目标,还要有顽强的毅力。有的人在执行目标计划的过程中,经常有矛盾和斗争。当别人沉迷于网吧时,自己能抵得住上网的诱惑吗?其实目标就如树上的苹果,如果你伸手就够得着,那它就太低了;如果你跳起来才能抓得住,那它就是最理想的。追逐目标的过程也同样重要。生活中,往往是那些只注重过程的人才能获得快乐,并且能得到他想要的结果。

5.1 熟悉校园,挖掘身边最美的风景

5.1.1 校园环境要适应

1. 适应学校内部环境

硬环境包括学校的整体规划、空间布局和设计风格。如校园内的教学区、生活区、

娱乐区，学生宿舍、食堂、教室、操场、图书馆、文艺体育场所的设备等。软环境包括学校的组织功能，管理范围，学校的历史、名声、校风、教风、学风、校园思潮、规章制度、价值观念、道德规范，还有墙报、板报、橱窗、校园广播、电视台、校园网、校刊校报等各种宣传园地和媒体所营造的校园文化氛围。这些都与高职新生的生活息息相关，应尽可能多地了解和熟悉。

2. 熟悉学校的周边环境

硬环境包括学校所在城市的政治经济发展水平、市区面貌、道路交通、生态环境、风景名胜、历史古迹、人文景观等。软环境包括社会风气、市民素质、治安状况、大众传媒、方言俚语、文化传统、风俗习惯、消费水平等。这些也与高职新生的生活有着一定的联系，也应尽可能多地了解和熟悉。例如，邮局、银行在哪里，怎样搭乘公共汽车，怎样向别人问路，怎样去商店买东西等都要熟悉，否则时时刻刻总有一种异乡人的感觉，这种感觉会影响高职新生在新环境中正常生活。

对于初来乍到的高职新生来说，对新的学校环境的所有体验都是直观、感性、局部和表面的。有的人刚刚看到眼前的市容和学校的校门就非常失望，或者在走遍整个校园之后觉得也不过如此，想象与现实之间的差距造成了心理落差，产生了排斥情绪；也有的人对新环境非常满意、非常兴奋，很快就接受了现实。无论大家对自己新的学习和生活环境是否满意，都应当像俗话所说的，"既来之则安之"，积极地去适应、去融入，尽力去发现新环境的闪光之处，在时间的流逝中加深对新环境的认识，培养出对"第二故乡"和高职生活的深厚感情。

经典解读 5-1

寓言故事《鞋子的由来》

在还没有发明鞋子以前，人们都赤着脚走路，不得不忍受着脚被扎被磨的痛苦。某个国家，有位大臣为了取悦国王，把国王所有的房间都铺上了牛皮，国王踩在牛皮地毯上，感觉双脚舒服极了。

为了让自己无论走到哪里都感到舒服，国王下令，把全国各地的路都铺上牛皮。众大臣听了国王的话都一筹莫展，知道这实在比登天还难。即便杀尽国内所有的牛，也凑不到足够的牛皮来铺路，而且由此花费的金钱、动用的人力更不知有多少。正在大臣们绞尽脑汁想如何劝说国王改变主意时，一个聪明的大臣建议说：大王可以试着用牛皮将脚包起来，再拴上一条绳子捆紧，大王的脚就不会忍受痛苦了。国王听了很惊讶，便收回命令，采纳了建议，于是，鞋子就这样发明了出来。

解读：

把全国的所有道路都铺上牛皮，这办法虽然可以使国王的脚舒服，但毕竟是一个劳民伤财的笨办法。那个大臣是聪明的，改变自己的脚，比用牛皮把全国的道路都铺上要容易得多。按照第二种办法，只要一小块牛皮，就和将整个世界都用牛皮铺垫起来的效果一样了。人不一定能够做到改变环境,但一定要学会适应环境。

同样,作为高职学生的我们,面对校园种种新奇的环境变化,不应该在这样的环境中迷失自己,更不该因学校的环境与自己设想的不同而灰心泄气,而是要更加努力适应新环境,改变自己,创造更美好的自己。

5.1.2 日常生活要有序

据调查,高职学生生活方式中有诸多不健康的现象:一是饮食行为习惯不健康。相当多的学生,尤其是男生不能每天按时吃早餐、部分学生在学校周边的小餐馆吃午餐或晚餐,而这些小餐馆的卫生条件及饮食质量都难以保证;男生吸烟、饮酒普遍,少数女生也经常吸烟、饮酒。二是睡眠习惯不良。多数男生晚上睡得晚,早上起得晚,大多数学生没有午睡习惯,每天的总睡眠时间不足 8 小时;睡眠质量不好,大多数学生有失眠现象。三是缺乏锻炼身体的习惯。男生只有不到 2/3 经常从事体育锻炼,而女生只有不到 1/3 经常从事体育锻炼。这些日常生活中不健康的生活现象,将严重地损害高职学生的身心健康,影响高职新生对高职学习和生活的适应。因此,高职新生从进校开始就要注意克服这些不健康的生活现象,做到日常生活有序,要特别防止吸烟、酗酒、沉溺于网络、电子游戏等不良生活习惯。

良好的生活习惯有利于身心健康,并对学习、工作起着积极影响。不良的生活习惯则容易诱发各种疾病,降低生活质量。高职新生正处在长身体、长知识、形成独立人格的关键时期,因此在提高生活自理能力的同时还要注重良好生活习惯的培养。良好生活习惯主要包括以下三个方面:一是体现在作息时间的规律性上。高职新生要充分合理地安排自己的时间,做到劳逸结合,松紧有度。二是要养成讲卫生的习惯。干净整洁不仅有利于自身健康,也有利于树立自己的良好形象。三是要养成锻炼身体的习惯。高职学生正处在青春期的后期,加强体育锻炼对自己的成长是十分有益的。另外锻炼身体也是对个人意志的磨炼,顽强的毅力是战胜困难的有力武器。

5.1.3 休息娱乐要有益

劳逸结合是健康的前提和基础。然而,许多学生不善于科学休息、娱乐,完全凭个人兴趣支配休息时间,有的整天整宿打扑克,有的不厌其烦地聚众"侃大山",有的热衷于看视频,有的整天啃长篇小说,有的专爱跳舞,有的只爱体育活动,这种偏爱性休息和娱乐,并不能使身体各方面得到充分的合理的休息、调节,如果长此以往,成为习惯,反而会影响健康。一些学生常常感到休息反而比上课还困还累,这正是身体未得到合理休息和调整的表现。高职学生的休息娱乐活动应以调整大脑、锻炼体魄、增进修养为主旨,以丰富多彩、高雅文明为特点,摒弃那些对身心无益的不良休息娱乐方式,要通过丰富多彩、富有意义的文艺体育活动,如各种课外兴趣小组活动、社团活动、文化艺术活动等，使自己在科学合理的原则下得到休息和调整。

知识窗 5-1

时间管理常见的 7 种错误

人们往往用"事半功倍"和"事倍功半"来形容一个人办事效率的高低。为什么有的人每天拼命学习，而有的人该学的时候学，该玩的时候照样玩？为什么有的人总有干不完的活，加不完的班，却没有进步？当人们想方设法利用自己的时间，提高工作效率时，往往容易走向下面的 7 种常见错误。

(1) 承担太多。
(2) 做事之前不计划或欠考虑。
(3) 使用太过复杂的时间管理工具。
(4) 看起来很忙却没有效率。
(5) 同时做多件事情却没有效率。
(6) 不勤于记录。
(7) 不注意休息。

5.2 学会成长，体验眼前的独立生活

衡量和评价高职学生的生活方式的标准就是文明、健康、和谐、科学，它是高职学生适应环境、增进身心健康、成人成才的重要保证，高职新生从进校开始就要努力培养健康的生活方式。

5.2.1 培养独立生活的能力

高职新生在离开了父母的怀抱后就要有意识地培养独立的生活能力，合理地安排自己的衣食住行，如学会自己洗衣、洗碗、打扫宿舍，并积极参加学校各项集体劳动及公益性活动。对此，有些新生不太适应，俗话说得好："一分耕耘一分收获"，高职新生必须尽快适应这种变化，学会自主地安排自己的生活，从洗衣叠被等小事上培养自己的生活能力，力求做到生活上自立，行动上自律，学习上自觉，从而使自己的高职学生生活具有规律性、科学性和高效性，忙而不乱，过得既充实又有意义。

5.2.2 学会"理财"

用钱盲目，不会管理使用自己的钱财是不少高职新生入学后遇到的难题。有时一次

娱乐就花掉生活费的一大半，进校后一个星期就用掉半年的生活费的情况在校园内屡见不鲜。有的学生开支无计划，时常出现"经济危机"。因此，高职新生要树立一种理财的观念。一是要注意用钱要有计划性。哪些开支是必需的，哪些开支是完全不必要的，哪些是可有可无的，都应该心中有数。二是要量入为出，用钱有方，量力而行，力求节俭。每月在开销之前要根据父母的经济能力和自己勤工俭学的收入来安排日常消费，对自己各方面的"收入"有个比较准确的估算，再确定自己每个月的消费计划，使之切实可行，并且尽量按照计划执行。高职学生的消费行为和心理除了在个人喜好、穿着打扮等方面比较注重突出个性以外，对于时尚品牌、基本生活用品、生活费用的额度等主要消费内容都具有从众心理。从这一意义上说，校园里的不良消费所造成的消极影响是不容忽视的，它不仅会使高职学生丧失学习的大好时机，甚至会使他们丧失做人的最基本原则和品德，为了挣钱不择手段，被过度膨胀的消费欲望引上歧途。因此，高职学生必须回归到理性消费的轨道上来，从进校开始就要学会节制自己，科学、合理、文明、有度地消费，尤其是贫困高职学生，生活上次于别人并不可耻，没有必要抬不起头来，也没有必要为生活贫困而自卑失落。其实消费高与低，本身都无可厚非，关键在于群体中的个人如何调整心理状态，以免受群体压力。现实中很多修养、素质相对较高的大学生抵挡不住高消费的诱惑，他们可能活得很青春，却因为未被注入文化层面的价值意义变得轻浮。

体验活动 5-1

吃鱼测试你的理财习惯

生猛海鲜上桌啦！摆在面前的是一条大石斑鱼，鲜美甘醇，看得口水都快流出来了，赶快拿起筷子，下手为强。可是，该从哪个地方下手呢？

（1）鱼头　　（2）鱼腹（中间）　　（3）鱼尾　　（4）没有特定地方，到处乱吃

小贴士：

选择（1）：只要是让他看中意的东西，若是不得手便誓不罢休的乐天派人物。平时虽有节省的习惯，却仍会有大量采买的可能，不过，这种情形发生的频率并不高，因为，能让他看中意的东西，并不是很多。

选择（2）：他是百货公司大减价中，最受欢迎的盲目购物者，尤其对吃的、穿的更是一点也不吝啬，只要喜欢就掏钱买，所以，常成负债累累的可怜虫。

选择（3）：他是标准的铁公鸡，即使买碗泡面都还要考虑到底是买碗装的（较贵，但不需洗碗），还是袋装的（较便宜，但是需要洗碗）。你说，够不够小气。

选择（4）：他是那种时常忙到三更半夜，却仍做不出什么事情的人。因为做事漫无目标，花钱的态度也很无所谓，所以，常把钱交给别人处理。

5.3　懂得学习，学会利用校园学习资源

5.3.1　明确学习目标

进入大学后，没有了高考的压力，一部分新生就失去了学习的目标。他们往往会认为经历了高考的"折磨"后应该放松一下，在大学追求高分已没有什么意义，只要考试及格就万事大吉。不错，大学学习不再像中学那样将分数看得很重，分数对高职学生也不再像对中学生那样具有决定命运的意义。但是，分数不重要并不意味着学习重要性的丧失。就个人而言，高职学生正处于学习的大好时期，思维敏捷，精力充沛，容易接受新事物，充分利用一生中最美好的年华来学习知识，武装头脑，是高职学生在今后日益激烈的竞争中立于不败之地，实现人生价值的重要保证。

5.3.2　调整学习方法

进入大学，学习的广度与深度都是中学无法比拟的，因而尤其强调自主学习，即根据自己的实际情况来安排学习。自主学习首先要把握学习的主动权，要提前预习，及时复习，把握重点，理解难点，合理安排学习时间，做到劳逸结合。其次，自主学习要有"刨根问底"的精神，遇到自己不懂的问题要及时主动地向老师和同学请教。很多人都有这样的感觉，花了很长时间看书也不知所云的内容，听别人说几句便豁然开朗。这就提醒高职新生，与别人交流也是一种重要的学习方法，不能"一心只读圣贤书"。最后，自主学习还要求有质疑的精神，不要将老师的观点和书本的论述当作圣旨，要敢于提问，敢于发表自己的观点。同时还要通过查询资料、阅读文献来论证自己的观点，这是做学问的重要方法之一，即通过一点的深入达到了对某一问题的全面、深刻的认识，在大学学习阶段如果能注重这方面的实践一定会受益匪浅。

5.3.3　专注专业学习

相对中学而言，大学的课程多，教学的进度快，课程难度大，但是学习氛围比较宽松。针对大学学习的特点，加强学习自觉性显得尤其重要。有些新生到了学校后有松劲儿和松懈情绪，认为可以好好玩一玩，不必一开始就认真学习；也有些学生眼高手低，目标很远大，但不知"千里之行，始于足下"，他们向往成才，幻想成功，但不懂"知识在于积累，天才在于勤奋"的道理，忽视基本功的训练，不愿刻苦学习、顽强攻关，这与时代的要求是不相适应的。古人云："勤能补拙是良训，一分辛苦一分才"。大学

的学习要讲勤奋和刻苦，力戒浮躁、懒惰、自我满足和功利主义，不要想投机取巧走捷径，只有拥有真才实学，才能为将来的就业和创业打下坚实的基础。有道是"宝剑锋从磨砺出，梅花香自苦寒来"，今日学海泛舟，是为他日把聪明才智奉献给社会与人民，创造美好的生活。

案例 5-1

王某，女，20 岁，大二学生。她自幼聪明活泼，学习成绩总是在班上名列前茅。父母对她寄予了很高的期望。刚上大学时，她很有雄心壮志，立志一定要在大学里混出个样儿来，让父母为自己高兴、骄傲。但她的志向比较模糊、笼统，不知道具体应该怎样去做，她也没有多想。她虽然上了喜欢的专业，但仍然很失望，甚至有些气愤。大一的课都是基础课，不太合她的胃口。她原来憧憬的大学课堂是充满知识、智慧和艺术的。教材博大精深、新颖独特，教师才华横溢、幽默风趣。而现在，她发现教材不少是十几年前编的，陈旧乏味，老师也呆板枯燥，毫无激情，更谈不上睿智深刻，课堂上冷冷清清，不少同学逃课。有的人即使在教室，也在看课外书、写信、打瞌睡。她很无奈，自己喜欢的专业就是这个样子，她不知道该追求什么，心里有一种难以言状的苦闷和空虚，觉得很没劲，没有学习热情，无所事事，就经常在宿舍里睡觉，有的学生戏称她为"睡虫"。王某有时间也翻翻书，看不进几个字就想睡觉，原来的豪情壮志早已荡然无存。她怀疑自己是神经衰弱，直到期末考试，她还有两门课未及格，才像被泼了盆凉水，清醒过来，痛下决心自己再也不能这样混下去了。

该生出现的问题不是神经衰弱，而是学习上的懒惰，这是学习动机不足和惰性的明显表现之一。学习动机不足是指学习没有内在驱动力量，没有学习的兴趣，无求知的欲望。现实生活中的许多人在想，等我有空再学习吧，等我有时间再好好看看书吧。于是，日子便在等待中消逝，而他们也永远不会有"有空""有时间"。如果一个人的学习动机是出于想找一种轻松而工资又高的工作，那么他在顺利的情况下可能会勤奋学习，而一旦遇到困难、挫折，就容易情绪低落、意志消沉、半途而废。大学生应把自己的学习同社会的需要联系起来，培养学习兴趣。只有保持对所学知识浓厚而持久的兴趣，才能充满热情地学习，保证良好的学习效果。

5.4 升华理想，展望未来美好的生活

5.4.1 长远目标的挖掘

学生在进入大学后，首要任务就是及时确定自己的奋斗目标。目标是人们活动所追

求的预期结果,目标是激发人的积极性使之产生自觉行为的必要前提。有人说"理想是石,敲出星星之火;理想是火,点燃熄灭的灯;理想是灯,引你走向黎明……"只有早期确定目标,它才能引导你一步一步走向成功。

当然,我们确定的目标不能过于狭隘。有的学生说,大学期间,我的目标非常明确,就是找一个女朋友(男朋友)。于是把全部时间用于"发现目标,追逐目标"上,结果是陷在爱情的泥潭里不能自拔,荒废了学业。

目标一旦明确,我们就应该锲而不舍地努力,全力以赴地追求。首先,应该从小事做起,一点一滴地积累,脚踏实地,"一步一个脚印"。不要好高骛远,不要"这山望着那山高"。许多人在回顾高职学生活时,都会说:"曾经有一段美好的时光放在我面前,我没有在意。如果能够重新开始的话,我会选择:踏踏实实度过大一、大二的每一天。"大学新生应把握好自己,既然制定了明确的目标规划,就应该激励自己一步一个脚印地去实现,这样才会不断有成就感,才会对生活始终保持旺盛的激情。其次,个体也应该根据实际情况,对目标进行适时的调整和修订。更为重要的是要充满信心,长期坚持。不要"三天打鱼,两天晒网",缺乏持久的意志力是什么事情都办不好的。只有这样,才能充实地度过高职学习生活而有所收获。

5.4.2 长远目标的确立

目标既然如此重要,如何确立新的奋斗目标呢?一是个人的奋斗目标必须与社会需要相结合。高职学生确定目标必须从社会实际出发,只有把自己的奋斗目标与我国社会的现实需要相结合才有意义。二是个人的奋斗目标必须与自身特点相结合。高职学生确定目标必须从自己的实际出发,必须考虑自身条件,全面分析自己的长处和短处,充分扬其长而避其短,切不可人云亦云、毫无主见,也不可盲目从众、追逐潮流。个人奋斗目标只有与自己的兴趣、爱好、特长相符,才会产生强大的动力和持久的耐力;只有与自己的专业、能力、基础相关,才会具备坚实的基础和实现的可能。三是个人的奋斗目标必须与现实可能相结合。社会需要和自身特点反映了奋斗目标的必要性,但要把这种必要性转化为现实可能性,就要努力创造实现目标所应具备的基本的环境条件和途径条件,并且要把长远目标分解成若干阶段性目标,使长远目标在一系列近期目标实现的积累中逐步得以实现。

5.4.3 长远目标的实现

高职学生一旦确定了远大的人生目标和近期的学习生活目标,就应该锲而不舍地为之努力,全力以赴地为之奋斗。一是要从现在做起、从自己做起、从小事做起。既要做到今日事今日毕,还要做到自己的事情自己做,更要认真做好每一件小事。任何一个理想目标的实现都离不开自身脚踏实地的努力,也离不开平时点滴小事的积累。二是要调整目标、修正目标、不断实践。经过实践的检验，我们会发现原定目标不一定完全符合实际，它们或过高，或过低，或已过时，故此应果断调整，及时修订，不断完善。三是要充满信心、矢志不渝、不懈追求。目标的确立和实现并非一个自然过程，它要通过主观的努力和艰辛的付出。实现理想目标的过程是没有平坦大道可走的，只有在崎岖小路攀登不畏劳苦的人，才有希望到达光辉的顶点。

5.5 转变角色，营造和谐的人际关系

5.5.1 与老师联系要主动

大学的任课老师一般上完课就走，辅导员与同学的接触也不像在中学那样频繁，不像中学老师那样成天与学生在一起。这就要求学生能主动与老师联系，及时反馈学习情况，提出自己的疑问与要求；在自己的生活、思想等其他方面出现了困惑、难题时，也要主动与老师沟通，寻求帮助。不仅要向老师学习知识，更要从老师那里学会解决问题的方法，这是大学学习中很重要的一个方面。

5.5.2 与同学交往要广泛

高职学生的主要交往对象是同学，因而，同学关系是高职学生人际交往的主要内容。处理好同学关系就应该广泛与同学交往。扩大与同学的交往既能够增长见识，补己之短，又能够锻炼社交能力，为将来步入社会打下基础。在与同学的交往过程中，要处理好合作与竞争的关系。作为来自五湖四海的同学，大家应该互相关心，互相帮助，共同享受集体的温暖。高职新生因为有着远大的理想，在学业及就业上就不可避免地存在着竞争。而且一些妒忌心强的学生会将竞争中的失败转移到其他方面，采取不合理的手段来宣泄心中的愤恨与不满，这极易造成同学间的冲突，影响双方的健康发展。这就要求高职新生树立正确的竞争观念，以平常心对待胜负，不要以不合情理的方式来表达自己的不满，更不能因一时冲动而做出抱憾终生的事。竞争并不意味着弱肉强食，高职学生应将其化作前进的动力，激励自己找出差距，迎头赶上。尤其在现代社会，如果没有较强的心理承受能力，一旦在竞争中失利，或者一蹶不振，或者疯狂报复，最终只能自毁前程。

5.5.3 与寝室成员要和谐

集体生活中，每一个成员都要多考虑室友的感受，如起床或就寝的时候，动作要

轻，声音要小，尽量不要开灯。为了在一些基本问题上不发生或少发生冲突，应在学校相关制度的基础上，协商制定寝室的"室规"，大家自觉遵守。寝室同学要互相帮助、互相关心，如果寝室同学心情不好，应对他表示出自己的关心。当寝室的同伴生病时，要主动关心、热情照顾。作为寝室的一员，应该按照学校或寝室的有关规定按时回到宿舍。如果寝室里有同学晚上没有按正常时间回到寝室，寝室的其他成员就有责任想办法弄清原因或找到这位同学，不能置之不理。当你发现寝室中有人犯错误时，应该诚恳地指出他的错误，并积极帮助他改正错误。寝室成员只要互相宽容、相互配合、相互照顾、相互尊重、自我管理，遵守基本的公共道德和行为规范，就能和睦相处，逐步建立稳定而持久的情谊，使之充满"家"的气氛，营造出一个温馨的家园。

案例 5-2

据《济南时报》报道：2004 年济南大学生土木工程专业的"625"宿舍八位成员全部考上了研究生，而且都是比较热门的专业。面对众多讨教者，"625"宿舍的成员一致认为，宿舍气氛非常重要。他们八个人都是专升本上的济南大学，排名也差不多，一路上是相互鼓励着走过来的。"从一入学我们就很有目标，大四晚上晚自习回来，学校都熄了灯，我们就打开每人床前的应急灯一块学习。"说起难忘的考研经历，每个人都觉得如在眼前，"考研真的很苦，大家特别需要团结和相互支持，考研前，复习的时候浮躁了或是没信心了，我们就会聚一聚，互相指出复习方法上的缺陷，互相鼓劲儿。考试前上冲刺班的时候，我们就上不同的班，回来之后大家把笔记相互补充，取长补短，权威的复习资料都是八个人共享……"除了在学习上是佼佼者，八兄弟课堂外的"成绩"依然骄人：八人中有五名中共党员，有三人分别被评为省级和校级优秀毕业生，在考研成绩公布之前，还有两人考上了省委组织部的选调生。

积极地营造良好的宿舍生活环境，不仅能稳固我们的友谊，更能使我们的日常生活、学习没有后顾之忧，能帮助我们更好地迈向成功。

5.5.4 与社会交往要自尊

高职学生的人际交往是十分广泛的，在校内要与老师、同学、老乡、朋友交往，在校外不管是实践、实习还是社会调查，都要与社会方方面面的人打交道。而与人交往的基础是自尊和尊人。著名画家徐悲鸿说过："人不可有傲气，但不可无傲骨"。因此，高职学生在交往中既要善交友、广交友、交好友，又要讲究做人的道德，把握交往的原则，力求做到自尊自爱、光明磊落。与同学交往还要把握好尊重与容忍的度。首先，要尊重别人的习惯及观念，不要随便对别人说三道四，以免在民族或城乡之间画出一条鸿沟，带来麻烦。其次，尊重别人并不代表一味迁就别人而不维护自己的正当利益。最好的办法是双方及时沟通、平等协商，并要注意语气的缓和与友好，让对方感到自己的诚意。

总之，高职新生要顺利地完成高职学业，为将来进入社会创造一个健康的身心条件，更好地符合国家和现代社会对人才的素质要求，就应该从跨进学校的第一天开始，主动适应新的环境变化，积极参加学校开展的适应教育活动，正确认识自我和认识社会，不断提高自己的心理健康水平、健全人格。

课 堂 实 践

5-1 心灵游戏：赢在起跑线——有缘相识

活动目的： 新同学之间尽快相识，加深大家之间的感性认识。
活动主题： 新生适应新环境。
活动过程：
（1）热身活动：听或唱校园歌曲《相逢是首歌》。
（2）分组：按生日的月份分组（一月组、二月组、三月组等）。
（3）具体活动：连环炮（首先小组连环介绍，然后全班分享）。
具体方法如下：
（1）指导语：每个同学介绍自己时，在自己的名字前加3个定语，如来自哪儿、兴趣爱好、对未来的向往等。
（2）小组连环介绍：
A：我是__、__、__的A。
B：我是__、__、__的A旁边的__、__、__的B。
C：我是__、__、__的A旁边的__、__、__的B旁边的__、__、__的C。
D：我是__、__、__的A旁边的__、__、__的B旁边的__、__、__的C旁边的__、__、__的D。
（3）全班分享：
每个组派一名代表上台介绍本组的情况。
即兴发言：我来到新学校的感受。
心灵感悟：
通过这样的游戏，能够更好地帮助我们适应周围的人际交往环境，让我们能更好地认识周围的同学，记住他们有什么特点，能帮助我们更好地认识彼此，增进彼此的距离。

5-2 思考与实践

（1）初入大学，是否熟悉了周围的生活环境，并能适应现在的生活？

（2）面对大学的种种不适应你如何应对？

推荐阅读：毕淑敏著《心灵七游戏》

推荐影视：《阿甘正传》

《我的左脚》

参考文献

［1］王瑶.90后大学生社会适应能力及其培养对策研究［D］.哈尔滨：哈尔滨理工大学马克思主义学院，2012.

［2］康立芳.大学新生适应性问题与对策［D］.上海：华中师范大学政法学院，2012.

［3］冉超凤.高职大学生心理健康与成长［M］.北京：科学出版社，2012.

［4］吕芝，秦从英.大学生心理健康教育［M］.北京：化学工业出版社，2010.

［5］胡月.大学生心理发展辅导与实践［M］.大连：大连理工大学出版社，2010.

［6］赵洪成，桑小洲.快乐成长——高职学生心理健康教育［M］.北京：北京理工大学出版社，2011.

［7］程玮.大学生心理教育与发展［M］.北京：科学出版社，2008.

［8］张平.每天一个心理游戏［M］.北京：中国华侨出版社，2012.

［9］杨彦平.中学生社会适应量表的编制［D］.上海：华东师范大学学前与特殊教育学院，2007.

模块三　自我探索与自我完善
——自我意识

> 知人者智，自知者明。胜人者有力，自胜者强。
> ——（春秋）老子
>
> 把认识自己作为自己的任务，这是世上最困难的课程。
> ——[西班牙]塞万提斯

"我是谁？"这是一个自古以来就很难解的人生课题。古希腊的哲学家、教育家、思想家苏格拉底就提出了"我们是谁？我们从哪里来？我们要到哪里去？"三大哲学追问，体现了人类对自身和世界的终极探求。对于处在青年期的高职学生来说，"自我"更是值得特别关注的课题。"我是一个怎样的人？""我将成为一个什么样的人？""我的价值在哪里？"等问题一直困扰并影响着我们。心理学家认为，从某种意义上讲，人认为自己是怎样一个人，比他真正是怎样一个人更重要。那么，我们如何认识自己？高职学生的自我意识有哪些特点？我们又如何能够客观、全面、正确地认识自我呢？

学习目标

通过本模块的学习让学生掌握自我意识的内涵、高职学生自我意识的特点，认识到了解自我意识的重要性；探索个人自我意识形成的影响因素；树立正确的自我观；掌握完善自我的方法，学会悦纳自己。能够合理控制自己的行为，努力做到"知行合一"。能够追求进步，不断超越自我。

学习重点

学会客观评价自己、认识自己；掌握影响自我意识发展的因素；掌握完善自我的方法，学会完善、悦纳自我。

学习难点

学会正视自我，悦纳自我，能够客观看待自己的优缺点。能够合理控制自我的行为，努力做到"知行合一"。能够追求进步，不断超越自我。

项目6　自我意识概述

案例导入

（1）王宁是某大学一年级的学生，刚入学时他积极表现自己，各项活动中总是起到模范带头作用，帮助老师完成了入学时的各种工作。他的努力肯干得到了老师、同学们的认可，在评选班委时，成功竞选为班长。随着班委工作内容的逐渐增多，要求越来越严格，王宁开始出现了种种"不适"的表现，达不到学校的要求，在班级管理中不能以身作则，常常是同学们做到了，而他自己做不到。他不知道自己适不适合当班委，不知道是否应该坚持下去，不知道自己能不能坚持下去，他很迷茫。

（2）李伟是某大学机电系二年级对口班的学生，刚刚拿了校级一等奖学金。但是他总是认为自己很"不思进取"，平时除了上课外，不知道干什么。想好好学习，但是课上内容有时也听不懂，不知道是不是该进一步钻研，不知道钻研有没有用；想以后找份好工作，不知道该准备什么，不知道自己的优势是什么，该怎样锻炼自己。

王宁同学对自己的认识不够全面，也没有随着个人发展而作出改变。他认为自己虽然改变了，但是只是暂时的，自己坚持不下来。并为坚持不下来找了各种借口。李伟同学不清楚自己的兴趣爱好，没有发现自己在就业上的优势，迷茫而没有方向，也没有为自己制订合适的计划。他们都是对自己认识不够清楚、全面，当面对问题时，无法作出解答，在迷茫中错失了机会，浪费了时光。

6.1　认识自我意识

6.1.1　什么是自我意识

"我是一个怎样的人？我有哪些能力和特长？我的兴趣爱好是什么？我是个受欢迎的人吗？……"种种问题困扰着我们。这就提到了一个概念，即自我意识。

自我意识是个体在社会实践中形成、发展的对于自身身心状态、活动及其与外部世界关系的主观反映和由此引起的情感体验和行为意向；它是人格的核心，是一个综合性的高级心理系统,对人的心理和行为起着调控作用。

也可以说,自我意识是一个人关于自己的观点和看法。当个体把自己当成认识的对象时,就会对自己的能力、特长、外表等产生知觉并形成稳定的自我概念。

下面,我们通过一个活动来认识一下自己。

体验活动 6 - 1

我 是 谁

活动目的: 了解自我,认识自我。

活动步骤:

(1) 每人拿出一张纸,在上面写 20 个句子:我是一个____的人。

(2) 要求尽量选择一些能反映个人风格的语句。避免出现"我是一个男生","我是一个中国人"等句子。

(3) 分组交流讨论。谈谈成长经历,交流心理感受。

①将全班同学分成若干组,每组 8～10 人。

②根据 20 个"我是……"的内容做以下归类:

■ 身体状况(你的外貌、身高、体型等);

■ 心理状况(你常有的情绪情感,如开朗、内向、心烦、多愁善感等;你的才智状况,如有能力、灵活、迟钝等);

■ 社会状况(与他人的关系,对他人常持有的态度和原则,如乐于助人、爱交朋友、坦诚、孤独等)。

③检查你的答案里是不是包括了以上方面的内容,如果没有的话,再补充一些句子,从三个方面去认识一下自己。

④每位同学在小组中谈自己在活动中的心路历程,并交流彼此的感受与体会。

通过本次体验活动,我们可以了解到自己在哪个方面对自己的认识比较清楚,而哪些方面则比较模糊,进一步了解到自我意识指的是什么。

体验活动 6 - 2

自 画 像

活动目的: 通过画"自画像",进一步认识自我,展示"内心的我"。

活动步骤:

(1) 每人在 8～10 分钟内用一张 A4 纸画一幅"自画像"。

(2) 小组内交流"自画像"的含义,分享作画感受,同组成员可以提出问题。

(3) 小组选出代表展示"自画像"并分享活动感受。

6.1.2 自我意识包含哪些内容

通过以上活动，我们可能还不能全面了解自己。那么，我们了解自己主要从哪些方面开始呢？

关于自我意识的内涵，心理学家们做了很多研究，细化了很多部分。如美国实用主义心理学家詹姆斯把自我意识的结构分为躯体我、社会我、精神我三个部分；精神分析大师弗洛伊德则认为是由本我、自我和超我组成；我国台湾著名心理学家张春兴教授将自我意识的结构分为现实我、投射我和理想我等。综合目前的众多解释，我们认为要全面理解自我意识的结构，可以从下列三个方面来分析。

1. 自我认识、自我体验和自我控制

从意识活动的形式看，自我意识有认知的、情绪的和意志的三种形式或知、情、意三个维度。

（1）自我认识。

自我认识属于认知维度，是自己对自己以及与自己相关的人我、物我关系的感知、分析和评价；涉及的是"我是谁？""我是什么样的人？"的问题，它包括自我感觉、自我观察、自我观念、自我分析和自我评价等；正确的自我认识是良好自我体验的前提。

如李想同学认为自己是一个热情、开朗、简单、多才多艺的男生，能够胜任班级团支书的工作，同学关系融洽；平时没事的时候喜欢看看电影、听听音乐；学习成绩还可以，有专升本的打算；偶尔也睡个懒觉、上上网、打打球。对自己整体状态比较满意。那么，可见李想同学对自己的认识比较客观、全面。

（2）自我体验。

自我体验是自我意识在情感维度的体现，是一个人在情感上自我接受程度的内心表达；涉及的是是否悦纳自我和满意自我的问题，它包括自尊、自爱、自信、自卑、悦纳自我、排弃自我等。

如李想同学很喜欢自己现在的工作，认为此项工作既锻炼了自己又服务了同学；认为同学们也很认可他，有什么困难都找他帮助解决，心情很愉快。不过他觉得自己的生活有点儿"安逸"，缺乏激情和奋斗，未免感觉有点儿欠缺。李想同学对自己的认识比较全面，包括优点和不足，并且能够全面接受。

（3）自我控制。

自我控制属于意志维度，涉及"如何改进和完善自我""如何实现理想自我"等问题，包括自立、自主、自制、自强、自律等。

如李想同学是对口专业上来的，高中时的管理比较松散，大学却要求非常严格，包括出早操、打扫宿舍卫生、上晚自习等。但是他很快就适应了大学生活，并能给同学们做思想工作，做好班级管理。他自称自己也有很大进步，并从严格的学生管理中感受到了自律的好处，感觉自己成长了、独立了，自控能力提升了。李想同学的自我控制能力较强,并能够理性认识到如何利用外部环境帮助自我成长。

自我认识是自我体验和自我控制的基础,决定着自我体验的主导心境以及自我控制的主要内容;自我体验又强化着自我认识,决定了自我控制的行动力度;自我控制则是完善自我的实际途径,对自我认识、自我体验有着调节作用。三方面整合一致,相辅相成,便形成了完整的自我意识;此外,因为自我意识是人格的核心,因此三者的不同配置也会形成情态各异的人格特征。

2. 生理自我、社会自我和心理自我

从意识活动的内容和发展历程来看,可以把自我意识分为生理自我、社会自我和心理自我三个维度。这是个体自我意识成长的自然历程,也是自我意识成熟的一般路径。

自我意识首先是表现在对自我生理上的认识,然后在社会化进程中逐渐获得社会自我,最后在生理和心理机能日臻完善的时候获得心理自我。具体来说,生理自我是指个人对自己生理属性的意识,如身高、体重、容貌,以及温饱感、舒适感、病痛感等;社会自我指个人对自己的社会属性的意识,包括个人对自己在各种社会关系中的角色、地位、责任、权利、义务的意识等;心理自我是个人对自己的心理活动的意识,包括对自己的感知、记忆、思维、性格、气质、动机、需要、态度、价值观和行为等的意识。心理自我的产生标志着一个人的自我意识在功能上趋向成熟。

案例 6-1

有一个女生哭哭啼啼地来找老师请假,"老师,我想请假回家……""为什么?""我感觉不舒服,我想回家……""怎么个不舒服?""不知道,就是很难受,我想回家……""不会是发烧了吧?""不知道……"在老师要求下该女生测量了体温,竟然达到了39℃之高,而她自己居然不知道是怎么回事。她妈妈说她年龄比别的同学小,而且从来没有住过校,不知道怎样照顾自己。

案例中,该女生能够意识到自己的生理自我,但是心理自我不够成熟,基本能够明确社会自我的责任和义务——起码懂得去找老师请假,而不是私自离校回家。这个问题也是我们大学学生经常出现的问题:不觉得自己的心理自我不成熟有什么妨碍,反而沾沾自喜,把自己当成"孩子"来"宠"着。当我们面临毕业、走向社会,需要逐渐承担起家庭、社会上的责任时,往往就会出现巨大落差,造成心理上的不适应,进而影响我们的生活和工作,甚至一生的发展。

3. 现实自我、投射自我和理想自我

从自我观念的角度来看,可把自我意识分为现实自我、投射自我和理想自我三个维度。

现实自我是个人从自己的立场出发对自己目前的实际状况的认识;投射自我是个人想象中他人对自己的看法;理想自我是个人从自己的现实立场出发对将来的我的认识。理想自我虽非现实,但它对个人的心理和行为的影响很大,是个人行为的原动力和参照系。一个人理想自我是否能够实现与现实自我和投射自我的客观准确性关系密切,能正确地认识自我的现实基础和社会条件并以此为基石设计一个理想自我,这样的理想自我实现的可能性将大大提高。

案例 6-2

刘冰同学是一名文艺积极分子,她的梦想是当一名主持人。为了离自己的梦想更近一些,她积极参加学院组织的各项文艺比赛,包括主持人大赛、礼仪大赛等。通过参加比赛,她从各方面展示和提升了自己,得到了大家的认可。现在,她正计划着考取普通话证书,增加自己各方面的知识内涵,进一步提升自己的才艺,并积极承担着各类主持任务。同学们说,刘冰同学越来越有主持人的"范儿"了。

刘冰同学能够正确认识现实自我,比较与理想自我的差距,根据现实情况逐步拉近二者之间的距离。而理想自我也起到了设定目标的作用,为其现实行为起到了指引作用。

自我意识结构的真实结构不仅仅是知、情、意,生理、社会、心理,也不仅是现实自我、投射自我、理想自我的结合体,而是不同角度的抽象解说。在实际的功能表现中,自我意识的内容结构和形式结构是相互印证和相互促进的,在每一个内容结构中都同时存在着三个并列的形式结构。因此,可以说自我意识的内部结构是错综复杂而又相互作用的。

自我意识的结构(见表6-1)。

表6-1 自我意识的活动内容分类

项目	自我认识	自我评价	自我控制
生理自我	对自己身体、外貌、衣着、风度、所有物等的认识	英俊、漂亮、有吸引力、迷人、自我悦纳	追求身体的外表、物质欲望的满足,维持家庭的利益等
社会自我	对自己的名望、地位、角色、性别、义务、责任、力量的认识	自尊、自信、自爱、自豪、自卑、自怜、自恋	追求名誉地位,与他人竞争,争取得到他人的好感等
心理自我	对自己的智力、性格、气质、兴趣、能力、记忆、思维等特点的认识	有能力、聪明、优雅、敏感、迟钝、感情丰富、细腻	追求信仰,注意行为符合社会规范,要求智慧与能力的发展

体验活动 6-3

自我概念测验

这个小测试中的所有答案都没有对错与好坏之分。按问卷的顺序回答,不能漏答或误答。有些题目对你来说可能不是很熟悉,请根据你自己的理解来回答,不用过多考虑,在相应选项后打"√"。

(1) 总的来说，我为自己感到自豪。	是 □	不清楚 □	否 □
(2) 我不喜欢体育、体操和舞蹈之类的活动。	是 □	不清楚 □	否 □
(3) 我的学业非常好。	是 □	不清楚 □	否 □
(4) 我觉得身边所有的同学都比我出色。	是 □	不清楚 □	否 □
(5) 我觉得自己的长相很好看。	是 □	不清楚 □	否 □
(6) 我的学习和生活总是需要别人帮助。	是 □	不清楚 □	否 □
(7) 我是一个非常诚实的人。	是 □	不清楚 □	否 □
(8) 我经常觉得自己很差劲。	是 □	不清楚 □	否 □
(9) 周围的同学都很喜欢我。	是 □	不清楚 □	否 □
(10) 虽然我上了大学，但是我真的很笨。	是 □	不清楚 □	否 □
(11) 我做的大多数事情都做得很好。	是 □	不清楚 □	否 □
(12) 我的绝大多数朋友都长得比我好看。	是 □	不清楚 □	否 □
(13) 我做的事好像没有一件是不正确的。	是 □	不清楚 □	否 □
(14) 我的阅读能力很不好。	是 □	不清楚 □	否 □
(15) 总的来说，我做的事情绝大多数都是对的。	是 □	不清楚 □	否 □
(16) 我学习大多数课程都有困难。	是 □	不清楚 □	否 □
(17) 别人认为我长得好看。	是 □	不清楚 □	否 □
(18) 我没有多少值得骄傲的地方。	是 □	不清楚 □	否 □
(19) 我能做得和大多数人一样好。	是 □	不清楚 □	否 □
(20) 在绝大多数课程的学习中我都显得很笨。	是 □	不清楚 □	否 □
(21) 只要我一直努力，我想做的事几乎都能做成。	是 □	不清楚 □	否 □
(22) 我感到自己的人生没有价值。	是 □	不清楚 □	否 □
(23) 我觉得自己可以把事情做好。	是 □	不清楚 □	否 □
(24) 我是一个失败者。	是 □	不清楚 □	否 □

评分方法：

所有题目回答"不清楚"计 0 分。(1)、(3)、(5)、(7)、(9)、(11)、(13)、(15)、(17)、(19)、(21)、(23) 回答"是"计 1 分，回答"否"计 -1 分；(2)、(4)、(6)、(8)、(10)、(12)、(14)、(16)、(18)、(20)、(22)、(24) 回答"是"计 -1 分，回答"否"计 1 分。

结果解释：

总分数为 11~24 分：说明你的自我概念发展良好，你对自己的学业、身材外貌以及人际关系有比较积极的认识。如果分数过高，可能意味着你有些自负，容易过高地评价自己。

总分数为 -10~10 分：说明你的自我概念发展一般，你对自己的学业、身材外貌以及人际关系的自我认识比较适中。

总分数为 -24~-11 分：说明你的自我概念发展不太好，你对自己的学业、身材外貌以及人际关系的自我认识比较消极。如果分数过低,可能意味着你有些自卑,容易否定自己。

资料来源:林崇德,申继亮. 大学生心理健康读本[M]. 北京:教育科学出版社,2005:188-190.

6.2 自我意识与心理健康

自我意识不但是人认识客观世界、改造客观世界的前提,同时也是一个人能否获得主观幸福感、能否保证心理健康的关键所在。

6.2.1 完好自我意识是心理健康的主要标志

心理学家在界定心理健康的标准时,都将良好的自我认知作为心理健康重要的指标。如心理学家马斯洛和密特尔把有充分的自我安全感、能充分了解自己和恰当估计自己的能力作为两条重要的心理健康标准;奥尔波特认为健全人格应具备的特点包括扩展的自我、自我接纳与安全感;我国学者王登峰把"了解自我、悦纳自我"作为心理健康的首要指标。

完好的自我意识是心理健康的主要标志。只有客观准确地认识和了解自我,并对自己的经验持一种接受和开放的态度,才有可能充分发掘自己的潜能,以助其成才;反之,则会影响到身心健康和个人发展。

6.2.2 不良的自我意识影响个体的心理健康水平

处在相同的环境,面对同样的压力和挫折,不同的人有着不同的心理感受。这主要是因为影响人的心理健康的客观因素是通过个体的自我意识而起作用的。

自我意识越完善的人,其自我认知、自我体验和自我控制越能够协调一致地工作。他们对生活中的负面事件的认知比较客观,情绪体验适度并能积极地进行调解和控制。他们表现出较强的心理承受能力和自我调节能力,因此他们能够经常维持心理健康。

而自我意识不成熟或自我意识本身就有障碍的人,由于对自身都无法正确地认识,也就无法客观地分析、评价生活中的负面事件,要么产生歪曲的认知,要么情绪反应过激,要么缺乏行动的动机,因而他们的心理素质较差,心理健康水平也较低。

6.2.3 良好的自我意识可以促进个人的积极发展

首先,良好的自我意识可以促进主体不断完善人格。自我意识是人格的核心,一个具有健全人格的人通常是具有健康自我意识的人。一个人的人格完善是一个渐进的过程，而支撑这个渐进过程顺利进行的是个体的自我意识。可以说，人生的幸福和成功本质上就是通过自我意识不断实现人格完善的过程。

其次，良好的自我意识可以引导和调控主体成长成才。健康的自我意识在推进人成长成才方面起着导向、控制和监督教育的作用。个体通过正确的自我认识，确立较为合理的"理想自我"，这个"理想自我"会对个体的发展起到导向作用，是个体活动的动力和参照系。个体会在合理规划的基础上，对自己的注意力、情感、行为等加以控制，以实现自我的目标。在遇到阻碍和挫折时，个体会对自己的认识、情感、意志、行为等进行自觉反省，找到目标受挫的主客观原因，并重新调整认识，形成新的"理想自我"的内容，使"现实自我"和"理想自我"获得统一，从而继续发挥"理想自我"的导向、监督功能。

最后，良好的自我意识可以改善主体的生活状态。现实总是让不同自我意识水平的人呈现不同的生活状态。拥有健康自我意识的人，能正确认识自我并接纳自我，对自己的现状既能知足又有前进的动力和目标。而对于很多没有良好自我意识的人来说，他们对自己的生活状态都不是很满意，出现了很多"迷失自我"的困惑和烦恼。这样的人群痛苦的根源大多是不能认同自我或者不能适应环境。如有的人不能正确认识自己的能力，过高或过低评估了自己的水平，从而确立了一个不适合自己能力水平的目标，使得在目标实现的过程中，困难重重，甚至半途而废，让个体产生失望感和自卑感，而这样的情绪体验又带入下一次确立目标的过程，会让个体更加对自己的能力水平不信任，从而产生畏首畏尾、不敢前进的懈怠心理，甚至使个体的心理陷入一种自卑的恶性循环中。

总之，合理正确地认识自我，能够获得积极乐观的情感体验，从而使得自我调控机制成为人改善自身不足、重塑目标信心的中介，不断推动个体脱离现实的不良生活状态，迈向快乐幸福的道路。

课 堂 实 践

6-1 案例分析：他出现了什么问题

案例：

刚上大学时，李晓亚对于当学生干部没有什么想法。但是师哥们都看好他，鼓励他当好班委。在同学们的支持、肯定下，在不断的工作中，他找到了当学生干部的乐趣和追求。自此，他就将系学生分会主席的位置作为自己奋斗的目标。在大一一年中，他努力肯干，积极工作，得到了老师、同学和师哥们的认可，自己也很满意，觉得自己很有实力竞争主席一职。但是，事与愿违，最后只当选为副主席。

虽然事前老师和师哥们都给他打了"预防针",他也表示会想通和理解。但是,自从学生分会换届后,他再也没有了工作激情,整天无所事事,不知道干什么。而且,他认为自己干什么都不会成功,是个没用的人;控制不住情绪,总是和女朋友吵架;不高兴的时候特别想喝酒,舍友说他像是变了一个人。

他怎么了?出了什么问题?

思考:

如果你是李晓亚同学,你该怎么办?

解析:

李晓亚同学存在自我意识模糊的问题,不能客观、正确地认识自己。换届问题成了一个导火索,引发了其对自己的质疑:我是一个不会成功的人。由一个问题,概括了全部,典型的以偏概全,片面、偏激思维,未能全面、客观认识自己。此外,对于自我发展没有定位,当一个目标没有达到时,完全失去了方向,整天处在一种茫然、不知所措的状态。这是对于理想我和现实我差距调整的问题。

没有良好的自我意识,不能悦纳自我,也影响了他的人际关系、个人生活、学习、工作等。

6-2 心理测试:自我和谐量表

下面是一些有关个人对自己看法的陈述。选择时,请你看清每句话的意思,然后圈选一个数字来表示这句话与你现在对自己的看法的符合程度(1代表该句话完全不符合你的情况;2代表比较不符合你的情况;3代表不确定;4代表比较符合你的情况;5代表完全符合你的情况)。每个人对自己的看法都有其独特性,因此答案是没有对错的,你只要如实回答就行了。

(1) 我周围的人往往觉得我对自己的看法有点矛盾　　　　1　2　3　4　5
(2) 有时我会对自己在某方面的表现不满意　　　　　　　1　2　3　4　5
(3) 每当遇到困难,我总是首先分析造成困难的原因　　　1　2　3　4　5
(4) 我很难恰当表达我对别人的情感反应　　　　　　　　1　2　3　4　5
(5) 我对很多事情都有自己的观点,但我并不要求别人也与我一样　1　2　3　4　5
(6) 我一旦形成对事物的看法,就不会再改变　　　　　　1　2　3　4　5
(7) 我经常对自己的行为不满意　　　　　　　　　　　　1　2　3　4　5
(8) 尽管有时得做一些不愿意的事,但我基本上是按自己意愿办事的　1　2　3　4　5
(9) 一件事好就是好,不好是不好,没有什么可含糊的　　1　2　3　4　5
(10) 如果我在某件事上不顺利,我就往往会怀疑自己的能力　1　2　3　4　5
(11) 我至少有几个知心朋友　　　　　　　　　　　　　　1　2　3　4　5
(12) 我觉得我所做的很多事情都是不该做的　　　　　　　1　2　3　4　5
(13) 不论别人怎么说,我的观点绝不改变　　　　　　　　1　2　3　4　5

（14）别人常常会误解我对他们的好意		1 2 3 4 5
（15）很多情况下我不得不对自己的能力表示怀疑		1 2 3 4 5
（16）我朋友中有些是与我截然不同的人，这并不影响我们的关系		1 2 3 4 5
（17）与朋友交往过多容易暴露自己的隐私		1 2 3 4 5
（18）我很了解自己对周围人的情感		1 2 3 4 5
（19）我觉得自己目前的处境与我的要求相距太远		1 2 3 4 5
（20）我很少去想自己所做的事是否应该		1 2 3 4 5
（21）我所遇到的很多问题都无法自己解决		1 2 3 4 5
（22）我很清楚自己是什么样的人		1 2 3 4 5
（23）我很能表达我所要表达的意思		1 2 3 4 5
（24）如果有足够的证据，我也可以改变他人的观点		1 2 3 4 5
（25）我很少考虑自己是一个什么样的人		1 2 3 4 5
（26）把心里话告诉别人不仅得不到帮助，还可能招致麻烦		1 2 3 4 5
（27）在遇到问题时，我总觉得别人都离我很远		1 2 3 4 5
（28）我觉得很难发挥出自己应有的水平		1 2 3 4 5
（29）我很担心自己的所作所为会引起别人的误解		1 2 3 4 5
（30）如果我发现自己某些方面表现不佳，总希望尽快弥补		1 2 3 4 5
（31）每个人都在忙自己的事，很难与他们沟通		1 2 3 4 5
（32）我认为能力再强的人也可能遇上难题		1 2 3 4 5
（33）我经常感到自己是孤立无援的		1 2 3 4 5
（34）一旦遇到麻烦，无论怎样做都无济于事		1 2 3 4 5
（35）我总能清楚地了解自己的感受		1 2 3 4 5

评分说明：

各分量表的得分为其包含的项目分直接相加，三个分量表包含的项目为：

1. 自我与经验的不和谐：（1）、（4）、（7）、（10）、（12）、（14）、（15）、（17）、（19）、（21）、（23）、（27）、（28）、（29）、（31）、（33）；

2. 自我的灵活性：（2）、（3）、（5）、（8）、（11）、（16）、（18）、（22）、（24）、（30）、（32）、（35）；

3. 自我的刻板性：（6）、（9）、（13）、（20）、（25）、（26）、（34）。

将自我的灵活性反向计分，即选1得5分，选2得4分，选3得3分，选4得2分，选5得1分，再与其他两个分数相加。得分越高自我和谐度越低。在大学生中，低于或等于74分为低分组，75～102为分中间组，103分及以上为高分组。

资料来源：王丽焕，张录全，肖建伟．大学生心理健康教育教程［M］．北京：对外经济贸易大学出版社，2012：23．

项目7 高职学生的自我意识

案例导入

（1）小吴最近不知道怎么了，干什么都提不起兴趣来。学习，学习没有兴趣；玩，不知道玩什么；和女朋友也是吵吵闹闹，心情烦躁，想着还不如分了呢。很想规划一下自己的生活和目标，但是又只是停留在"想"上，感觉自己"糟透了"！

（2）晓玉是某学校大二学生，来自普通的农民家庭。一直以来，由于家庭贫困，她总是担心因缴不起学费而辍学。又觉得自己学习成绩不太好，没什么优点，不讨别人喜欢。晓玉感到大学生活非常灰暗，没有任何快乐，多次想退学，情绪低落，不能认真学习。

小吴对自己的认识不很全面，自我体验比较消极，想改变自己，自我控制能力又比较弱，自我评价较低，整天处在一种焦虑、矛盾当中。晓玉是由于家庭贫困带来了一定的压力，自己觉得很无助，因而产生自卑心理；由自卑心理又引发出许多不合理的观点，认为自己一无是处，从而更加孤独，陷入了一个自卑、孤独、抑郁的沼泽中不能自拔。

7.1 高职学生自我意识的发展规律

高职学生自我意识发展具有分化—矛盾冲突—统一的发展过程，具体体现如下。

7.1.1 自我意识开始分化，并且迅速发展

青年期自我意识的发展是从明显的自我意识分化开始的。高职学生进入大学后，在复杂的社会交往中，在与他人的比较中重新审视自己，对社会及自我的行为转向主要靠自己的人生价值尺度和认识能力来评判取舍和确定，开始意识到以前从来不曾注意到的有关"我"的许多方面和细节，对自己的内心世界和外部行为、对自己的角色和责任有了新的认识；同时，随着知识的增长、自主学习能力的增强，他们的自我意识进一步分化，一个完整的自我一分为二，成为两个不同的"我"。可以说，自我意识的分化是

自我意识开始走向成熟的标志。

从自我观察的角度，高职学生的自我意识的分化可以分为"主体的我"（我是什么，我做什么）和"客体的我"（别人怎样看我，对我的态度如何等）。处在观察者地位的是"主体的我"，被自己观察的是"客体的我"。这样，高职学生既是自我的观察者，又是被观察的对象。这就为高职学生客观地评价自己和他人，合理调节自身的行为和活动奠定了基础。

从自我发展状况的角度，高职学生的自我意识分化为"理想自我"和"现实自我"。"理想自我"即关于自己未来的总观点和总设想，"我希望成为怎样一个人"；"现实自我"即自己当前的形象和实际水平，"我现在是怎样一个人"。高职学生对未来充满信心，具有远大理想，抱负水平较高，成就欲望较强，"理想自我"发展相对较快；另外由于其自我观察、自我分析、自我评价能力还不成熟，因此"现实的我"往往落后于"理想的我"。这种矛盾与距离，往往使他们产生强烈的内心体验，陷入苦恼不安之中，感到焦虑痛苦，从而进入一个内心动荡不安、情绪体验错综复杂的时期。可以说，青年人的情绪波动有很大一部分是自我意识的分化所带来的。

应该说，高职学生自我意识分化而引起的矛盾冲突是正常的，它激发了高职学生奋发进取的积极性，加快了现实自我的发展，是高职学生心理迅速走向成熟而又未真正完全成熟的集中表现。但这些矛盾又容易使高职学生表现出某些思想、行为上的不适应和困难，影响到高职学生的心理发展和心理健康。对高职学生自我意识的研究表明，高职学生在不同阶段所表现出的各种心理障碍往往与自我意识发展的特点存在某种联系。如果分化后的自我迟迟不能趋近、统一，则会引起自我的分裂，导致一系列心理问题。

7.1.2 自我意识矛盾日益突出

由于自我意识的分化，"主体我"和"客体我""理想我"和"现实我"之间的种种矛盾开始出现，随着自我意识的进一步发展，这种矛盾也越来越突出。在这种矛盾心理的作用下，他们对自己的评价也常常是矛盾的，对自己的态度也是波动的，对自己的调控常常是不自觉的、不果断的。他们忽而看到自己的这一面，忽而又看到自己的另一面；时而能客观地评价自己，时而又高估或低估自己；时而感到自己很成熟，时而感到自己很天真；时而对自己充满信心，时而又对自己不满。他们常常会问自己"我聪明吗？""我的性格如何？""我有什么能力和特长""大家喜欢我吗？"等。经过一段时间的矛盾冲突和自我探究后，高职学生的自我意识就会在新的水平和方向上趋于一致，达到暂时的自我统一。然而新的矛盾又会产生，还需要不断地自我调控和自我探究。由于高职学生的这种自我调控能力相对较弱，过多关注自己，过于看重自己，而对他人、集体、社会考虑较少。

1. 主观自我与客观自我的矛盾

作为同龄人中能够接受高等教育的人，高职学生对自我有较高的积极评价，但由于他们远离社会，缺乏社会经验，在校园浓郁的学术与文化氛围中成长，对社会的了解缺乏客观的眼光与真实的体验。另外，随着高等教育大众化进程的推进，适龄青年接受高等教育机会的增加，社会对高职学生的评价更趋客观。高职学生回归本位，身上光环的消失也会使他们产生失落感。

2. 理想自我与现实自我的冲突

在现实生活中，理想自我与现实自我总是存在着一定的差距。合理的差距能够使人不断进步、奋发有为，但是，如果差距过大，则有可能引起自我的分裂，导致一系列心理问题。

3. 独立与依附的冲突

一方面，高职学生生理与心理的成熟使他们渴望独立，以独立的个体面对生活、学习与工作中遇到的问题，但由于长期的校园生活使他们应有的社会阅历与经验相对匮乏，当应急事件出现时，却又盼望亲人、老师和同学能够替自己分忧。另一方面，高职学生心理上的独立与经济上的不独立也形成了明显的反差。在他们迫切希望摆脱约束、追求独立的同时，却又不可能真正摆脱家长和老师的支持与帮助。特别是对于某些独生子女来说，由于长期受到父母的溺爱，独立与依赖的矛盾就表现得尤为突出。

4. 渴望交往与心灵闭锁的冲突

没有哪个时期比青少年时期更加渴望友情与爱情，更加渴望同辈群体的认同感与归属感。一方面，在这个时期，每个人都渴望着爱与友谊，渴望着交往与分享，渴望着自我价值得到实现，渴望着探讨人生的真谛，寻找人生的知己，希望成为群体中受尊敬与欢迎的人；然而另一方面，高职学生的自我表露又受到心灵闭锁的影响，总是不经意地将自己的心灵深藏起来，与同学有意无意保持着一定的距离，存在着戒备心理，不能完全敞开心扉交流与沟通思想。

5. 理智与情感的冲突

高职学生情绪的一个显著特点是容易两极分化，或高或低，波动性大，易冲动，不易控制。但随着身心的发展和认知水平的提高，高职学生渐渐成熟，在遇到客观问题时，既想满足自己情绪与情感的要求，又想服从于社会及他人的需求。特别是当遇到失恋等人生打击时，尽管理智上能够理解，却在感情上难以接受。自我意识的矛盾不断激化，出现混乱，妨碍良好自我意识形成的心理障碍，甚至酿成悲剧。近几年来发生的高职学生自杀事件中相当一部分就是由此心理问题所导致。

7.1.3 自我意识的矛盾转化不断进行，渐趋稳定统一

自我意识的矛盾冲突，常常会给高职学生带来不安或心理痛苦，他们总是力图通过自我探究来摆脱这种不安与痛苦。在自我意识的矛盾冲突中，高职学生的自我意识也在不断调整和发展，他们极易寻求新的支点，寻找自我意识的统一点，统合自我意识。自我意识的统一有多种形式，既有积极的、和谐的、有利于心理健康发展的统一，也有消

极的、不协调的、不利于心理健康发展的统一。

在自我意识"分化—矛盾—统一—新矛盾—新统一"转化发展过程中，高职学生自我意识不断发生重大变化，由刚进校的"依赖性"和"盲目性"渐渐转变为"想入非非"，到毕业前就显得沉稳多了。正是由于这种矛盾转化，使得高职学生自我意识发生了明显的飞跃，个体之间出现了不同的差异，自我意识也逐渐趋向成熟。

7.2 高职学生自我意识发展的特点

7.2.1 自我认知的发展特点

从关注自我外部特征转向对自我内在品质的关注。高职学生对自我的认识已经从对自身外部特点，如身体、容貌、仪表等的关注和探究，转向对自身内心品质，如气质、性格、能力、品德等的关注和探究。高职学生对诸如善良、真诚、热情、诚实、乐观、自尊、有理想、有上进心、勤奋学习、刻苦耐劳、尊敬老师、团结同学、心胸开阔、有同情心、助人为乐等心理品质有很高的认同度。这说明高职学生的自我意识在内涵和表现形式上都进入了一个新的境界。高职学生希望通过自己的努力来培养自己的能力，提高自己的修养，不仅关注自己的生理健康，更重视自己心理品质的塑造。更加认同和注重自我的社会属性。高职学生对自我社会属性，如社会归属、社会角色、社会价值、社会义务等的关注和探究，随着年龄的增长而日益成为重要的内容。无法接受现实、盲目与人攀比、缺乏知心朋友、缺乏展现自我的机会等都会使高职学生产生消极的自我体验，都可以使高职学生产生抑郁感。

而消极的自我体验又会影响自我认知，影响对待自我的行为意向。因此，高职学生想要维持良好的自我体验，让自己一直处在快乐的心境中，最好的方法就是让自己拥有一个积极乐观的认知方式，凡事从好处着眼，对未来充满美好期待，这样的认知必然会带来美好的情感体验和持久的行为动力。

7.2.2 自我体验的发展特点

高职学生自我体验的发展水平渐趋稳定。调查结果显示，高职学校各年级学生由于自我认识与评价能力的增高，自我体验仍在发展变化，低年级有所下降，但是高年级又有所提高。

高职学生的自我体验较为强烈。高职学生在自我评价和提高的基础上，认识到自我的价值、地位和作用，责任和义务感增强，自尊心有突出的表现，在学习和各项活动中争强好胜，一旦受挫和失败就会产生内疚和压抑的情绪。成功与失败都会引起高职学生强烈的情绪反应。

高职学生的自我体验敏感性大。青年期的学生对涉及自我的一切事物都非常敏感，特别是在与异性的接触中常常引起情绪的波动，在行为与自我形象的塑造上往往触景生情，通过想象抒发自己的灵感和生活的体验，因而在思维中经常流露出一些感触和遐想等。

7.2.3 自我控制的发展特点

在自我认识、自我体验的基础上，产生了个人对待自我的意向：是接纳自我，还是拒绝自我；是对自我严格要求，还是自由放任，任其发展；是不断完善，还是自暴自弃等。

独立自主的意向。大多数学生认为自己已是一个成年人，他们强烈要求像个成年人那样独立自主地行事，不愿受父母的约束和教师的训诫，希望按照自己所设计和选择的目标"走自己的路"，希望自己做自己的主人。

自我完善的意向。高职学生的思维多有理想化、完美性的倾向，这种自我完善、追求完美的愿望成为激励高职学生蓬勃向上的动力，但过分追求完美的意向，也可能带来不利的影响，必须善于适时适度地加以调整。

自我规划的意向。高职学生在刚进入大学的一段时间内，会有一个或短或长的适应期。而这个适应期很可能是一个痛苦的挣扎期，要么自甘沉沦，过毫无目标的浪荡生活；要么苦苦寻找，重新自我定位，合理确立新的目标。在这个过程中，高职学生的自我控制能力面临着严峻的考验。所以，在高职学生自我意识的培养过程中，针对那些有自我规划意向的学生要多加鼓励和支持，引导和督促他们按照自我的规划去实现自己的目标。

自我实现的意向。根据马斯洛的需要层次理论，人的最高需要是自我实现的需要，这是一个人的价值根本所在。接受着正规的高等教育，熏陶着浓郁的大学氛围，高职学生群体在心理上寻求自我价值的动机自然要比一般人群强烈得多。因此，在高职学生自我意识培养过程中，利用他们积极的人生追求和进取的人生姿态来感染和熏陶那些目标缺乏、动力不足的学生是不错的方法。

知识窗 7-1

高职学生自我意识的特点

1. 强烈关心自己的发展

高职学生围绕个人发展、个人和社会的关系，高职学生能够主动积极地探索自我。能自觉地把自我的命运和集体、国家的命运结合起来。

2. 自我评价能力趋于客观

由于各类知识增多,生活经验扩大,感性与理性趋于成熟,大多数学生对自己的分析、评价逐渐变得客观、全面。

3. 自我体验丰富而复杂

一般说来,学生自我体验的情绪情感基调是积极的、健康的。大多数学生喜欢自己、满意自己、自尊、自信、好胜。但是学生自我体验也比较复杂,他们的情绪敏感、闭锁,且有一定程度的波动性。

4. 自我控制的能力提高

高职学生自我控制的能力有很大提高,自觉性、坚持性、独立性和稳定性显著发展,有强烈的自我设计和自我规划的愿望,希望根据自我设计目标自觉调节行为。

5. 自我意识水平存在年级差异

不同年级的学生在自我的发展方面存在明显差异,呈"U"型变化趋势,大学一年级、三年级自我意识较高,而二年级是高职学生自我意识最低,内心矛盾冲突最尖锐、思想斗争最激烈、回顾与展望时间最多的时期,是高职学生自我意识相对稳定阶段中的不稳定时期,但也是一次新的上升时期,因此也称为高职学生自我意识发展的转折时期。

7.3 是谁影响了我

潜能培养——创造力

案例 7-1

有一个孩子本来很羞怯,上课不敢举手。一个偶然的机会,他站起来大声地回答了一个问题。碰巧他的老师是位有丰富教育经验的人。从那天起,他经常故意当着孩子的面对别人说,这个学生特别大胆,上课喜欢大声发言。不久,这个学生就彻底变了样,每回上课,总能看到他举得高高的小手。这个老师通过不露痕迹的教育艺术使学生形成了积极的"镜像自我"。

镜像自我指的是我们与他人交往时,别人反射给我们的关于自我的视像。儿童观察别人的脸色和反应来确定别人对自己的态度和评价,就像是把别人的表扬与反应当作镜子。由这种"镜子"可以了解到自己的形象,并形成自我概念或自我认识。

李敏在《当代大学生自我意识现状及教育研究》一文中提出,调查问卷结果显示,超过75%的大学生对"我在意如何在别人面前表现我自己"做了肯定选择,"我在意别人对我的看法"这一项,选择完全符合我和有些符合我的比例占到70.1%。

我们会发现,在我们自我意识形成、发展过程中,有很多因素影响到了我们。下面,我们通过一个活动来了解一下,有哪些因素影响到了我们。

体验活动 7-1

是谁塑造了我

请在各方格中简单描述不同人物对你的看法、评语及任何难忘的正面和负面的经历，探索自己的成长历程，发现不同人物在我们成长中起到的作用。

父亲眼中的我	母亲眼中的我	兄弟姐妹眼中的我
老师眼中的我	同学眼中的我	一位重要人物眼中的我

理想中的我	现实中的我

7.3.1 他人的影响

俗话说"当局者迷，旁观者清"。他人的评价是客观认识自己的一面镜子，可以帮助自己了解"现实自我"的形象，认识自己的长处和短处，知道自己在别人心目中是一个什么样的人，这既是作为建构"理想我"的依据，也是提高"现实我"的重要参考。

（1）他人的反馈。他人对个体品质、能力、性格等的清晰反馈，可以增强人们对自我的了解。当学生被老师告诫要更加大胆、更加主动、更加勤奋一些时，他便会从中得知：自己有些害羞，不够主动，学习不够勤奋，特别是当许多人的看法一致时，个体就会相信这种看法是正确的，从而确定自己是这样的人。

（2）反射性评价。在通过他人清晰地反馈了解自我的同时，个体还可以通过他人的态度与反应来了解自我。美国符号互动学者库利提出"镜中我"的概念，认为我们感知自己就像别人感知我们一样，镜子中的我或别人眼中的我就是我们感知的对象。我们常常依据别人如何对待我们来了解自己，这一过程称为反射性评价。大学生在与同学、老师交往中经常得到一些反射性评价，从而感知到"自我"。反射性评价对自我的形成起着重要作用。

模块三 自我探索与自我完善——自我意识

知识窗 7-2

乔韩窗口理论

美国心理学家约翰和哈里提出了关于自我认知的窗口理论，称为"乔韩窗口理论"。即每个人的自我都由四个部分组成：A. 公开的自我，B. 盲目的自我，C. 秘密的自我，D. 未知的自我。

他人	自我	
	认识到	未认识到
认识到	A. 公开的我	B. 盲目的我
未认识到	C. 秘密的我	D. 未知的我

一个人的 A 部分越大，自我认识就越客观准确，心理也就越和谐；B 部分较大表示对自我的认识存在偏差，可能夸大了自己的优点和缺点，盲目自负或自卑；C 部分较大暗示怕别人看清楚自己，进而否定自己，总是按照别人对自己的预期评价来表现自己，心理负荷很大；D 部分的存在使我们无法全面地认识自我。

7.3.2 社会模范的影响

成为一个什么样的人，总是离不开社会生活中各种人物尤其是自己心目中榜样的影响。中国有句俗语："近朱者赤，近墨者黑。"中国古代十分重视树立良好的社会楷模，"孟母三迁"就是一个很好的例子。不同的时代有不同的楷模，比如现在人人皆知的全国道德模范。他们代表了一个时代的良好精神和优秀品质，他们的事迹熏陶和感染着成长中的年轻人，尤其是我们大学生，可以通过一个个楷模的实际事例来规划自己的生活乃至人生。

7.3.3 网络世界的影响

网络世界的隐匿性、交互性、便捷性等为大学生进行信息搜集和信息交流提供了最为自由和广阔的平台。当学生操纵电脑、接收信息、处理信息和公布信息时，犹如"运筹帷幄之中"，发挥着自己的主动性和创造性，以一种前所未有的方式促进了自我意识的发展。大学生可以根据自己的喜好在网络世界中满足自己在现实生活中不能实现的愿望和要求。网络世界形成了一个近乎"完全自我掌控"的世界，对大学生自我意识的发展形成了巨大的挑战。

7.3.4 家庭的影响

家庭文化水平、家庭的整体氛围等会对一个人自我意识成长，乃至一生的发展产生巨大的影响。

随着独生子女的增多，家长的过分保护和顺从，使孩子过分依赖，其自我意识长期处于幼稚水平，导致其"自我中心"或"迷失自我"的不良倾向。

拓展阅读 7-1

《孩子从生活中学习》

［美］多萝西·劳·诺特

如果孩子生活在批评里，他们就学会谴责；
如果孩子生活在敌意里，他们就学会争斗；
如果孩子生活在恐惧里，他们就学会忧虑；
如果孩子生活在可怜里，他们就学会自怜；
如果孩子生活在嘲笑里，他们就学会畏缩；
如果孩子生活在嫉妒里，他们就学会妒忌；
如果孩子生活在羞辱里，他们就学会内疚；
如果孩子生活在鼓励里，他们就学会自信；
如果孩子生活在宽容里，他们就学会忍耐；
如果孩子生活在赞美中，他们就学会欣赏；
如果孩子生活在接纳中，他们就学会爱人；
如果孩子生活在认可中，他们就学会自爱；
如果孩子生活在赏识中，他们就学会立志是好事；
如果孩子生活在分享中，他们就学会慷慨；
如果孩子生活在诚实中，他们就学会真诚；
如果孩子生活在公平中，他们就学会正义；
如果孩子生活在亲善与体谅中，他们就学会尊重；
如果孩子生活在安全中，他们就学会信赖自己和周围的人；
如果孩子生活在友谊中，他们就学会世界是一块生活的乐土。

7.4 迷失的自我

青春期被称为"第二次诞生"的时期，是自我意识迅速发展和确立的阶段。大学阶段是个体自我意识急剧增长、迅速发展和趋于完善的重要时期。我们的许多心理问题，许多学习与生活中的烦恼，都与我们的"自我认识"有着密切的关联。不管是"自卑"、自我贬低，还是"自大"、自我夸张，都是我们心理生活中的缺陷和障碍，都是由于缺乏基本的自我认识能力所导致的。

7.4.1 自卑

自卑感是对自己不满，一种自我否定的情感，往往是自尊心屡屡受挫、缺乏自信的结果。产生自卑心理后，往往怀疑自己的能力，怯于与人交往，甚至还会封闭自己，即使原来经过努力可以达到的目标此时也会由于没有信心而主动放弃。

案例 7-2

小王是某高职院校的学生，他来自偏远的山区，家庭贫困，自幼多病，凭着自己的刻苦努力和天资聪颖，考上了高职。本来他应该充满希望地开始新的学习和生活，可是，上学一段时间之后，他开始逐渐悲观失望起来。

原来，他把自己与周围众多的来自城市的同学加以比较，发现自己在许多方面与他们相差悬殊。例如，城市的学生英语基础较好，而他在家乡没有条件接受英语的听力练习，口语和听力很差，学得十分吃力；城市的学生善于交际，对不同的人讲不同的话，与很多人都能交朋友，而他的交际方式单一，与别人很少交往，感到孤独；城市的学生多才多艺，打球、唱歌、跳舞、使用电脑等学起来都很快，而他从身体到头脑接受这些都比别人差得多；此外，在经济上和生活上的差距就更明显了。

于是，小王就认为自己永远无法与别人相比，没有能力在各方面令自己满意，无论怎样努力也难以获得成功。从此，高职的学习和生活对他来说成为沉重的负担和压力，他逐渐失去了以往的自信与自尊。

资料来源：聂曲本册. 大学生心理健康教育（下）：高职学生心理问题疏导 [M]. 北京：中国传媒大学出版社，2009.

小王对自己的认识不够客观、全面，只看到自我缺点而忽略了自我长处，不喜欢自己、不能容忍自己的缺点和弱点，否定、抱怨、指责自己，看不到自己的价值，或夸大自己的不足，感到自己什么都不如他人，处处低人一等，丧失信心。

小王应认识到自卑心理对生活产生的危害，并鼓起有勇气和决心改变自己。首先要客观、正确、全面地认识自己，无条件接受自己，欣赏自己的所长，并且能够接纳自己的短处，做到扬长避短。然后要学会正确归因，有针对性地提高自己的能力。

7.4.2 自负

自负是指过高地估计个人的能力，自我评价过高，过度自信，导致失去自知之明。

自负的人不善于向他人学习，一意孤行，结果常以失败告终。

案例 7-3

张晓飞是某高职学院大三学生，参加高职学生就业招聘会时，尽管硕士生、本科生如云，他一点都不怯场，显得信心十足。他学的是工商管理专业，在校期间的文化成绩和实习成绩都很好。因此，他自认为自己各方面条件都不错，知识广博，人又机灵，最值得他自豪的是有一个灵活的头脑，有一张灵巧的嘴，不论在何人面前，对什么事都能侃侃而谈，发表一通宏论，大有指点江山之势。在招聘会上，他自恃口才不错，实力不俗，因此，在与招聘单位面谈时自我感觉良好。他说："我这样的人，放在什么地方都用得上，我能够适应各种工作……如果需要我去收拾一个烂摊子的话，我相信我有能力很快改变局面。"一番海阔天空的高谈阔论以后，当问到他的个人爱好和特长是什么时，他竟不假思索地宣称："遍游世界"和"侃大山"。结果，所有用人单位都把他拒之门外。

资料来源：聂曲本册．大学生心理健康教育（下）：高职学生心理问题疏导［M］．北京：中国传媒大学出版社，2009.

大学生要克服自负，首先要看到自己的不足，承认自己也需要不断完善；其次，要看到他人的长处，欣赏他人的独特性；最后，多与他人交往，以开放的心态尊重和认真对待来自他人的反馈意见。

7.4.3 以自我为中心

以自我为中心的人凡事从自我出发，只关心自己，先替自己打算，不顾他人的感受和需要，有时会把自己意志强加于人，不易赢得他人好感和信任，人际关系不和谐，易遭受挫折。

案例 7-4

H 同学是某高职学院二年级学生，因心理困惑找到心理老师。他认为一直以来，周围的人都对自己不满，很多人都不喜欢他，现在同学很少和他来往，有事也不找他，觉得很孤单。他举了一个例子：

"一次，有一个不是很熟的同学找我帮忙，之后他请我吃饭，我推辞不掉后就答应了。请客那天因为我没有吃早饭，临近中午时就特别饿，我就在同学请客的饭馆点了一碗面条，打算一边吃一边等他，结果他发现我在吃面条非常生气，说我这样做是不给他面子，而且责问我，是不是以为他请不起客。其实我根本没有那个意思，我觉得饿了就吃一点，这很正常嘛。"

资料来源：聂曲本册．大学生心理健康教育（下）：高职学生心理问题疏导［M］．北京：中国传媒大学出版社，2009.

H 同学应该摆正自己的位置，既重视自己也不贬抑他人，自觉地把自己和他人、群体结合起来，走出自我的小天地；实事求是、恰如其分地评估自己，多设身处地地从他人的角度思考问题，尊重他人感受，关心他人。只有这样，才能走出自我中心的小圈子，改善自己的人际关系。

7.4.4 苛求完美

过分追求完美是指苛求自己，自我期待过高，在不必要的小事和细节上投入时间和精力，从而造成紧张、焦虑等负性情绪体验。

其主要表现为：对自己持有过高的要求，期望自己完美无缺，却不顾自己的实际状况。不能容忍自己"不完美"的表现，对自己"不完美"的地方过分看重，甚至把人人都会出现的、人人都会遇到的问题都看成是自己"不完美"的表现。

高职学生自我意识发展过程中比较容易出现问题或缺陷，而且这些问题的表现是多种多样的。这些问题的出现很可能导致人际交往困难、社会适应能力差、学习动力不足等不良后果，并进而影响到大学生人生的发展道路。

课 堂 实 践

7-1 心理测试：自尊

请在符合自己情况的选项上画"√"。
（1）我感到我是一个有价值的人。　　　　　　是□　　不清楚□　　否□
（2）我觉得自己总是一个失败者。　　　　　　是□　　不清楚□　　否□
（3）我觉得自己身上有许多优秀的品质。　　　是□　　不清楚□　　否□
（4）我感到自己值得自豪的地方不多。　　　　是□　　不清楚□　　否□
（5）我能把大多数事情做好。　　　　　　　　是□　　不清楚□　　否□
（6）我确实时常感到自己一无是处。　　　　　是□　　不清楚□　　否□
（7）我对自己的缺点持接受态度，同时努力改正它。是□　不清楚□　　否□
（8）我经常为他人不尊重我而烦恼。　　　　　是□　　不清楚□　　否□
（9）总的来说我对自己是满意的。　　　　　　是□　　不清楚□　　否□
（10）我时常觉得失去了生活的目标。　　　　　是□　　不清楚□　　否□

计算方法：
所有题目回答"不清楚"的计 0 分。
奇数题：(1)、(3)、(5)、(7)、(9) 回答"是"计 1 分，回答"否"计 -1 分。

偶数题：(2)、(4)、(6)、(8)、(10)回答"是"计-1分，回答"否"计1分。

结果解释：

总分数为5~10分：说明你的自尊水平比较高，有着较强的自我价值感，比较接纳自我。

总分数为-4~4分：说明你的自尊水平处于中等水平，有一定的自我价值感。

总分数为-10~-3分：说明你的自尊水平比较低，缺乏自我价值感，不太接纳自我。

7-2 心理测试：自信

你对自己了解吗？你对自己有信心吗？下面的小测试可以帮助大学生更好地了解自己的自信心。

(1) 没有人赞同我，我仍然会冷静地坚持到底。　　　　　　　是□　否□
(2) 我不满意自己的容貌。　　　　　　　　　　　　　　　　是□　否□
(3) 当别人对我态度不好时，我的情绪不会受影响。　　　　　是□　否□
(4) 我很不欣赏自己。　　　　　　　　　　　　　　　　　　是□　否□
(5) 我乐意接受别人对我的批评。　　　　　　　　　　　　　是□　否□
(6) 我觉得自己不优秀。　　　　　　　　　　　　　　　　　是□　否□
(7) 我觉得自己是个有能力的人。　　　　　　　　　　　　　是□　否□
(8) 参加演讲比赛之类的活动时，我心里总是没底。　　　　　是□　否□
(9) 我是个受欢迎的人。　　　　　　　　　　　　　　　　　是□　否□
(10) 我觉得自己缺乏魅力。　　　　　　　　　　　　　　　　是□　否□
(11) 我不喜欢与他人攀比。　　　　　　　　　　　　　　　　是□　否□
(12) 我总觉得自己将来很难有所作为。　　　　　　　　　　　是□　否□
(13) 我很少为了讨别人喜欢而打扮自己。　　　　　　　　　　是□　否□
(14) 我经常勉强去做自己不愿意做的事情。　　　　　　　　　是□　否□
(15) 我不喜欢他人安排或支配我的生活。　　　　　　　　　　是□　否□
(16) 我认为自己的缺点很多，优点很少。　　　　　　　　　　是□　否□
(17) 我经常认真听取别人的意见。　　　　　　　　　　　　　是□　否□
(18) 我总是回避与别人交往。　　　　　　　　　　　　　　　是□　否□
(19) 我的记性非常好。　　　　　　　　　　　　　　　　　　是□　否□
(20) 学习中遇到难题，我总是求助他人。　　　　　　　　　　是□　否□

计算方法：

奇数题：(1)、(3)、(5)、(7)、(9)、(11)、(13)、(15)、(17)、(19)回答"是"计1分，回答"否"计0分。

偶数题：(2)、(4)、(6)、(8)、(10)、(12)、(14)、(16)、(18)、(20)回答

"是"计0分,回答"否"计1分。

结果解释:

总分数为14~20分:说明你更倾向于积极地看待自己,对自己信心十足,明白自己的优点,对自我的评价比较高。

总分数为7~13分:说明你的自信心比较适中,对自己的评价不过高,也不过低,偶尔表现出缺乏信心的情况。

总分数为0~6分:说明你对自己的评价比较低,显得对自己不太有信心,过于谦虚或自我轻视。因此,你可能过分关注自己的缺点或不足了,你需要多关注一些自己的优点和长处。

项目8　自我成长与自我完善

案例导入

小李是某大学二年级学生。大一时，他积极参加学院组织的各项活动，对大学的生活充满了希望和设想。但是，经过一年的"奋斗"，他的设想都"破灭"了：学习不仅没有进步，反而出现了挂科的现象；想进学生会发展，结果也没有得到认可；想培养自己的兴趣爱好，感觉学起来很难……现在，感觉干什么都没有劲头，整天浑浑噩噩地过日子，与以前忙碌、积极的他判若两人。"自己是个没有毅力的人吗？""自己是个没有能力的人吗？"他不清楚，也不知道该怎么办。

面对这样的情况，小李需要重新全面、客观认识自我，重新自我定位，重新设定目标，明确自己该干什么，该如何进一步完善自我。如果只是一味地在疑惑中质问自己，在焦虑中度过时光，那么身心都会受到损害，不利于自身发展。

8.1　正确认识自我

拓展阅读8-1

鹰从山崖上飞下来，以非常优美的姿势俯冲而下，把一只羊羔抓走了。一只乌鸦看见了，非常羡慕，心想："要是我也能这样去抓一只羊，就不用天天吃腐烂的食物了，那该多好呀。"于是乌鸦凭借着对鹰捕食的记忆，反复练习俯冲的姿势，也希望像鹰一样去抓一只羊。某天，它觉得练习得差不多了，呼啦啦地从山崖上俯冲而下，猛扑到一只羊身上，狠命地想把羊带走，然而自己的爪子却被羊毛缠住了，拔也拔不出来。尽管它不断地使劲拍打翅膀，但仍飞不起来。牧羊人看到后，跑过去将它一把抓住，剪去了它翅膀上的羽毛。傍晚，他带着乌鸦回家，交给了他的孩子们。孩子们问这是什么鸟，牧羊人回答说："这确确实实是一只乌鸦，可是自己却要充当老鹰。"

这只学习鹰的乌鸦，没能正确认清自己和鹰的差距，虽然有了目标，但是仍然无法实现。就像我们个人，没有正确认识自我，就不能更好地发展自我、完善自我。

正确认识自我，就是要全面地了解自我，客观评价自我，不能过高或过低，要把握自己与他人、与群体的关系，认清自己在社会生活中所处的位置，对自我作出恰如其分的评价。

正确认识自我是建立健全自我意识的基础，有利于调适现在的我和构建未来的我。德国著名作家约翰·保罗曾说："一个人真正伟大之处，就在于他能够认识自己。"如果一个人能对自己有一个全面、正确的认识和评价，就能够扬长避短，取长补短，根据自己的实际情况，选择相应的目标为之努力奋斗。下面，我们就介绍一些正确认识自我的方法。

8.1.1 借助他人来认识自我

心理学家认为，当一个人的自我评价与别人对他的客观评价有较大程度的一致性时，表明他的自我意识较为成熟。了解他人对自己的看法，常有助于发现自己忽视的问题。

"以铜为镜，可以正衣冠；以古为镜，可以知兴替；以人为镜，可以明得失。"个体可以通过他人对自己的态度、期望、评价来进一步认识自己。

大学生在认识自我的过程中，往往受到自身的经验和阅历的限制，导致对自己的认识不够深刻，不够全面，不能真正了解自己的长处和优势、缺点和不足，因此，可以通过别人对自己的评价来修正自我认识。下面，我们通过一个活动来认识一下自己。

体验活动 8-1

别人眼中的我

（1）每个同学准备一张白纸，用双面胶固定在自己的后背上。

（2）请认真思考，并客观地将对这个同学的评价写在这张纸上，如"在我眼中，你是一个……的人"。

（3）所有人写完后，自己查看自己的那张纸。看一看别人眼中的自己和自己眼中的自己有差别吗？差别在哪里？

当然，面对别人的评价，我们要有能力正确分析，有自己的判断，不能简单地接受他人的评价，需辩证地看待。听什么就信什么的人，难以获得正确的自我认识。

体验活动 8-2

自我认识

活动步骤：

（1）老师发给每位学生一张白纸。

（2）学生两两分组，一人为甲，一人为乙（最好是不熟悉的同学为伴）。

（3）甲先向乙介绍自己是一个什么样的人，乙则在纸上记下甲所说的特质，历时两分钟。

（4）老师宣布活动的规定为：自我介绍者在说了一个缺点之后就必须说一个优点。两分钟之后，甲乙角色互换，由乙向甲自我介绍两分钟，而甲做记录。

（5）再两分钟后，老师请甲乙两人取回对方记录的纸张，在背面签上自己的名字，然后彼此分享做此活动的心得和感受，并讨论自己的优点与缺点，何者较为困难？为何会如此？

8.1.2 通过比较来认识自我

1. 在与他人的比较中认识自我

有比较才有鉴别。他人可以给我们提供一个参照的标准，与他人比较可以让我们更客观地认识自我，并且激发出超越自我的动力。

与他人比较，最重要的是要选定恰当的而不是盲目的参照系。同时还要学会用辩证的方法去看待自己和他人，比较的视野越广阔，方法越科学，自我定位就越恰当。恰当地与他人比较且能够正确评估自己的人，可以做到既不妄自尊大，也不妄自菲薄，从而能合乎实际地确定自己的奋斗目标和行动计划。

2. 通过自我比较来认识自我

现在的我和过去的我相比较。人最大的对手其实是自己，战胜了自我就是对自己最好的肯定。关注自己的进步，挑战自我，战胜自我，就是永远的胜利者。经常告诉自己：只要每天进步一点点，时间长了就会进步一大截。如我这次英语考了58分，虽然没有及格，但是已经比上次有了进步，说明近段时间坚持看英语有了效果，那么这次考试就是成功的！

现实的我和理想的我相比较。理想的我是个人想要达到的完美形象，是个人追求的目标，是自我发展的动力和方向。现实的我是对现实中自我的各种特征的认识。相比较二者之间会存在一定的差距，合理的差距可以促使人不断奋斗、向理想靠近；若差距过大，则会引起沮丧甚至是失望、无助。

8.1.3 经过反省来认识自我

大学生可以通过自我反思和自我观察的方式，来提高对自我的认识。无论是学习、工作，还是人际交往方面，大学生都要经常对发生在自己身上的事情进行观察和思考，自我剖析，自我检查，看看在这些事情上自己哪些方面做得好，哪些方面做得不够好或者做得不对，然后总结经验教训，形成正确的自我认识。

要引导大学生学会自省，经常检查自己行为和动机正确与否，行为过程中有什么不足，结

模块三 自我探索与自我完善——自我意识

果如何,有哪些收获和缺憾,从中发现长短得失,以便他们有的放矢地进行自我调整。

8.1.4 以活动成果来认识自我

活动成果的价值有时直接标志着自身的价值。社会衡量一个人的价值主要是通过活动成果认定的。理想的活动成果可以提高个体进一步认识自我的能力,发现自我的价值,从而开发潜能、激发自信。大学生在认识自我时,也可以用活动成果来检验自我认识是否正确。如果认为自己有主持人的才能,那么,给自己争取一个当主持人的机会,看看自己能不能胜任这个工作?看看工作效果如何?是不是能得到大家的认可?

无论我们是以哪种方式来认识自我,我们都需要客观、辩证、发展地看待问题,既不能过高地评价自我,也不能过低地评价自我。同时,我们也要积极地认识自我。心理学研究发现,积极认识自我和正确认识自我一样,同样有益于心理健康。积极认识自我的人,对未来的看法更积极,拥有更多的幸福感;对自己和他人的评价更高,有更满意的人际关系;能挑战更有创造性的工作;在面对压力时,更能采取积极的措施。

8.2 愉快接纳自我

体验活动 8-3

(1) 当你看到别人做某类事情时,你心里也有一种热切的召唤感——我也想做这件事!_____

(2) 如果你可以成为某一方面的专家,你觉得最可能是在哪个领域?_____

(3) 你做哪类事情时几乎是自发地、无师自通地就能完成?_____

(4) 你做哪类事情时不是一步一步,而是一气呵成的?_____

体验活动 8-4

一分钟拍手团体心理游戏

工具:粉笔、铅笔、纸张、计时器一个。

活动步骤:

(1) 首先在活动之前请同学们预估一下自己在一分钟内能拍几次手,并把自己想到的数字写在黑板或纸上。

(2) 选出一名同学负责计时,并宣布计时开始。

(3) 从计时开始,同学们开始尽全力去拍手,数出自己能在一分钟内拍手次数。

(4) 时间结束后学生记录自己现实中拍手的次数,接下来进行小组讨论设想的次数与实际次数存在多大差别,为什么。

拓展阅读 8-2

啄木鸟为什么啄树干

在百鸟歌咏大会上，啄木鸟名落孙山，它非常伤心。年迈的母亲说："唉，别伤心了！谁让老祖宗给我们留下这又长又大的嘴巴呢。"啄木鸟听了母亲的话就更恼火了，心想："就是这嘴巴害我成不了歌唱家，哼。"于是，它飞出去落在一棵将要干枯的树上，放声大哭起来，一边哭一边还用嘴巴啄树干："就是这嘴巴，就是这嘴巴，呜呜，我要啄，把这又大又长的嘴巴啄断！"小松鼠见了，连忙劝他说："好了，你快别啄了。"啄木鸟一边啄一边说："我要把嘴插进去，叼出里面所有的甲虫和毛毛虫。"小松鼠看它这股傻劲儿只是摇了摇头。一会儿，啄木鸟果然叼出了一条条甲虫和毛毛虫。松鼠见了高兴得跳了起来："你把虫子叼出来，让树免受虫的危害，这是给树治病啊！"从此，啄木鸟再也不恍惚、不自卑了，它整天穿梭在森林中，为受虫害所困的树木治病，当起了森林医生。

啄木鸟接受了自己不能当歌唱家的现实，承认自己嘴巴的不足，发现了嘴巴的特殊功能，高兴地当起了森林医生。我们生活中是不是也能和啄木鸟一样，认识到自己的不足和优势呢？是不是也能很愉快地接纳自我呢？

8.2.1 悦纳自我

我们都希望别人喜欢自己、接受自己，那么我们是不是接受自己呢？是不是像啄木鸟刚开始一样讨厌自己的长嘴巴呢？所以，我们首先要做的事情就是发现你的优势、正视你的不足，悦纳自我。

下面，我们先通过一个活动来看看自己的优点在哪里。

体验活动 8-5

优点大轰炸

（1）选定一位同学作为轰炸对象。然后，每个人在纸上给这位同学写上优点。格式可以是："××：你很诚实。因为上次……"表达得越清楚，轰炸越有力。

（2）让这位同学站在讲台前面，其他的同学说一说他的优点是什么。

（3）在听完优点后，请这位同学谈谈自己的感受。

（4）做完这个活动，你有什么感受？

_____
_____

马克·吐温曾经在商海屡试屡败,导致血本无归,负债累累。后来他重新认识了自己,毅然弃商从文。敏锐的眼光、独特的思维和辛辣的文笔使马克·吐温享誉文坛。高职学生也要学会悦纳自我:

(1) 接受自己,喜欢自己,觉得自己独一无二,有价值感、自豪感、愉快感和满足感;

(2) 乐观地对待生活,对未来充满憧憬;

(3) 平静而又理智地看待自己的长处与短处,冷静地对待自己的得与失;

(4) 树立远大的理想,并以此激励自己不断地克服消极情绪;

(5) 既不以虚幻的自我补偿内心的空虚,也不以消极回避漠视自己的现实,更不以怨恨自责以至厌恶来否定自己。

8.2.2 以发展的眼光看待自我

心理学家做过一个这样的实验:将一只跳蚤放进一个没有盖子的杯子中,结果跳蚤轻而易举地跳出了杯子。紧接着,心理学家用一块玻璃盖住杯子,于是,跳蚤每次往上跳时,都因为遇到玻璃而跳不出去。过了一些时候,心理学家把这块玻璃拿掉,结果跳蚤再也不愿意跳了,自然也就没有跳出杯子。

跳蚤的失败在于它没有看到外界环境的变化,没有用发展的眼光看待问题。有时,即使外界条件没有变化,我们自己也会发生变化。

马戏团的大象在小的时候,驯象师就用绳子把它拴在桩子上。由于当时力量小,经过多次挣扎也无法将木桩拖出。长大后,大象仍然可以很安分地被拴在桩子上。

其实大象的力量已经很大了,完全可以挣脱木桩,但是经验告诉它:木桩是无法挣脱的。所以,它根本就没有想过去挣脱眼前的束缚,放弃了挣脱木桩的念头。我们在日常生活中有没有犯跳蚤、大象的错误呢?

8.2.3 积极的自我暗示

拓展阅读 8-3

从前,有一个王子,长得十分英俊,但他却是一个驼背。他请了许多名医治自己的病,也没有治好,这使王子很自卑,不愿意在大众面前露面。国王非常着急,专程请教国中的智者,智者帮他出了一个主意。回来后,国王请了全国的雕刻家,刻了一座王子的雕像。刻出的雕像没有驼背,后背挺得笔直,脸上充满了自信,让人一见就觉得光彩照人。国王将此雕像竖立在王子的官殿前。当王子看到这座雕像时,他心中像被大锤撞击了一下,心里产生了一种强烈的震撼,流下泪来。国王对他说:"只要你愿意,你就是这个样子。"以后王子时时注意着要挺直后背,几个月后,见到的人都说:"王子的驼背比以前好多了。"王子听到这些话,更有信心,以后更注意时时保持后背的挺直。有一天，奇迹发现了，当王子站立时，他的后背是笔直的，与雕像一模一样。

自我暗示是一个人内心的"自我谈话"，代表一个人对自己的看法。积极的自我暗示可以激发人的潜能和活力，具有巨大的力量。而消极的自我暗示可误导个人的判断和自信，使人生活在幻觉当中不能自拔。生活中，我们要善于运用积极的自我暗示、自我鼓励、自我安慰，从而激发心理能量。

体验活动8-6

消极语言、积极语言大作战

日常生活中，你是否使用着过多的消极语言，而导致你对自己的信心不足呢？如果试着用积极的语言来代替，你的心情是否会发生变化呢？

消极语言：　　　　　　　　　　　　积极语言：

"我长得太胖。"　　　　　　　　　　"我长得偏胖。"

"我不能上台讲话，我会很紧张。"　　"我可以上台讲话。"

"我没有什么优点和特长，我一无是处。"　"每个人都有自己的优点，我也是。"

请列举你曾经使用过的消极语言，并将其转变为积极语言：

_____　　　　　_____

_____　　　　　_____

_____　　　　　_____

正如歌中唱道："我就是我，是颜色不一样的烟火。"我们不论是胖是瘦、是高是矮，我就是我。我喜欢现在的我，我也会变成更优秀的我。这，就是悦纳自我。

心理研究表明，心理健康者更多地表现出对自我的接受和认可，而心理障碍者则明显表现出对自我的不满和排斥。有些大学生对自己的容貌、性格、才能、家庭等某一方面或几个方面不满，而又无力改变，便产生自我排斥的心理。这是心理幼稚的一种表现。人总要对自己有所肯定又有所否定，并且在自我意识的发展中建立起二者的动态平衡。否则，对自己不满过于强烈，就会加剧心理矛盾，产生持续紧张的心理，这样不仅会使个体感到活得很累，还可能引发心理问题，严重的可能产生悲剧。悦纳自我是增进健康的自我意识的关键和核心。

8.3　积极完善自我

青年人被形容成初升的太阳，朝气蓬勃应该是他们最显著的精神面貌特征。但是，在大学校园中，不乏存在这样的同学，他们看上去对什么事情都提不起兴趣，觉得学习没劲、工作没劲、交往没劲……做什么事情都没精打采，总是无所事事，一天到晚不去争取或努力去做些有利于自我发展的事情，而是浑浑噩噩地度过每一天。

然而，在内心深处，我们都愿意做一个奋发进取、积极向上的人，都愿意积极完善自我、发展自我，那么，我们应该怎么做呢？

8.3.1 培养进取心

我们总是困惑于缺乏进取心，渴望自己能利用好美好的大学时光。然而，我们总是想得多，做得少。"一万个零抵不上一个一，一万次空想抵不上一次行动。"我们必须以我们的实际行动来衡量自己。

拓展阅读 8-4

走下赛场开启人生新一页

当赛场上的辉煌渐成过去，退役运动员需要在更广阔的生活空间中创造属于自己的灿烂；如果能够找准方向，坚持学习，不断完善自己，就有可能在社会上闯出属于自己的一片天地。

日前，女排前国手赵蕊蕊的科幻小说《彩羽侠》入围了第四届全球华语科幻星云奖最佳长篇科幻小说的候选名单，引发关注。

从女排名将到科幻作家，赵蕊蕊退役后的人生选择或许会让很多人感到意外。她没有依靠自己在排球界积累的经验和名气继续留在体育圈打拼，而是选择一个新的领域，这为其他运动员退役后的人生规划带来了启示。

……

从容告别昔日的辉煌，退役后运动员如果能够找准方向，坚持学习，不断完善自己，就有可能在社会上闯出属于自己的一片天地。希望今后像赵蕊蕊这样成功转型的选手越来越多，运动员在退役之后走出的道路越来越宽广。

资料来源：从女排到作家　赵蕊蕊转型带来启示［N］.人民日报，2013-07-10.

首先，找准方向，选择自己所喜爱的"事业"。

做自己喜欢的事情，才能在学习和工作中充满激情，充分发挥出自己的潜能。当我们作出选择时，不要完全被父母的期望、社会的价值观和朋友的影响所左右。应该让自己多接触不同领域的人，多尝试不同领域的活动，以找到自己的最爱。

其次，树立长远目光，制定合理的短期目标。

"有志者立长志，无志者常立志。"要想完善自我，我们既要有合乎实际的长远目标，又要有切实可行的短期步骤。

合理定位理想我。理想我的确立为现实我的发展和努力指明了方向。因此，大学生在确立理想我的时候，要从实际出发，结合自身的智商、知识水平、学习能力、生活经验等各方面的条件，确立一个适合自己的奋斗目标，合理定位理想我。目标定得太高，容易产生挫折、失败、不自信之类的消极情绪，目标定得过低，轻而易举地实现，不能很好地体现自己的人生价值。只有合理的目标，才能促进大学生坚持不懈地努力，最终实现自己的目标。

案例 8 - 1

小丽决定在大学期间考过英语四级，于是她给自己制定了一个目标："每天晚自习记 20 个英语单词。"第一天，她做到了。第二天，也做到了。……有一天，她要去参加演讲比赛，没能完成任务。接着轮到她检查自习情况，又耽误一个晚上……小丽对自己充满了质疑："我还可以完成自己制定的目标吗？还能通过四级吗？"

有了奋斗目标，就要想办法将它实现。把远大的理想分解成一个个远近高低不同的子目标，由近及远，由低到高，循序渐进，逐步加以实现。关键是每个子目标都应适当、合理，经过努力可以达到，否则会丧失信心。

最后，做好自我监督和调整。我们制定了目标，最重要的就是如何去实现它。那么，自我监督和调整就显得格外重要。

8.3.2 培养顽强的意志品质

拿破仑曾说："胜利在最后五分钟"。我们大学生在确立了合理的理想我之后，就要通过不懈的奋斗去努力实现。在奋斗的过程中，会有各种各样的干扰，不要因为一次失败而灰心丧气，否定自己，放弃理想。很多时候，越是到了困难时，就越是接近成功。所以，遇到困难时要对自己说："再坚持一下吧，可能成功就在前面一点点。"

我们还可以有意识地找一些活动来锻炼自己的意志品质，如长跑等体育项目，是非常有效的方法。我们大学生现在缺少的就是这种吃苦耐劳的精神、这种坚持到底的拼搏精神，所以，我们可以多参加一些活动来锻炼自己。

8.3.3 学会分享和团队合作

现在的高职学生多是独生子女，强调自我，集体观念淡薄，只要求社会及他人对自己关心，缺少互相帮助及协作精神，其分享和团队合作意识较差。这也为我们完善自我设置了障碍，影响了我们的发展，甚至是人生的发展。

拓展阅读 8-5

2012年9月，有一对双胞胎特别火，这就是一同上北大的苑子豪和苑子文。高一时，哥哥苑子文便在心里种下了去北大的梦。从高二开始，弟弟苑子豪实力爆发，连续8次排名年级第一名。苑子文则陷入了状态低迷期。

高二暑假，弟弟子豪被老师选中参加北大的优秀学生夏令营。哥哥子文一直好强，听说唯一的名额给了弟弟，心里不是滋味。回到家，子文看到子豪留下的一封信："你想想，为什么今年去的不是你？"信里，子豪指出了子文目前学习上的几点问题，希望哥哥把这段时间当作反超时机。子文犹如醍醐灌顶，自此之后的考试，一直排在年级前三，再未失手。

高三冲刺期，弟弟成绩不稳定，偶尔跌到年级第十名。哥哥指出他睡觉太早，别人还在复习，他却早早睡下，所以能利用的时间少。子豪不愿意接受子文的意见，仍是早睡早起，几次成绩都不稳定后，子豪悄悄推迟了睡觉时间。"他也不是一下子就和我一样时间睡觉，而是每天推迟一点，到最后，就跟我的作息一致了。"子文说。

就这样，两个人互相打气，一同考上了北大。在参加《向幸福出发》节目的录制时，子文向全国的高中生提出了一个建议：找一个合作的伙伴，这样更有利于我们走向成功。

资料来源：笔者根据相关资料整理。

我们不仅在成长的道路上需要合作和分享，在社会工作中，同样也需要团队合作的精神。用人单位在招聘时，除了专业知识、技能外，还特别看重团队合作精神、沟通能力、学习能力等。企业的运行是由很多个部门共同合作完成的，工作的完成需要大家的共同努力，团队合作精神的培养也能促进人格的完善。充分理解团队合作精神的人，具有理解、辨别和感受不同情境的能力，他们在生活中更能理解他人、尊重他人；处理问题时更善于与人沟通，更能充分考虑各方情况，提出更好的解决方案；行动中也更乐于帮助别人，遇到困难时更善于寻求别人的帮助，同时也更容易得到别人的帮助。

课 堂 实 践

8-1 心理训练：名人成功的背后

亚里士多德的沟通能力有障碍，但他是一位内省力很高的哲学家。

梵·高受情绪困扰，但他在视觉上的成就却是超凡的。

孙膑腿上有残疾，但他是中国古代杰出的军事家。

罗斯福的下肢残疾，但他带领美国人赢得了在第二次世界大战中的胜利。

海伦·凯勒失聪，但她的内省力却不凡。

爱因斯坦曾遇上学习障碍，但他在科学上的成就有目共睹。

贝多芬失聪，但他是乐坛的巨人。

思考：

从这些名人成功的背后你有些什么感受？你是否能够正确、客观地认识自己，找到自己的优势和兴趣，并充分发扬？

8-2 个人评价问卷（PEI）

以下列出了许多反映了普遍的情感、态度和行为的陈述，请仔细阅读每一个陈述，考虑一下它是否适用你。尽量诚实、准确地问答，但没有必要每一条都刻意花太多时间。除非特别标明时间界限，否则请考虑一下近2个月内这些条目对你是否适用。请按下列选项，列出你同意每一个陈述情况的程度（1 非常同意，2 基本同意，3 基本不同意，4 极不同意）。

(1) 我是个会交际的人　　　　　　　　　　　　　　　　1　2　3　4

(2) 近几天来有好几次我对自己非常失望　　　　　　　　1　2　3　4

(3) 使我烦恼的是我的模样不能更好看点　　　　　　　　1　2　3　4

(4) 维持一个令人满意的爱情关系对我没有困难　　　　　1　2　3　4

(5) 此刻比几周前更为快乐　　　　　　　　　　　　　　1　2　3　4

(6) 我对我的身体外貌很满意　　　　　　　　　　　　　1　2　3　4

(7) 有时我不去参加球类及非正式的体育活动，因为我认为自己对此不擅长

　　　　　　　　　　　　　　　　　　　　　　　　　　1　2　3　4

(8) 当众讲话会使我不舒服　　　　　　　　　　　　　　1　2　3　4

(9) 我愿意认识更多的人，可我又不愿外出同他们见面　　1　2　3　4

(10) 体育运动是我的擅长之一　　　　　　　　　　　　 1　2　3　4

(11) 学业表现是显示我的能力，让别人认识我的一个方面 1　2　3　4

(12) 我比一般人长得好看　　　　　　　　　　　　　　 1　2　3　4

(13) 在公共场合演节目和讲话，我想都不敢想　　　　　 1　2　3　4

(14) 想到大多数体育活动时，我便充满热情和渴望，而不是疑惑和焦虑　1　2　3　4

(15) 即使身处那些我过去曾应付得很好的场合，我仍然常常对自己没把握

　　　　　　　　　　　　　　　　　　　　　　　　　　1　2　3　4

(16) 我常怀疑自己是否有这份天资，能成功地实现我的职业和专业目标　1　2　3　4

(17) 我比与我年龄、性别相同的大多数人更擅长体育　　 1　2　3　4

(18) 我缺少使我成功的一些重要能力　　　　　　　　　 1　2　3　4

(19) 当我当众讲话时，我常常有把握做到清楚、有效地表达自己的看法　1　2　3　4

(20) 我真庆幸自己长得漂亮　　　　　　　　　　　　　 1　2　3　4

(21) 我已经意识到，与同我竞争的人相比，我并不是个好学生　1　2　3　4

(22)	最近几天，我对自己不满意的地方比以往更多	1 2 3 4
(23)	对体育运动不擅长是我一个很大的缺点	1 2 3 4
(24)	对我来说，结识一个新朋友是我所盼望的	1 2 3 4
(25)	许多时候，我感到自己不像身边许多人那样有本事	1 2 3 4
(26)	在晚会或其他许多聚会上，我几乎从未感到过不舒服	1 2 3 4
(27)	比起大多数人来，我更少怀疑自己的能力	1 2 3 4
(28)	我在建立爱情关系上，比大多数人困难更多	1 2 3 4
(29)	今天我比平常对自己的能力更无把握	1 2 3 4
(30)	令我烦恼的是，我在智力上比不上其他人	1 2 3 4
(31)	当事情变得糟糕时，我通常相信自己能妥善地处理它们	1 2 3 4
(32)	我比大多数人更为担心自己在公共场合讲话的能力	1 2 3 4
(33)	我比我认识的多数人更自信	1 2 3 4
(34)	当我考虑继续约会时，我感到紧张或没把握	1 2 3 4
(35)	大多数人可能会认为我的外表没有吸引力	1 2 3 4
(36)	当我学一门新课时，我通常可以肯定自己在结束时成绩处于班上前1/4内	1 2 3 4
(37)	我像大多数一样有能力当众讲话	1 2 3 4
(38)	当我参加社交聚会时，常感到笨拙和不自在	1 2 3 4
(39)	通常我的爱情生活似乎比大多数人好	1 2 3 4
(40)	有时我因为不想当众发言而回避上课或做其他事情	1 2 3 4
(41)	当我必须通过重要的考试或其他专业任务时，我知道自己能行	1 2 3 4
(42)	我似乎比大多数人更擅长结识新朋友	1 2 3 4
(43)	我今天比平时更为自信	1 2 3 4
(44)	我时时避开那些我有可能会与之产生爱情关系的人，因为我在他/她们身边会感到太紧张	1 2 3 4
(45)	我希望我能改变自己的容貌	1 2 3 4
(46)	我比大多数人更少担心在公共场合讲话	1 2 3 4
(47)	现在我感到比平时更乐观和积极	1 2 3 4
(48)	对我来说，吸引一个渴慕得到的男朋友或女朋友从来不成问题	1 2 3 4
(49)	假如我更自信一点，我的生活就会好一些	1 2 3 4
(50)	我追求那些智力上富有挑战性的活动，因为我知道我能比大多数人做得更好	1 2 3 4
(51)	我能毫无困难地得到许多约会	1 2 3 4
(52)	我在人群中不能像大多数人那样感到舒服	1 2 3 4
(53)	今天我比平时对自己更有把握	1 2 3 4
(54)	要是我长得更好看一些，我会在约会上更成功	1 2 3 4

计分方法：

量表以四级评分，计分顺序为 4 分、3 分、2 分、1 分的有：（1）、（4）、（5）、（6）、（10）、（11）、（12）、（14）、（16）、（17）、（19）、（20）、（24）、（26）、（27）、（31）、（33）、（36）、（37）、（39）、（41）、（43）、（46）、（47）、（48）、（50）、（51）；其余题目顺序计分为 1 分、2 分、3 分、4 分；总分在 54~216 分之间，分值越高表示自信程度越高。研究表明，大学生在自我评价上的平均得分为：男生 138.37 分，女生 138.18 分。

8-3 思考与实践

（1）你有哪些闪光点？
（2）通过本模块的学习，有哪些不足需要改进？
（3）如何通过探索当下的自我状态帮助自己完善自我意识？
（4）评估当前自我整体状态包括自我意识、学习、人际交往情绪等方面并总结出下一步自我发展完善的实施意见。

推荐阅读：舒曼著《每天进步一点点》。
推荐影视：《爱德华大夫》。

参考文献

[1] 陈红英，舒刚. 大学生心理健康教程［M］. 武汉：武汉大学出版社，2012.

[2] 耿晓颖. 论大学生自我意识的完善与发展［D］. 长春：东北师范大学，2008.

[3] 孔读云. 论大学生自我意识及其培养［D］. 合肥：安徽师范大学，2007.

[4] 黄群瑛. 大学生心理素质训练［M］. 长沙：湖南师范大学出版社，2012.

[5] 林崇德，申继亮. 大学生心理健康读本［M］. 北京：教育科学出版社，2005.

[6] 聂曲本册. 大学生心理健康教育（下）：高职学生心理问题疏导［M］. 北京：中国传媒大学出版社，2009.

[7] 张春兴. 现代心理学［M］. 上海：上海人民出版社，2009.

[8] 刘念，李茵莱. 论大学生团队合作精神的培养［J］. 西南民族大学学报（人文社科版），2007（4）.

模块四　塑独特人格魅力

——人格发展

> 人格就像一棵树，而名声就像树影，我们往往以为树影就像树的样子，其实唯有树身才是真实的。
>
> ——[美]林肯

大学阶段是人格发展以及完善的重要时期。高职学生的人格健康不仅关系到自身的身心健康，还决定了是否能够顺利成长和成才。面对生活和学习的压力以及各种各样的挑战和竞争，高职学生要全面地认识自己，如气质、性格等，明确"我是一个什么样的人""我怎样使自己成为自己所希望的人"，明确高职学生人格发展的方向，关注自身人格发展的趋势，通过自身努力不断完善自己，为塑造健全人格打下坚实的基础。

学习目标

通过本模块的学习理解什么是人格、气质、性格；理解气质类型特点、性格与气质的关系；熟悉健全人格的标准，以及通过哪些方式来塑造高职学生的健全人格。

学习重点

正确理解人格、性格、气质的含义，了解健全人格的标准，掌握如何塑造健全人格的方法。

学习难点

培养爱国爱党爱人民的崇高信仰，崇尚追求科学和真理，培养有信仰有担当、勇敢、坚毅的人格品质。

项目 9　初识"人格"真面目

案例导入

三个得意门生

一位老教授培养的三个得意门生，个个都是事业有成，一个在官场上春风得意，一个在商场上捷报频传，一个是埋头做学问成了学术明星。有人就问老教授，你认为三个人中谁更有出息？老教授说："现在还看不出来"，然后，只留下了三句话：

最低层次——技巧的较量；

中间层次——智慧的较量；

最高层次——人格的较量。

这个故事生动地向我们说明，在人的素质结构中，人格起着近乎决定性作用。心理学家指出，当今社会，人类健康而幸福的生活越来越多地取决于人类自身的人格健康状况，而且人格的健康发展也是促进社会健康发展的一种力量，那么什么是人格，人格都有哪些组成部分？人格的特点又有哪些呢？

9.1　人格的含义

人格一词的英文是 personality，从拉丁文 persona 演变而来，persona 的意思是"面具"，引申为戏剧中的人物身份、性格特征等，这就是人格的最初含义。早在古希腊时期，人们就开始使用"人格"的概念，并进一步引申出一系列含义，它指一个人外在的行为表现方式，在生活中扮演的角色，以及人的内在品质等内容。

由于人格概念的复杂性、广延性等特征，使得心理学、教育学、哲学、社会学、法学、经济学、管理学、文化学、人类学、文艺学等诸多学科在很早以前就开始探讨和广泛使用。美国心理学家阿尔波特（G. Alport）曾列举出关于人格的 50 种不同定义，足见其概念中的分歧。在众多的概念中有一个基本相似的看法，即认为人格是与人的行为风格或行为模式有关的概念。通过以下的几种定义可以看到这种共识，例如，艾森克认为人格是个体由遗传和环境决定的实际的和潜在的行为模式的总和；卡特尔认为人格是一种倾向，可借以预测一个人在给定情境中的行为，它是与个体的外显的和内隐的行为联系在一起的；拉扎勒斯认为人格是稳定的心理结构和过程，它组织人的经验，形成人的行为和对环境的反应；米歇尔认为人格是个人心理特征的统一，决定（内隐、外显的）行为，同他人的行为有一定的差异。如果我们把诸多概念进行总结，可以这样概括：人格是各种心理特征的整合统一体，是一个相对稳定的结构组织，在不同时空背景下影响人的外显和内隐行为模式的心理特性，它标志一个人具有的独特性，并反映人的自然性与社会性的交织。

知识窗 9-1

九 型 人 格

九型人格（Enneagram），又名性格形态学、九种性格，是婴儿时期人身上的九种气质，包括活跃程度、规律性、主动性、适应性、感兴趣的范围、反应的强度、心境的素质、分心程度、专注力范围/持久性。它是一个近年来备受美国斯坦福等国际著名大学MBA学员推崇并成为现今最热门的课程之一，近十几年来已风行欧美学术界及工商界。全球500强企业的管理阶层均在研习九型性格，并以此培训员工，建立团队，提高执行力（见图9-1）。

九型人格不仅是一种精妙的性格分析工具，更主要的是为个人修养与自我提升、历练提供更深入的洞察力。与当今其他性格分类法不同，九型人格揭示了人们内在最深层的价值观和注意力焦点，它不受表面的外在行为的变化所影响。它可以让人真正地知己知彼，可以帮助人们明白自己的个性，从而完全接纳自己的短处、活出自己的长处；可以让人明白其他不同人的个性类型，从而懂得如何与不同的人交往沟通及融洽相处，与别人建立更真挚、和谐的合作伙伴关系（见表9-1）。

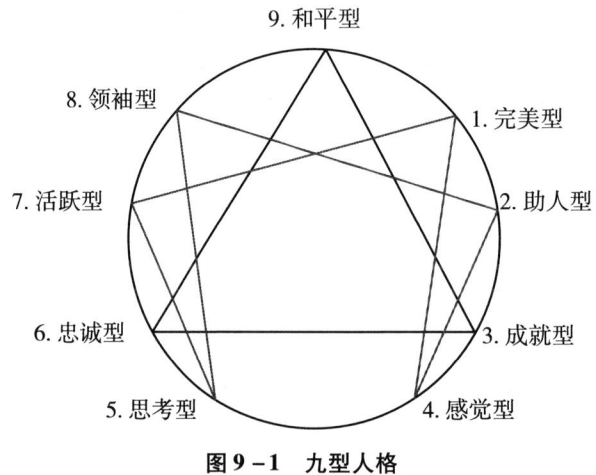

图9-1 九型人格

表 9-1　　　　　　　　　　　九型人格的基本特点

型号	核心价值观	注意力焦点
1 号	做事守规矩，有原则，改正错误及达到标准	对与错
2 号	明白及满足他人的需要，帮助他人	他人的需要和获得认同
3 号	成功、名誉、地位、声望、财富	自己的工作或表现得到积极正面的关注
4 号	内心的感受能被人了解	生命中失去的或缺失的部分
5 号	比别人知得多，懂得快	知识、信息
6 号	安全	潜在危机，危险，最坏的情况及如何处理
7 号	新鲜、刺激、好玩、追求快乐	快乐、未来的计划
8 号	权力、控制、主持正义、维持公平	与失控有关的暗示极不公平
9 号	维持和谐，避免冲突	和谐关系

9.2　人格的特征

9.2.1　整体性

人格是一个有机的整体，人的行为不仅是某个特定部分运作的结果，而且是与其他部分紧密联系、协调一致进行活动的结果。

9.2.2　稳定性

人格结构是相对稳定的，在行为中恒常地、一贯地予以表现。这种稳定性具有跨时空的性质，即通过个体人格，各种情境刺激在作用上获得等值，产生个体行为上广泛的一致性。但是这种稳定性是可变的、发展的而不是刻板的。这是因为：各种人格特征在某个人身上整合的程度（如稳定性）不同；一个人可能具有相反性质的特征，在不同情境中可反映他们不同的方面；暂时性地受情境的制约，表现出来的并非个人的稳定特性。

9.2.3　个体性

虽然不同人也可以有某些相似或者相同的个别特征，但是他们的整体人格是不会完全相同的，这是由于人格结构组合的多样性，构成了不同人之间的个体差异性。

9.2.4 动机性与适应性

人格"支撑"行为，它驱使人趋向或回避某种行动，寻找或躲开某些刺激，人格是构成人的内在驱动力的一个方面，它的动机性与内驱力或情绪不同，它似乎是"派生的"，情境刺激通过人格的"折射"引导行为，致使行为带有个体人格倾向的烙印，成为一定的行为模式。人格的这种驱动力反映出人格对人的生活活动具有适应性的品质。

9.2.5 自然性与社会性的综合

人格蕴含着人的自然属性和社会文化价值两方面。人格是在个体生活过程中形成的，它在极大程度上受社会文化、教育教养内容和方式的塑造，它以个体的神经解剖生理特点为基础。

9.3 高职学生人格发展的特点

9.3.1 不稳定性

大学阶段是高职学生成长发育和身心发展的重要阶段，它不仅是学生从童年向成年发展的过渡期，同时也是从幼稚走向成熟的重要时期。心理学家勒温说过："青年期是由儿童的'心理场'向成人的'心理场'的过渡时期。"相对于本科学生来说，在学历、学校、人际关系、能力、学业等方面都可能让高职学生有强烈的自卑感。现实表现中，很多高职学生在某一些事情上会出现自信心不足、自卑等心理，甚至在"自我防御"心理下表现出自负、自叛的心理行为，有时可能会表现出强烈的自信心，在老师同学面前，争强好胜。面对自卑与自信的交织，可能会导致高职学生情绪极其不稳定，很容易激动、烦躁，致使心理发展状态日趋矛盾化。

9.3.2 冲突性

进入青年期的高职学生，开始摆脱儿童期的对自我和外界的肤浅的认知，将注意力集中到重新发现自我上来。尤其是对于新生，环境的变化、学习压力的加大、同学间的竞争常使他们失去既往的心理平衡，在内心掀起巨大的波澜，自我的重新认知也使其思想行为陷入自我矛盾的尴尬境地，如在与人交往中，虽然内心渴望得到友谊和关怀，却因怕被拒绝而做出冷漠、高傲的姿态。

9.3.3 可塑性

人格的发展和变化并不是在童年就停止了,而是贯穿人的一生。人格的发展经历幼儿期、少年期、青年期、中年期和老年期几个阶段,而青年期是走向成熟、由量变到质变的重要时期,在这一时期,受学校、社会等后天环境以及自身知识的积累,生活经历的影响,其人格常会有较大的改变,具有较强的可塑性。

9.4 人格的结构

人格不是由单一特征构成的,它是受一定个性倾向性制约的心理特征组合而成的一个复杂的结构系统,其中包含着许多成分。

其一,是知—情—意系统。在认知过程、情绪情感过程和意志过程这三个方面,每个人的表现都不尽相同,虽然这三个过程是人们都具有的共同心理现象,但是它们的确存在个体差异,这种现象就属于人格结构里的成分。

其二,是心理状态系统。在一定时间内相对稳定的心理活动背景就是心理状态,主要包括意识状态、注意、情绪状态等因素,心理活动的差异性受这些心理状态的直接影响。

其三,是人格动力系统。它是个体心理活动的动力,制约并决定人的心理活动的进行、方向、强度和稳定水平的结构,也是人格中最活跃的成分,主要包括需要、动机、兴趣、价值观和世界观等。在人格动力系统中,需要是最基本的成分,是形成其他心理倾向性的基础。

其四,是心理特征系统。个体经常地、稳定地表现出来的心理特点就是心理特征,它主要包括能力、气质和性格三种成分。心理特征是在心理过程中形成的,并且表现于一定的心理过程中,它对个体的心理活动起重要的调节作用。不同于动力系统,心理特征系统是人格中最稳定的成分。

其五,是自我调控系统。这是以自我意识为核心的人格调控系统,包括自我认识、自我体验、自我控制三个子系统。自我调控系统的主要作用是对人格的各个成分进行调控,保证人格的完整统一和谐。自我认识是对自己的洞察和理解,包括自我观察和自我评价,其中自我评价是自我调节的重要条件。自我体验是自我意识在情感上的表现,是伴随自我认识而产生的内心体验。自我控制是自我意识在行为上的表现,是实现自我意识调节的最终环节。

人格的各成分之间具有相互影响、相互制约的关系,这是因为人格的五个系统并非各自独立,而是互有重合,这种重合也使人格构成一个整体。而这五个系统成分的独特结合,就构成了每个人的独特人格。

知识窗 9-2

弗洛伊德的人格"三我"结构

西格蒙德·弗洛伊德（Sigmund Freud），是知名医师、精神分析学家，犹太人，精神分析学的创始人。他提出"潜意识""自我""本我""超我""俄狄浦斯情结""利比多""心理防卫机制"等概念。著有《梦的解析》《精神分析引论》《图腾与禁忌》等。被世人誉为"精神分析之父"，20世纪最伟大的心理学家之一。弗洛伊德将人格结构分为三个层次：本我、自我和超我。

（1）本我，位于人格结构的最底层，是由先天的本能、欲望所组成的能量系统，包括各种生理需要。本我具有很强的原始冲动力量，弗洛伊德称其为利比多。本我是无意识、非理性、非社会化和混乱无序的，它遵循快乐原则。

（2）自我，是从本我中逐渐分化出来的，位于人格结构的中间层。其作用主要是调节本我与超我之间的矛盾，它一方面调节着本我；另一方面又受制于超我。它遵循现实原则，以合理的方式来满足本我的需求。

（3）超我，位于人格结构的最高层次，是道德化了的自我，由社会规范、伦理道德、价值观念内化而来，其形成是社会化的结果。超我遵循道德原则，它具有三个作用：一是抑制本我的冲动；二是对自我进行监控；三是追求完善的境界。

在人格结构里，本我、自我和超我三者相互交织在一起，构成人格的整体。它们各自代表了人格的某一方面，本我是生物本能我，自我是心理社会我，超我是道德理想我。它们各自追求不同的目标，本我追求快乐，自我追求现实，超我追求完美。当三者处于协调状态时，人格表现出一种健康状况；当三者互不相让，产生敌对关系时，就会产生心理疾病。

课 堂 实 践

9-1 心理测试：菲尔人格的十道测试题

（1）你何时感觉最好？（   ）

A. 早晨　　　　　　　　B. 下午及傍晚　　　　　　C. 夜里

（2）你走路时是（   ）。

A. 大步地快走　　　　　B. 小步地快走　　　　　　C. 不快，仰着头面对着世界

D. 不快，低着头　　　　E. 很慢

（3）和人说话时，你会（   ）。

A. 手臂交叠站着　　　　　　　　　　　　　　　　B. 双手紧握着

C. 一只手或两只手放在背后　　　　　　　　D. 碰着或推着与你说话的人

E. 玩着你的耳朵、摸着你的下巴或用手整理头发

(4) 坐着休息时，你的姿势是（　　）。

A. 两膝盖并拢　　　　　　　　　　　　　　B. 两腿交叉

C. 两腿伸直　　　　　　　　　　　　　　　D. 一腿蜷在身下

(5) 碰到你感到发笑的事时，你的反应是（　　）。

A. 一个欣赏的大笑　　　　　　　　　　　　B. 笑着，但不大声

C. 轻声地咯咯地笑　　　　　　　　　　　　D. 羞怯的微笑

(6) 当你去一个派对或社交场合时，你（　　）。

A. 大声地入场以引起注意

B. 安静地入场，找你认识的人

C. 非常安静地入场，尽量保持不被注意

(7) 当你非常专心工作时，有人打断你，你会（　　）。

A. 欢迎他　　　　　　B. 感到非常恼怒　　　　C. 在上述两极端之间

(8) 下列颜色中，你最喜欢哪一种颜色？（　　）

A. 红色或橘色　　　　B. 黑色　　　　　　　　C. 黄色或浅蓝色

D. 绿色　　　　　　　E. 深蓝色或紫色　　　　F. 白色

G. 棕色或灰色

(9) 临入睡前的几分钟，你在床上的姿势是（　　）。

A. 仰躺，伸直　　　　B. 俯躺，伸直　　　　　C. 侧躺，微蜷

D. 头睡在一手臂上　　E. 被子盖过头

(10) 你经常梦到自己在（　　）。

A. 落下　　　　　　　B. 打架或挣扎　　　　　C. 找东西或找人

D. 飞或漂浮　　　　　E. 你平常不做梦　　　　F. 你的梦都是愉快的

得分计算：

(1) A. 2　　B. 4　　C. 6

(2) A. 6　　B. 4　　C. 7　　D. 2　　E. 1

(3) A. 4　　B. 2　　C. 5　　D. 7　　E. 6

(4) A. 4　　B. 6　　C. 2　　D. 1

(5) A. 6　　B. 4　　C. 3　　D. 5

(6) A. 6　　B. 4　　C. 2

(7) A. 6　　B. 2　　C. 4

(8) A. 6　　B. 7　　C. 5　　D. 4　　E. 3　　F. 2　　G. 1

(9) A. 7　　B. 6　　C. 4　　D. 2　　E. 1

(10) A. 4　　B. 2　　C. 3　　D. 5　　E. 6　　F. 1

将所得分数相加的总和。

结果解释：

低于 21 分：内向的悲观者。

你是一个害羞的、神经质的、优柔寡断的人，永远要别人为你做决定。你是一个杞人忧天者，有些人认为你令人乏味，只有那些深知你的人知道你不是这样。

21~30 分：缺乏信心的挑剔者。

你勤勉、刻苦、挑剔，是一个谨慎小心的人。如果你做出任何冲动的事或无准备的事，朋友们都会大吃一惊。

31~40 分：以牙还牙的自我保护者。

你是一个明智、谨慎、注重实效的人，也是一个伶俐、有天赋、有才干且谦虚的人。你不容易很快和人成为朋友，却是一个对朋友非常忠诚的人，同时要求朋友对你也忠诚。要动摇你对朋友的信任很难，同样，一旦这种信任被破坏，也就很难恢复。

41~50 分：平衡的中道者。

你是一个有活力、有魅力、讲究实际，而且永远有趣的人。你经常是群众注意力的焦点，但你是个足够平衡的人，不至于因此而昏了头。你亲切、和蔼、体贴、宽容，是一个永远会使人高兴、乐于助人的人。

51~60 分：吸引人的冒险家。

你是一个令人兴奋、活泼、易冲动的人，是一个天生的领袖，能够迅速做决定，虽然你的决定不总是对的。你是一个愿意尝试机会，欣赏冒险的人，周围人喜欢跟你在一起。

60 分以上：傲慢的孤独者。

你是自负的自我中心主义者，是个有极端支配欲、统治欲的人。别人可能钦佩你，但不会永远相信你。

资料来源： 笔者根据相关资料改编。

项目 10　气质与性格

案例导入

四人看电影

有一次小丹、小多、小叶、小伊结伴一起去看电影,由于路上塞车,等到 4 个人兴冲冲地赶到电影院时,电影已经开始了。但是,电影院规定,开演 10 分钟后,停止检票,所以他们只能等 2 小时后看下一场。这时候,激动不已的小丹向检票员怒吼:"我有票为什么不让我进去,规矩是人制定的,为什么偏偏是 10 分钟,而不是 11 分钟、12 分钟? 再说我们是因为塞车才迟到的。你认为塞车是我们的错吗? 那是市政交通问题,我们是受害者,你得让我们进去……"一边说一边拉扯着检票员,越说越激动,越推越用力。这时候,一直在旁边寻找机会的小多趁小丹拉扯检票员的瞬间,偷偷溜了进去,边走边做鬼脸。这期间,小叶干脆进了旁边的肯德基,一边欣赏美食,一边等候下一次演出的开始。而小伊呢? 则一刻不停地抱怨自己,我怎么这么倒霉,昨天不小心打烂了一个珍贵的花瓶,今天看电影又迟到了,要是我早点来,现在已经在看了。唉,我这人怎么这么蠢!

案例中小丹、小多、小叶、小伊 4 个人因为迟到不能入场的表现各不相同,这是由他们的气质、性格决定的,那么什么是气质? 什么是性格? 气质与性格都有哪些类型? 它们都有什么重要意义呢? 气质和性格之间有什么联系呢?

10.1　气质及类型

气质的内涵和特征

10.1.1　气质的含义

日常中,我们经常会提及气质一词,如"某位老师特别有气质","某公司要求应聘者形象好、气质佳"等。在这里,我们可以把相貌、礼仪、举止、风度等都理解为气质。气质一词在心理学中的定义是指人的心理活动进行的速度、强度、稳定性和指向性，它是心理活动的动力特征。人的心理活动进行的速度表现为直觉和思维速度的快慢。例如，同样的新理论，可能有的同学接受得特别快，而有的同学接受得相对慢一些。人的心理活动进行的强度表现为情绪体验的强弱和意志努力的程度。例如，对同一件事情，有的同学体验深刻、强烈，而有的同学则表现得很平淡。人的心理活动进行的稳定性表现为集中注意力的时间长短。例如，上课的时候，有的同学能整节课都专心听讲，而有的同学可能听一会就走神儿了。人的心理活动进行的指向性，表现在有的人倾向于外部事物，从外界获得新印象，有的人倾向内部情绪体验、思想和感受。

气质不以活动的目的、动机、时间、地点、内容为转移，它是与生俱来的，具有相对稳定性和典型性。通过气质可以使一个人的全部心理活动都具有个人独特的色彩。

人们在日常生活中的表现千差万别，有的人心思细腻、性格平和，很少发火；有的人则脾气暴躁、经常为小事发脾气；有的人安静少言、不善交际，喜欢独处；有的人则喜欢热闹，活泼好动、善于交际。心理活动的不同表现，正是因为个体所具有的不同气质造成的。气质虽然有极大的稳定性，但也不是一成不变的，在环境等因素的影响下也会发生某些变化，只是同其他心理特征相比，其变化要缓慢得多。

10.1.2 气质的类型

根据公元前5世纪古希腊医生希波克拉底的看法，人体内有4种体液（即血液、黏液、黄胆汁、黑胆汁），每种体液所占比例的不同决定了人的气质差异。由此，我们将气质类型分为：多血质、黏液质、胆汁质、抑郁质。每种气质的人的特点和行为表现有所不同，也都有其优缺点（见表10-1），我们要学会扬长避短，同时对部分弱点给予一定的调节。

气质的分类

表10-1　　　　　　　气质类型特征、行为表现及优缺点比较

气质类型	特征	行为表现	优点	缺点
多血质	神经过程强，平衡且灵活性强；感受性低；耐受性高；反应快而灵活；情绪兴奋性高；外倾性明显；行为可塑性大	活泼好动，敏感，反应迅速，喜欢与人交往，注意力容易转移，兴趣容易变化，情绪易表现和变化，对行为的改造比较容易等	性情开朗、善于交际、为人热情，在群体中令人精神愉快，相处自然；工作和学习上肯动脑筋，办事效率高；兴趣广泛	不安于现状，情绪不够稳定，容易浮躁，缺乏耐心和坚持性
黏液质	神经过程强而平衡且灵活性低。感受性低；耐受性高；反应速度缓慢，具有稳定性；情绪兴奋性低；内倾性明显；行为有一定可塑性	安静，稳重，反应缓慢，沉默寡言，情绪不易外露，注意力稳定又难于转移，善于忍耐，对兴奋性行为的改造容易等	凡事力求稳妥、深思熟虑，具有很强的自我克制能力，很少流露内心真实情感，不爱抛头露面；能够恪守既定的生活秩序和工作制度	往往过于拘谨，不善于随机应变，墨守成规，常常沉稳有余，灵活性不足

续表

气质类型	特征	行为表现	优点	缺点
胆汁质	神经过程强而不平衡。感受性低；有一定的耐受性；反应快而灵活；情绪兴奋性高，抑制能力差；外倾性明显，行为有可塑性	直率热情，精力旺盛，情绪易于冲动，心境变化剧烈，脾气急躁，对兴奋性行为的改造较不容易等	有理想抱负，有独立见解；行为果断，表里如一；有魄力敢于负责，喜欢指挥别人	比较粗心，缺乏自制力，容易感情用事，刚愎自用
抑郁质	神经过程呈弱性。感受性高；耐受性低；反应慢，刻板而不灵活；情绪兴奋性高而体验深；内倾性特别明显；行为可塑性小	孤僻胆小，行为迟缓，不易动情，对行为的改造较难等；喜欢独处，交往拘束；常因微不足道的小事引起神经紧张，情绪波动	遇事三思而后行，求稳不求快；富于想象，聪明且观察力敏锐，善于观察他人观察不到的细微事物，敏感性高，思维深刻	行动显得迟缓刻板；性情怯弱自卑，优柔寡断

丹麦漫画家皮特斯特鲁普所作的《一顶帽子》形象地表现了不同气质的人对同一事物的反应（见图10-1）。

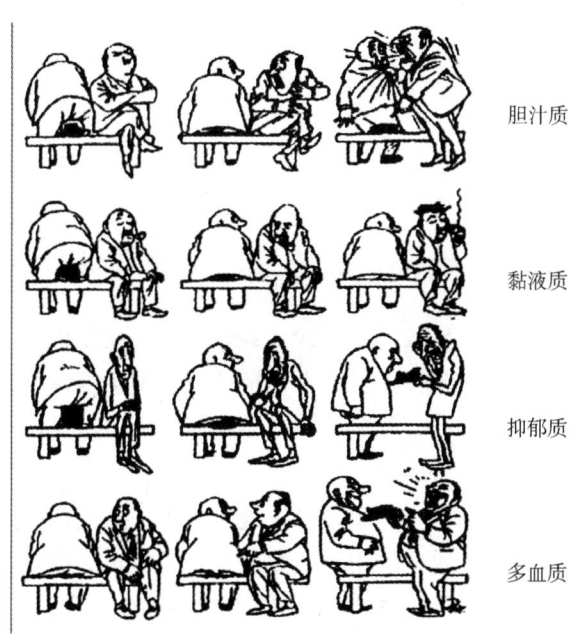

图10-1 一顶帽子（漫画）

注：引自丹麦漫画家皮特斯特鲁普的作品。

了解气质类型及其特征就可以大致判断出一个人的气质倾向。这里需要指出的是，在现实生活中，纯粹属于某一类型气质的人是很少的，由于人们受教育程度、身体状况、生活阅历和年龄等因素的影响，其固有的气质类型会发生不同的变化，大多数人的气质类型都是属于混合型的，气质类型在生活中也是可以改变。尽管气质没有好坏之分，却能影响一个人的工作效率。特别是在一些需要经受高度身心紧张考验的职业中，气质不仅关系到工作的效率，还关系到事业的成败。心理学家们根据感受性、耐受性、反应的敏捷性、可塑性、情绪兴奋性和指向性等特性的不同组合，一般把气质划分为四种类型，即多血质、胆汁质、黏液质和抑郁质。

1. 多血质

多血质的人充满自信，有较强的活动能力，感受性低而耐受性高。他们反应迅速而灵活，工作能力较强，情绪丰富易兴奋，并且表现明显。在商业活动中，多血质的人比其他气质类型的人能钻研得更深入，能使工作向前推进，因而他们可以出色地胜任管理工作，要是再有一个好助手就可以成为一个成功的管理者。

多血质的人对于新环境适应能力较强。对谁都能坦诚相待，他们能适应社会的进步，以发展的眼光进行谋划、设计。因此，他们对经商、计划、广告类职业的适应性很强。精力充沛、意志坚强、不达目的不罢休的多血质的人，往往能在那些缺乏适应性就无法立足的领域内大显身手。对于简单、细致和琐碎的工作，对于缺乏竞争和刺激、只求细致的工作，多血质的人一般不感兴趣。

代表人物：贾宝玉。

案例 10-1

她在班里跳绳比赛得了第一名。每次学新舞蹈，总是学得更快。她上课积极发言，对于自己不感兴趣的不能集中注意力。在第一次上台演出时，能够很快地适应不熟悉的环境，善于和朋友交往，出色地完成任务。这是一段对多血质气质学生的描述。

2. 胆汁质

胆汁质的人精力旺盛，容易激动、暴躁、兴奋。他们能以极大的热情去工作，主动克服工作中的困难，但如果对工作失去信心，情绪马上就会低落下来。胆汁质的人相信实实在在的东西，不相信虚幻的不切实际的东西。胆汁质的人最典型的特征是外向性、行动性和直觉性。

通常，胆汁质的人对周围发生的事冷静注视，以旁观者的态度对待，比较适宜当记者、作家、图案设计师、实业家、护士、企业外勤、业务员、营销员等职业。

胆汁质的人一般说与细致性工作无缘。当然他们中的一部分人不拘于眼前的胜负，而专注于行动，热衷于向自己的极限挑战，这就是他们的特征。胆汁质的人一旦就业，往往对本职工作不那么专注，喜欢跳槽，经常更换工作单位，渴望成为自由职业者。

代表人物：王熙凤。

案例 10-2

在《水浒传》中有这样一段描述：

心头火起，口角雷鸣。奋八九尺猛兽身躯，吐三千丈凌云志气，按不住杀人怪胆，圆睁起卷海双睛。直截横冲，似中箭投崖虎豹；前奔后涌，如着枪跳涧豺狼。这一段描写的是大闹五台山的鲁智深，其气质具有典型的胆汁质的特点。

3. 黏液质

黏液质的人具有较强的自我克制能力，能埋头苦干、态度持重，不易分心。黏液质的人的出色之处是他们中的大多数人都能很好地利用协调性、积极性、社会性及感情稳定性表现自己的才能，发挥出卓越的能力。而且不论职位高低，他们都能在各自的岗位上占有重要位置。黏液质的人比较聪明，有较强的能力，处世精明，有出类拔萃的情报搜集能力。他们不仅能从事学术、教育、研究、医师等职业，而且也可以进入政治家、外交官、商人、律师等职业领域。由于灵活性相对较差，他们可能有因循守旧的倾向。黏液质的人适宜会计、法官、调解人员、管理人员、外科医生等工作。

代表人物：薛宝钗。

案例 10－3

某学生在班级里做作业时不会受别人影响，偶尔看到高兴的事情，该生只是安静的笑。如果受到委屈，整个人情绪都不高涨了。他上什么课都能集中精力。在一段时间里他认真练习羽毛球，一段时间认真练习乒乓球。

4. 抑郁质

抑郁质的人感受性高而耐受性低，情绪兴奋性高，而且体验深刻，反应速度慢，相对刻板而不灵活。他们情感细腻，做事谨慎小心，观察力敏锐，善于察觉别人不易察觉的细小事物。他们所适宜承担的工作与胆汁质的人正好相反，适合从事诸如打字员、校对员、检查员、化验员、数据登记人员、文字排版人员、机要秘书等工作。抑郁质的人内心有孤独倾向，遇事不是单凭聪明去处理事情，而是把自己所掌握的工作内容在头脑中组合、计算，确定方针，然后在这个范围内一个一个去完成，把问题处理好。无论置身于什么岗位，只要负了责任，就以所从事的工作为荣，努力解决不太适应而造成的困难，努力去做好，这是抑郁质的人的长处，他们做事务管理人员、记账、资金、统计、工资管理、教育培训等工作比较易成功。

代表人物：林黛玉。

案例 10－4

她不喜欢说话，不喜欢和陌生人接触，喜欢一个人玩。上课的时候能够安静的听讲，每天能把宿舍打扫得特别干净。如果遇上不开心的事情喜欢给妈妈打电话哭鼻子。

值得一提的是，气质并不代表一个人的智力发展水平，每种气质均有优缺点，如多血质的人思维灵活、反应迅速、好交际、敏感，但易冲动、急躁不稳；胆汁质直率热情、精力旺盛，但比较鲁莽、易冲动、准确性差；黏液质的人安静沉稳、自制忍耐，但反应缓慢，朝气不足；抑郁质的人细腻深刻、踏实细致，但多愁善感、孤僻迟缓。

气质是人们的个性中最稳定的因素，所以气质类型对职业生活的影响是重大的。在选择职业时，一定要注意自己的气质类型。特别是在一些特殊职业中，例如政府机关机要人员、公关人员、飞行员等，气质类型也是录用员工的重要标准之一。

10.1.3 气质的现实意义

气质经常表现在我们的日常学习、生活中，有的同学会为自己气质中的一些消极因素而烦恼。其实气质是人格中的自然性因素，无好坏之分，要改变它也比较困难和缓慢，没有必要为自己的气质而忧虑。常言道"一把钥匙开一把锁"，重要的是了解自己的气质特征之后，找到适合自己气质特点的最佳发展方向、形式和方法，这对自己的人格发展、心理健康、学业进步、职业选择，以及人际交往具有实际意义。

1. 气质对学习活动的影响

气质类型不决定一个人智力水平的高低，但影响智力活动的特点。胆汁质学生思维敏捷，学习热情高，刚强，但粗心、急躁；多血质学生机智灵敏，适应性好，兴趣广泛，但烦躁、不踏实；黏液质者刻苦认真，但迟缓、不灵活；抑郁质者思维深刻，谨慎细心，但行动迟缓、精力不足。

2. 气质对职业的影响

每一种气质类型的人适合从事的职业有所不同。胆汁质者适应喧闹、嘈杂的工作环境，而对于需要长期安坐、细心检查的工作则难以胜任。多血质者不适宜做过细的工作，单调机械的工作也难以胜任。变化大、灵活性要求高的工作会使黏液质感到压力。对于抑郁者来说，胆汁质无法胜任的工作他们做倒恰到好处。

3. 气质对人际交往的影响

人际交往中，胆汁质易怒，容易产生人际冲突，但直率、心眼好，比较义气；多血质新朋友多，老朋友少，交际广泛，主动热情；黏液质新朋友少，老朋友关系持久，交往缺乏主动性；抑郁质通常找同频率的人。因此，如果向黏液质者提出要求，应让他有时间考虑；对抑郁者应多给予关心和鼓励；与胆汁质者打交道应避免冲突等。

4. 气质对环境适应能力的影响

一般来说，多血质的人机智灵敏，容易用很巧妙的办法应对环境的变化；黏液质的人常用克己忍耐的方法应付环境，也能达到目的；胆汁质的人脾气暴躁，在不顺心的时候容易产生攻击行为，造成不良后果；抑郁质的人过于敏感，比较脆弱，容易受到伤害。后两种类型的人适应环境的能力都不强。

5. 气质对人身心健康的影响

不同气质类型的人，其情绪兴奋性的强度也不同。情绪兴奋性太强或太弱，都容易影响到身体的健康。现代医学已经证明人的身心健康与人的气质特性有一定关系。美国两位医生曾对某高职的一届毕业生进行了长达 40 年的追踪研究,发现性情急躁、易怒的学生中有 77.3% 患了高血压、心血管病、癌症、良性瘤等疾病;而性格开朗和安静内敛的学生中患各种疾病的只有 25% 和 26.7%。

6. 气质对性格特征形成的难易影响

不同人在形成各自性格特征的时候有些相对容易,有些则比较困难。例如,黏液质的人易形成安静稳重、善于忍耐、自我克制能力强的性格特征,但不善于随机应变,灵活性不足。多血质的人容易形成机智灵活、热情开朗的性格特征,但却难以做到耐心细致。

体验活动 10-1

劝说不同气质类型的乘客

小李是某旅行社的金牌导游。有一次,他带领上海市企业家协会的贵宾团一行 38 人去澳大利亚旅游,原定于 4 月 7 日乘悉尼当地时间 12:00 澳航的航班返回上海,预计到达上海的时间是北京时间 19:30。经历了一周的旅游,此时,大家都盼望着早点回国与家人团聚。

经过 10 小时的飞行,飞机座位前的飞行路线图上显示飞机飞到了宁波的上空,这时飞机掉头往回飞了!小李赶紧找到空乘人员,了解发生了什么事?空姐告诉他:上海机场大雾,跑道临时关闭,什么时候开放不知道,机组人员决定前往香港国际机场备降,备降多久不确定。得知这一消息后,飞机上的旅客都非常沮丧,有的情绪还很激动。

假如你是小李,应该怎样向旅客解释呢?请分别针对胆汁质、多血质、黏液质、抑郁质四种气质类型的旅客进行解释。

气质虽然具有重要的现实意义,但它不能决定人的行为。只有在社会环境和教育影响下形成的动机和态度,才能决定人的行为。所以,我们不能孤立地考虑人们的气质特征,重要的是培养积极的学习和生活态度。只有具备正确的动机和积极的态度,各种气质类型的人才能在学习上取得优良成绩,在生活中活得精彩。

10.2 性格及分类

了解性格

10.2.1 性格的含义

所谓性格是人对现实的稳定态度以及与态度相应的习惯化了的行为方式。这里的态度是指个人对待社会、他人、自己的一种稳定的心理倾向,其外在表现为对任何事物的评价、好恶和趋避等。性格是在生活实践中与环境相互作用的过程中逐步形成和发展的,一个人通过认知、情感、意志等心理过程将作用于他的客观现实,反映在头脑中,并逐步固定下来，这就形成了个人独特的固有态度倾向和行为习惯。性格是人格的核心部分，是人格结构中表现最重要、最明显的心理特征。性格对人的一生具有决定性的影响。

10.2.2 性格的分类

1. 按情绪的控制程度可划分为理智型与情绪型

有的人对待事情理智，能够控制好自己的情绪，遇到事情能够谨慎小心。但也容易畏前缩后，缺少应有的冲劲。如果自己理智的意识被不健康的意识控制了，就会有虚伪、冷淡的表现。以上这样的表现为理智型。有的人对待事情、言谈举止容易受到情绪的控制，待人接物比较热情，做事情大胆果敢，但情绪起伏波动比较大，冲动地面对一切，可能会导致兴趣转移。这样的反应称为情绪型。

2. 按个体独立程度可划分为独立型与顺从型

独立型的人有着较强的主见，对待事情能够独立发现问题、解决问题，在问题中有自己独立的解决办法。容易把自己的意志思维强加于其他人之上，与周围的人很难相处融洽，总体独立性过强。顺从型的人能够听从别人的指挥，与周围的人合作机会很多，待人接物谦虚、随和，容易受到其他人的暗示，遇到突发事件容易惊慌失措。总体独立性比较差，依赖性也比较强。

3. 按个性倾向性分类，可把性格分为外向型和内向型

性格外向的人开朗、活泼、大方，善于与其他人交际，易于接受新鲜事物，但不足的是比较容易轻信别人，有时会出现盲目粗心，不谨慎、情绪波动比较大。性格内向的人心理活动倾向于内心世界，感情比较细腻、含蓄、处世小心谨慎，自制力比较强，对待事情有丰富的想象力，有较强的忍耐力和克制力。人际交往方面不善于与他人交际，应变能力较弱，反应缓慢，易优柔寡断，显得有些忧郁、胆小、孤僻、拘谨等。

4. 按人的行为方式，即人的言行和情感的表现方式可分为 A 型性格、B 型性格和 C 型性格

A 型性格的人往往有远大的目标，对待事情"凡事争一"，力求什么事情都做到完美并取得好成绩。为达到自己的目标，有强烈的时间紧迫性，行动比较匆忙，喜欢把每一件事情都安排得非常详细，凡事亲力亲为，总是把事情安排得满满的。对于事情的结果敢于承担责任，但情绪容易烦躁并且缺乏足够的耐心。与人交往时，言谈举止比较坦率，有时语出不当，很容易得罪人。对于别人的行为总喜欢评判，指手画脚，给人一种很强势的感觉。A 型性格的人状态比较紧张、焦虑，情绪反应强烈，容易患失眠、头痛、心血管等疾病，影响消化系统功能。

B 型性格的人情绪比较稳定，在人际交往方面比较温和，生活有步骤，讲究方式和方法，在情绪方面不会有太大的情绪波动。能够正面面对自己的缺点，面对压力时不气馁，但是缺乏远大理想。

C 型性格的人情绪比较压抑，与人交往比较少。在做事的时候，害怕竞争带来的压

力、胆小怕事。当受到打击的时候，爱一个人生闷气，不愿意与人倾诉。

10.2.3 高职学生性格的自我培养

1. 重视性格的自我修养

（1）自省。对自己有一个客观的认识，通过内心的自我认识、分析，能够正视自己的缺点，总结自己不足以及需要改进的地方。在自我认识的过程中，虽然找出自己的缺点并不难，可困难的是如何正确面对自己的不足，继而下定决心用适当的办法和方式改掉自己的不足。

（2）自警。面对自己错误和不足的时候，要有坚定的信心不断完善自己。寻找自身的不足和缺点，选择合适的名言警句，时刻激励、鼓励自己，时时刻刻提醒自己、达到提升、完善自我的目的。

（3）自居。本是西方心理学的一个术语，是指人的一种自我防御、自我适应行为。在这里所说的自居，是指认同某个性格榜样，处处以该榜样的形象出现。自居有两个特点：一是出发点是积极的；二是过程也是积极的，都是为了提高自己、完善自己。

2. 加强性格的自我训练

（1）小事入手。性格是在环境、教育等各种内外因素长期作用下逐步发展起来的，对其改变也需要一个长期的渐变过程。对性格的训练，初始时不能要求过高，如性格急躁、爱发脾气的人，自我训练的第一步应当先设法克制火气，使自己冷静下来。一段时间过后，提出进一步要求，即不仅不发火，还要做到表情自然；直至最后自己抑制火气时能挥洒自如、豁达大度。如此循序渐进，性格才会逐渐由急躁易怒变得宽容大度。

（2）习惯潜化。从改变习惯到改变性格，这是实现性格转化的途径之一。有人曾把习惯比作人的"第二天性"，人的性格中很大一部分所表现的正是一个人习惯化了的行为方式。俗话说"习惯成自然"，在对自己行为的支配中，习惯的力量比任何理论原则的力量来得更强大。因此，高职学生在性格修养过程中，要努力培养自己良好的学习习惯和生活习惯。

（3）实践磨炼。性格的改变过程，首先是一个实践过程。在实践中检验和判断性格，到实践中去培养磨炼性格，是我们进行性格修养的根本途径。性格向良好方向转变，往往不是由良好的训练计划、指导性修养方法所决定的。一百个口头计划不如一个具体的实践行动。因此，性格修养应当坚持从实际做起，在学习和交往中陶冶自己的性格。针对自身性格上的不足，制订一个切实可行的性格完善计划，逐步践行，不要畏惧困难，逐渐地完善自己的性格。

案例 10-5

如何克服爱发脾气的性格缺点

王某，女，某学校大一新生，自认为性格不好、脾气暴躁、动不动爱发脾气。一遇到让自己生气的事情就很容易爆发，不能自控。这样往往伤了和气，和周围的同学关系很僵。事后她也为自己的行为感到后悔，但就是控制不住自己的情绪。对此她很烦恼大伤脑筋，不知道该怎么办。

心理学研究表明人爱发脾气有先天和后天两个方面的原因。就先天而言人体内微量化学物质去甲肾上腺素含量较高的人脾气大多急躁、易发火，而血清素含量较高的人脾气比较随和、温顺。就后天原因而言，如果父母的脾气十分急躁并经常打骂斥责孩子，孩子的脾气也容易变得暴躁。要克服爱发脾气的毛病，首先要开阔胸怀，"大事清楚、小事糊涂"不应气量狭小、过于计较小事；其次要认清危害，要知道人与人之间是平等的，区区小事就大发雷霆、不尊重别人这也必然得不到别人的尊重。而且发脾气不仅不能解决问题，多半还会适得其反；再次要学会容人做人，要有一定"雅量"，"责人宽责己严"，不要动不动就指责和怪罪别人；最后要学会自制，比如一旦感到自己要发脾气时就反复默念"不要发火不要发火"；再如当感到自己要发脾气时，可迅速离开现场或去干别的事情，或去找别的人谈谈或干脆去散步宽宽心。"气头"过去后再回来从容而理智地对待和处理问题。

10.3 气质与性格的关系

气质和性格都是描写个体典型行为的概念，这两个概念既有区别又有联系。

10.3.1 性格和气质的区别

从起源方面看：气质是先天形成的，一般产生于个体发育的早期阶段，主要体现为神经类型的自然表现。性格是后天形成的，在个体生命的早期并没有性格的表现。性格是行为主体与社会环境相互作用的产物，反映了人的社会属性。

从可塑性方面看：气质的变化速度相对较慢，可塑性比较小。即便气质有细微的变化也是非常困难的事情。与之相反的是性格的可塑性比较大，其塑造过程通过环境的变化而完成，相对于气质的改变更容易一些。

从社会评价方面看：气质是表现在人的情绪和行为活动中的动力特征（即强度、速度等），不同的气质没有好坏之分，不能做评价。而性格是指行为的内容，表现为个体与社会环境的关系，在社会评价上有好坏之分。

10.3.2 性格和气质的联系

性格和气质既有区别，又有联系，说明了性格与气质相互依赖又相互制约。

1. 气质对性格能够产生影响和作用

在儿童的早期，一个人性格特征依赖的因素主要是接受教育的方式和社会相互作用的性质和方法。例如，有的婴儿喜欢哭闹，有的婴儿喜欢安静，这些不同的气质特征会对家庭环境产生不同的作用和影响，父母在教育方式上必然有不同的反应和行为，而这些反应必然会影响一个人性格的形成。

气质还可以按照自己的方式渲染性格的特征。面对不同的性格特征不同气质的人有不同的变化。例如，在助人方面，多血质气质类型的人在帮助别人时表现为思维比较敏捷、待人热情，这样的热情通过自己的行为可以表现出来；黏液质气质类型的人，则表现为思想稳重，待人方面非常沉稳。

气质还对性格特征形成和改造的速度产生影响。例如，胆汁质类型的人通常需要极大地克制自己才能形成自律、严谨的性格；而抑郁质类型的人，则不需要刻意地控制自己就很容易形成该性格。

2. 性格也对气质产生影响和作用

性格也会在一定程度上掩盖或者改变气质，掩蔽气质，进而使气质服从于生活实践的要求。例如，作为领导者需要具备沉着稳重、冷静严谨等性格特征，通过长期从事领导实践活动，作为领导的这些性格特征将会对胆汁质类型的易冲动、缺乏自律等气质特征进行掩盖或者改造，使其具备黏液质的类型特点。

课 堂 实 践

10-1 心理测试：我的气质类型

下面60道题大致可以确定你的气质类型。若与你的情况"很符合"计2分，"较符合"计1分，"一般"计0分，"较不符合"计-1分，"很不符合"计-2分。

（1）做事力求稳妥，不做无把握的事
（2）遇到令人气愤的事就怒不可遏，想把心里话说出来才痛快
（3）宁可一个人干事，不愿很多人在一起
（4）到一个新环境很快就能适应
（5）厌恶那些强烈的刺激，如尖叫、噪声、危险镜头等
（6）和人争吵时，总是先发制人，喜欢挑衅
（7）喜欢安静的环境
（8）羡慕那些善于克制自己感情的人
（9）生活有规律，很少违反作息时间
（10）在多数情况下情绪是乐观的

(11) 喜欢和人交往
(12) 碰到陌生人觉得很拘束
(13) 遇到令人气愤的事,可以很好地自我克制
(14) 做事总是有旺盛的精力
(15) 遇到问题常常举棋不定,优柔寡断
(16) 在人群中从不觉得过分的拘束
(17) 情绪高昂时,觉得干什么都有趣,情绪低落时,觉得干什么都没有意思
(18) 当注意力集中于某一事物时,别的事物就很难使自己分心
(19) 理解问题总比别人快
(20) 遇到不顺心的事,从不向他人诉说
(21) 记忆能力强
(22) 能够长时间做枯燥、单调的事
(23) 符合兴趣的事,干起来劲头十足,否则就不想干
(24) 一点小事就能引起情绪波动
(25) 讨厌做那种需要耐心、细致的工作
(26) 与人交往不卑不亢
(27) 喜欢参加气氛热烈的活动
(28) 爱看感情细腻、描写人物内心活动的文学作品
(29) 工作、学习时间长了,常感到厌倦
(30) 不喜欢长时间讨论一个话题,愿意实际动手干
(31) 宁愿侃侃而谈,不愿窃窃私语
(32) 别人总是说我闷闷不乐
(33) 理解问题时常比别人快些
(34) 疲倦时只要短暂地休息就能精神抖擞,重新投入工作
(35) 心里有事,宁愿自己想,不愿说出来
(36) 认准一个目标就希望尽快实现,不达目的,决不罢休
(37) 同样和别人学习、工作一段时间后,常比别人更疲倦
(38) 做事有些鲁莽,常常不考虑后果
(39) 别人讲授新知识、技术时,总是希望他讲慢些,多重复
(40) 能够很快忘记那些不愉快的事情
(41) 做作业或完成一份工作时总比别人花费的时间多
(42) 喜欢运动量大的剧烈活动,或参加各种文体活动
(43) 不能很快地把注意力从一件事转移到另一件事上去
(44) 接受一个任务后,就希望把它迅速解决
(45) 认为墨守成规要比冒风险强些
(46) 能够同时关注几件事物

(47) 当我烦闷的时候，别人很难使我高兴
(48) 爱看情节跌宕起伏、激动人心的小说
(49) 对工作抱认真谨慎、始终如一的态度
(50) 和周围人们的关系总是相处不好
(51) 喜欢复习学过的知识，重复做已经掌握的工作
(52) 喜欢做变化大、花样多的工作
(53) 小时候会背的诗歌，我似乎比别人记得清楚
(54) 别人说我"出语伤人"，可我并不觉得这样
(55) 在体育运动中，常因反应慢而落后
(56) 反应敏捷，大脑机智
(57) 喜欢有条理而不太麻烦的工作
(58) 兴奋的事情常使我失眠
(59) 别人讲新概念，我常常听不懂，但是弄懂以后就很难忘记
(60) 假如工作枯燥无味，马上就会情绪低落

评分方法：

(1) 如果某一项或两项的得分超过20分，则为典型的该气质。

(2) 如果某一项或两项以上得分在20分以下、10分以上，其他各项得分较低，则为该项一般气质。

(3) 如果各项得分均在10分以下，但某项或几项得分较其余项高（相差5分以上），则略为倾向于该项气质（或几项的混合）。

(4) 一般来说，正分值越高，表明该项气质特征越明显；反之，正分值越低或得负分值，表明越不具备该项气质特征。

各种气质类型对应题号：

胆汁质：
(2)、(6)、(9)、(14)、(17)、(21)、(27)、(31)、(36)、(38)、(42)、(48)、(50)、(54)、(58)

多血质：
(4)、(8)、(11)、(16)、(19)、(23)、(25)、(29)、(34)、(40)、(44)、(46)、(52)、(56)、(60)

黏液质：
(1)、(7)、(10)、(13)、(18)、(22)、(26)、(30)、(33)、(39)、(43)、(45)、(49)、(55)、(57)

抑郁质：
(3)、(5)、(12)、(15)、(20)、(24)、(28)、(32)、(35)、(37)、(41)、(47)、(51)、(53)、(59)

模块四 塑独特人格魅力——人格发展

领悟：

知道自己气质后，要注意扬长避短。多血质的同学要注意加强组织纪律性，培养自己稳定的兴趣和注意力；在发扬朝气蓬勃、满腔热情的同时，克服粗心大意、虎头蛇尾等毛病，培养耐心和毅力；在活泼好动中添几许沉思，避免流于肤浅。

胆汁质的同学，在发扬勇于进取、豪放品质的同时，要防止任性、生硬急躁、经常发脾气的倾向，培养自制力。

黏液质的同学冷静、沉着、自制、踏实。但应多参加各种集体活动，培养对人对事的热情，防止墨守成规、谨小慎微等品质的发展。

抑郁质的同学细心、观察力强、内心世界丰富，但应多参与活动融入集体，避免沉湎于自我世界，在培养机智、敏锐和自信心的同时，要防止疑虑、孤独等消极品质产生。

10-2 心理测试：你知道自己的性格障碍吗？

请你根据自己的实际情况做出真实选择。

(1) 跟朋友相处你常有怎样的困扰？（　　）
A. 朋友很少，大家对我好像也不怎么友善
B. 很难有知心朋友可以倾吐心事
C. 感觉在团体中都是自己配合别人

(2) 假如已经有了另一半，允不允许自己有出轨的可能？（　　）
A. 可能，保留自己谈恋爱交朋友的权利
B. 会去认识他，做朋友应该没关系
C. 只可能动心，绝不可能有任何发展

(3) 你平常的作息是否十分不正常？（　　）
A. 很正常，因为工作或上课的关系
B. 不是很正常，早上需要闹钟叫醒
C. 非常不正常，睡觉时间常常颠倒

(4) 最受不了什么类型的朋友？（　　）
A. 自私自利、一毛不拔的朋友
B. 死不认错，又爱推卸责任的朋友
C. 情绪相当不稳定的朋友

(5) 在朋友面前，你是否常过度吹嘘自己的能力？（　　）
A. 不多，让别人来慢慢了解自己
B. 有好感的人面前可能就会这样
C. 常常会这样，也不知道怎样才改得了

(6) 遇到有好感的人，你通常会有怎样的反应？（　　）
A. 跟踪他，调查他的一切

B. 制造巧合偶遇，增加见面机会

C. 会在心里幻想是自己的男/女朋友

(7) 你是否平时会有暴饮暴食的习惯？（　　）

A. 很少，三餐还算规律

B. 不会，不过三餐时间有时不固定

C. 会，看到饭馆就会想大吃一顿

(8) 看到朋友在一旁议论纷纷，你会有怎样的反应？（　　）

A. 应该不关我的事吧？不管他

B. 很好奇，会凑过去了解状况

C. 会不会在讲我的坏话

(9) 想到什么会令你最控制不住自己的情绪？（　　）

A. 工作或课业上的压力

B. 人际关系产生的压力

C. 感情问题产生的压力

(10) 你喜不喜欢被人约束的感觉？（　　）

A. 还好，只要合理都可以接受

B. 不喜欢，可能会想反抗

C. 不喜欢，可能会直接撕破脸走人

计分方法：

选 A 计 1 分，选 B 计 3 分，选 C 计 5 分。

结果解释：

20 分及以下：你容易有"反现状性格"。

反现状性格特质的人很容易对现状产生不满，生活中难免的小摩擦或是不如意都会让你抱怨连连，仿佛全世界都对不起你一样。感觉"处处碰壁"的你很容易情绪不稳定，你很难克制自己一时的冲动，也很难有热情长期从事同一项工作。

21~30 分：你容易有"边缘性性格"。

边缘性性格特质的人好恶相当明显，对喜欢的人或事物可以紧抓着不放；对不喜欢的人或事物，则是极端厌恶，甚至展开毁灭性报复。尤其是对自己得不到的东西，更可能由爱生恨，会想尽办法毁灭它。

31~40 分：你容易有"戏剧性性格"。

戏剧性性格特质的人喜欢享受掌声，害怕寂寞，也非常在意旁人对自己的意见、想法。你喜欢尽己所能地去表现自己，对他人有支配欲，容易对人颐指气使。有时过于依赖自己的想法去左右周围形势，常得罪朋友而不自知。

超过 40 分：你容易有"自恋性性格"。

自恋性性格特质的人以自我为中心，认为旁人甚至亲人都是绿叶，是陪衬点缀，很难有对等关系的存在。在自我优越感的意识作祟下，你讲话自然高姿态，对任何东西都喜欢指指点点，也无法忍受旁人对你权威的挑战。

小贴士：

性格障碍其实是一种心理障碍。许多人因为心理上的某种偏执，造成性格上的执拗。这是一种心理效应。如果你是"反现状性格"，当有不如意时，就适时换个环境，转换并缓和一下起伏的心情。如果你是"边缘性性格"，感觉自己的想法和旁人迥异时，记得静下心来，思考并询问对方为何这样做。如果你是"戏剧性性格"，充实自己的专业技能，旁人也会对你由衷地心服口服。如果你是"自恋型性格"，自恋无可厚非，可以多点自我解嘲式的幽默，记得尊重他人才能双赢。

项目11 我的"人格"我做主

案例导入

心 灵 求 索

某班有女生9人，除小B来自大城市，其余均来自农村。小B容貌姣好，活泼开朗，能歌善舞，待人热情。天渐冷，小B拿出自己的衣服给同学御寒，遭拒绝。同学说："穿她的衣服？也太小看我们了嘛。"一日，几个女生在教室跳舞，开心之极。小B不期而至，舞蹈戛然而止，众女生手脚无措，皆尴尬。课间，时有男生环小B或坐或立，谈笑风生，众女生耿耿于怀。日后，小B东西常丢失，有人指点迷津，寝室楼下可寻。小B疾奔楼下，数样东西失而复得。小B不知自己错在何处，含泪走进了学校心理咨询室。

此个案包含了该班女生自卑、敏感多疑、妒忌、狭隘、报复等不健康的人格品质。它妨碍了人际沟通，给心灵蒙上了一层阴暗的愁云，于人于己都不愉快。因此，我们有必要了解高职学生的人格发展中常见的问题，并自觉加以调整和克服。

11.1 认识健全人格

11.1.1 健全人格的含义

健全人格是各方面都处于优化状态下的、理想化的一种人格，是各种良好人格特征在个体身上的集中体现。具备健全人格的人能够意识到自己的优、缺点以及善与恶；能够掌握自身的命运，把握自己的生活，控制自己的情绪，他们是心理健康者，他们不是生活在过往中，而是坚定地立足于当下，并能够明确把握未来的目标和任务。

体验活动 11-1

自我激励练习

（1）请团体成员在本子上列出几句考试前、表演前、比赛前经常运用的自我暗示语句。

（2）接着分析这些自我暗示语是消极的还是积极的。

消极暗示语与积极暗示语的比较

消极暗示语	转化	积极暗示语
别紧张	改换	沉着、冷静、放松
千万别失误	改换	全力以赴，一定能做到
别去想输赢、结果	改换	尽力做到自己最好的

（3）肯定地表达自己的感受。如"沉着、放松，我对数学（绘画、弹琴、英语等）特别有把握"，"状态不错，一定能发挥好。我喜欢表演（辩论、演讲、球赛等）"，大声说三遍。

11.1.2 健全人格的标准

1. 正确的自我意识

这是高职学生具备健全人格的首要条件。所谓正确的自我意识指的是人格健康者能够正确地认识自己，积极地开放自我；同时对自己、自己与他人、与周围环境有比较客观和实事求是的认知。一个具备正确的自我意识的人，就是对自己有着较深了解的人，他能够客观地看待自己的能力和不足，优点和缺点，并能对此做出理性的评价和分析；能够制定出符合自身特点的要求和目标，并能够理性地完成，不会对自己过分苛刻；对自己的现状比较满意，与结果相比他更注重过程，即便最后没实现目标，也不会埋怨自己；在学习和生活中能较好地控制自己的情绪，保持谦虚谨慎，积极乐观的精神。

2. 良好的社会适应能力

社会适应能力反映了人与社会的协调程度。人的社会适应能力是在社会化过程中不断发展的。人格健全的人能和社会保持良好的密切的接触，以一种开放的态度，主动关心社会，了解社会，观察所接触到的各种事物和现象，看到社会发展的积极面和主流，在认识社会的同时，使自己的思想、行为跟上时代的发展，与社会的要求相符合，表现出能很快适应新的环境。当代高职学生的社会适应能力主要包括适应时代、适应高职校园生活和从学校走向社会顺利发展等方面的能力，具体的就是高职学生的思想意识、知识水平、工作能力、社会交往、社会生活、心理素质等方面适应社会环境变化和发展的能力，对社会环境的一切变化发展和刺激能够做出积极、恰当、正常反应的能力。

3. 良好的情绪调控能力

良好的情绪控制能力是人格成熟的标志。高职学生能够较好地控制自己的情绪，对自身生理和心理的健康发展都有很大的帮助。积极向上的情绪能够提高高职学生的学习和生活效率；而消极悲观的情绪则会降低人的活动效率，长期累积甚至可能导致疾病的产生。因此，高职学生要以积极向上、开朗乐观的心态面对学习和生活，保持良好的情绪，在生活中要富有幽默感和创造性，要通过客观合理的方式化解各种消极情绪。

4. 和谐的人际关系

具有健全人格的高职学生常常怀有包容、真诚、平等的心态，内心和言行协调统一，他们人际关系良好，善于和别人交往。在与他人的交往过程中，主动、乐于和他人结为朋友，既能取悦他人，又能自我接纳，而且和集体能融洽地结为一体。与他人相处时以共同进步为前提，能坦然接纳别人的长处，也能宽容地接纳别人的不足；以真诚、宽容的心态去尊重、理解和同情他人；处理好人际关系；积极融入集体，当集体利益和个人利益相冲突时，能毫不犹豫地选择集体利益。

5. 良好的知识技能和智能素质

高职学生只有具备健全人格，才能充分、有效地将自己所掌握的知识技能和智能素质，运用到工作和学习中。在当今的信息化时代，高职学生要通过增强自身的求知欲望，提高自身的智能素质来完善自己，从而为培养自己健全的人格奠定坚实的基础。只有这样才能够适应社会的发展需要。此外，高职学生要学会合理有效地利用自己的知识来辨别社会中的各类信息，要在学习汲取好的一面的同时，也要看清它带来的不良影响；要时刻保持清醒的头脑，坚定自己的道路，不要人云亦云、随波逐流。

6. 能够发挥自己的潜能

创新性人才是当今社会的宠儿，在健全人格塑造的过程中，创新性也是一个重要手段。自我塑造、完善和发展的能力以及自身的创造力是健全高职学生的人格重要因素。为了适应日益激烈的社会竞争，高校要注重对高职学生健全人格的塑造，例如对高职学生实践能力、创新能力等的培养和教育。要想在众多竞争者中脱颖而出，高职学生首先要有独特性，其主要来源于高职学生的创新能力和实践经验，此外，在学习理论知识的同时，要勇于实践、善于动脑、大胆创新，提高自己的创新能力，掌握创新技巧，并制定出符合自己特点的创新方法。高职学生要通过自己的能力和潜能获得生活和学习上的成功，同时也要以客观的态度去面对困难和挫折，积极应对、不畏艰难、勇于拼搏，树立正确的人生观，审美观和科学的世界观，进而提高自身的修养，追求人生更高的价值，提升自我、完善自我。

体验活动 11-2

房树人绘画心理测验

房树人绘画心理测验，简称 HTP，是目前国际上比较标准的一套心理投射法测验。通过画图者所画的房子、树和人，可以了解其潜意识的心态、情绪、性格、人际交往状态、家庭关系情况、心理能量等。房树人测验也可以拆分成：画房测验、画树测验、自画像测验三个部分。测试指导语：请用铅笔在这张白纸上任意画一幅包括房子、树木、人物在内的画；想怎么画就怎么画，但要求你认真地画；不要采取写生或临摹的方式、也不要用尺子，在时间方面没有限制，也允许涂改；画完后请你写上自己的性别、年龄、文化程度、职业。

案例 11-1

易某，男，20岁，某大学一年级学生。主述为："我的问题要从中学说起，中考时分数能进重点班，但最后却被分到最差的一个班。因为这件事高一低沉了一年，高二时想再学习已赶不上了，经过这一次打击之后，跟异性交往也受到影响。因为我一向很看重自己的成绩，并把成绩的好坏作为评价自己的标准。由于自己的情绪低落，成绩下滑，觉得自己没有资本，从而不敢跟女生说话。自信心也从原来的比较高的自信滑落到零甚至是负数，现在不管做什么都感到没有信心，非常消沉，心情特别压抑、痛苦，有时候甚至会自虐，比如心情烦闷时会用自己的双手击打桌面、墙等硬物。"

该生由于曾在升学的问题上遭受一定的挫折，学习成绩下降，自信心丧失，人际交往也受到严重影响，情绪消沉，导致了人格的不健全。其人格的缺陷主要是自卑及抑郁，存在一些错误的认知模式，比如，认为学习成绩是衡量一切的标准，甚至将自己的自信完全建立在是否拥有一个好的学习成绩上，所以导致了严重的自卑感，又由于这种自卑进而产生了一系列消极的情绪，压抑、消沉、痛苦不堪，甚至自虐，这些都是抑郁的表现。

11.2 高职学生人格障碍的类型

11.2.1 人格障碍的定义

人格障碍又称为"心理病态人格"，是指年满18周岁的人在没有幻觉、妄想，排除智力低下因素的情况下，持续出现（2年以上）的一系列异于常理的情绪反应、动机和行为活动。根据《精神障碍诊疗规范》（2020版），成人人格障碍基本分为以下类型：

（1）偏执型人格障碍；

（2）分裂型人格障碍；

（3）反社会型人格障碍；

（4）边缘型人格障碍；

（5）表演型人格障碍；

（6）强迫型人格障碍；

（7）回避型人格障碍；

（8）依赖型人格障碍；

（9）其他特异人格障碍；

(10) 自恋型人格障碍;
(11) 非特指的人格障碍;
(12) 混合型和其他人格障碍。

11.2.2 高职学生人格障碍的类型

人格障碍的种类有很多,在高职学生中较为常见的主要有以下六种类型:

1. 偏执型人格障碍

偏执型人格障碍最主要的特征就是思想、行动固执刻板,经常毫无根据地怀疑;情感冷淡,孤僻;自尊心极强,却很自卑;过多过高地要求别人,过高地估计自己的能力,失败时迁怒或归因于他人。

2. 强迫型人格障碍

强迫型人格障碍最主要的特征就是过分要求完美和严格,过分注意自己的行为是否正确,过分专注于细节、规则、秩序等,因此表现得特别死板、缺乏灵活性。

3. 自恋型人格障碍

这类人格特点多在青春期展现,表现为以自我为中心,缺乏同情心;常幻想自己在各方面都很优秀,有超凡魅力,并不断沉浸在这种想象中自我陶醉,不能接受别人的建议和批评,需要经常受到注意或赞美。

4. 回避型人格障碍

回避型人格障碍表现为害怕参与社交活动,害怕别人的负面评价,表现为在人际交往中害羞、胆小、自卑,行为退缩,面对挑战采取逃避态度或不能应对;避开或不接触重大的社交活动。

5. 依赖型人格障碍

依赖型人格障碍始于青年期。这类人因为经常恐惧自己会被抛弃,而往往依赖和顺从他人。自己常常无法独立做决定,也无法独立进行工作或执行计划,必须要依靠别人给予过多的指导或保证,自己也缺乏判断能力。

6. 反社会型人格障碍

该类人格行为表现为易激怒,并有攻击行为;行为无计划或有冲动性;不尊重事实;对自己或他人的安全漠不关心,缺乏同情心;危害别人时无内疚感。

11.3 塑造健全人格

11.3.1 高职学生塑造健全人格的意义

人格素质在高职学生综合素质中占有重要地位,是高职学生综合素质的重要组成部分,关系到高职学生的健康和成才。健全人格是高职学生提高综合素质,实现自身价值,保证学业、事业成功的不可或缺的重要因素。例如,在高职学生人格结构中,如果缺乏必要的挫折承受力,一旦遭受挫折或失败,就会怨天尤人,萎靡不振;如果缺乏"不到黄河不死心"的毅力,即使自我设计得再好,到最终也只能是"竹篮打水一场空"。

健全人格是人生成功的第一要素。个人的发展,不仅需要发达的大脑和健康的体魄,更需要健全的人格。健全的人格是建立良好人际关系,良好团队合作的必要前提。当今社会,强大的人脉以及人与人之间的有效合作协调是个人成功与否的重要因素。人格中的种种脆弱会使人缺乏适应外界环境的能力,易导致人生的悲剧性结果,而成熟的人格能使自己的梦想与现实取得协调一致,并实现自己的人生价值。

健全人格是生活幸福的保证。20世纪50年代,西方学者开展的生活质量研究表明,人类健康和幸福越来越多地取决于人格的健康情况。高职学生在校期间,不仅要认真学习,还要积极生活,具备健全人格是高职学生生活幸福的有力保证。

健全人格是实现国家现代化的决定因素。美国社会学家英格尔斯指出,一个国家,只有当他的人民是现代人,他的国民从心理和行为转变为现代人的人格,国家才可真正称为现代化国家。高职学生只有具备健全的人格才能在实现国家现代化的征程中做出积极贡献。

体验活动 11-3

"谁是你的重要他人"

请在一张白纸上,写下"某某的重要他人",这个某某当然就是你的名字。然后另起一行,依次写下"重要他人"的名字和他们入选的原因,这个游戏就完成了。

有人会问,什么叫"重要他人"?"重要他人"是一个心理学名词,意思是在一个人心理和人格形成的过程中,起过巨大的影响甚至是决定性作用的人物。"重要他人"可能是我们的父母,或兄弟姐妹,也可能是我们的老师,抑或萍水相逢的路人。

11.3.2 高职学生健全人格的培养途径

1. 不断优化人格整合

高职学生培养健康人格的首要途径是认识自我,充分了解自己的人格状况,明确人格塑造的目标、内容、途径、方法,才能塑造健康人格。在认识自我的基础上,人格塑造也就是为了实现优化人格整合,以达到人格的健全。整合是要使人格的各个方面逐渐由最初的互不相关,发展到和谐一致状态的过程。优化的过程即选择某些优良的人格特征作为自己努力的目标,同时针对自己人格上的缺点、弱点予以纠正。

2. 认真学习文化知识

不少人格发展缺陷源于无知,无知容易使人自卑、粗鲁。丰富的知识则使人自信、坚强、理智。各学科的全面发展是人格健全发展的智力基础,因为各学科的知识同处于一个庞大的系统中,彼此之间既相互联系,又能在各自的发展中相互迁移、相互促进,可以说，有了智力基础，人格发展的速度与质量才有保证。

3. 经常参加实践活动

知识的获取、能力的提升、意识的磨炼都离不开实践。实践是人格发展的必由之路。自信、稳重、勤奋、坚韧、乐观、细致等优秀的人格特征都是经过长期实践锻炼形成的。个人的言行举止往往是其人格的外化，反过来一个人日常言行的积淀成为习惯就是人格。因此，作为高职学生要从眼前的小事做起，"勿以善小而不为，勿以恶小而为之"，无数点滴小事中表现出的良好品行构建成优良的人格大厦。

4. 构建良好人际关系

健全人格塑造的过程是个体与他人、集体、社会相互作用的过程。人格通过行为表现出来，健全的人格也只有在人际交往中才能体现出来。高职学生塑造健全人格，必须发展良好的人际关系：要真诚赞美对方，多与他人沟通交流，要尊重社会习俗、关心他人的需要，尊重他人的意愿，同时也要保持自尊和独立等。此外，在集体交往中，自己的某些人格品质或受到赞扬、鼓励，或受到压制、排斥，高职学生可做出有针对性的调整。

案例 11-2

敏感的大男生

某男，22岁，某学校大二学生。他性格极敏感，十分在意别人对他的态度，别人说话、做事稍不留意就会"得罪"他。他主观武断、自尊心极强，以自我为中心。无奈学习成绩不佳，6门课要补考，使他自尊心受挫而愤愤不平。讨论问题，不管对错，他总要标新立异，固执己见，与人争论不休。一次两位同学发生口角。他一口认定外班同学无理，上去助阵，并大打出手。后来两个打架者均受到处分，他不服，坚称自己是"见义勇为"。事后更无心读书，他原本成绩就差，期末考试"一片红灯"，被留级。他不满不服的情绪达到极点，层层写信给教育行政部门，状告校方不公平，并不接受留级，对校系领导谈话也消极对抗。

该学生属于典型的偏执型人格。性格极敏感，对自己过分关心，十分在意别人对他的态度；并且毫无根据地去怀疑别人，固执己见，失败常迁怒或归咎于别人，还固执地争取不合理的"权利"，这些都是偏执型人格的典型特点。调适应从克服多疑敏感、固执、缺乏安全感和以自我为中心的人格缺陷等角度着手，具体方法如下：①建立信任感。由于患者常敏感多疑，所以先要与他们建立信任关系，再向他们全面介绍其自身人格障碍的性质、特点、危害性及纠正方法，使其对自己有正确、客观的认识，并自觉自愿产生要求改变自身人格缺陷的愿望。②故意纠正训练。偏执型人格障碍患者易对他人和周围环境充满敌意和不信任感。要对此进行调适，应学会怀着尊重和感恩的心对待周围的每一个人。与人交往时事先自我提醒和警告，不要带着敌意去与人接触，要在生活中学会忍让和有耐心。③建立合理信念。具有偏执型人格的人喜欢走极端,这与其头脑里的非理性观念相关联。因此,要改变偏执行为,首先必须分析自己的非理性观念,每当有非合理信念出现时,就应该把改造过的合理化观念默念一遍,以此来阻止自己的偏激行为。有时自己不知不觉表现出了偏激行为,事后应重新分析当时的想法,找出当时的非理性观念,然后加以改造,以防下次再犯。④行为疗法之交友训练。鼓励他们积极主动地进行交友活动,在交友中学会信任别人,消除不安全感,学会对你认识的所有人微笑。交友训练的原则:真诚相见,以诚交心,交往中尽量主动给予知心朋友各种帮助。

5. 努力锻造强健体魄

人格发展的过程中不仅需要心理因素与智力因素协同作用、相互促进,同时,强健的体魄也是不可或缺的重要因素。作为高职学生,只有具备健康的体质才能为人格健全发展提供强有力的物质保障。

6. 正确避免"过犹不及"

凡事都有度,人格塑造的过程中也应该掌握好度,避免"过犹不及",适得其反。对于高职学生来说,应该努力做到:"自信而不自负,自谦而不自卑,勇敢而不鲁莽,果断而不冒失,稳重而不犹豫,谨慎而不懦弱,豪放而不粗俗;好强而不逞强,活泼而不轻浮,机敏而不多疑,忠厚而不愚昧,干练而不世故"等。此外,不同的人格特质要协调发展,做到"刚柔兼济",这也是要把握好"度",过于"刚"者要多发展些"柔",过于"柔"者要多发展些"刚",这样才能形成健康的人格结构。

7. 坚持培养良好情操

良好的情操不仅对提高高职学生的综合素质具有重要意义,同时,对于塑造健全人格也有积极作用。高职学生正处于学习的黄金年龄,除了学好基础课、专业课外,还应该培养自己的爱好,加强综合素质方面的学习和提高,从而达到陶冶情操、优化人格的效果。例如,练习书法可以净化心灵,稳定情绪,克服急躁心理;练习下棋可以开拓智力,活跃思维;运动可以磨炼意志等。

8. 理性选择合理期望值

健全人格是高职学生人格塑造的目标,健全人格应高于自身的人格现状。但应看到,各种目标定得过高,个人对自己的人格抱有不切实际的期望值,就有可能用虚伪的人格换取某种虚荣,形成双重人格。因此,高职学生在塑造健全人格的过程中,要准确定位,从实际出发,制定符合自身的奋斗目标,并努力实现。在此基础上循序渐进,实现自身人格的不断提升,最终塑造健全人格。

同时,人格塑造是高职学生内化教育信息的过程,离不开高职学生的主体能动性。高职学生只有具备正确的世界观、价值观、是非观以及自主决断能力,才能在良莠并存的社会文化和相互碰撞的思潮观念中保持清醒头脑,主动适应、批判接受,塑造健全的人格。

9. 积极寻求心理咨询

心理辅导在高职学生健全人格的塑造中具有重要意义。高职学生要塑造健全人格,改变以前的错误认知,可以充分利用门诊咨询、团体辅导以及心理热线等多种心理咨询渠道，以便更加有效地维护心理健康，优化心理素质，促进人格完善。

美国著名心理学家詹姆斯曾这样说："播下一个行动，你将收获一种习惯；播下一种习惯，你将收获一种性格；播下一种性格，你将收获一种命运。"高职学生人格发展中存在问题都是正常的，甚至出现心理疾患也是在所难免，关键在于能否对自己的身心发展抱有积极的态度和认真的精神。

课 堂 实 践

11-1 心理训练

积极人格训练表，每天对照检查一下自己，做到的打"√"，没做到的打"×"，并写出改进方法，帮助我们塑造健全的人格。

人格	周一	周二	周三	周四	周五	周六	周日	改进方法
积极								
勤奋								
认真								
及时								
坚持								
负责								
好学								
诚信								
热忱								
宽容								
谦虚								
整洁								
分享								
适度								

小贴士：

本周的生活使你豁然、欣慰还是心情沉重？写下自己的感受。不过，不管怎样你都应该坚持一段时间，然后看看自己发生了哪些变化。

11-2 拓展阅读：常见人格障碍

人格障碍又称为"心理病态人格"，是指年满18周岁的人在没有幻觉、没有妄想，排除智力低下因素的情况下，持续出现（2年以上）的一系列异于常理的情绪反应、动机和行为活动。根据不同的行为模式，人格障碍大致可以分为偏执型人格障碍、强迫型人格障碍、自恋型人格障碍、回避型人格障碍、依赖型人格障碍、反社会型人格障碍等常见类型。

（1）偏执型人格障碍。偏执型人格障碍最主要的特征就是思想、行动固执刻板，经常毫无根据地怀疑；情感冷淡，孤僻；自尊心极强，却很自卑；过多过高地要求别人，过高地估计自己的能力，失败时迁怒或归因于他人。

（2）强迫型人格障碍。强迫型人格障碍最主要的特征就是过分要求完美和严格，过分注意自己的行为是否正确，过分专注于细节、规则、秩序等，因此表现得特别死板、缺乏灵活性。

（3）自恋型人格障碍。这类人格特点多在青春期展现，表现为以自我为中心，缺乏同情心；常幻想自己在各方面都很优秀，有超凡魅力，并不断沉浸在这种想象中自我陶醉，不能接受别人的建议和批评，需要经常受到注意或赞美。

（4）回避型人格障碍。回避型人格障碍表现为害怕参与社交活动，害怕别人的负面评价，表现为在人际交往中害羞、胆小、自卑，行为退缩，面对挑战采取逃避态度或不能应对；避开或不接触重大的社交活动。

（5）依赖型人格障碍。依赖型人格障碍始于青年期。这类人因为经常恐惧自己会被抛弃，而往往依赖和顺从他人。自己常常无法独立做决定，也无法独立进行工作或执行计划，必须要依靠别人给予过多的指导或保证，自己也缺乏判断能力。

（6）反社会型人格障碍。该类人格行为表现为易激怒，并有攻击行为；行为无计划或有冲动性；不尊重事实；对自己或他人的安全漠不关心，缺乏同情心；危害别人时无内疚感。

11-3 思考与实践

（1）你认为你的人格健全吗？
（2）你觉得你属于哪一种气质类型？
（3）这种气质对学习活动、职业、人际交往、环境适应能力、身心健康和性格特征的形成都有着什么样的影响？
（4）列举你熟悉的典型4种气质的人物。

推荐阅读：杨滨著《性格的力量》。

柯云路著《童话人格》。

推荐影视：《黑天鹅》。

《美丽心灵》。

参考文献

［1］赵洪成，桑小洲．快乐成长：高职学生心理健康教育［M］．北京：北京理工大学出版社，2011.

［2］张平．每天一个心理游戏［M］．北京：中国华侨出版社，2012.

［3］刘树林．高职院校大学生心理健康教育体验式教程［M］．北京：北京理工大学出版社，2012.

［4］樊富珉，刘丹．展现你的人格风采［M］．北京：高等教育出版社，2004.

［5］冉超凤，黄天贵．高职大学生心理健康与成长［M］．北京：科学出版社，2022.

［6］李进恩．高职学生的人格问题及其教育对策［D］．上海：上海师范大学，2007.

［7］马兰花．曹继霞大学生心理健康［M］．北京：经济科学出版社，2010.

［8］中华人民共和国国家卫生健康委员会．精神障碍诊疗规范（2020年版）［EB/OL］．［2020-12-01］．http://www.nhc.gov.cn/yzygj/s7653p/202012/alc4397dbf50401393b3d2fbc263d782/files/9944cdel142574ea59c541d552fe345a9.pdf.

［9］廖春红．九型人格［M］．北京：北京联合出版公司，2016.

［10］李春青，陈大鹏，李春华．大学生心理健康教育［M］．北京：冶金工业出版社，2021.

［11］任凤桃，张慧超，杨晓峰．大学生心理健康教育［M］．天津：南开大学出版社，2022.

模块五　做情绪的主人

——情绪管理

人本无心，因物为。心所以万殊者，感外物为不一也。

——（宋）张载（《正蒙·太和篇》）

情绪是人的心理过程的一个重要方面。在人们的生活中，随时随地都会发生喜、怒、哀、乐等情绪的变化，人的一切活动无不打上情绪的印记。情绪的调节与控制，既是高职学生身心健康的重要内容，也是高职学生自我发展和人格成长的必要条件。

学习目标

本章介绍了情绪的基本理论知识，重点分析了大学生情绪的特点，旨在帮助学生学会识别和管理情绪，明确不良情绪对自己和社会的危害，培养青年学生理性平和的健康心态。

学习重点

了解情绪的内涵和功能，学会识别情绪，掌握表达和管理情绪的方法。

学习难点

自我调控和管理情绪的方法，并能够在日常生活中加以应用。

项目12　认识丰富多彩的情绪

案例导入

　　李明是某大学二年级学生，他经常说："活在世上真是没有意思。"一年多以前，李明怀着憧憬的心情来到了大学，可是这所大学和心目中的大学相差太远，他一时不能适应，心中异常郁闷，经常失眠、头痛。上课听不进去，也没有什么业余爱好，不爱与人交往。渐渐地，他感到生活毫无意义，根本没有乐趣可言。

　　李明同学的情绪体验是我们许多高职学生都经历过的。因为理想与现实的差距，使李明产生了失望、抑郁的情绪体验，影响了正常的学习、生活。那么在现实生活中，我们还有过什么样的情绪体验呢？它又会对我们的生活产生什么影响呢？

12.1　认 识 情 绪

12.1.1　什么是情绪

　　我们的生活充满着情绪，有时欣喜若狂，有时焦虑不安，有时孤独恐惧，有时满腔怒火，有时悲痛欲绝，有时开心愉快……这一切使我们的生活时而阳光灿烂，时而阴云密布，形成了一个五彩缤纷的心理世界。

　　那么，情绪是什么呢？情绪是人对客观事物的体验，是主观对客观的一种感受。一般来讲，情绪包含三个成分：主观体验、外部表现和生理唤醒。

　　假设你正在森林中欣赏周围的自然美景时，突然随着一声吼叫，一只熊出现在你面前，此时你心跳加快、口干舌燥、肌肉紧张，感到非常害怕。

　　在这个案例中，我们的情绪体验就包括了主观体验——害怕、恐惧；生理唤醒——口干舌燥、肌肉紧张、心跳加速；外部表现——准备逃跑或者其他的措施，此外，还有认知成分——之所以感到害怕，是因为意识到熊对我们的生存构成了威胁。

1. 主观体验

　　主观体验是个人对不同情绪和情感状态的自我感受，对喜、怒、哀、恐等情绪都有不同的主观体验构成了每个人情绪和情感的心理内容。当一个人处于某种情绪状态时，他所体验到的情绪内容、性质、强度等都是主观的，而非客观的。

2. 外部行为

人有七情六欲，当人们面临不如意、不顺心的事情时，总会在内心有一种难言的或不愿表述的痛苦。这些痛苦不仅在内心有所反应，而且在外部身体姿态、面部表情等方面也有明显表现，如愁眉苦脸、惊恐万状、怒不可遏。同样，当人遇到快乐的事情时，外表也表现为眉飞色舞、喜气洋洋等。情绪与情感的外部表现主要是指表情，包括面部表情、姿势表情、语调表情等。

体验活动 12-1

识别身体姿势所表达的情绪内容

请一位同学，模仿图12-1中的姿势，让其他同学猜测他所表达的情绪是什么。

图 12-1 情绪

资料来源：笔者根据网络资料整理。

体验活动 12-2

（1）教师请两位同学上台表演愉快的表情，其他同学担当镜子的角色，模仿这两位同学的表情。

（2）同桌两人一组，甲学生做出各种愉快的表情，乙学生作为镜子模仿甲的各种表情，时间为2分钟左右。

（3）双方互换角色。

（4）学生围绕刚才的活动讨论分享：

①看到"镜子"的表情时你有什么感受？

②情绪可传染吗？

③在努力做各种愉快的表情时你的情绪有变化吗？

启示：

心理学研究表明：当我们保持着某种心情，模仿着某种心情，往往能帮助我们真的获得这种心情。因此每天早上起床后我们对着镜子笑一笑，告诉自己"今天会有个好心情"，往往会为你带来一天的好心情。即使没有镜子，也可利用镜子技巧，使自己脸上露出一个很开心的笑脸，挺起胸膛，深吸一口气，然后唱一段歌曲，或吹一小段口哨，或哼哼歌，记住自己快乐的表情。

3. 生理唤醒

生理唤醒是指伴随情绪与情感发生时的生理反应，它涉及神经系统、循环系统、内外分泌系统等一系列生理活动过程。任何情绪都伴随着一系列的生理变化，这种生理变化使得我们产生了独特的情绪体验。

曾有研究让被测试者用面部肌肉来表达愉快、发怒、惊奇、恐惧、悲伤、厌恶等情绪；同时给他们一面镜子以辅助他们确定自己面部表情的模式，要求他们把每一种表情保持10秒，并对他们的生理反映情况进行测量。结果表明，各种面部表情的生理反应存在明显差异。另一些研究表明，保持发怒和恐惧的表情时，被测试者心率都会加快；保持发怒的表情时，被测试者的皮肤温度会上升；保持恐惧的表情时，被测试者的皮肤温度则会下降。

知识窗 12-1

情绪与身体健康

研究指出，70%以上的人会遭受到情绪对身体器官的"攻击"。据统计，目前与情绪有关的疾病已达到200多种，在所有患病人群中，70%以上都和情绪有关。大量临床医学研究表明，小到感冒，大到冠心病和癌症，都与情绪有着密不可分的关系。充满心理矛盾、压抑，经常感到不安全和不愉快的人，免疫力低下，经常感冒、一着急就喉咙痛；紧张的人则会头痛、血压升高，容易引发心血管疾病；经常忍气吞声的人得癌症的概率是一般人的三倍……

关注心理健康，学会调节情绪可以帮助我们降低身体患病的风险。夏天时积极调整饮食起居，用跑步、游泳等运动方式转移负面情绪；冬天时多吃些蔬菜和水果，多参与户外活动,晒晒太阳,提高室内自然光线等,都有利于排解消极情绪。

12.1.2 情绪的类型

情绪本身是非常复杂的,因此要对情绪进行准确的分类就显得尤为困难。许多研究者对此进行了长期的探索,其中两种分类方法颇具代表性。

1. 依据情绪的性质分类

(1) 快乐。

快乐是盼望的目的达到后,随之而来的紧张解除时的情绪体验。快乐的程度取决于愿望满足的程度。快乐的程度从满意、愉快到大喜、狂喜。它是具有正向享乐色调的情绪,使人产生超越感、自由感和接纳感。

(2) 愤怒。

愤怒是由于受到干扰而使人不能达到目标时所引起的一种紧张而不愉快的情绪,而如今也存在对社会现象以及他人遭遇甚至与自己无关事项的极度反感而产生的愤怒。目的和愿望不能达到,一再受到阻碍,从而积累了紧张,最终产生愤怒。特别是所遇到的挫折是不合理的或是被人的恶意所造成的时候,愤怒最容易发生。当人们意识到某些不合理的或充满恶意的因素存在时,愤怒也会骤然发生。愤怒的程度依次是:不满、生气、愠怒、愤怒、激愤、大怒、暴怒。

(3) 恐惧。

恐惧是企图摆脱、逃避某种危险情景时所产生的情绪体验。恐惧往往是由于缺乏处理、摆脱可怕情景的力量和能力而造成的。引起恐惧的重要原因是缺乏处理可怕情景的能力与手段。

(4) 悲哀。

悲哀与失去所盼望、所追求的东西和目的有关,是在失去心爱的对象或愿望破灭、理想不能实现时所产生的体验。悲哀情绪体验的程度取决于对象、愿望、理想的重要性与价值。悲哀的程度依次是:遗憾、失望、难过、悲伤、哀痛。悲哀所带来的紧张的释放会产生哭泣。

在以上四种基本情绪之上,可以派生出众多的复杂情绪,如厌恶、羞耻、悔恨、嫉妒、喜欢、同情等。

2. 依据情绪状态分类

根据价值的强度和持续时间的不同,情感可分为心境、激情与应激。

(1) 心境。

心境是指强度较低但持续时间较长的情感,它是一种微弱、深入而持久的情感,如绵绵柔情、闷闷不乐、耿耿于怀等。心境具有感染性、弥漫性的特点,会以同样的情绪体验看待周围事物。例如,人伤感时,会见花落泪,对月伤怀。"忧者见之则忧,喜者见之则喜"体现了心境的弥漫性特点。平稳的心境可持续几个小时、几周或几个月,甚至一年以上。

苏小妹说:"心存牛粪,看人都如牛粪;心存如来,看人都是如来。"这谈的就是心境。

"仰天大笑出门去,我辈岂是蓬蒿人",是一种豁达的心境。

"朱门酒肉臭,路有冻死骨",是一种为民生民计深受煎熬的心境。

"蓦然回首,那人却在灯火阑珊处",是一种瞬间有所获的美好心境。

"国破山河在,城春草木深",则是一种忧国忧民的心境。

(2) 激情。

激情是指强度很高但持续时间很短的情感,它是一种猛烈、迅速爆发、短暂的情感,如狂喜、愤怒、恐惧、绝望等。激情持续的时间较短,通常由一个人生活中的重大事件、对立意向(要求)的冲突、过度抑制和兴奋等因素引起。

处在激情状态下,人的认识活动范围往往会缩小,仅仅指向与体验有关的事物;理智分析能力减弱,往往不能约束自己的行为,不能正确地评价自己行为的意义和后果。因此,在激情状态下,要注意调控自己的情绪,以避免产生冲动行为。

激情也有积极和消极之分。积极的激情可以成为人们积极行动的巨大力量,提高工作效率并有所创造。例如战士在战场上冲锋陷阵,勇往直前;画家在创作中,尽情挥洒,浑然忘我。其消极表现在于有很大的破坏性和危害性。如一些青少年的犯罪,就是消极激情在起作用的缘由。

(3) 应激。

应激是在意外的紧急情况下所产生的情绪状态。在突如其来的或十分危险的条件下,或必须迅速地、几乎没有选择余地地作出决定的时刻,容易出现应激状态。当面临危险或突发事件时,人的身心会处于高度紧张状态,引发一系列生理反应,如肌肉紧张、心率加快、呼吸变快、血压升高、血糖增高等。

被评为第三届全国道德模范的"最美妈妈"吴菊萍,当看到两岁女孩突然从10楼坠落,眼看一出悲剧即将上演时,她猛冲向前,勇敢地用双手接住女童。这个真实的故事被广为传颂。吴菊萍当时的反应就可以称为应激的典范。

危急时刻,人们根据自己的知识经验,集中意志力,迅速判断情况,果断作出决定。在应激状态下,人可能有两种表现:一种是目瞪口呆,手足无措,陷入一片混乱之中;一种是头脑清醒,急中生智,动作准确,行动有力,及时摆脱困境。吴菊萍的表现就属于后者。

知识窗 12-2

快乐情绪五字诀

动——多运动多活动。慢跑、跳舞等都能增强自信心,改善情绪,有提高活力的作用。每周坚持体育运动 3~4 次,每次历时 20 分钟即可有明显的效果。

娱——多参加娱乐活动，多放声大笑。心由境生，欢快的环境必然产生快乐的心境。

说——把心中的不满说出来。可以找亲人、朋友倾诉，也可以向陌生人诉说，还可以自言自语。

听——多项研究表明，听音乐、学音乐有助于降低与压力相关的皮质醇水平，并且能够促进26%的血液循环，增加16%的笑声，放松11%的情绪。如果你在失意时不知道向谁倾诉，不知道心里的苦闷该怎样宣泄，不妨走到你心爱的乐器前，为自己演奏一首乐曲，在音乐中抒发心里的悲伤、愤怒或是其他各种的焦虑情绪，让音乐帮你排忧解难。

吃——吃高蛋白质食物。贝类、鸡肉等高蛋白食物，可以使人振奋起来，食用少量即有效果。

12.2 情绪与心理健康

12.2.1 情绪的功能

在我们的生活中，情绪不是一种毫无目的、没有任何意义的伴随体验。相反，它们是在适应外界变化的过程中产生的，是具有重要作用的工具。

1. 自我保护功能

在最简单水平上，情绪能够帮助我们作出更迅速的反应。当我们遇到危险状况时，我们马上会有紧张害怕的感觉；当发生利益或权利上的冲突时，人产生愤怒以应对；当吃到不适的食物或污物时，会产生厌恶感。这些情绪反应表现出非常明显的自我保护性倾向，可以及时地采取适当的应对措施保护自己不受"伤"。

2. 社会适应功能

情绪能够使个体针对不同的刺激事件产生灵活自如的适应性反应，并调节或保持个体与环境间的关系。情绪之所以具有灵活性的特征，是因为情绪的机能不仅可以来源于个体全部的先天功能，而且还来源于学习及认知活动。许多种情绪都具有调控群体间互动的功能。例如，羞怯感可以加强个体与社会习俗的一致性；当个体对他人造成伤害时，内疚感可激发社会公平重建。其他的情绪，诸如同情、喜欢、友爱等，也能起到构建和保持社会关系的作用。它们可以增强群体内的凝聚力，而且有提高个体的社会适应能力的作用。

3. 动力功能

情绪可以推动人的各种活动，使我们拥有一个积极进取和对社会有贡献的人生。比如自信、勇敢等令人心情舒畅的感受，被称为动力性情绪，会引导并维持你的行为达到特定的目标。现代科学更清楚地揭示了人在紧张情绪发生时会表现出一系列生理变化，如血压升高、呼吸频率提高、肾上腺素分泌增加等。这一切都有助于一个人充分调动体力，去应对紧急状况。适度的情绪反应能够激励人的活动，提高人的活动效率，进而推动人们有效地完成工作任务。

然而在我们的生命中，不可避免地要产生令人不快的情绪，比如愤怒、忧郁、焦虑、嫉妒等，有人称为耗损性情绪，因为这些情绪在一定程度上会消耗我们的能量。但是，这些表面上负面的情绪若不过量还是有其积极价值的，因为在感受痛苦的同时，我们也得到了探索和成长的机会。

4. 信号功能

人与人之间最重要的是情感的交流。一个人不仅能凭借表情传递情感信息，而且也能凭借表情传递自己的某种思想和愿望。表情是思想的信号，如微笑表示赞赏，点头表示默认，摇头表示反对。中国有"出门看天色，进门看脸色"的俗语，意思是说通过别人的情绪反馈信息，领悟到别人对自己的态度。

情绪的表达可以增进人际的沟通，有着非常重要的信息传递和情感调节作用。比如愤怒管理，愤怒管理顾名思义就是一种管理自己愤怒情绪的心理技能。和许多人以为的不同，真正的愤怒管理并不是要让人去压抑自己的愤怒，而是教授人们如何去认识自己愤怒的深层原因，学会用健康的、建设性的方式来表达自己心中的不满。轻松、热情、喜悦、宽容和善意的情绪表达，会促进人际的沟通和理解；而冷漠、猜疑、排斥、偏执、嫉妒和轻视的情绪反应，则会构成人际交往中的障碍。

5. 强化功能

大量研究表明，当出现紧急情况时，消极的情绪（如愤怒和恐惧）能够唤起大脑的警觉水平；积极的情绪（如高兴），能使一个人的感觉、知觉变得敏锐、记忆获得增强、思维更加灵活，有助于一个人内在潜能的充分展示。

传说春秋战国时期的吴国大夫伍子胥，为了逃避追捕要逃亡城外。可他看见城门关口已经有重兵把守，戒备森严，早已为搜捕他布下了关卡。由于极度忧虑，他竟然在一夜之间须发全白。真可谓：愁一愁，白了头。

12.2.2 情绪对心理健康的影响

林黛玉自幼身体虚弱，一位道士为她看病并劝告说："何时能止住这眼泪，何时这病方可医治。"可这位才学甚高的女子却常常以泪洗面、郁郁寡欢，性格内向而孤僻。这种种负面情绪长期积聚，严重损伤了她的身心健康，注定了人物的悲剧结果。与林黛玉相反，薛宝钗则是一位八面玲珑，为人大方、爽快，心思细腻而善于察言观色、豁达开朗又不失心计的女子。或许是由于创作需要而产生与林黛玉的强烈对比，由于不同情绪的长期影响，也注定了人物命运的不同。由此可见，积极的情绪有助于身心健康，消极的情绪会引起人的各种疾病。

1. 良好的情绪促进高职学生身心健康发展

根据现代生理学、心理学和医学的研究成果表明，情绪对人的身心健康具有直接影响。若能保持愉快的心境，为人开朗乐观、积极向上，则人体免疫功能活跃旺盛，可以减少患病的机会，有益健康。不仅如此，良好的情绪不仅使高职学生对生活充满希望，对自己满怀自信，而且能够使他们的求知欲增强、思维敏捷、富于创造力、爱好广泛、建立良好的人际关系，促进他们的全方位发展。

体验活动 12-3

积 极 情 绪

有这么一首小诗："你要是心情愉快，健康就会常在；你要是心境开朗，眼前就是一片明亮；你要是经常知足，就会感到幸福；你要是不计较名利，就会感到一切如意。"

从这首小诗中，你得到什么启发？

_____

_____

2. 不良情绪对高职学生身心健康的危害

我国古代医书《内经》中就有这样的记载："怒伤肝，喜伤心，思伤脾，忧伤肺，恐伤肾。"许多隐形疾病也与人的情绪失调有关，如溃疡、偏头痛、高血压、哮喘等。如长期在压抑、紧张、焦虑、恐惧等消极情绪的作用下，人的免疫能力下降，容易患各种传染性疾病，内脏功能也会受到伤害。许多研究表明，消极情绪是健康的大敌。突然而强烈的紧张情绪会抑制大脑皮层高级心智活动，破坏大脑皮层的兴奋和抑制的平衡，使人的意识范围狭窄、判断力减弱，失去理智和自制力。调查发现，高职学生中常见的消化性溃疡、紧张性头痛和偏头痛、心律失常、神经性皮炎等，都与消极情绪有关。

案例 12-1

肖某是某学校大三学生，近半年来，焦虑、抑郁等情绪一直伴随着他。原来，临近毕业，肖某也想找到一份理想的工作，可经过几次面试，均被淘汰。肖某认为这是因为他身材矮小造成的，心情非常沮丧，觉得找工作没有希望了。自此，肖某先后出现了失眠、注意力不集中、经常生病等情况，他甚至想结束自己的生命，幸亏被舍友发现，及时制止了。

肖某原本是一名身心健康的同学，但是由于经历了多次失败，就业压力过大的情况下，他的身体、心理出现了多种问题，进而影响了自己生活和学习。高职学生如果长期陷于苦闷、压抑、抑郁等状态中，感到悲观、痛苦，不仅会严重地影响我们的学习和生活,甚至会发生自杀等悲剧。

知识窗 12-3

情 商

1995年,美国《时代周刊》公布了一项心理学研究成果——情绪智力比智商更重要,它与我们事业成功的关系更密切。

情绪智力是由美国耶鲁大学沙洛维教授和新罕布什尔大学梅耶教授提出来的,他们认为,情绪智力是检测自己或别人情感的一种能力,并对它进行辨别,用这种信息去指导我们的思维和行动。

情绪智力包括情绪的知觉、评估和表达能力;思维过程中的情绪促进能力:理解、分析情绪,获得情绪知识的能力;对情绪进行成熟调节的能力。一言以蔽之:情绪智力就是情绪的自我认知、表达、理解、调节他人情绪和与他人相处、合作的能力。

(1) 评价与表达功能。情绪智力首先表现为对自己和他人情绪的识别、评价和表达。这种能力使人们相互理解,和谐相处,建立良好的人际关系,对人类的生存和发展起促进作用。

(2) 调节功能。识别自我情绪。通过认知和行为策略有效地自我调整,以摆脱焦虑、忧郁、烦躁等不良情绪;同时,在觉察和理解他人情绪的基础上通过认知活动或行为策略有效地调节和改变他人的情绪反应。这是情绪智力的集中体现。

(3) 解决问题的能力。暂时的情绪波动可以帮助我们思考未来,考虑各种可能的结果,影响认知操作的效果;帮助我们打破定式,激发灵感,创造性地解决问题。

(4) 动力作用。情绪能激发动机来解决复杂的智力活动。如把情境(如临近的考试或面试等)带来的焦虑,转化为促使个体进入全面准备过程的动力。高情绪智力可以充分发挥情绪在解决问题中的积极作用。

课 堂 实 践

12-1 心理测试:高职学生情绪稳定性自我测试量表

指导语:情绪是身心健康的主要标志,一个人的情绪是否稳定反映了他的身心健康状况。那么怎样测量你的情绪是否稳定呢?请做一做下面这个测验。该测验共有30道题,每道题都有三种答案可供选择,请你从中选择出与自己的实际情况最接近的一种答案,在测验题中与自己生活、身份不相符合的情况可不选。

(1) 看到自己最近一次拍摄的照片,你有何想法?( )

A. 觉得不称心　　　　　B. 觉得很好　　　　　C. 觉得可以

(2) 你是否想到若干年后会有什么使自己极为不安的事?(　　)

A. 经常想到　　　　　B. 从来没有想过　　　C. 偶尔想到过

(3) 你是否被朋友、同事、同学起过绰号、挖苦过?(　　)

A. 这是常有的事　　　B. 从来没有　　　　　C. 偶尔有过

(4) 你上床以后是否经常再次起来一次,看看门窗是否关好?(　　)

A. 经常如此　　　　　B. 从不如此　　　　　C. 偶尔如此

(5) 你对与你关系最密切的人是否满意?(　　)

A. 不满意　　　　　　B. 非常满意　　　　　C. 基本满意

(6) 在半夜的时候,你是否经常觉得有什么值得害怕的事?(　　)

A. 经常有　　　　　　B. 从来没有　　　　　C. 偶尔有

(7) 你是否经常因梦见可怕的事而惊醒?(　　)

A. 经常　　　　　　　B. 从来没有　　　　　C. 极少有

(8) 你是否曾经有过多次做同一个梦的情况?(　　)

A. 是　　　　　　　　B. 否　　　　　　　　C. 记不清

(9) 是否有一种食物使你吃后呕吐?(　　)

A. 是　　　　　　　　B. 否　　　　　　　　C. 记不清

(10) 除去看见的世界外,你心里是否有另外一种世界?(　　)

A. 是　　　　　　　　B. 否　　　　　　　　C. 偶尔是

(11) 你心里是否时常觉得你不是现在的父母所生?(　　)

A. 是　　　　　　　　B. 否　　　　　　　　C. 偶尔是

(12) 你是否曾经觉得有一个人爱你或尊重你?(　　)

A. 是　　　　　　　　B. 否　　　　　　　　C. 说不清

(13) 你是否常常自我感觉你的家庭对你不好,但你又确知他们的确对你很好?(　　)

A. 是　　　　　　　　B. 否　　　　　　　　C. 偶尔是

(14) 你是否觉得没有人十分了解你?(　　)

A. 是　　　　　　　　B. 否　　　　　　　　C. 说不清

(15) 在早晨起来的时候,你最经常的感觉是什么?(　　)

A. 忧郁　　　　　　　B. 快乐　　　　　　　C. 讲不清楚

(16) 每到秋天,你经常的感觉是什么?(　　)

A. 秋雨霏霏或枯叶遍地　B. 秋高气爽或艳阳天　C. 不清楚

(17) 在高处的时候,你是否觉得站不稳?(　　)

A. 是　　　　　　　　B. 否　　　　　　　　C. 偶尔是

(18) 你平时是否觉得自己很强健?(　　)

A. 是　　　　　　　　B. 否　　　　　　　　C. 不清楚

(19) 你是否一回家就立刻把房门关上？（   ）
A. 是	B. 否	C. 不清楚

(20) 当你坐在房间里把门关上时，是否觉得心里不安？（   ）
A. 是	B. 否	C. 偶尔

(21) 当需要你对一件事作出决定时，你是否觉得很难？（   ）
A. 是	B. 否	C. 偶尔是

(22) 你是否常常用抛硬币、玩纸牌、抽签之类的游戏来测凶吉？（   ）
A. 是	B. 否	C. 偶尔是

(23) 你是否常常因为碰到东西而跌倒？（   ）
A. 是	B. 否	C. 偶尔是

(24) 你是否需要用一个多小时才能入睡，或醒得比你希望的早一个小时？（   ）
A. 经常这样	B. 从不这样	C. 偶尔这样

(25) 你是否曾看到、听到或感觉到别人觉察不到的东西？（   ）
A. 经常这样	B. 从不这样	C. 偶尔这样

(26) 你是否觉得自己有超越常人的能力？（   ）
A. 是	B. 否	C. 不清楚

(27) 你是否曾经觉得因有人跟着你走而心里不安？（   ）
A. 是	B. 否	C. 不清楚

(28) 你是否觉得有人在注意你的言行？（   ）
A. 是	B. 否	C. 不清楚

(29) 当你一个人走夜路时，是否觉得前面潜藏着危险？（   ）
A. 是	B. 否	C. 偶尔

(30) 你对别人自杀有什么想法？（   ）
A. 可以理解	B. 不可思议	C. 不清楚

计分与评价：

以上各题的答案，凡选 A 得 2 分，选 B 得 0 分，选 C 得 1 分。请将你的得分统计一下，算出总分。根据你的总分对比下面的评价标准，便可知你的情绪稳定水平。

0～20 分：情绪稳定，自信心强；

21～40 分：情绪基本稳定，但较为深沉、冷静；

41 分及以上：情绪极不稳定，日常烦恼太多。

资料来源：陈琴，何静春. 大学生心理课堂 [M]. 武汉：武汉大学出版社，2011：159-161.

项目 13　学会识别和表达情绪

案例导入

（1）赵柱是某高职学院机电系矿山机电专业二年级的学生，他想好好学习。但是室友们根本就没人想学习的事情。赵柱很是苦恼，既想和同学们搞好关系，又想投入学习。整天处在一种焦虑、矛盾、懊恼当中，心情烦躁，不知道怎么办才好。

（2）小马是某学校大二的学生。最近，他变得远离同学，学习成绩也直线下降。原来，小马中学以前一直很受人欢迎。进高职后，这种优越感消失了。一直到在恋爱中他才找到了久违的自信与归属感。小马细心地经营着这段感情，但女友却提出了分手，小马一时接受不了，对什么事都失去了兴趣。

赵柱和小马同样都面临着情绪的困扰，一个在焦虑、矛盾、懊恼中徘徊，一个在抑郁情绪的笼罩下。但是他们都无法控制自己的情绪状态，不知道如何去识别和表达自己的情绪。面对这种情况，我们该如何分析自己的情绪状态呢？

13.1　高职学生的情绪特点

13.1.1　高职学生的情绪特点

高职学生正处在向成年时期过渡的阶段，这既是一个可塑性很强的时期，同时又是一个充满情绪情感冲突的时期。随着社会地位、知识素养的提高以及所处特定年龄阶段的影响，高职学生的情绪带有鲜明的特征。具体表现在以下五个方面：

1. 趋于稳定，但波动性仍很大

案例 13-1

最近，舍友们都说我"不正常"了，经常对人对事总是一会儿好得不得了，一会儿又差得不行，简直让人受不了。比如我与男朋友的关系，当我们相处得好时，我整天都会笑逐颜开，对寝室的同学非常友好，对谁都愿意帮助，每天哼着小曲儿。相反，则整天拉长脸，对谁都不理睬，甚至还会无缘无故地与人发生冲突。好在同学都能原谅我，但是我很纠结，我不想"长不大"。

高职学生的情绪情感日趋稳定，对于事、物、行为的情绪情感反应持续较长时间；对他人的情绪情感依赖和联结具有一定倾向性和专一性，互相之间以此确立身份，并获得心理认同的情绪情感共识。

但同成年人相比，高职学生相对敏感，情绪带有明显的波动性，一句善意的话语，一个感人的故事，一支动听的歌曲，一首情理交融的诗歌，都可以使青年情绪发生骤然变化。考试成绩好坏、人际关系亲疏、恋爱成败都会使高职学生的情绪情感处于摇摆之中，甚至从一个极端走向另一个极端。胜利时得意忘形，挫折时垂头丧气；欢喜时花草皆笑，悲伤时草木流泪，情绪的反应摇摆不定、跌宕起伏。有人对高职学生进行调查，发现70%的人情绪都是经常两极波动的，也就是像"波动曲线一样，忽高忽低，忽愉快忽愁闷"。

2. 情绪体验丰富、复杂

案例 13-2

王佳同学与女朋友相恋两年了，两人感情很好。这让他们充分体会到了恋爱的美妙。但是作为家中独生子的他，面临着在哪里工作的问题。因为两个人都是独生子女，而且两个城市离得很远，双方父母都不愿意自己的孩子远离他们。一时，所有的难题和所有的情绪都涌上了心头，他不知道怎么办才好……

高职学生思维敏捷，感情细腻，需求强烈，内心经历着强烈的情感体验。

尤其是在高职学生比较敏感的人际交往、恋爱、就业等问题上，往往伴随着强烈的情感体验。而随着其人际交往面越来越广，面临的学习、生活、工作等问题越来越多，承担的家庭、社会、个人等责任越来越重。情感的复杂性表现也越来越明显。

3. 具有强烈的冲动性，同时理智感也在增强

案例 13-3

2013年7月25日上午，北京化工大学学生田某因涉嫌放火罪，在朝阳法院公开受审。5月9日凌晨2点半左右，他放火点燃了男生宿舍楼厕所内的杂物，险些发生重大事故。对于放火的动机，田某说，他在中学时期比较优秀，上了大学后，心理落差较大，很有失落感。案发时，他心态失衡很冲动，想找个方式发泄一下心中不快，也想制造影响报复一下学校，他没有想到后果。

心理学家霍尔认为青年期处于"蒙昧时代"向"文明时代"演化的过渡期，其特点是动摇的、起伏的，他把这一时期称为"狂风暴雨"时期。所以，高职学生的情绪

情感具有强烈性、爆发性和易激动性的特点，即"冲动性"。高职学生可能因为一个不经意的玩笑或一件小事而大打出手，造成伤害。

另外，由于高职学生自我意识的发展与成熟，高职学生的理智也随之增强，具有一定的自我控制情绪情感的能力，能够对强烈的情绪情感反应进行调适。

4. 具有明显的阶段性和层次性

大学阶段由于不同年级培养目标和培养重点不同，培养方式和课程设置有所区别，各个年级面临的问题不同，大学生的情绪特点也不同，呈现出阶段性和层次性特点。如大学新生所面临的是环境适应、学习方法的改变、新的交往对象熟悉、了解以及确立新的目标等问题。新生自豪感和自卑感混杂，放松感和压力感并存，新鲜感和恋旧感交替，情绪波动性较大。二年级经过了一年级的适应过程，能够融入校园生活中，情绪较为稳定。问题重点突出在人际关系和恋爱心理方面。毕业班学生面临毕业论文（毕业设计）、择业、恋爱、家庭压力等多方面的重大问题，压力大、问题多、情绪波动大，消极情绪多。

5. 具有明显的外显性，但同时还有内隐性

处于迅速成长期的高职学生遇事反应强烈，对外界的刺激反应敏感、迅速，情绪情感写在脸上、挂在嘴上、体现在行为中，喜、怒、哀、乐、爱、恨、情、仇的表现都很具体，与成年人相比显得比较外露和直接。但比起中小学生，高职学生会掩饰、隐藏或抑制自己的真实情感，表现出内隐、含蓄的特点。在某些场合和特定问题上，例如对学习、交友、恋爱、择业等具体问题，他们往往深藏不露，具有很大的内隐性。这也就要求我们在与高职学生交往时，除了外显表现外，还要注意观察他们的其他方面，如反常表现、QQ空间、微博、贴吧等，进一步掌握他们的信息，有助于做好其心理健康辅导工作，也可以防止出现恶性事件。

13.1.2 高职学生不良情绪类型

高职学生不良情绪的主要类型有：
1. 焦虑

案例 13-4

小莲今天真是"诸事不顺"：上学路上认错了人，尴尬得要命；在自习室，又把一大杯水洒在了马上要用的复习资料上；更不可思议的是，在这个城市生活了12年，搭乘公共汽车居然坐反了方向，车过了3站才恍然大悟。她实在是压力太大了，脑子里的那根弦一直紧绷着，一会儿是学习，一会儿是生活，一会儿是朋友关系这样那样的事混在一起，难怪她心神不宁了。

让小莲心绪不安的就是当代高职学生常遇到的"焦虑情绪"。焦虑是个体主观上预

料将会有某种不良后果产生或模糊的威胁出现时的一种不安情绪,并伴有忧虑、烦恼、害怕、紧张等情绪体验。焦虑会明显地影响一个人的精神状态、认知、行为和身体状况,被焦虑所困扰的高职学生常表现出烦躁不安、思维受阻、行为不灵活、动作不敏捷、身体不舒服、失眠、食欲不振等。严重的焦虑能使人失去一切情趣和希望,甚至导致心理疾病,在心理上压垮一个人。

2. 抑郁

案例 13-5

近来,学生会里一向活泼开朗的晚雪,突然变得郁郁寡欢了,而且时常叹气,念叨活着累,没意思。原来,与她相处两年的男友突然另有所爱。尽管晚雪嘴上说"不属于自己的早晚会失去"之类的洒脱话,但她情绪上的变化已经揭示了其内心的苦恼。一天,她苦笑着问同学,她会不会得抑郁症……

抑郁是高职学生中常见的情绪困扰,是一种感到无力应对外界压力而产生的消极情绪,常常伴有厌恶、痛苦、羞愧、自卑等情绪体验。

有些学生把生活看成非黑即白、非好即坏,且多看其消极和黑暗面,容易悲观沮丧、情绪低落。当遭受突发事件打击后,可能导致抑郁情绪。此外,性格内向、敏感多疑、依赖性强、容易悲观的高职学生比其他同学更易陷入抑郁情绪。

情绪抑郁的主要表现是:情绪低落,思维迟缓,郁郁寡欢,闷闷不乐,兴趣丧失,缺乏活力,反应迟钝,干什么都打不起精神,不愿参加社交,故意回避熟人,对生活缺乏信心,体验不到生活的快乐,并伴有食欲减退、失眠等。长期的抑郁会使人的身心受到严重损害,使人无法有效地学习、工作和生活。严重者在抑郁的状态下不能自拔,容易酿成自杀的悲剧。

3. 易怒

案例 13-6

某大学二年级学生小赵曾写信给心理老师说:"不知道出于什么原因,我发现自己在成长的过程中,变得非常易怒,脾气也不是很好。平时,在心情比较好的情况下,很多自己感觉不是很好的事情,我都可以忍受。但是如果心情不好,就算是很小的事情,就算我强忍,也会流露出不耐烦的情绪。当然,我知道这样很不好。但是,最近发生这种事的频率非常高,同学们都不愿和我打交道了,我很苦恼。"

一位科学家发现,人在生气时的分泌物甚至可以毒死一只老鼠。他还据此计算出,一个人如果生气 10 分钟,不亚于 3000 米长跑所消耗的能量。

发怒是当客观事物与人的主观愿望相悖时产生的强烈情绪反应。高职学生正处在热情高涨、激情澎湃的青年时期,有时候激情似乎难以控制,容易发怒便是高职学生中常见的一种消极激情。

4. 冷漠、嫉妒和压抑

冷漠是一种对人对事冷淡、漠不关心的消极情绪体验，是一种个体对挫折环境的自我逃避式的退缩性心理反应，它带有一定自我保护或自我防御的性质。

嫉妒是高职学生中有一定普遍性的不良情绪。容易引起高职学生嫉妒的因素主要有以下几类：外表、成绩、能力、物质条件、恋人、运气等。而那些自尊心过强、虚荣心过剩、自信心不足、以自我为中心、认知有偏差、自控能力弱的高职学生更易产生嫉妒，而且程度也较一般人更重。嫉妒心会影响高职学生的人际关系，造成同学间的隔阂甚至对立，同时使自己处于烦躁、痛苦的情绪中。

压抑也是高职学生中常见的情绪问题。相当多的高职学生常常感到自己的情感不能得到尽情倾诉。近年来高职中流行的"郁闷"情绪即是压抑的表现。

13.2 学会识别和表达情绪

13.2.1 情绪识别

情绪识别又称情绪觉知，是一种能够通过自己和他人的反应、表现来认识情绪的能力，包括认识自我情绪和识别他人情绪。情绪识别并不是针对表情本身，而主要是对表情背后意义的识别，所以说它是一种复杂的认知过程。情绪识别包括观察、分析、判断、推理等。

识别自我情绪是情绪智力的基石，只有在识别自我情绪的基础上，才能对自身情绪进行有效的表达和妥善地利用、管理。所以，当情绪出现时，我们应该认识并坦然接受这些情绪而不要躲避或推脱。只有更好地把握自己的情绪，才能成为生活的主宰，才能更好地指导人生，更准确地决策学业、职业等大事；反之，不了解自身情绪，情绪的表达、管理就会缺乏有效性，任其自生自灭、肆意妄为，我们就会沦为情绪的奴隶。

体验活动 13-1

体 验 情 绪

在遇到以下情境时，你的情绪是怎样的？请用词语来描述它。

有人弄坏你的自行车，你现在的情绪是：＿＿＿＿＿＿＿＿＿＿＿＿＿＿＿

你正在看喜欢的电视节目，有人把它调到了别的节目，你现在的情绪是：＿＿＿＿＿＿

你在公共汽车上被人踩了一脚，你现在的情绪是：＿＿＿＿＿＿＿＿＿＿＿＿＿＿＿

同学们喊你的绰号，你现在的情绪是：_____
在某次竞赛或考试中你获得了第一，你现在的情绪是：_____

同样，识别他人情绪也是非常重要的，它是在自我情绪识别基础上发展起来的最基本的人际技巧。善于识别他人情绪的人，既能通过细微的社会信号敏锐感受到他人的需要和欲望，分享他人的情感，对他人处境感同身受，又能客观理解、分析他人情感。反之，则对他人的需要和欲望感到迷茫、不理解，在人际交往中处于被动地位。

体验活动 13-2

识 别 情 绪

请一位同学来表演图片中的表情，其他同学来猜一猜表达的是什么含义。

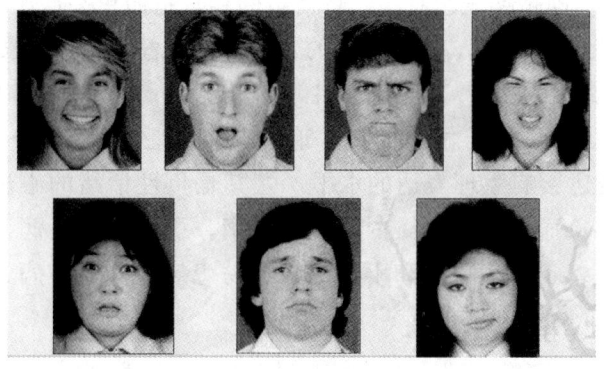

答案：
从左至右依次为高兴、惊讶、愤怒、厌恶、恐惧、悲伤、轻蔑。

13.2.2 情绪的表达方式

情绪表达是在不同情境下通过恰当的方式准确表达适当情绪的能力，包括生理表达与心理表达两个方面。

1. 生理表达

生理表达是以生理的形式进行的情绪表达，例如，心率、血压、呼吸、内分泌等的表达。例如，愤怒时血压上升，焦虑时肌肉紧张、呼吸急促、心跳加快等。这些生理表达受自主神经系统支配。一般不由意识直接控制，也不会在意识上有清晰的感觉，不能主观控制和调节。

2. 心理表达

心理表达是在心理层面将情绪表达出来，比如通过认知、表情、言语、行为等表达。这是一种意识的行为，可以进行主观调节和控制。情绪心理表达的层次可以分为向自我表达、向他人表达、向客观环境表达和升华表达。

（1）向自我表达，即将情绪提到意识层面，使个体意识到情绪的性质、特点和产生原因等。有时，由于不能意识到情绪的变化，虽能觉察到情绪，但对情绪的起因、性质、特点等了解不清，难以做到情绪向自我表达。向自我表达是情绪表达的关键和基础，当我们对自己的情绪有清晰的意识时，才有可能将其清楚地表达出来。

（2）向他人表达，即将情绪向周围的人表达出来，让他人认识我们的情绪。通常，表达的对象是引发我们的情绪的人，如当朋友送你礼物时，用握手、高兴的表情及言语表达喜悦；受到伤害时，用抗议、指责等表达不满与愤怒。向他人表达是情绪表达的主要方式，也是人们最熟悉的方式，包括言语表达和非言语表达两种形式。

（3）向客观环境表达，比如到空旷的操场上奔跑，在安静的房间里哭泣等就是在向客观环境表达。这种表达方式对于那些不善于与人交往的人来说很重要。

（4）升华表达，即超越表达对象，将情绪的能量指向更高层次的社会需要，从而为高层次需要的满足提供能量，这是最难的表达方式。著名的音乐家贝多芬在《命运》的谱写中表达了对命运的感伤，司马迁狱中写《史记》，则是一种升华的表现。现实生活中，平凡的我们可以"化压力为力量"，追求人生的理想。

情绪的心理表达影响生理表达的水平。尤其是负性情绪的心理表达不良时，生理表达相应增强，从而会破坏躯体内环境的平衡，引发躯体疾病。研究表明，经常克制强烈情绪、不善于表达愤怒和不满的人容易患癌症、冠心病、高血压、哮喘等身心疾病。

体验活动 13-3

琳琳和黄龙约好6点一起去看电影，过了30分钟却还不见黄龙出现，琳琳开始担心他是不是忘了，同宿舍人人说他5点多就出门了，忘带手机。6点40分，琳琳仍不见他的踪影，不禁担心："会不会路上出事了呢？"琳琳有些担心，坐立不安。这时黄龙满脸笑容地出现了，他兴高采烈地说："对不起，让你久等了，我碰到了老同学，就跟他们聊了一会儿，我们还约好有时间一起去玩。"琳琳面无表情地站着，黄龙说："走吧，赶下一场电影吧。""我不想去了"琳琳说。

（1）你若是琳琳，当看到黄龙满脸笑容出现时，你会说（　　）。

A. 我刚才真是又担心又着急，怕你出事，没事就好

B. 你太过分了，不顾及我的感受，难道我们的约会对你来说无所谓吗

C. 气死人了，让我等你那么久，你讲不讲信用呢

D. 我刚才真是又担心又着急，怕你出事，怎么会聊到这么久呢

（2）琳琳的"我不想去了"隐含了什么意思？她的真实意思是不去了吗？（　　）

A. 她不想去看电影了，可能另有打算。她莫名其妙地生气了

B. 真的不想去了，刚才的焦急、担心使她没心情再去看电影了

C. 她不想走，女孩子就爱撒娇、善变
D. 她其实想去，但她感觉到很气愤、失落，觉得男朋友不够重视自己
（3）如果你是黄龙，听到"不想去了"，你会怎么回答呢？（　　）
A. 不想看电影，那我们去麦当劳吃炸鸡、喝可乐好了
B. 不看就不看，干吗为小事生气，我跟同学聊聊天也不行吗
C. 为什么不看，不是说好要去看的吗，怎么又变卦了
D. 对不起啦，让你等那么久，我知道等人真的很难受，你一定担心死了

解析：

若是都选择 D，说明你善解人意，既能识别情绪，又能清楚合理地表达自我；A 与 D 接近，但"没事就好"不能给黄龙以警告；而 B 和 C 是强烈的直接表达，容易产生误会。

13.2.3　学会表达情绪

情绪识别和情绪表达相辅相成，情绪表达是我们识别他人情绪的前提条件，自我的情绪识别是情绪表达的基础；他人的情绪表达是我们识别他人情绪的前提。识别和表达情绪的能力对人的生存和发展至关重要，它可以使人们之间相互理解，和谐相处，建立起良好的人际关系。

1. 丰富情绪词汇

体验活动 13-4

丰富我们的情绪词汇

活动步骤：

（1）列出概括基本情绪的词汇。
（2）写出代表不同体验程度的情绪形容词。
（3）比较和讨论所写的情绪形容词，增加对情绪理解的深刻性。
（4）以四大基本情绪喜、怒、哀、惧为出发点，在下面的横线上填写相应的形容词：

喜_____

怒_____

哀_____

惧_____

丰富的情绪词汇是清楚具体表现的必要条件，尤其是情绪产生时，我们想要迅速找到有效的情绪表达需要增加我们的情绪词汇。

知识窗 13-1

情 绪 词 典

喜	开心、愉快、欢乐、欣喜、满足、称心、高兴、知足、舒心
怒	气恼、气愤、生气、盛怒、愤怒、七窍生烟、勃然大怒、怒不可遏
哀	悲哀、悲怆、伤心、伤感、悲痛、心痛、痛苦、心酸、凄惨、肝肠寸断
惧	紧张、慌乱、惊愕、害怕、心悸、担心、不寒而栗、大惊失色

2. 学会体验自我情绪，能够具体清楚表达

情绪的表达方式之一是言语表达。用言语表达时要清楚具体，对方才能了解到我们的情绪状况，理解我们。告诉对方你当时所处的情境，客观叙述情绪本身。要想在情绪困扰时获得理解和帮助，一定要先让对方知道我们的经历和所处情境。

案例 13-7

小 A 和男朋友吵架后，变得心不在焉，沉默寡言，同学问她，又说没事。一天，班上同学在一起兴高采烈地聊天，她突然大吼一声："不要吵了，拜托你们不要吵了，烦死了！"

想一想：

小 A 体验到自己的情绪是什么样的了吗？她该如何表达才能让对方明白呢？

小 A 这样大吼一声，心情也不会变好，同学们也不明白她的意思。若是小 A 说："我和男朋友吵架了。心里很烦很乱，不知道该怎么办。大家安静一会儿好吗？"这样会有什么效果？

表达自己的真实感受，不要让对方猜测或幻想我们不说对方也会知道，毕竟每个人的经历和主观感受是不同的。

不要抱有不合理的期待，我们常说："我说了我的感受，你应该感同身受吧"，"你应该了解我的心情，你不了解表示你不关心我"。其实，这只是我们主观认为他人知道，这种不合理的期待只会增加新的不愉快。

不能直接发泄。表达情绪要以情境为前提，若只是说很生气或很伤心，他人可能一头雾水，不知道我们为什么生气或伤心。因此，在表达情绪时要清楚地告诉对方理由和特定情境。

体验活动 13-5

在自习室认真看书时，坐在后排的一对情侣说话声音很大，干扰了你的学习，你会（　　）。

A."不要说话了，你们真烦人。"

B. "不要讲话了,难道你们不知道别人的感受吗?"
C. "同学,我正在看书,请你们安静一点好吗?谢谢!"
D. "怎么回事,不知道这里是自习室吗?"

3. 注意表达技巧,恰当运用"我信息"

"我信息"的表达是表达情绪的最好方法,尤其是当表达负性情绪且对方是引发负性情绪的人时,用"我"来告诉对方你的想法,既能清楚地表达内心感受,又能获得对方的理解。例如"由于……我感到很生气""因为……我感到很伤心"等。

体验活动 13-6

华和好朋友玲约好今天晚上一起去看电影。但约定的时间到了却还不见玲的身影,打电话也无人接听。华最终没有去看电影,闷闷不乐地走向阅览室,打算在那里消磨时光,但在阅览室她却看到玲在认真地看书,华感到很气愤……

如果你是华,会怎样向玲表达自己的感受呢?玲应怎样向华解释自己失约才适当呢?

"我信息"言语训练:

(1) 当……时候(陈述引发你情绪的具体事件或言行),如"当你告诉我你不能和我一起去看电影的时候"。

(2) 我觉得……(陈述你的感受),如"我觉得好失望哦"。

(3) 因为……(陈述引发你情绪的理由),如"因为我好期待可以有多一点时间和你相处"。

"你这样做让我很生气""你也太过分了吧""你好伤我的心"、"你总是失信让我失望"……这是"你信息"的情绪表达方式,听起来像是在责备、批评、抱怨对方。

这是一个简单的公式,我们可以依自己的说话方式加以改变,但在句子中多以第一人称"我"来表达。

4. 运用同理心

同理心就是体会他人的情绪和想法、理解他人的立场和感受,并站在他人的角度思考和处理问题,即"设身处地""将心比心""感同身受"。

体验活动 13-7

你知道哪种回答具有同理心吗?

(1) "期末考试,老师只给了我 40 分,我感到很难过,至少在当时我已了解所学的内容,觉得通过没问题。"你怎么回应他?(　　)

A. 不要责怪老师,不是老师只给你 40 分,而是你自己学习不当造成的

B. 你得了 40 分，我感到很失望，我是非常希望你在学习上有好成绩的

C. 你觉得自己已准备好，但你仍然考不好，我不太了解你的原因在哪里

D. 我了解你对分数的失望，你成绩不佳，感到很难过

（2）"我不想再理小 A 了，每次拜托他帮我做事，他总是口头说得好，结果一拖再拖。害得我事情都没办法办好。"面对抱怨，你怎么回答他？（　　）

A. 小 A 就是这种人，你以后就不要理他了

B. 不要为这件事伤感情，以后不要请他帮忙就是了

C. 小 A 答应你的事没有完成，你很生气

D. 别生气，就当是一次教训

同理心就是要表达出对方的感受和潜在需要，即对他人情绪的识别、理解，并帮助他表达出来。同理的过程，彼此之间更加信任，情绪识别会变得更加容易。因而最好的回答是选项 C、D。

同理心的反应常用语句模式有："因为……（事实内容简述），你觉得……（情绪词汇）。"设身处地、将心比心，就能更容易了解他人的想法、需要和情绪。尤其是发生冲突和误解时，利用同理心能够化解冲突和不良情绪，增进情感。

知识窗 13-1

同理心三步走

倾听。同理心的重要条件是正确接受对方发出的信息。交谈时，要单纯去听，不要附加自己的解释；耐心倾听的同时观察其非语言行为传达的信息，打断时注意技巧，不要伤害对方的感情。

表达自己的感受。不做回应一般会被认为忽视了其感受；但是，如果没有等对方说完就急着回应，可能会带有个人推测成分，不一定是对方想要表达的。

共鸣。倾听完对方的表达，运用判断、推理挖掘其隐含的情绪和需要，才能完全理解对方，产生共鸣，真正识别和理解他人的情绪感受。交谈时，以理解的态度回应对方的感受，鼓励对方找到解决的办法。适时用自己的话或巧妙引用对方的话，给予情感支持。

课 堂 实 践

13-1　拓展阅读：情绪伪装

情绪的表达是受主观意识控制的，当我们的自身情绪体验与所给定情境不一致时，

我们需要运用"情绪伪装术"来表达情绪以符合情境和社会要求。

情绪伪装表达有以下两种方法。

（1）表面行为表达。调节情绪的可见方面，如手势、声音和面部表情等，使情绪行为按照特定情境要求表现出来，但所表达的并不是自己真实的情绪体验。

（2）深度行为表达。个体通过积极思考、想象和记忆等内部心理过程主动调整自己，激起或压抑某种情绪，使自己的真实情绪体验接近特定情境并表现出与其需要相符合的情绪行为。

例如，一位亲人患绝症，家人很难过，但还要有意暗示他的病可以治愈，以鼓励他与病魔作斗争。这时，面对这位亲人时，就要表现出轻松、有希望，而不是悲伤、失望。这就需要一定的情绪伪装术。

情绪伪装需要付出努力，实际运用中要注意场所和所面对的对象，在情绪伪装之后，要找合适的场合及时把压抑的不良情绪表达出来，以免影响身心健康。

13-2　心理测试：抑郁自评量表

下面20条文字，请注意阅读每一条，把意思弄明白，然后根据你最近一周的实际情况在适当的数字上画"√"。

评定项目	很少有	有时有	大部分时间有	绝大多数时间有
1. 我觉得闷闷不乐，情绪低沉	1	2	3	4
2. 我觉得一天之中早晨最好	4	3	2	1
3. 我一阵阵地哭出来或是想哭	1	2	3	4
4. 我晚上睡眠不好	1	2	3	4
5. 我吃的和平时一样多	4	3	2	1
6. 我与异性接触时和以往一样感到愉快	4	3	2	1
7. 我发觉我的体重在下降	1	2	3	4
8. 我有便秘的苦恼	1	2	3	4
9. 我心跳比平时快	1	2	3	4
10. 我无缘无故感到疲乏	1	2	3	4
11. 我的头脑和平时一样清楚	4	3	2	1
12. 我觉得经常做的事情并没有困难	4	3	2	1
13. 我觉得不安而平静不下来	1	2	3	4
14. 我对将来抱有希望	4	3	2	1
15. 我比平常容易激动	1	2	3	4
16. 我觉得作出决定是容易的	4	3	2	1

续表

评定项目	很少有	有时有	大部分时间有	绝大多数时间有
17. 我觉得自己是个有用的人，有人需要我	4	3	2	1
18. 我的生活过得很有意思	4	3	2	1
19. 我认为如果我死了别人会生活得更好些	1	2	3	4
20. 平常感兴趣的事我仍然感兴趣	4	3	2	1

结果分析：

SDS分析方法比较简单，评分采用1~4分制，自评完后，把20个项目中各项分数相加，即得到原始分，然后通过公式换算出标准分。公式为：标准分＝原始分×1.25，四舍五入即得到标准分。抑郁评定的临界值为50分，分值越高，则抑郁倾向越明显。

项目14　学会调控情绪

案例导入

　　周朝时，周宣王很喜欢观看斗鸡。他的门下有位专门驯养斗鸡的纪浪子。有一天，有人从外地送来一只很强壮的斗鸡给国王，周宣王很高兴地将它交给了纪浪子。

　　过了几天，周宣王便问道："几天前交给你的斗鸡，你将它训练得怎样了？可以上场比斗了吗？"

　　纪浪子说："还不可以，因为这只鸡血气方刚，斗志高昂，还不宜上场。"

　　再过几天，性急的周宣王又问同样的问题。纪浪子回答说："还不能上场。因为这只鸡，看到其他鸡的影子，就会冲动，所以还不能上场。"

　　又过了几天，周宣王再问。这回，纪浪子便说："可以了！因为当它看到其他斗鸡，听到它们的声音时，一动也不动，它的心已不受外物所动，就像木鸡一样，现在可以上场了！"

　　于是，周宣王便用这只鸡去参加斗鸡，它一上场就稳稳站立，毫无摆动，即使其他斗鸡在它身边百般挑逗，它仍然无动于衷。以眼睛注视对方，对方被吓得自然后退，没有一只鸡敢向它挑战。

　　"斗鸡的心理战术"是以静制动，看似"呆若木鸡"，实则镇定自若，运筹帷幄。生活中，我们时常会被情绪左右，影响学习和生活，因此学会管理情绪、调控情绪对高职学生尤为重要。

14.1　情绪管理

　　情绪管理是打造健康的"护航者"，是良好性格的"塑造者"，是智力活动的"激发器"，是良好人际关系的"润滑油"。做好个人情绪管理，是我们的必修课。

案例 14-1

　　北外大学生罗卡娜因琐事与同学李春霞发生争执，罗愤怒之下猛刺李十余刀，李被刺破心、肺，在送往医院途中因失血过多不治而亡，罗受到法律的严惩。

　　资料来源：李奎. 北外女生因琐事猛刺同学17刀 自称因害怕杀人 [N]. 法制晚报，2004.

冲动是魔鬼,罗卡娜失去理智,任由愤怒情绪支配自己的行为,造成的伤害已无法挽回,这正是不能管理情绪的代价。

14.1.1　什么是情绪管理

情绪管理是对情绪进行控制和调节的过程,即通过一定的策略,使情绪在生理活动、主观体验和表情行为等方面发生一定变化,以建立和维护良好的情绪状态。

有效的情绪管理是对强烈感受和过高生理唤醒情绪的削弱、掩盖过程,也是对较低强度情绪的维持和增强过程,使个体大部分时间能保持良好心境。

14.1.2　情绪管理的意义

有效的情绪管理可以使我们较少体验消极情绪,保持心境良好,情绪的波动起伏不大,有利于身心健康。同时,轻松愉悦的心情使大脑处于最佳活动状态,促使认知、思维过程中的信息得到积极加工,提高学习和工作效率。

拓展阅读 14-1

专栏作家哈里斯和朋友在报摊上买报纸,朋友礼貌地对报贩说了声谢谢,但报贩却冷口冷脸,一言不发。

"这家伙态度很差。是不是?"他们继续前行时,哈里斯问道。

"他每天晚上都是这样的。"朋友说。

"那你为什么还对他那么客气?"哈里斯问道。

朋友答:"为什么我要让他控制我的情绪、决定我的行为?"

我们在日常生活中也有这样的情况,如宿舍中,一位同学说:"我很不开心,因为舍友总是边学习边听音乐。"她把情绪的管理给了舍友;在班级中,有同学说:"老师看不到我的优点,所以我情绪很低落。"他把情绪的管理交给了老师。

这些人都做了相同的决定,就是让别人来控制自己的情绪。

当我们容许别人掌控我们的情绪时,我们便觉得自己是受害者,于是抱怨与愤怒成为我们唯一的选择。我们开始怪罪他人,并且传递一个信息:"我这样痛苦,都是你造成的,你要为我的痛苦负责!"这样就把自己的责任推给了他人。

一个成熟的人能把握住自己的情绪,他不期待别人使他快乐,反而把自己的快乐和幸福带给周围的人。我们身处的地方,不论是环境、人、事、物都很容易影响我们的情绪,可是千万别忘了,决定情绪的权力在自己的手里。

拓展阅读 14-2

美国一广告公司的部门经理弗雷德工作一向很出色。有一天,他感到心情很差,但由于当天他要在开会时和客户见面谈话,所以不能有情绪低落、萎靡不振的神情出现。于是,他在会议上笑容可掬、谈笑风生，装成心情愉快而又和蔼可亲的样子。令他惊奇的是，这种心情"装扮"却带来了意想不到的结果——随后不久，他就发现自己不再萎靡不振了。

有效的情绪管理可以帮助我们塑造良好的性格。在管理情绪过程中，我们可以学会宽以待人，不苛求别人，也不为难自己，适时妥协。这有助于培养乐观向上、积极进取、不折不挠的良好品质。进一步保证良好人际关系的顺利进行，因为没有人愿意和一个终日愁眉苦脸或是乱发脾气的人打交道。我们要学会管理情绪，做情绪的主人。

14.2 情绪调控

情绪管理是很难的，正如亚里士多德所说："任何人都会生气，这没什么难的，但要能适时适所，以适当方式对适当的对象恰如其分地生气，可谓难上加难。"为了掌控情绪，我们需要学习一些方法。

体验活动 14-1

（1）当你的愤怒不便发泄或是心情过于低落时，你会怎么做？
（2）使用这种方法效果如何？
（3）还有哪些有效的缓解方法？

请把你的答案写到纸上，我们一起来看看情绪调控的方法都有哪些，然后我们再回头想想自己的方法有无改善之处。

1. 注意力转移法

注意力转移法就是把注意力从引起不良情绪反应的刺激情境转移到其他事物上去或从事其他活动的自我调节方法。这种方法，不仅终止了不良刺激源，防止不良情绪的泛化、蔓延，而且通过参与新的活动增进积极情绪的体验，使不良情绪得以转移，使之缓解。

在注意力转移法中，我们可以做的事情有：

把注意力转移到使自己感兴趣的事上，如外出散步，找朋友聊聊天、下下棋、打打球，而不是把时间都用来独自"享受"忧郁；听听音乐、唱唱歌、看看报纸、看喜剧电影，使自己能够从原来的思维中解脱出来、忘记原先的不愉快。

离开现场，转换环境，和引发不良情绪的事物或人保持距离。用愉快的活动占据时间，用时间的推移逐步消化不良情绪，用积极情绪来抵消消极情绪。

体验活动 14-2

请你思考一下，在日常生活中你是否采用过注意力转移法来调控情绪？你是如何做到的呢？请与你旁边的同学分享。

2. 适度宣泄法

"宣"为疏导,"泄"为放出,"宣泄"即是把情绪疏导出去,通过减少或排除不良情绪而解决情绪问题的方法。适当的宣泄可以带来积极感受,让人心情放松。但是,过度地发泄反而会增加消极体验。所以,我们要采取正确的方式来进行宣泄。

(1)选择适当的场合和对象倾诉。据有关调查发现,高职学生在选择倾诉对象时,朋友是第一位,其次才是家人、老师,只有少数人才会选择专业人员。

(2)找替代品出气。有的学校设有专门的宣泄室,可以在里面进行不良情绪的宣泄和调整。

(3)适度哭泣。哭泣可以减少人的压力,有利于身心健康。有研究表明,女性比男性较为长寿的原因之一,就是因为女性比男性更容易选择用哭泣来宣泄不良情绪。

(4)运动。当面临不良情绪时,很多同学选择跑步、打球等运动项目来调整。所以,拥有一项自己擅长的体育项目,除了保证身体健康外,也为心理健康提供了途径和方法。这也可以称为我们高职时期必须要完成的一项任务。

(5)劳动。就是用体力劳动来宣泄自己的情绪。有位同学一生气就开始做卫生,把宿舍里里外外、彻彻底底地打扫一遍。舍友们戏称,要是她天天生气就好了。这位同学说,在做卫生的过程中,自己的怒气会越来越小,最后,还可以边做边反思,等卫生做完了,她自己也就调整好了。

(6)记日记。《情深深雨濛濛》中的女主角就有通过日记来宣泄自己情绪的特点,这也帮助她度过了最难熬的日子。

体验活动 14-3

想 一 想

请你思考一下,在日常生活中你是否采用过宣泄法来调控情绪?你常用的宣泄法有哪些?宣泄前后的情绪有哪些变化?请与你旁边的同学分享。

3. 善用社会支持

从小我们就被教育:"要助人为乐!"我们从小就知道要帮助别人,但是,当我们遇见困难时,你会求助吗?善用社会支持,就是要我们善于寻找可以帮助我们的人,并在困难时发出求助信号。

首先,梳理我们的社会支持系统,发现哪些是可以为我们情绪调整提供帮助的人。其次,通过与他人的沟通,获得心理上的支持和力量,帮助自己摆脱无能为力的消极感受,重新获得能够控制事物发展方向的感受。最后,我们还可以求助专业人员,如学校心理咨询老师,他们可以运用专业性知识,从心理学角度协助我们更有效地解除情绪障碍。

4. 改变不合理认知

案例 14-2

大家期待已久、练习多时的足球比赛还是以失败告终了,612寝室里愁云密布,气气氛沉闷极了。

小黑为此感到非常气愤，总觉得是因为裁判不公平，故意挑剔班上的球员；

小兵想起辛苦练习的过程，忍不住哭出了声；

大毛却很快接受了这个事实，因为在他看来，"胜败乃兵家常事"，这不过是许多比赛中的一场罢了；

小刀看到大家都很难过，感到浑身不自在，便开始安慰队员，希望以此舒缓弥漫在寝室里的悲伤情绪。

同样一件事情，不同的人产生了不同的反应，是什么起到了作用？

美国的艾利斯创立了 ABC 理论，用来解释人的情绪困扰和不适应行为的产生。A（activating Events）指诱发性事件；B（beliefs）指个人在遇到诱发性事件后产生的相应的信念，也就是他对这个事件的看法、解释与评价；C（consequences）指在特定情境下，个人的情绪体验及行为结果。艾利斯指出，情绪（C）不是由某一个诱发事件本身（A）所引起的，而是由经历这一事件的个人对这一事件的解释和评价（B）所引起的。因此 A 只是 C 产生的间接原因，B 才是 C 产生的直接原因，是 B 决定了 C 的性质。上面例子中，面对同样的事情，小黑、小兵、大毛和小刀产生了不同的反应，就是因为"B"引起了不同的结果。

$$A + B = C$$
事件　　信念　　结果
Activating events　Belief　Consequences

根据我们上面的知识和理论，试着完成下面的体验活动。

体验活动 14 - 4

学以致用

想一想自己最近一周内在生活、学习中遇到的问题，然后完成下表：

我的问题	我的想法	我的情绪	换个角度看待上述问题	
			我的想法	我的情绪

通过体验活动，我们会发现，不同的想法产生了不同的情绪，也就是说，情绪不是

由事件本身产生的,而是由对这一件事的看法、解释、评价等引起的。

在此基础上,艾利斯提出了通过改变信念从而改变情绪与行为的方法,即合理情绪疗法,也被称为"ABCDE 模式"。其基本程序如表 14-1 所示。

表 14-1　　　　　　　　　　ABCDE 模式自我分析表

(A) 诱发事件	
(B) 有关的信念	
(C) 不良情绪和不适当的行为	
(D) 与不合理信念进行对抗	
(E) 在情绪和行为上产生积极的效果	

艾利斯经过归纳研究,总结出了不合理信念的三个特征:

(1) 绝对化要求。绝对化要求是指人们以自己的意愿为出发点,对某一事物怀有认为其必定会发生或不会发生的信念,它通常与"必须""应该"这类字眼连在一起。比如,"我必须与所有人搞好关系""我必须成功""别人必须很好地对待我""生活应该是很容易的"等。

(2) 过分概括化。这是一种以偏概全的不合理思维方式的表现。艾利斯曾说过,过分概括化是不合逻辑的,就好像以一本书的封面来判定其内容的好坏一样。过分概括化的一个方面是人们对其自身的不合理的评价。如当面对失败就是极坏的结果时,往往会认为自己"一无是处""一钱不值"等。或者以自己做的某一件事或某几件事的结果来评价自己整个人、评价自己作为人的价值,其结果常常会导致自责自罪、自暴自弃的心理及焦虑和抑郁情绪的产生。过分概括化的另一个方面是对他人的不合理评价,即别人稍有差错就认为他很坏、一无是处等,这会导致一味地责备他人,以致产生敌意和愤怒等情绪。

(3) 糟糕至极。这是一种认为如果一件不好的事发生了,将是非常可怕、非常糟糕,甚至是一场灾难的想法。这将导致个体陷入极端不良的情绪体验,如耻辱、自责自罪、焦虑、悲观、抑郁的恶性循环之中而难以自拔。糟糕就是不好、坏事了的意思。当一个人讲什么事情都糟透了、糟极了的时候,对他来说往往意味着碰到的是最坏的事情,是一种灭顶之灾。艾利斯指出这是一种不合理的信念,因为对任何一件事情来说,都有可能发生比之更好的情形,没有任何一件事情可以定义为是百分之百糟透了的。当一个人沿着这条思路想下去,认为遇到了百分之百的糟糕的事或比百分之百还糟糕的事情时,他就把自己引向了极端的、负面的不良情绪状态之中。糟糕至极常常是与人们对自己、对他人及对周围环境的绝对化要求相联系而出现的,即在人们的绝对化要求中认为的"必须"和"应该"的事情并非像他们所想的那样发生时,他们就会感到无法接受这种现实,因而就会走向极端,认为事情已经糟糕到了极点。

体验活动 14-5

（1）两个推销员到一个岛上推销鞋子，发现荒岛上的人都不穿鞋。一个感到非常失望，他认为这个岛上的人都不穿鞋，根本就没有市场；另一个则感到非常兴奋，他认为这个岛上的人没有鞋子穿，市场非常大。

（2）A和B同时看到了一朵玫瑰花，A说："这世界真是太美好了，在这丑陋、有刺的梗上，竟能长出这么美丽的花朵。"B说："这世界太悲惨了，一朵漂亮、美丽的花朵，竟然长在有刺的梗上。"

（3）两个十分口渴的人，看到面前的半杯水时，一个想"还好，还有半杯水"。而另一个想"怎么只剩半杯水了！"

请分析，在三个案例中，面对同样的事情，产生了怎样不同的情绪？为什么会产生不同的情绪？请试用ABC理论来分析。

在人们不合理的信念中，往往都可以找到上述3种特征。每个人都会或多或少地具有不合理的思维与信念，而那些有严重情绪障碍的人，这种不合理思维的倾向尤为明显。

5. 静态放松法

（1）想象法。可先选择一个比较安静的环境，然后全身放松，闭上眼睛，开始进行想象，一般是想象一些美好的景物、幸福的经历。此法刚开始进行时，心里不易宁静，但坚持下去就会感到大有裨益。

（2）音乐调节法。音乐对人的生理和心理有着明显的影响，优美的乐曲可以使人血压正常、肌肉松弛、脉搏放慢，使人感到心情宁静、轻松愉快。当心情烦躁、焦虑紧张时，旋律优美、柔和、悦耳的音乐，能够使人情绪平静，感到轻松愉快；而当感到忧郁、消沉时，听听节奏鲜明、雄壮有力的音乐能够使人情绪振奋、激昂奋进。

（3）放松训练。放松训练是一种通过肌体的主动放松来增强人对自我情绪的控制能力的有效方法。它对于应对过度焦虑、恐惧，稳定情绪具有特殊效果。放松训练的基本原理是通过训练放松所产生的躯体反应，可采用站、坐、卧的姿势，以卧式为主。在放松之前，先充分体验全身紧张的感觉，然后从头到脚依次放松，同时伴以想象，使人达到全身松弛、内心宁静。

课 堂 实 践

14-1 心理测试：情绪管理能力测验

下面的测验题可以测定你管理自己情绪的能力，请对照你的状况，选择符合你的选项。

（1）如果你因为在家里不顺心而带着不愉快去上班（上学），你会（   ）。

A. 继续不快，并显露出来

B. 把烦恼丢在一边，投入工作学习

C. 继续不快，很少流露

（2）在电影、电视看到伤心和悲痛的场面时，你会（   ）。

A. 经常哭或觉得要哭

B. 有时哭或觉得要哭

C. 从不哭

（3）你正要去上学时一个朋友打电话，向你诉说烦恼，你将（   ）。

A. 耐心地听，宁可迟到

B. 在电话中禁不住地埋怨

C. 向他解释上班要迟到了，不过答应中午打电话给他

D. 主动退让，认为多一事不如少一事

（4）当你与别人发生冲突时，你会（   ）。

A. 非常生气，久久不能平静

B. 很快冷静下来，认为应该谅解他人

C. 主动退让，认为多一事不如少一事

（5）你辛苦干了一天，自己很满意，不料老师却指责你，你会（   ）。

A. 不耐烦地听他埋怨，心中满是委屈，但不作声

B. 拂袖而去，认为自己不该受屈

C. 耐心地听，并在以后找适当的机会解释

（6）你在学校食堂里吃饭，饭菜的味道不合你口味，你会（   ）。

A. 向同桌的人发牢骚，指责食堂人员的工作

B. 默默地吃下去，然后把碗筷搞得乱七八糟

C. 平静地告诉服务员，希望他们改进工作

（7）在影剧院里，你邻座的人吸烟，而你讨厌烟味，你会（   ）。

A. 很反感，希望其他人向这个人提意见

B. 大叫吸烟是令人讨厌的习惯，并声称要服务员来干涉

C. 问此人是否知道影剧院不准抽烟

（8）一位售货员向你热情地介绍商品，但你都不满意，你会（   ）。

A. 买一件并不想买的东西

B. 说一声谢谢，然后离去

C. 直率地说这些产品不好

（9）当你所爱的人去世时，你很悲伤，你会（   ）。

A. 长时间地想念他，难以自拔，以致影响工作和学习

B. 虽然想念他，但一段时间后能恢复平静

C. 能很快从悲伤中解脱出来，投入正常的工作

(10) 当你考试或工作失败时，你会（　　）。

A. 灰心丧气，长时间打不起精神

B. 冷静从失败中吸取教训，争取今后提高

C. 认为失败是常有的事，不必太看重

(11) 当你在一个漆黑的夜晚独自行走时，你会（　　）。

A. 非常害怕，头脑一片空白

B. 有点害怕，设想如何应对突如其来的变化

C. 想象自己是个英雄，一点也不害怕

(12) 一位同学与你差不多或甚至不如你，但却得到老师的赏识，你会（　　）。

A. 感到不公平，找别人说理

B. 加倍努力，争取更多的机会

C. 认为这件事不公平，但很少表露

(13) 当你做出一件能够引以为豪的有成就感的事情时，你会（　　）。

A. 总想找机会向别人一吐为快

B. 尽管很激动，但不向别人透露

C. 只告诉家人和知心朋友

(14) 当你遇到你很讨厌的人时，你会（　　）。

A. 面带笑容与他打招呼

B. 尽量回避与他打招呼

C. 打招呼，但语言和面部表情很难协调起来

(15) 当你在工作或学习中取得成绩时，你会（　　）。

A. 心情舒畅，认为自己的努力没有白费

B. 心情激动，并显著地表现出来

C. 尽管内心非常激动，但不表露

评价与分析：

情绪管理计分表

题目	(1)	(2)	(3)	(4)	(5)	(6)	(7)	(8)	(9)	(10)	(11)	(12)	(13)	(14)	(15)
A	1	1	2	1	2	1	2	2	1	1	1	1	1	3	3
B	3	2	1	3	1	2	1	3	2	3	3	3	3	2	1
C	2	3	3	2	3	3	3	1	3	2	2	2	2	1	2

请根据情绪管理计分表计算你的得分。

36～45分：能够主动调节自己的情绪，经常保持一种稳定、快乐的心态。

26～35分：对情绪不加约束，将它们坦率、自然地表现出来。

12~16分：过度调节自己的情绪。压制自己的各种亢进情绪（如兴奋、激动、愤怒等），忍受各种低落情绪（如忧虑、悲伤、痛苦等）。

资料来源：代祖良，李小薇．大学生心理健康实用教程［M］．北京：科学出版社，2008．

14-2 思考与实践

（1）你最近情绪如何？
（2）怎样保持良好的情绪？
（3）如何合理地调控情绪？
（4）每种控制情绪的方法都能起到什么效果？

推荐阅读：谷元音著《情绪控制力》。
推荐影视：《头脑特工队》。
《致命"ID"》。

14-3 点歌台

快乐颂

谱曲：李正帆　编曲：李正帆

你快乐吗　我很快乐　第一步就是向后退一步
你快乐吗　我很快乐　只要大家和我们一起唱
快乐其实也没有什么道理　告诉你
快乐就是这么容易的东西
Don't worry be happy
你快乐吗　我很快乐　年轻的心能重复用到老
你快乐吗　我很快乐　一群人和我同样的调调
你快乐吗　我很快乐　常常觉得我自己很重要
你快乐吗　我很快乐　爱一个人让全世界知道
你快乐吗　我很快乐　快乐它到底是个什么东西
你快乐吗　我要你管　那就让你自己去想办法
快乐其实也没有什么道理　告诉你
快乐就是这么容易的东西
Don't worry be happy

感悟：人生不如意之事十有八九，我们在面对这些事情的时候要拥有快乐的能力，使自己每一天都能在快乐中度过。

思考：请你说一说还有哪些对你有激励作用的歌曲呢？

参考文献

[1] 叶素贞,曾振华.情绪管理与心理健康[M].北京:北京大学出版社,2007.
[2] 张大均,吴明霞.大学生心理健康[M].北京:清华大学出版社,2007.
[3] 林崇德,申继亮.大学生心理健康读本[M].北京:教育科学出版社,2005.
[4] 黄群瑛.大学生心理素质训练[M].长沙:湖南师范大学出版社,2012.
[5] 陈琴,何静春.大学生心理课堂[M].武汉:武汉大学出版社,2011.
[6] 代祖良,李小薇.大学生心理健康实用教程[M].北京:科学出版社,2008.
[7] 朱小根.大学生心理健康教育[M].北京:清华大学出版社,2010.

模块六　激发学习潜能

——学习与心理健康

在寻求真理的长河中，唯有学习，不断地学习、勤奋地学习、有创造性地学习，才能越重山跨峻岭。

——华罗庚

知识如人体的血液一样宝贵。人缺了血液，身体就会衰弱；人缺少知识，头脑就要枯竭。

——高士其

知识是人类认识的成果或结晶，学习知识是人类社会发展进步的主要途径。重视和善于学习，是中国共产党领导中国人民取得中国革命和建设事业伟大成就的历史性经验。习近平总书记高度重视青年学子的学习，不仅强调学习的实践性和系统性，而且将学习同个体健康生活方式的树立及人类历史发展过程有机地联系在一起，具有丰富的内涵与精神实质。从高中升入高职，由于教学环境、学习任务和角色的急剧转变，许多学生在学习方面突然感觉不适应了，我们究竟如何应对？学习对高职学生心理健康都有哪些影响？心理健康对高职学生学习有哪些影响？高职学生的学习有哪些特点？当我们的学习出现问题时，我们又该如何解决？本章将一一解答你心中的这些疑问。

学习目标

通过本模块的学习了解什么是学习，学习的重要意义；熟悉高职学生学习的特点，常常遇见哪些学习心理问题，通过哪些方式可以进行调适以及如何打造终身学习的能力。通过学习的实质、动机、方法，尤其是学习心理问题应对策略的探讨，深化学生对学习本质的理解，促进其思考学习、终身学习、人的发展、人的全面发展乃至和社会发展的关系。引导通过学习掌握核心技术，保障国家的安全。

学习重点

熟悉高职学生学习的特点,把握调节学习心理问题的方式。

学习难点

深化学生对学习本质的理解,促进其思考学习、终身学习、人的发展、人的全面发展乃至和社会发展的关系。引导青年学子学习掌握核心技术,保障国家的安全。打造终身学习的能力。

项目15　知己知彼知学习

案例导入

习近平总书记年轻时候就酷爱读书,在梁家河当知青时走30多里路借书的故事声名远播。他在各地任职调研时经常光顾书店、遍寻各地方志。在出国访问期间的致辞中,在国内各个座谈会讲话时,列举过的中外经典作品不胜枚举。习近平总书记接受外媒记者采访时就说:"我经常能做到的是读书,读书已成了我的一种生活方式。"

习近平总书记是学习知识的楷模。他强调"中国要永远做一个学习大国",这句话饱含着对青年学生的谆谆教诲。那么如何能够做到把学习作为一种追求、一种爱好、一种健康的生活方式,做到自觉学习、主动学习、终身学习就需要了解学习的心理过程、高职学生学习的特点以及其与心理健康之间的关系。

15.1　从心理学的角度认识学习

15.1.1　学习的含义

从心理学的视角来看,学习的概念有广义和狭义之分。广义的学习定义为因经验而引起的、以心理变化适应环境的过程,可以通过行为或行为的潜能的变化体现出来。这个定义包括学习的三点含义:

(1) 学习是一种适应性活动。学习属于心理范畴,是一种以心理变化适应复杂环境的过程。

(2) 学习可以表现为行为或行为潜能的变化。例如,心理健康课中,老师传授的自我调节方法你已经学会,但只有当遇到烦恼的时候,其才能在实践中表现出来。这些现象虽然在外显行为上并没有直接表现出学习的变化,但是行为发生的内在可能性已经具备,也就是说行为的潜能发生了变化。

(3) 学习源于直接或间接的经验,具有稳定性。学习引起的行为变化相对可以保持较长时间。比如,即使多年不骑车了,但是只要稍加练习,即可恢复如初。

狭义的学习，也就是我们常说的学习，是指学生在学校里的学习，是指在学校教师的指导下，有目的、有计划、有组织、有系统地进行的学习。本章探讨更多的是狭义的学习。

15.1.2 学习的心理结构

学习是一个特殊的认识过程，这个过程伴随着学习主体的一系列心理活动。总体来说，学习的心理结构包括以下七个方面：

（1）学习兴趣。学习兴趣指一个人对学习的一种积极的认识倾向与情绪状态。从对学习的促进来说，兴趣可以成为学习的原因；从由于学习产生新的兴趣和提高原有兴趣来看，兴趣又是在学习活动中产生的，可以作为学习的结果。所以，学习兴趣既是学习的原因，又是学习的结果。

（2）学习动机。学习动机是推动学生进行学习活动的内在原因，是激励、指引学生学习的强大动力。学习动机指的是学习活动的推动力，又称"学习的动力"。在学习过程中具有重要的作用。

（3）学习态度。学习态度，一般是指学生对学习及其学习情境所表现出来的一种比较稳定的心理倾向。它通常可以从学生对待学习的注意状况、情绪状况和意志状态等方面加以判定和说明。学习态度往往决定着学习效果，学习态度是可以改变和培养的。

（4）学习计划。学习计划是指对自己将要完成的学习任务进行详细的计划与安排，可分为短期、中期和长期学习计划。

（5）学习能力。在现实生活中，有人学得很快，有人却学得既慢又辛苦，原因何在？这就是一个人的学习能力的体现，是一个人完成学习任务所表现出来的个性心理特征，简单来讲就是在学习中获得信息、筛选信息、应用信息、创造信息的能力。

（6）学习策略。学习策略，就是学习者为了提高学习的效果和效率，有目的、有意识地制订的有关学习过程的复杂方案。

（7）学习习惯。高职学生良好的学习习惯是在学习活动中不断总结形成的，包括：自主学习的习惯、规划学习的习惯、知识运用的习惯、创新思维的习惯等。

经典阅读 15-1

苏老泉，二十七。始发奋，读书籍。

苏洵（1009～1066年），字明允，自号老泉，北宋眉山人，北宋著名散文家。在妻子程氏的劝告下，27岁才开始发奋读书，经过十多年的闭门苦读，学业大进。嘉祐元年，携子苏轼、苏辙到汴京，以22篇文章谒见欧阳修，受其赏识，由此名声大振。后人因其二子苏轼、苏辙均以文学闻名，故称他为"老苏"，将他们父子三人合称为"三

心理潜能概念与分类

苏"，均列入"唐宋八大家"。苏洵为文见解精辟，语言锋利，纵横捭阖，很有战国纵横家的风度。著有《嘉祐集》十五卷。

领悟：

苏洵的故事说明，人生的价值，是一个结果的累积，只要从现在开始努力，任何时候都不晚。表面上看，27岁才开始认真学习，已经落后了别人很多年，而且参加科举考试又连续好多年落榜，普通人一定会受不了打击，心灰意冷直至放弃。但他确立了目标后，刻苦攻读，不懈追求，终成饱学之士。

15.2 高职学生学习的特点

大学阶段是学生进行学习活动的一个非常重要的时期。大学的学习生活也是其一生中最为重要的一个阶段。进入大学，该如何学习，是值得我们每一位学生深思的。大学学习是有其特殊性的，这些都意味着，比起中小学生，大学生的学习在学习目标、学习内容和学习方式上都会出现很大的变化，了解和把握学生的学习特点，有助于我们更好地适应大学的学习生活。

（1）专业性。我们进入大学时，就已经将专业选定。因此，大学的学习实际上是一种高层次的专业学习，对于专业课的学习我们不能如蜻蜓点水般学习，而是要尽可能地扩大知识面，既要达到专业的深度，又要达到专业的广度，基于这种特点，专业思想是否牢固以及专业兴趣的大小将直接影响高职学生的学习成绩。

（2）自主性。首先，在学习内容上，除了一些必修课之外，我们还要根据自己的兴趣、自己的需要等选择选修课的内容。其次，在学习时间上，我们会发现大学的课余时间比较多，但是没人规定什么时间应该上自习，什么时间应该预习，这都需要我们自己自觉地安排好学习时间。另外，教师讲课的内容往往很多，而且很多知识只是点到为止，课堂上是无法消化的，要想真正获得这些知识，只能依靠我们课后自觉进行复习。培养和提高自学能力，是大学生必须具备的本领。

（3）多样性。大学生学习的多样性表现为学习内容与学习途径的多样性。进入高职后，各种学术活动、兴趣讲座、选修课等活动给大学生带来全新的知识，为他们的发展带来一片广阔的天地。然而，如何处理好诸多知识与专业学习的关系，学习内容的多样性成为高职学生经常头痛的一个问题。大学生的学习途径是多样化的，与初高中学习相比，课堂学习不再是获得知识的唯一途径，更多的学习是通过其他途径。比如，参加专题讲座、学术报告、通过电子图书馆、参加学生社团、社会实践等途径获得知识。

（4）探索性。大学学习摆脱了过去一成不变的学习内容，在专业领域上，专业知识具有高层性，但同时也具有争议性，很多知识在专业领域并没有一个统一标准，甚至有的是空白领域，这种现状就要求高职学生具备探索精神去思考、创造，激发学习的积极性。

课 堂 实 践

15-1 心理训练：掩卷而思

华罗庚把读书过程归为"由厚到薄""由薄到厚"两个阶段。当你对书的内容真正有了透彻的了解，抓住了全书的要点，掌握了全书的精神实质后，读书就由厚变薄了，愈是懂得透彻，就愈有薄的感觉。如果在读书过程中，你对各章节又作深入地探讨，在每页上加添注解，补充参考资料，那么书又会越读越厚。因此，读书就是由厚到薄，又由薄到厚的双向过程。

思考：
读了这个故事，你有什么感想？

15-2 心理测试：学习动力自我测试

这个测试主要帮助你了解自己在学习动机、学习兴趣、学习目标上是否存在困扰。共20个题目，请你实事求是地在与自己情况相符的题目后画"√"，不相符的题目后画"×"。

(1) 如果别人不督促你，你极少主动地学习。　　　　　　　　　　（　）
(2) 你一读书就觉得疲劳与厌烦，只想睡觉。　　　　　　　　　　（　）
(3) 当你读书时，需要很长的时间才能提起精神。　　　　　　　　（　）
(4) 除了老师指定的作业外，你不想再多看书。　　　　　　　　　（　）
(5) 在学习中遇到不懂的知识，你根本不想设法弄懂它。　　　　　（　）
(6) 你常想：自己不用花太多的时间，成绩也会超过别人。　　　　（　）
(7) 你迫切希望自己在短时间内就能大幅度提高自己的学习成绩。　（　）
(8) 你常为短时间内成绩没能提高而烦恼不已。　　　　　　　　　（　）
(9) 为了及时完成某项作业，你宁愿废寝忘食、通宵达旦。　　　　（　）
(10) 为了把功课学好，你放弃了许多你感兴趣的活动，如体育锻炼、看电影与郊游等。　　　　　　　　　　　　　　　　　　　　　　　　　　　　（　）
(11) 你觉得读书没意思，想去找个工作做。　　　　　　　　　　　（　）
(12) 你常认为课本上的基础知识没啥好学的，只有看高深的理论、读大部头作品才带劲。　　　　　　　　　　　　　　　　　　　　　　　　　　（　）
(13) 你平时只在喜欢的科目上狠下功夫，对不喜欢的科目则放任自流。（　）
(14) 你花在课外读物上的时间比花在教科书上的时间要多得多。　　（　）

(15) 你把自己的时间平均分配在各科上。　　　　　　　　　　（　　）
(16) 你给自己定下的学习目标，多数因做不到而不得不放弃。（　　）
(17) 你几乎毫不费力就实现了你的学习目标。　　　　　　　（　　）
(18) 你总是同时为实现好几个学习目标而忙得焦头烂额。　　（　　）
(19) 为了应付每天的学习任务，你已经感到力不从心。　　　（　　）
(20) 为了实现一个大目标，你不再给自己制订循序渐进的小目标。（　　）

结果解释：

上述20道题目可分成4组，它们分别测查你在四个方面的困扰程度：（1）～（5）题测查你的学习动机是不是太弱；（6）～（10）题测查你的学习动机是不是太强；（11）～（15）题测查你的学习兴趣是否存在困扰；（16）～（20）题测查你在学习目标上是否存在困扰。

假如你对某组（每组5题）中大多数题目持认同的态度，则一般说明你在相应的学习欲望上存在一些不够正确的认识，或存在一定程度的困扰。

从总体上讲，假设选"√"计1分，选"×"计0分，将各题得分相加，算出总分。

总分在0～5分，说明学习动机上有少许问题，必要时可调整。

总分在6～10分，说明学习动机上有一定的问题和困扰，可调整。

总分在14～20分，说明学习动机上有严重的问题和困扰，需调整。

项目16　高职学生的学习困扰

案例导入

"学不在深，抄上则灵，分不在高，及格就行。斯是教室，唯有闲情；书读得勤，无书声之忧耳，无思考之苦心。寻思上网吧，打牌下象棋，心里曰：混文凭。"

"兄弟，上课去吗？"

"上课？现在兄弟是选修课必逃，必修课选逃。今天不去了，点名了就说兄弟我病了啊！"

以上反映了部分高职学生对于学习的消极态度，社会中、校园中也时常流传着对于高职学习的种种消极言论，那么学习对于高职学生真的不再重要了吗？答案无疑是否定的。为什么大家会产生这样的想法？有没有调适的方法呢？

16.1　学习动机不当

16.1.1　学习动机的含义

学习动机实质是推动引导和维持人们进行学习需要和活动的内部机制。它以人的需要为基础，是需要和学习目标及其诱因条件相结合的产物，是决定学生是否进行学习活动的动力因素。

16.1.2　学习动机不当的表现

对高职学生而言，学习动机在学习中发挥着重要作用。它是推动学生为达到一定的学习目的而努力学习的动力。学习动机不当包括学习动机不足和学习动机过强，二者都会影响高职学生的自我效能感。

1. 学习动机缺乏的主要表现

（1）缺乏学习动力，没有求知欲望，不愿意上课，学习没有目的；

(2) 缺乏正确的学习方法；

(3) 缺乏学习的自信心、自尊心；

(4) 情绪出现问题。

2. 学习动机过强的主要表现

(1) 成就动机过强，急于成功担心失败，给自己造成了很大的心理压力；

(2) 奖励动机过强，学习的目的只是为了获得奖励，以考试为中心，学习方式呆板；

(3) 学习强度过大，不善于劳逸结合，常常处于过度疲劳状态。

案例 16-1

（学习动机缺乏）某男生，来自山区，家庭经济困难，学习成绩一直非常优秀，考上了知名高职。上高职以后，突然感觉到生活非常茫然，生活中没有目标，学习动力不足。学习上得过且过，生活上马马虎虎，上课都打不起精神，有时感觉无聊就去上网打发时间。

（学习动机过强）某女生，从小到大对自己要求都非常高，其父母都是高级职称的知识分子。在家人的言传身教下，进行了认真细致的生涯规划，成绩在班级特别拔尖。为了在高职期间出类拔萃，她努力学习，很少参加校园文化活动。最近她开始怀疑自己的能力，感觉自己在学习上的优势越来越小，非常担心自己的努力全部荒废。

16.1.3 学习动机不当的自我调节

1. 学习动机缺乏的调节

(1) 设置有意义的学习任务。学习任务的价值影响着自我调控过程，学习者只有认识到学习的重要性和价值，才会主动调节自己的学习活动。因此，学生应该有意识地将所学知识与生活实际结合起来，培养学习兴趣和专业兴趣。

(2) 端正学习态度。学习态度指学习者对学习及其学习情境所表现出来的一种比较稳定的心理倾向，是影响学习效果的一个重要因素。学习者的学习态度具体包括对待课程学习的态度、对待学习材料的态度，以及对待教师、学校的态度等。"知识无用""课程无用"等观念的转变，都会起到激发学习动机的作用。

(3) 正确分析学习成败原因。对学习过程中成败的正确认识和原因分析，能够增强自我效能感，从而有利于自我调节学习的完成。学生如果认为成功并不是因为自己的努力，那么自我效能感就会降低，并很少去控制调节自己的学习行为。反之，如果将成功归因为自己的能力、努力和有效的策略，就会产生较高的自我效能感，并保持较高的学习动机。

(4) 增强学习成就感。如果高职学生认为自己有能力获得成功，成功的信念就会直接激发自己的学习动机。增强学习成就感就可以在学习的过程中肯定自己的每一个进步，在进步过程中体验成功的喜悦，激发自信心，激发学习潜能，提高学习效率。

2. 学习动机过强地调节

（1）正确认识自我。对自己进行全面分析和适当评价。切莫过高估计自己，对自己提出苛刻要求，在正确认识自己的基础上，合理确立思想和抱负，量力而行，不好高骛远，不盲目攀比，不能操之过急。

（2）科学制定目标。具体合理的学习目标是高职学生获得成功的基础。制定目标可以使自己明确学习方向，使学习更有计划性和有序性。如果学习目标定太高，一旦失败必然导致挫败感的产生，影响学习的积极性和主动性。因此，科学地制订学习目标，能有效地平衡自己的学习动机。

（3）转移注意力。学习动机过强的同学，往往过分关注自己的学习成绩、名次和荣誉等，使得学习压力过大，患得患失。因此，要把学习的注意力转移到学习的过程中去，要把关注点集中于学习活动本身，追求心灵的充实和能力的增强，不要过分关注别人的看法，不要过分计较成败效果。

体验活动 16－1

制定学习对策

我感兴趣的科目_____原因_____，
对策_____；
我不感兴趣的科目_____原因_____，
对策_____。

知识窗 16－1

自我效能感对学生的影响

美国学者柯林斯在1982年做了一个实验。他按学生实际数学能力的不同，把学生分成三组，而每一组数学能力相同的学生中又分为自我效能感高的一组和自我效能感低的一组，这样就有六组被试，分别为三种不同数学能力水平及两种不同自我效能感水平的儿童。柯林斯让这些儿童解答数学难题，结果发现，在每种能力水平中，有较强效能信念的儿童比效能信念弱的儿童会更快地丢掉错误的策略，解决更多的难题。

16.2 学习注意力不集中

潜能的培养
——注意力

16.2.1 高职学生注意力不集中的表现

"注意"是心理活动对一定对象的指向，具有指向性、选择性和集中性。

案例 16-2

大二的小德同学感觉最近注意力总不能集中，上课和自习的时候常常分心，看一本书半个多小时过去了，却发现自己一页都没翻，什么都没看进去。有时正想着刚发生过的事，却又似乎什么都记不起来了。和同学们聊天也是心不在焉，同学说了什么自己半天反应不过来。同宿舍的舍友也说自己好像总是走神，回话也很慢。

小德出现的问题是学习问题中的注意力不集中，同小德一样，部分高职学生在学习过程中会出现注意力不集中问题。

注意力不集中主要有以下四种情况。

（1）注意力减弱。指在无外界干扰，主观上想集中注意力，但注意力还是集中不起来，表现为上课、看书或考试时经常走神。

（2）注意力涣散。指注意力离开学习任务，而被无关紧要的事吸引。

（3）注意转移困难。指对某一对象过分注意，该转移而不能转移，钻在牛角尖中出不来。

（4）注意范围狭窄。指对比较复杂的学习内容或操作技巧，注意力不能合理分配，出现顾此失彼现象。

体验活动 16-2

大脑抽屉

训练要求设想出自己的三个计划。比如学习某学科知识的计划、旅游计划等。对每个计划分别思考 2~3 分钟。在思考一个计划时排除其他干扰，特别是排除另两个计划的干扰。开始训练时可以先对每个计划思考 1 分钟，逐渐增加时间，但不要超过 3 分钟。

16.2.2 注意力不集中的自我调适

对高职学生注意力不集中的自我调适，可以采取加强对学习内容和目的的理解，启动潜在需要，激发学习兴趣来调节。越是明确理解现在所学的知识价值和对未来工作的重要意义，就越能唤起注意力的集中，也越能提高学习的自觉性。具体措施为：

（1）明确目标，规定任务。高职学生在学习前应根据自己的条件，制定明确的学习目标，详细的学习计划，每次学习时都应有具体的学习任务，要带着任务和问题进行学习。这样学习才有动力才不易分心。

（2）培养抗干扰能力。排除干扰是注意力提高的前提。在学习活动中，难免遇到各种各样的诱惑或周围环境的干扰。正是这些诱惑或干扰，才使我们有必要拿出自己的勇气与之做斗争，只要你下定决心，意志坚强，学习中的注意力分散问题就一定能够解决。

体验活动 16-3

学习注意的自我训练

1. 凝神冥想——训练对背景"视而不见"的能力

（1）做深呼吸和放松运动。

目光平缓地注视前方某一个点，心中只想着这个点，别无他物，想象这一点慢慢地被拉长，变成一条线，然后又幻化出许多复杂的图形。在训练的时候要特别注意排除来自环境的干扰。当我们的眼睛长时间地凝视在一点时，视野就会变得狭窄，那些容易吸引你并导致注意力分散的事物也就不会进入眼帘，因而人的意识范围也随之变窄，从而达到注意力集中的心理境界。

（2）每天坚持做几分钟这样的训练。

2. 倾听——训练对背景声音"听而不见"的能力

（1）做深呼吸和放松运动；

（2）播放预先录制好的时钟的滴答声（1分钟），要求学生跟着数滴答声的次数，而且心中只能注意这种声音，不理会来自环境的干扰；

（3）重复上一步骤两次；

（4）重复上述步骤，同时增加干扰声；

（5）逐渐增加干扰的强度。

（3）寻找科学学习方法。新生在入学之初，就应该尽快通过各种途径，主动了解高职学习和中学学习的区别，尽快总结一套适应高职阶段与个人自身条件相适应的科学学习方法。

（4）要注意劳逸结合，松紧有度。科学地安排作息时间，适当地休息或进行体育活动，防止过度疲劳。同时，要消除焦虑、紧张情绪，保持平和愉快的心境。

体验活动 16-4

团体趣味游戏：数马游戏

教师问："草原上有几匹马在奔跑，听好了。"

然后拍手让大家猜。这个游戏拍手拍多少次不重要，主要听暗示的话语。锻炼注意力和反应力（比如"听好了，猜猜几匹马"，这里"听好了"就是暗示的话语，后面"猜猜几匹马"的字数就代表了几匹马，五个字就暗示五匹马）。

16.3 考试焦虑

案例 16-3

小芳在计算机一级考试的前三天来到心理咨询中心,她说:"再过三天,又要进行计算机一级考试了,我这两天感觉寝食不安。虽然,这学期我一直积极备战,但还是感到紧张,吃饭没有胃口,昨晚辗转反侧,不能入睡。今天手里捧着书,却根本看不进去。我知道着急于事无补,反而会影响应试的状态,但还是不能控制,我烦躁至极。这已是我第三次参加计算机一级考试了。如果这一次再不能通过,按学校规定,我将不能拿到毕业证,那么我的毕业分配将受影响,将来……我不敢再设想下去……"

16.3.1 考试焦虑的含义

在人们眼里,考试对于经历了无数次大小考试的高职学生来说应该是司空见惯的事情,考试就如同小菜一碟。然而事实并非如此,有很多学生对考试有厌烦感,还有一部分学生处于高度紧张的考试焦虑状态,考试焦虑是学生最普遍的学习心理问题之一。

考试焦虑是指个体在考试前预感到威胁,或在考试情境的激发下引起不安的心理感受。它是受个体认知评价能力、人格倾向及其身心因素所制约,以"担忧"为基本特征,以"防御或逃避"为行为方式,通过不同程度的情绪反应所表现出来的心理状态。

16.3.2 考试焦虑的表现

考试焦虑的表现:

(1)错误的自我认知。对自己要求过高常常绝对化,以"担心"为特征,一怕考试考得不好,二怕考试失败后果不堪设想。产生消极的自我评价,对自己没有信心,导致了情绪上的紊乱和行为上的异常。

(2)失常的生理反应。对考试的担心和焦虑的情绪在生理上的反应。心率加快、肠胃不适、呼吸紧张、多汗、尿频等,体现在考试前的不安与失眠,考试中的茫然,考试后的头晕与恶心。

(3)逃避的行为表现。通过防御或逃避而表现出来的行为方式。表现为对考试抱无所谓的态度,考试前没有紧张感,考场上心不在焉、胡乱答卷、蒙头睡觉、提前离场等,这是考试焦虑的另类表现形式。

16.3.3 考试焦虑的调适

（1）对考试有正确的认识评价，从根本上消除考试焦虑。要正确认识考试的重要性，既不要夸大也不要缩小。由于各种竞争的日益加剧，而许多竞争又以考试的形式体现，视分数为"命根"，使人自觉不自觉成为分数的奴隶，甚至整个生命都为分数所左右。这种认识是偏颇的，考试固然很重要，在学习过程中也有很大的作用，但考试不是学习的目的，它只是检查学习成绩的一种手段，是检验学习者掌握知识的情况。应将注意力集中于知识的学习和理解上，而不是集中在考试成绩本身。

（2）认真学习，充分备考。准备是否充分，是影响考试焦虑的重要因素之一。知识准备扎实，复习充分，平时做过多种题型练习，熟知题型和答题要求的应试者，就会充满信心地参加考试。

（3）掌握必要的应试技巧。考试主要考查学生对知识的掌握程度，因此考试成绩的好坏很大程度上取决于考生的知识水平，这是每一个考生都知道的，但是应试技巧却往往不被人重视。当然，只有应试技巧，知识准备不足也是不行的。倘若在认真复习之后，再学会运用应试技巧，则会使考生消除对考试的焦虑，顺利完成考试。

体验活动 16 - 5

考前一刻的精神集中术

再过几分钟考试就要开始了，此时，请你试试如下的法术：先张大口从腹中发出"啊——"的声音。同时，回想过去所见过的印象最深刻的风景和事件。接着，口稍小点出"呜——"的声音。同时在脑海里想象着你最喜欢的人和对你最有好感的人。然后再闭住嘴小声发出"哞——"的声音。不过，此时心里别再想任何事，慢慢地发出声音就可以。最后，再发出"啊——呜——哞——"，你的心就会平静下来。

影响考试焦虑的因素很多，相应的消除考试焦虑的方法也有很多，而且每个人的特点不同，不能一概而论，高职学生可以根据以上建议并结合自身特点，找出适合自己的方法消除考试焦虑。

课 堂 实 践

16 - 1 心理训练：克服考试焦虑

克服考试焦虑，可将引起焦虑的过程分解成若干阶段：

(1) 考试当天走出宿舍；

(2) 离距考场还有 100 米；

(3) 离距考场还有 50 米；

(4) 离距考场还有 10 米；

(5) 进教学楼门；

(6) 进入走廊；

(7) 走进教室；

(8) 入座；

(9) 考试铃响；

(10) 拿到试卷。

依次做好 10 张卡片，编好号码。每日做训练时，先拿出第一张卡片（考试当天走出宿舍），想象当时的情景，心里有些紧张，就接着做松弛练习，放松全身肌肉。放松后，再拿起这张卡片，如再紧张，再进行放松，直到不紧张了，再做下面一张卡片，以此类推。直到 10 张卡片都做完了，考试焦虑也就消除了。这个过程不是一两天的事，一般一天最多做一张卡片，不可心急。做后面的卡片时要重做前面的卡片，一直做到想象考试的情景时不再紧张为止。

16-2 考试焦虑综合诊断

该测验共有 50 道题，请仔细阅读每一道题，尽可能按你看完题目后的第一印象来回答。如果该题目符合你的真实情况，或者你对该题目所陈述的问题表示赞同，那就请你在该题目后面画上"√"；如果不符合或不赞成，则不用作任何标志；如果真的难以确认，则在该题目后面画"○"备查，因为它可能表明了某种潜在的问题。

(1) 我希望不用参加考试便能成功。　　　　　　　　　　　　　　（　）

(2) 在一次考试中取得好分数，似乎不能增加我在其他考试中的自信心。（　）

(3) 人们（像家人、朋友等）都期待我在考试中取得成功。　　　　（　）

(4) 考试期间，有时我会产生许多对考试毫无帮助的莫名其妙的想法。（　）

(5) 重大考试前后我不想吃东西。　　　　　　　　　　　　　　　（　）

(6) 对喜欢冷不防进行考试的老师，我总感到害怕。　　　　　　　（　）

(7) 在我看来，考试过程不该搞得太正规，因为那样容易让人紧张。（　）

(8) 一般说来，考试成绩好的人，将来必定在社会上取得更好的地位。（　）

(9) 重大考试之前或考试期间，我常常会想，其他一些应试者不比自己强得多。

（　）

(10) 如果我考糟了，即使我不会老是记挂着它，也会担心别人如何看待我。

（　）

(11) 对考试结果的担忧，在考试前妨碍我准备，在考试中干扰我答题。（　）

（12）面对一项必须参加的重大考试，我紧张得晚上睡不好觉。（ ）
（13）考试时，如果监考人来回走动注视着我，我便无法答卷。（ ）
（14）如果考试能够被废除，我想我的功课实际上会学得更好。（ ）
（15）当了解到考试结果将在一定程度上影响我的前途时，我心烦意乱。（ ）
（16）我知道，如果自己能集中精力，考试时便能超过大多数人。（ ）
（17）如果我考得不好，人们将怀疑我的能力。（ ）
（18）我似乎从来没有对应试进行过充分的准备。（ ）
（19）考试前我的身体不能放松。（ ）
（20）面对重大考试，我的大脑好像凝固了一样。（ ）
（21）考试中的噪声（如日光，大的响声，暖气或冷气设备发出的响声，其他应试者的声音等）使我烦恼。（ ）
（22）考试之前，我有一种空虚、不安的感觉。（ ）
（23）考试使我对自己能否达到自己的目标产生怀疑。（ ）
（24）考试实际上并不能反映出一个人对知识掌握得如何。（ ）
（25）如果考试得了低的分数，我不愿把自己的分数告诉任何人。（ ）
（26）考试前我常感到还要再充实一下知识。（ ）
（27）重大考试之前，我的胃都会不舒服。（ ）
（28）有时在参加一次重要考试的时候，一想起某些消极的东西，我似乎觉得就要垮了。（ ）
（29）在即将得到考试结果之前，我会感到十分焦虑或不安。（ ）
（30）但愿我能找到一个不需要考试便能被录用的工作。（ ）
（31）如果在这次考试中考得不好，我想那就意味着自己不像原来自己想象的那样聪明。（ ）
（32）假如我的考试分数低，我的父母将会感到非常失望。（ ）
（33）对考试的焦虑简直使我不想进行充分准备，而这种想法又使我更加焦虑。（ ）
（34）考试时，我常常发现自己的手指在轻轻地颤动，或者双腿在轻轻摇晃。（ ）
（35）考试完毕，我常常感到本来我应该考得更好一些。（ ）
（36）考试时我情绪紧张，注意力不集中。（ ）
（37）在某些试题上我考虑得很多，脑子也就越乱。（ ）
（38）如果我考砸了，且不说别人对我会有看法，就连我自己也会失去信心。（ ）
（39）考试时我身上某些部位的肌肉会很紧张。（ ）
（40）考试前我感到缺乏自信，精神紧张。（ ）
（41）假如我的考试分数低，我的朋友们将会对我感到失望的。（ ）
（42）在考前，我所存在的一个问题就是不能确知自己是否做好了准备。（ ）
（43）当我不得不参加一个很重要的考试时，我常常感到十分恐慌。（ ）
（44）我希望主考人能够觉察，在参加考试时一些人比另一些人更为紧张，我还希

望在评价考试结果时能够考虑这一事实。　　　　　　　　　　　　（　　）
(45) 我宁可写一篇论文，也不愿参加考试。　　　　　　　　　　　（　　）
(46) 公布我的考分之前，我想打听打听别人考得怎么样。　　　　　（　　）
(47) 假如我得了低分数，某些人将会感到快活，这使我感到心烦意乱。（　　）
(48) 我想，如果能为我单独进行考试，或者没有时限压力的话，我的成绩将会好得多。　　　　　　　　　　　　　　　　　　　　　　　　　（　　）
(49) 考试成绩直接关系到我的前途和命运。　　　　　　　　　　　（　　）
(50) 考试期间，有时我非常紧张，以至于忘记了自己本来知道的东西。（　　）

计分及评估方法：考试焦虑综合诊断量表由三个部分组成。

1. 测查你的考试焦虑的来源或原因，其中包括四个方面

①担心考糟了别人对自己的评价［所属题号（3）、（10）、（17）、（25）、（32）、（41）、（46）、（47）］。

②担心你的自我意象会受到伤害［所属题号（2）、（9）、（16）、（24）、（31）、（38）、（40）］。

③担心你未来的前途［所属题号（1）、（8）、（15）、（23）、（30）、（49）］。

担心对应试准备不足［所属题号（6）、（11）、（18）、（26）、（33）、（42）］。

2. 分析你的考试焦虑的表现，其中包括两个方面

①身体反应［所属题号（5）、（12）、（19）、（27）、（34）、（39）、（43）］。

②思维障碍［所属题号（4）、（13）、（20）、（21）、（28）、（35）、（36）、（37）、（48）、（50）］。

3. 测量你的一般性考试焦虑是由其他原因引起的［所属题号（7）、（14）、（22）、（29）、（44）、（45）］。可作为应试时缺乏自信的信号

将你对测查题的选择情况（即将打"√"的题号）依次填入考试焦虑自我诊断量表内，题号属于哪种类别就填入该类别后的题号一栏里。填完后你便可以对照测查题作进一步地分析判断，为下一步的自我调控打下一个可靠的基础。

考试焦虑综合诊断量表

类别	测查内容	所选择的题号
考试焦虑的来源	担心考糟了影响他人对你的评价	(3)、(10)、(17)、(25)、(32)、(41)、(46)、(47)
	担心你的自我意象受到伤害	(2)、(9)、(16)、(24)、(31)、(38)、(40)
	担心你未来的前途	(1)、(8)、(15)、(23)、(30)、(49)
	担心对应试准备不足	(6)、(11)、(18)、(26)、(33)、(42)
考试焦虑的表现	身体反应	(5)、(12)、(19)、(27)、(34)、(39)、(43)
	思维障碍	(4)、(13)、(20)、(21)、(28)、(35)、(36)、(37)、(48)、(50)
其他	一般性考试焦虑	(7)、(14)、(22)、(29)、(44)、(45)

模块六　激发学习潜能——学习与心理健康

拓展阅读 16-1

良好的环境利于记忆

　　长时间地伏案学习，记忆力随着疲劳而减弱。这时就要稍事休息，让眼睛和大脑恢复正常。或者面向桌子，坐在原位活动活动手臂，稍微松弛一下；或者玩玩塑料做的模型，翻翻漫画册，听听音乐等。这些对于重新振奋精神以提高继续学习的效率，对于增强记忆力，都是很有必要的。但是，这样做的目的必须是为了振奋精神以利于学习。否则，如果不明确目的所在，有时就会弄得自己到了学习的时候还在留恋休息。所以，如果自己不是注意力很专注的人，在学习的时候就不要在桌子上放置塑料模型和漫画集之类的东西。手头放置这类东西，使人心里不踏实，学习时看到它们则容易分神。如果可能的话，最好是把学习的场所和散心的场所分隔开。如果不可能，就要把学习场所好好整顿一番，以使自己在学习过程中不受干扰，不受刺激。尤其是进入背诵的记忆阶段，桌上放着的，应该只是和背诵有关的东西，其他物品，应一概撤去，目的是使注意力专注在要记忆的事物上。

　　在开始学习的时候，常常有的人不那么起劲儿，有时觉得非看一会儿小说不可。为了避免这种心理的产生，我们必须增强自己的毅力。此外，作为学习用的房间、桌布和墙壁的颜色等最好能使人有寂静感。采光过于明亮或过于阴暗，都会使眼睛容易疲劳。用久了的荧光灯忽明忽暗的闪烁，既对眼睛不利，也会使人感到焦虑而影响注意力，因此，最好换个新的。要知道，不论任何时候，一个适合于学习的环境，都是提高记忆力的第一个条件。

　　资料来源：吉家文，陈秀珍. 新编大学心理健康教育 [M]. 北京：电子科技大学出版社，2020.

项目17　打造终身学习的能力

案例导入

著名经济学家于光远活到老学到老

我国著名经济学家于光远，是中国社会科学院的创始人之一。他活到老学到老。2001年，85岁的于老得到了一份孩子们给他的生日礼物——电脑。于是，于老开始学习电脑，86岁建立了自己的网站，91岁又打算当"博客"，以乐观的生活态度治学为文、安度晚年。于老在自己的一篇文章里幽默地写道："改用电脑写文章好处是大大的，便于写作、便于修改，提高了工作效率；解放了秘书和打字员——她们再也不用费力地去辨认我的'天书'了，还产生了一个大大的副产品，那就是因为使用电脑，启发了我的思考，写出了《我的四种消费品理论》一书。使用电脑唯一的损失是，我的手稿从此绝迹了（这是别人发现后告诉我的）。"

17.1　学　会　学　习

在《学会生存——教育世界的今天和明天》一书中有这样一段话："人永远不会变成一个完人，他的生存是一个无止境的完善过程和学习过程。人和其他生物的不同点主要是由于他的未完成性。事实上，他必须从他的环境中不断地学习那些自然和本能所没有赋予他的生存技术。为了求生存和求发展，他不得不继续学习。"

17.1.1　激发明确的学习动机

比起色彩缤纷的高职学生活，学习要显得枯燥、乏味一些，学习的目的也变得模糊不清。但学习是学生的天职，因而我们要明确学习动机，认清学习对自身的意义和影响，将学习看作是自我发展的一种必需的方式，只有在这种动机的推动下，我们才会更有动力学习。

1. 培养广泛的学习兴趣

罗曼·罗兰说世界上只有一种英雄主义："看到世界的本来面目，然后热爱它。人天生就有征服世界、接受挑战、探究新鲜事物、寻求新奇事物的内在需求。这种需求就是我们的兴趣。"

知识窗 17 - 1

培养自己的学习兴趣

培养好奇心。"山重水复疑无路，柳暗花明又一村。"学习兴趣就是在不断的探究之中变得越来越浓厚。

培养学习需要。心理学研究表明，使学习成为一种需要，是学习的根本动机。这就是说，学习需要是转化为内在动机的强有力的心理因素。

不要在学习之前就强化自己没兴趣。想让自己对学习产生兴趣，自己必须具有主动学习的良好态度，坚信学习是件有趣的事。

优化心理因素。如需要、愿望、兴趣、理想、信念、责任、义务、荣誉等都是转化为学习动机的心理因素。

适当参加一些比赛。心理学实验证明，竞赛是激发学习积极性的有效手段。适当的竞赛可以激发你的斗志，使人积极向上，克服困难，完成学习任务，取得优秀成绩。

运用动机迁移。在缺乏学习动力的情况下，你可以把你在其他活动中的浓厚兴趣和积极性与学习联系起来，并把它们转化为学习需要和学习兴趣。

培养学习兴趣，要真正进入到学习中去。有的同学学习很浮躁，对学科知识知之皮毛，感觉学习这些知识很没有意思。其实任何学科都有自己的逻辑结构，如果你真正去思考了，就会感到它的乐趣。

多问几个"为什么"。每时每刻我们都可能遇到自己不懂的问题，此时问问"为什么"，在思考的过程中会有许多新的发现，对自己会有新的启发。

体验成功。不论做什么事情，只要结果是成功的，我们就会有心情舒畅、欢快的情绪体验。这就提醒我们：如果经常在学习中体验到成功，那么我们自然而然就会有学习兴趣了。

开卷有益。当我们在书海遨游时，就会更加向往更广阔的知识海洋。

兴趣是最好的老师，可以使我们激发学习的热情，明确学习的方向，获得学习的成就。学生一旦对某学科产生浓厚的兴趣，就会以积极的情绪去探究和探索它，就会产生强烈的求知欲望，充分发掘自己的学习潜能。

2. 正确归因

正确的归因不仅能使我们端正学习态度，激励我们通过努力不断提高自己，而且还会使我们产生愉快的情绪体验和积极地看待学习中的成与败。

体验活动 17-1

了解自己的归因倾向

要学会正确归因，要做的就是了解自己是哪种归因倾向。请认真阅读下面各题，在你比较认同的后面括号内打"√"。

（1）上中学是为了上大学，但却不知道上大学是为了什么，没有目标了。（　）
（2）高中压力大，到了高职无压力，无老师和家长的督促，因而该放松了。
（　）
（3）本来对学习很有兴趣，但是老师讲得不好，于是讨厌上这门课。（　）
（4）和社会引导有关，社会需求各种证书，很多人都有了"证书情结"。（　）
（5）学校学习气氛不浓，自己也不想学。（　）
（6）社会上诱惑太多，看见别人打工赚钱，自己也忍不住，让社会实践给耽误了。
（　）
（7）自己所学的专业前景不好，没什么发展前途，所以心灰意懒了。（　）
（8）没考上名牌高职，很怀疑自己的能力。（　）
（9）一学期下来考砸了，从此就没有了信心，越往后就越积重难返了。（　）
（10）学习效率低，一想到学习就觉得是个负担。（　）
（11）对学校课程没兴趣，又没找到自己喜欢的事，不知道自己到底想要什么。
（　）
（12）刚上高职时不适应高职的学习方法，但又不知道怎么办，结果就松懈了。
（　）
（13）理想不远大，有时候很迷惑，不知道自己"为什么活""为什么上高职"。
（　）
（14）迫切地想发展一些爱好特长，对学习却逐渐没有了兴趣。（　）

以上项目分为上下两个部分，（1）~（7）属于将缺乏学习动机归为外部因素（如运气、他人、社会条件等）；（8）~（14）则属于内部因素（如个人的努力、性格特征、能力等）。你的情况是怎么样的呢？心理学家对归因的研究让我们明白怎样的归因才是积极的。

通过以上步骤的自我分析，我们能够认识到影响学习动力的因素有能力、努力、兴趣、学习方法，还有教师或其他社会环境因素。积极的归因是：把学习成功归因为自己的努力、端正的态度和学习方法的正确运用；而把失败归于自己努力不够、学习方法不正确，而不是缺乏能力，更不是社会和教师因素。

3. 养成良好的学习习惯

高职学生不良的学习方式导致了学习问题不断。为什么所有人都在强调习惯对人的重要性呢？这要用习惯的本质去解释：习惯就是行为的自动化，就是不需要努力就能在一定的情况下自动地按照一定的规则去行动的过程。习惯一旦养成，可以成为支配人一生的力量。

在大学期间高职学生需要养成哪些良好的学习习惯呢？

（1）善于提问的习惯。提问是一门技术，也是一个好的习惯。不同学科，其提问技巧是不一样的。例如，当你在进行英语阅读和高职语文阅读的时候，可以这样提问："谁？""什么？""哪儿？""如何？"采用这样的提问模式，可以帮助你大致了解文章的基本内容。而在专业学习时，提问就要从知识结构、概念公式的推理过程入手，如"心理健康这门课主要在讲哪些内容？""这些内容分别阐释了哪些观点？""这些观点正确吗？""我能从这门课上获取什么对我有用的信息？"。

（2）及时完成课后学习任务的习惯。高职课后生活丰富，面对娱乐休闲的诱惑，很多人没有办法控制自己抵制这些诱惑，因此常常是为了满足感官的快乐享受，而牺牲了课后学习的时间。诱惑确实难以抵抗，不过我们还是有一些方法可以尝试的，那就是把自己置身于好的学习氛围环境中，例如图书馆或者高职自修室，调整自己的心态，采用阅读浅显易懂的科普书籍转移自己对休闲诱惑的注意力。如果这种方式也无法转移注意力的话，也可以采取把当前大脑里的所有想法全部写出来的方式调整，等到心完全平静下来，就可以开始完成课后学习任务了。

（3）善于整理笔记的习惯。整理笔记也是一个复习的过程，除了每次上完课后要把没有记录下来的笔记补充完整之外，还要及时地整理这门课的笔记，使笔记的组织更适合你的认知组织的风格，当今后记忆模糊时，能够迅速准确地在笔记本上查阅到相关的信息。

（4）注重科学用脑的习惯。大脑的使用也是需要讲究科学的，下面是关于用脑的科学常识：每天保证8小时的睡眠时间；养成坚持每天锻炼1小时的习惯，随着年龄的增大，人与人之间的竞争更重要的是拼身体素质，良好的体魄才能为我们的脑力提供充足的能量；科学饮食的习惯，多吃蛋白质含量高的食品，如鸡蛋、精瘦肉、牛奶等。

知识窗 17-2

经常咀嚼增强记忆

英国一所大学研究表明，嚼口香糖者在记忆力测试中胜过不嚼口香糖者。不断地咀嚼加快了心脏的运动，增加了心脏向头部供应的血液量，从而促进大脑活动，提高人的思维能力。同时，咀嚼促使人分泌唾液，而大脑中负责分泌唾液的区域与记忆和学习有密切关系。

资料来源：笔者根据相关资料改编。

（5）营造良好学习环境的习惯。在学习之前要整理好学习的书桌，书桌上的物品少且摆放整齐；要克服在床上学习、躺着看书的习惯。

17.1.2 掌握有效的学习策略

学习策略是指学习者为了提高学习效率，达到一定的学习目标，制定的具体学习过程或学习步骤。

学习策略不仅能够提高学习的效果和质量,减轻学生学习负担,而且符合现代社会倡导的终身学习思想,使学生能在走入社会后真正实现自主的终身学习,更可以和教学策略相互促进,提高学习效率。老师在课堂上对学生进行学习策略的培养和训练,使学生掌握了行之有效的学习方法,为他们自主学习提供了理论基础。对于高职学生而言,进行专业的学习,掌握一定技能,选择一定的学习策略,对提高学习的效率和学习能力具有重要的意义。这里重点介绍几种常用而有效的学习策略。

体验活动 17 - 2

阅读下列题目,并在你认为最符合自己的选项上打"√"。选 A 表示一点也不符合;选 B 表示有点符合;选 C 表示不确定;选 D 表示较符合;选 E 表示非常符合。

1. 我上课时经常开小差或打瞌睡	A	B	C	D	E
2. 我不知道怎样找出文中重要的信息	A	B	C	D	E
3. 我经常把错误的内容记到笔记上	A	B	C	D	E
4. 我没有 24 小时内复习我做的笔记	A	B	C	D	E
5. 我在阅读过程中抓不住细节信息,难以把握文章主旨	A	B	C	D	E
6. 我不能保持长时间学习,经常觉得疲惫和分散注意力	A	B	C	D	E
7. 我看完整章内容时,不能记住前面所读的内容	A	B	C	D	E
8. 我在学习时很少关掉收音机或电视	A	B	C	D	E
9. 我需要提高记笔记的能力	A	B	C	D	E
10. 我需要提高自己的阅读理解水平	A	B	C	D	E
11. 在课后,有时看不懂做的笔记	A	B	C	D	E
12. 我需要提高学习时的注意力	A	B	C	D	E

评分与评价:

第 1、6、8、12 题测试注意力;第 2、5、7、10 题测试阅读理解能力;第 3、4、7、9、11 题测记笔记能力。选 A 得 0 分,选 B 得 1 分,选 C 得 2 分,选 D 得 3 分,选 E 得 4 分。

如果你以上三个部分的得分均在 2 分以上,说明你需要通过学习相应的学习策略来提高这些能力。通过以上测试,你的学习水平如何?

1. 复习策略

复习策略解决如何对所学内容进行适当的重复学习,主要用于信息的长时记忆与保持。根据遗忘发生的规律,可采取适当的复习策略来克服遗忘,即在遗忘尚未产生之前,通过加强复习来避免遗忘。

(1)复习的时间。

应该注意及时复习和系统复习。及时复习可以较大限度地控制遗忘,但它也不是一劳永逸的，要想长时间保持所学的内容，还必须进行不断的系统复习。根据有关研究，有效的复习时间最好作如下安排：

第一次复习，学习结束后的5~10分钟，比如下课后将要点加以背诵，或者阅读后尽快用自己的语言来表述所学的内容。第二次复习：学习当天的晚些时候或学习结束后的第二天。重读有关内容，将要点用自己的语言表述出来。第三次复习：一个星期后。第四次复习：一个月后。第五次复习：半年后。

知识窗 17-3

德国心理学家艾宾浩斯对遗忘现象的研究实验表明，遗忘的规律是先快后慢，特别是识记后48小时以内遗忘率最高，以后逐渐减慢，到后来相当长的时间几乎不再遗忘。根据他的研究，学习后的10小时内复习10分钟，比5~10天后复习1小时的效果更好，并且以后还要经常复习，但各次复习的时间间隔可以逐渐拉长，每次复习的时间也可以逐渐缩短。

（2）复习的次数。

学习完某一新内容后，复习多少次最有利于记忆？一般而言，过度学习的程度达50%~100%时效果较好。比如，当你识记某一材料读6遍刚好能够记住时，那么最好你再多读两三遍。但要注意，这并不意味着重复次数越多越好，超过100%的过度学习反而会引起疲劳、注意力分散甚至厌烦情绪等不良效果。

（3）复习方法。

要注意选择有效的复习方法。研究发现，许多人经常反复地、一遍遍地阅读某种材料，以期达到记忆的目的。这种方法虽然也能够使学习者最终记住有关内容，但事实上，它并不是一个非常有效的复习方法。较好的方法是尝试背诵法，即阅读与背诵相结合：一面读，一面试着背诵。这样，可以使注意力集中于学习中的薄弱环节，避免平均分配学习时间和精力，进而达到提高学习效率的目的。此外，还应尽量地调动起多种感官来共同地进行记忆，眼到、口到、耳到、手到、心到，多种形式的编码和多通道的联系增加了信息的存储和提取途径，自然就使记忆的效果得到增强。

复习策略的主要目的在于使信息在头脑中牢固保持。而一系列的研究证明，只有理解了的信息才比较容易记忆并长久保持，反之，呆读死记的东西既难记，也容易遗忘。因此，复习策略应该与其他的学习策略协同作用，共同促进学习效果的提高。

2. 阅读策略

SQ3R法。SQ3R是英语 survey，question，read，recite，review 五个词的第一个字母，分别代表"浏览、提问、阅读、背诵、复习"五个学习阶段。这种读书方法是由美国依阿华大学的罗宾森提出的。

一是浏览。这是读书的第一步，当拿到一本书后，首先应概要地读一读该书的提要、目录，以便对该书有个大体的了解。

二是提问。这一阶段，要读书中各章节的标题以及章节承上启下的内容，一边粗读一边提问。这样可以激发学习兴趣，促进自己的钻研。

三是阅读。如果说浏览、发问敲开了书本知识的大门，阅读则是登堂入室。阅读就是从头到尾细读，对重要、难解部分反复读。在阅读过程中，要做到眼到、口到、心到、手到，也就是边读、边思考、边圈点、边画杠杠。要尽可能将自己原有的知识和新知识结合起来，写眉批写心得，做读书笔记。以保存"知识印象"。

四是背诵。即"回忆印象"，如俗话说的"过电影"。离开书本，回忆书中的内容，看自己发问的题目上是否获得了正确的理解。这是自我检查学习效果的方法，也是巩固记忆的手段。

五是复习。一般在复述后一两天内进行，隔一段时间再重复一次，可以巩固已有的知识，又能温故而知新，从中获得新的体会。

3. 问题解决的 IDEAL 方法

IDEAL 是布兰斯福德等人于 1984 年提出的解决问题的一般策略，以他们所划分的五个步骤的英文首字母命名。其五个步骤如下：

一是识别（identify）——注意到、识别出所存在的问题。比如，注意到内容中的不一致、不全面之处；或者意识到自己学习过程中所遇到的困难等。

二是界定（define）——确定问题的性质，对问题产生的过程和产生的原因进行解释。该过程直接影响着以后所确定的解决问题的方法。

三是探索（explore）——搜寻解决问题的可能的方法。该过程受到前面的问题界定的影响。

四是实施（act）——将解决问题的方法付诸实施。

五是审查（look）——考察问题解决的成效，收集有关的反馈信息，以便进一步改善解决方法更有效地解决问题奠定基础。

知识窗 17-4

爱因斯坦的"一总、二分、三合"读书法

一总：先浏览书的前言、后记、序等总述性部分，然后认真地读目录，以便概括地了解全书的结构、内容、要点和体系等，这样便可对全书有个总体印象。

二分：在读了目录后，先略读正文，这不需要逐字读，要着重对那些大小标题、画线、加点、黑体字或有特殊标记的句段进行阅读，这些往往是每节的关键所在。你可以根据这些来选择自己所需的内容来细读。

三合：就是在翻阅略读全书的基础上，对这本书已有个具体印象，这样再回过头来细读一遍目录和全书内容，并加以思考、综合，使其条理化、系统化，以弄清其内在联系，达到深化、提高的目的，进一步深入领会初读时所不能领会的许多东西。

总之，学习虽然是一种非常普遍的活动，但其中蕴含着极其丰富的规律。为了自身的成长与完善，更好地适应和改造环境，以促进社会的进步和发展，高职学生了解并充分利用有关的学习规律都是非常必要的。

17.2　时间与目标管理

如果每天都有 86400 元进入你的银行户头，而你必须当天用光，你会如何运用这笔钱？天下真有这样的好事吗？是的，你真的有这样一个户头，那就是"时间"。每天每一个人都会有新的 86400 秒进账。那么面对这样一笔财富，你打算怎样利用它们呢？

体验活动 17 - 3

你会管理自己的时间吗？

时间是每一个人一生中最重要的资源，如果一个人没有很好的观念去重视时间，那么他就是在浪费自己的资源，在人生成功的战略上他已经输给了别人。我们把自己的时间管理得如何呢？请将代表频率的数字填在每道题后的括号里。1 表示"从不"；2 表示"偶尔"；3 表示"时常"；4 表示"总是"。

(1) 考试前我必须要抱佛脚。　　　　　　　　　　　　　　　　　　（　　）
(2) 我能够按时交课后作业。　　　　　　　　　　　　　　　　　　（　　）
(3) 我觉得自己每天都有充足的睡眠。　　　　　　　　　　　　　　（　　）
(4) 我计划好了每周与朋友们玩耍的时间，并且通常可以按原计划行事。（　　）
(5) 当需要完成一篇论文时，我总是拖延到最后几天才开始写。　　　（　　）
(6) 我经常因为时间紧而取消其他活动项目。　　　　　　　　　　　（　　）
(7) 我通常可以按时完成学习任务。　　　　　　　　　　　　　　　（　　）
(8) 我觉得自己经常因为不能完成老师布置的任务而找各种借口。　　（　　）
(9) 我对自己目前的时间规划很满意。　　　　　　　　　　　　　　（　　）
(10) 我心头总有事情悬着，但就是没有时间去完成它。　　　　　　（　　）

评分和评价：

分数 A：将（1）、（5）、（6）、（8）题和（10）题前括号里的数字相加，就得到分数 A。

分数 B：将（2）、（4）、（7）题和（9）题前括号里的数字相加，就得到分数 B。

如果分数 B 大于分数 A，你可能经常拖延任务；如果分数 B 小于分数 A，说明你能够很好地管理自己的时间；如果两个分数相等，你可能偶尔会拖延任务，但还没养成习惯。

根据以上评分，你的时间利用水平如何呢？黑格尔称时间"犹如流逝的江河，一切东西都被置于其中席卷而去"。时间具有不可逆性、瞬逝性的特点，所以要求我们提高管理时间的能力，利用好当前拥有的每一分钟。

17.2.1 时间管理

案例 17-1

刘抗是某院校大三学生。从大一到大二，他积极参加院系组织的各项活动，加入学生会后更加严格地要求自己，在换届时当选学生会主席一职。从此刘抗的高职生活更加忙碌了，不仅要策划活动、组织活动，还要努力学习，跟上进度。同学们都觉得这次期末考试刘抗可能有点"悬"，但考试成绩出来后，刘抗用自己的分数证明了他的高职生活可以这样面面俱到。而他，也因为优秀的成绩和出色的表现获得了国家级奖学金。问起学习秘诀时，刘抗总是说："不像你们看到的那样，我的时间够用。"是他的时间比别人多吗？当然不是，这说明合理地分配利用时间，时间回馈你的也会多。

从刘抗这个成功案例中，我们可以得出一个重要结论：合理利用时间是每个高职学生的必修课，想要在这个竞争激烈的时代做到处理事情游刃有余，就要懂得分秒必争的道理。

每位高职学生都非常公平地拥有高职三年的时间，有效地使用三年时间，我们就能拥有一个充实的高职生活，给自己留下一个美好的高职回忆。鲁迅先生曾经说过"时间就像海绵里的水，只要愿挤，总是会有的"。怎样有效地管理时间可以让高职学生的高职生活变得有规律、有意义，从而提高做事效率呢？

（1）分清事情的主次。

按照美国管理学家科维提出的时间管理"四象限"原则，可以将事情分为重要又紧急，重要但不紧急，紧急但不重要、既不紧急又不重要四个部分（见图 17-1）。

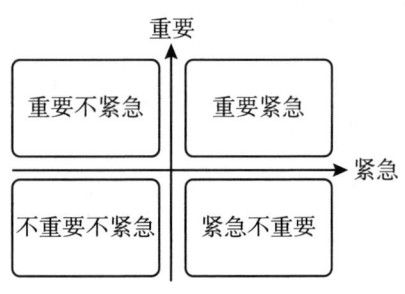

图 17-1 时间管理"四象限"原则

第一象限重要又紧急的事情是迫在眉睫的，要排在第一位去做，例如，考试、即将交的作业等。第二象限重要但不紧急的事就可以延缓一下，虽然没有时间限制，但也应该尽量提早做完。例如，锻炼身体，阅读课外书籍等。第三象限紧急但不重要的事情随时遇到随时做，例如，接电话等。第四象限既不紧急又不重要的事情尽可能地少做，绝

模块六　激发学习潜能——学习与心理健康

不可以投入太多的时间和精力在这一象限。例如，网游、闲谈等。因此，我们在对待学习过程中的事情便可以按这个原则划分，分析事情的重要程度和紧急程度，对程度不同的把握，有助于提高学习效率和事件管理能力。

时间管理的"帕瑞托原则"认为，20%的目标具有80%的价值，而剩余的80%的目标只有20%的价值。因此我们对不同价值的任务分配以不同的时间，如把80%的课余学习时间分配给20%最重要、最需要完成的学习任务上，把20%的时间分配给80%的一般任务。

（2）掌握自身生物钟。

大脑是人体高级神经活动的中枢，根据大脑的生理特点和活动规律科学用脑，可以使大脑保持最佳状态。人的生命活动中存在着"生物钟"，生理和心理都有一个波动变化的周期。因此在充分利用时间的情况下，还要注意科学的时间搭配。

体验活动 17 - 4

请阅读下面四道题，在符合自己的项目前打"√"。

A. 我在清晨头脑清醒，大脑思维活跃，反应敏捷，记忆和思维效率高

B. 觉得自己在上午和傍晚这两段时间思维较活跃，学习效率最高

C. 我一到夜间，大脑即转入高度兴奋状态，而且特别清醒，注意力集中

D. 对于学习时间段，我没有特别的偏爱，在上午、中午和晚上学习效果差不多

"生物钟"因人而异，根据学习者对不同学习时间的偏好，可以将学习者分为四种类型：选A的同学属于百灵鸟型；选B的同学属于麻雀型；选C的同学属于夜猫子型；选D的同学则属于混合型。

百灵鸟型学习者在6~9时的效率最高；麻雀型学习者在9~11时和16~18时这两个时间段学习效率最高；夜猫子型学习者的记忆效率则在22时达到顶峰；而混合型学习者在一天中各时段均会有较好的学校效果。

要充分了解大脑的工作机制，根据自己的最佳生物钟，合理安排时间，对于我们学习和做事会达到事半功倍的效果。

（3）化零为整。

案例 17 - 2

读书是毛主席的一项特殊爱好，他毕生珍惜时间，博览群书。几十年来，毛主席一直很忙，可他为了读书，把一切可以利用的时间都用上了。有时在游泳下水之前活动身体的几分钟里，他还要看上几句名人的诗词。就连上厕所的几分钟时间，他也从不白白地浪费掉。一部重刻宋代淳熙本《昭明文选》和其他一些书刊，就是利用这些零碎时间断断续续看完的。

积少成多、滴水石穿这个道理不言而喻，部分对整体的作用效果不容忽视，即"点滴成大事"。著名数学家苏步青说："别看时间零碎，分分秒秒的时间好比'零头布'，只要充分利用，能做不少事呢。"懂得利用零碎时间的人，可以用最短的时间发挥出最大的效率。当然，零碎的时间不适合用来读书、写作、做大事；但零碎的时间却足以应付大脑里的"短期记忆"所需要的东西，例如背单词、记日记，甚至剪指甲、洗把脸、刮个胡子……零碎的时间，看起来似乎毫不起眼，但是想想那些滴水穿石、聚沙成塔、集腋成裘的典故，就会使我们感到零碎时间的宝贵。

体验活动 17-5

请完成图表的内容并评估你的时间管理情况

（1）你能挤出多少空余时间？

（2）你预计多少时间去完成以上计划？

（3）你的时间分配根据按优排列的原理吗？

（4）你可以再调用你空余时间来完成你的任务吗？

栏目一	栏目二
列出你一周内花在以下活动的时间	你在以下每日活动中花多少时间？你可以乘以5天或7天来预算自己一周内花在以下活动的时间
上课时间	交通时间（×5天）
复习时间	用餐、准备伙食时间（×7天）
工作时间、实习时间	卫生清理（×7天）
义工时间	睡眠（×7天）
运动时间	
定期进行的活动	
社交时间	
其他	
总计A	总计B=（　　）小时
总计C=A+B（　　）小时	
一周内有168小时。则空余时间（168–C）=（　　）小时	

17.2.2 目标管理

拓展阅读 17-1

爱丽丝的故事

"请你告诉我，我该走哪条路？"

"那要看你想去哪里?"猫说。

"去哪儿无所谓。"爱丽丝说。

"那么走哪条路也就无所谓了。"猫说。

——摘自刘易斯·卡罗尔的《爱丽丝漫游奇境记》

人要有明确的目标,当一个人没有明确的目标的时候,自己不知道该怎么做,别人也无法帮到你!天助先要自助,当自己没有清晰的目标方向的时候,别人说得再好也是别人的观点,不能转化为自己的有效行动。

在制定、实现目标的过程中我们不能异想天开,随便地进行,要遵循一定的原则,注重目标管理的策略。

(1)制定长期学习目标。面对高职的学习生活也应制定一个长期的学习目标来保证前后学习的衔接性。但目标的制定要符合自身的实际情况,遵循实事求是原则,要有准确的定位,也就是说,这个目标要具有现实性和可行性,是自己有能力完成的。同时,要对目标有个合理的规划,这就要求我们每个人对自己有一个正确的评价。比如,对自己的兴趣、爱好、特长都要了解,并且明确自己未来发展的方向,还要对社会的发展和需要有一定的了解。不能随便张口就给自己定一个不可能实现的目标,当然,也不能制定过小的目标,过小的目标很容易达到,就会失去奋斗的动力,甚至会导致骄傲自满的心理。另外,目标必须是积极的、进步的。

(2)分解长期学习目标。长期目标是需要经历一个短时间才能达到的,容易使我们失去耐性;因此,我们一定要按照我们的逻辑思维将长期目标分解成短期目标,短期目标还可以分解成更小的目标,越精确越好。和时间管理的"化零为整"理念相同,目标的设定既要有可行性又要分期分批地完成,不但会使学习效果更加明显,在单位时间内取得的成绩也会备受瞩目。

(3)调整学习目标。目标的制定不是一成不变的,在实现目标的过程中,可能会出现各种突发情况和困难,或者提前完成了某个目标,又或者在学习过程中出现了新的目标,这个时候就要根据实际情况及时调整目标。比如,可以删除一些次要目标、虚幻目标和已完成的目标,添加一些新的目标,事实上每天都检查、修正自己的目标是最好的。

(4)实现学习目标。首先,要给目标设定期限,克服惰性,在目标期限内严格要求自己,一定要按照期限完成。其次,要从小的、简单的、核心的目标着手,再实现大的、复杂的、不太核心的目标。最后,实现目标是比较艰辛的过程,必要的心理素质、体能、信念等,这些都是必不可少的。在实现目标的过程中,需要不断改进自己的缺点,克服各种困难,提高自己的素质,保持长久的毅力,时时激励自己实现目标。

有了目标,高职学生生活将不再迷茫,因为有了方向;有了目标,高职学生生活将不再拖沓,因为有了前进的动力;有了目标,高职学生生活将不再单调,因为它将更加充实。

课 堂 实 践

17-1 心理训练：自检你的目标管理

根据自己的实际情况填写下来，明确你的目标是什么，把你的目标进行排序，在你设定目标的时候要考虑目标管理的原则。同时说明如何才能达到你的目标。

目标	你的目标	排序	如何达到你的目标
目标的长短： 　长期目标 　中期目标 　短期目标			
目标的对象： 　健康目标 　工作目标 　财务目标 　人际关系目标 　学习成长目标 　娱乐目标 　公益目标			

(1) 你的第一目标是什么？
_____
_____

(2) 你的目标彼此之间是否协调？ 是□　不是□

(3) 向目标迈进时，是否有最高目标与特定的中期目标？ 是□　不是□

(4) 这些目标中，哪些是你自己能够做的，哪些是你必须加强的？
_____
_____

(5) 请你根据目标管理来设定你的目标。
_____
_____

【总结】目标是未来的远景。设定目标在时间管理中具有决定性的作用。可以说一个人之所以会成功，是因为他设定了目标，他也完成了他的目标。

17-2 思考与实践

(1) 高职学生的学习特点是什么？
(2) 适合自己的学习方法有哪些？

推荐阅读：成甲著《好好学习》。

推荐影视：《奔腾年代》。

《听见天堂》。

《生活大爆炸》第三季第3集。

《普通心理学研究：华生的小阿尔伯特实验》。

参考文献

[1] 赵洪成，桑小洲. 快乐成才高职学生心理健康教育 [M]. 北京：北京理工大学出版社，2013.

[2] 胡华. 高职学生学习心理健康教育研究 [D]. 长沙：湖南大学，2011.

[3] 马立骥. 大学生心理健康教育与实训 [M]. 杭州：浙江大学出版社，2012.

[4] 闫江涛. 大学生心理健康教育教程 [M]. 郑州：河南科学技术出版社，2012.

[5] 黄占华. 大学生心理健康教育实用教程 [M]. 银川：宁夏人民教育出版社，2011.

[6] 李明，张新梅，常素芳，苏会君. 大学生心理健康教育 [M]. 北京：清华大学出版社，2013.

[7] 刘峰，蔡迎春. 大学生心理健康 [M]. 北京：清华大学出版社，2011.

[8] 赵静，黄菊山，李海波. 大学生心理健康教育 [M]. 北京：中国传媒大学出版社，2019.

[9] 吉家文，陈秀珍. 新编大学心理健康教育 [M]. 成都：电子科技大学出版社，2020.

[10] 李建耀，赵军. 大学生心理健康教育 [M]. 北京：中国传媒大学出版社，2021.

模块七　宝剑锋从磨砺出

——挫折与压力

> 世界上的事情永远不是绝对的，结果完全因人而异，苦难对于人才是一块垫脚石……对于能干的人是一笔财富，对于弱者是一个万丈深渊。
>
> ——［法］巴尔扎克

习近平总书记在与青年人谈心时说："刀要在石上磨、人要在事上练，不经风雨、不见世面是难以成大器的。""青年在成长和奋斗中，会收获成功和喜悦，也会面临困难和压力。要正确对待一时的成败得失，处优而不养尊，受挫而不短志，使顺境逆境都成为人生的财富而不是人生的包袱。"挫折是我们生命中必须经历的十分重要和宝贵的精神财富，但也隐藏着潜在的心理危机。高职学生作为一个特殊的群体，面临诸多的现实问题，容易产生心理挫折。培养良好的心理素质，增强挫折承受力，提高战胜挫折与适应环境的能力，是高职学生心理健康发展的重要环节。那么，什么是挫折和压力？常见的挫折和压力有哪些？面对挫折与压力，我们该如何应对呢？带着这些问题，通过本项目的学习和体验，将帮助同学们走出困惑，直面挫折与压力。

学习目标

通过本项目的学习引导学生辩证地看待挫折和压力，以及其心理学理论，分析当代高职学生挫折与压力的成因，客观认识目前我们面临的挫折类型和特性，了解压力应对的类型和特点，寻求有效的应对策略。通过"四史"，培养坚韧不拔的吃苦和奋斗精神。

学习重点

对于所受挫折和压力正确的归因，寻找积极有效的对应策略。

学习难点

应用积极有效的应对策略,提升高职学生挫折和压力管理能力,培养坚韧不拔的吃苦和奋斗精神。

项目 18 认识挫折

案例导入

（1）谈迁是明清之际的历史学家，从 28 岁开始撰写明代编年史《国榷》，历时 27 年，六易其稿，这部 108 卷 500 万字的巨著终于大功告成。然而，不幸的事发生了。一天夜里，谈迁家中被盗，他的书稿也被偷走了！谈迁遭此打击，肝胆欲碎，不禁老泪纵横："噫，吾力殚矣！"但谈迁并未就此沉沦，而是迅速从打击中振作起来，"吾手尚在，宁遂已乎！"他满怀悲痛，发愤重写，经 4 年努力，终于再一次完成传世巨著。

（2）"宝剑锋从磨砺出，梅花香自苦寒来。"从青年时代走来的习近平总书记，深知成长的道路不会总是鲜花铺路。和青年朋友谈心时，习近平同志常用亲身经历勉励青年。年轻时，他曾写过 8 份入团申请书，10 份入党申请书。不到 16 岁就下乡，20 岁入党，22 岁才上高职。种地、打坝、挑粪，什么活都干过，什么苦都吃过，而且一干就是七年，先后过了"跳蚤关""饮食关""生活关""劳动关""思想关"。年轻的习近平同志不以为苦，甚至把"自找苦吃"当作对自己的首要要求，在艰苦奋斗中苦练本领、砥砺思想。

资料来源：笔者根据相关资料改编。

案例解析：纵观古今名人，凡有所成就的人无一不是从挫折和坎坷中磨砺出来的。作为高职学生的我们也会面临很多挫折，如求学无望、求职不顺、情场失意、理想破灭等，如何能够正确认识和对待挫折，是我们在求学和今后的人生道路上，必须学会和掌握的一项重要能力。

18.1 挫折的含义

认识挫折

18.1.1 挫折的概念

挫折是指人们在某种动机的推动下，在实现目标的活动过程中，遇到了无法克服或自以为无法克服的障碍和干扰，使其动机不能实现、需要不能满足时所产生的紧张状态和情绪反应。挫折心理包括三个要素：

一是挫折情境，即指阻碍和干扰个体实现目标满足需要活动的特定环境，可称为挫折源。

二是挫折认知，即个体对挫折情境的认知、态度与评价，这是产生挫折和如何对待挫折的关键。

三是挫折反应，即个体在挫折情境下所产生的烦恼、困惑、焦虑、愤怒等负面情绪交织而成的心理感受，即挫折感。

挫折情境、挫折认知和挫折反应同时存在时，便构成了挫折心理。有时只有挫折认知和挫折反应这两个因素也会构成挫折心理。

经典故事 18-1

杯弓蛇影

晋朝人乐广曾经有一个亲密的朋友，分别很久不见再来，乐广问朋友不来的原因，友人回答说："前些日子来你家做客，承蒙你给我酒喝，正端起酒杯要喝酒的时候，看见杯中有一条蛇，心里十分害怕，喝了那杯酒后，就得了重病。"当时，乐广家厅堂的墙壁上挂着一张弓，弓上有一条用漆画的蛇。乐广猜想杯中的蛇就是弓的影子了。他在原来的地方再次请那位朋友饮酒，对朋友说道："酒杯中是否又看见了什么东西？"朋友回答说："所看到的跟上次一样。"于是乐广就告诉他其中的原因，客人心情豁然开朗，疑团突然解开，长久而严重的病顿时好了。

资料来源：笔者根据相关资料改编。

引起挫折的刺激是客观存在的，一般不受个人支配与控制，但是对于同样的刺激，是否会引起同样的反应却存在个体差异。就是说，人对于刺激情境是否会引起挫折反应还在于主体自己怎么去认识这种挫折情境。

18.1.2 挫折的分类

人的一生会遭受很多种挫折，按照挫折的程度、引起挫折的情境、挫折的现实性以及挫折的原因，将挫折分为以下四种类型。

1. 一般性挫折和严重性挫折

从挫折程度上，可以将挫折分为一般性挫折和严重性挫折。一般性挫折是指学习、工作、生活中遇到的日常挫折；严重性挫折是指对个体产生重要影响的挫折，这些挫折会引起强烈的情绪反应，并对人的整体生活产生重要影响。

2. 需要挫折和丧失挫折

从引起挫折的情景，可以将挫折分为需要挫折和丧失挫折。需要挫折是指个体的需要因某种原因无法实现而产生的挫折；丧失挫折是指个体丧失了自己原本拥有的东西时产生的挫折。

3. 实质性挫折和想象性挫折

从挫折的现实性上，可以将挫折分为实际性挫折和想象性挫折。实际性挫折是指产生挫折的情境是客观存在的，并为个体主观所感知；想象性挫折是指客观环境并不具备产生挫折的现实条件，而是因个体主观上认定此种情境将会有挫折出现。

4. 外部挫折和内部挫折

外部挫折是指由于自然或者社会等外部条件的限制，使人的某些需要和动机无法实现；内部挫折也称自我挫折，是指由于自己内部条件的限制或者自己的某些因素而使自己的某些需要和动机不能实现。

18.1.3 挫折的特性

1. 挫折心理的必然性

人的一生不可能一帆风顺，总会遇到困难和挫折。在我们成长过程中，只要有需求就一定有挫折，只是有人遭受的挫折大，有人遭受的挫折小而已。因此，客观世界的有限性和人需求的无限性之间总有矛盾和冲突，那么挫折的产生也是必然的。重要的是我们以什么态度对待挫折。

2. 挫折心理的普遍性

每一位高职学生都是在父母的期望中成长，都经历过学业的压力、老师的批评、家长的责骂、同学的摩擦，到了高职后又要迎接新的挑战，如人际困惑、就业压力等，这些问题无一不考验着莘莘学子，由此可见每位高职学生都会面临挫折，它是普遍存在的。

3. 挫折心理的差异性

由于每个人的成长经历、心理发展层次、知识结构、抱负水平和挫折承受力不同，对待挫折的态度也截然不同。面对相同的境遇，有人淡然处之，有人痛苦万分，有人百折不挠，有人时过境迁后还耿耿于怀。

总之，不同的挫折特性使我们感受不同的挫折心理，也决定了我们不同的人生色彩。对于高职学生而言，我们要认识到挫折往往也是一个机会，在挫折中不断地反思自己，不断地发现自我，在挫折中找到自己的优势和强项，进而找到解决问题、战胜挫折的有效途径。

18.2 挫折的心理看点

18.2.1 挫折的非认知理论

1. 挫折本能论

弗洛伊德认为，一切精神疾病的根源在于心理性欲望［或"力比多"（libido）］受到压抑或阻碍，即挫折。

2. 挫折的行为理论

美国心理学家阿姆塞尔（A. Amsel）提出了"挫折—奋进"理论，认为挫折是当前有机体在先体验到奖赏后又体验到无奖赏时出现的情况。

勒温（K. Lewin）认为，当个体的需要得不到满足时，就会产生挫折体验；马斯洛（A. H. Maslow）和罗杰斯（C. R. Rogers）提出了"自我实现"的需要受到压抑是挫折产生的根源的理论。

18.2.2 挫折的认知理论

美国临床心理学家艾里斯（A. Ellis）提出的挫折 ABC 理论，认为是否会产生挫折感及强度如何，主要取决于人们对挫折及其意义的认识（见图 18-1）。

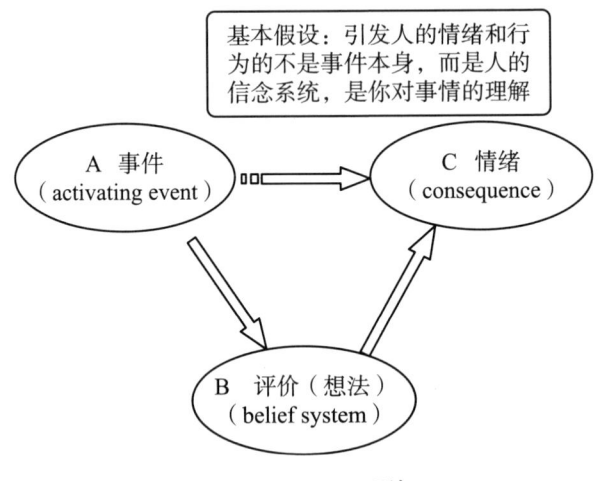

图 18-1 ABC 理论

体验活动 18-1

你和你特别喜欢的一位老师在教室走廊里相遇，你和老师打招呼，可是老师没有反应，这时你的感受是什么？并用艾里斯的 ABC 理论分析一下，你出现这种感受的原因是什么？

感受：_____

原因分析：_____

18.3 挫折因何而生

人们产生的任何心理挫折，都与其当时所处的情境有关。构成挫折情境的因素是多种多样的，分析起来主要有两大类：主观因素和客观因素。

18.3.1 主观因素

1. 生理因素

生理缺陷和疾病原因。首先，身材的胖瘦、面容的美丑、个子的高低，这些都是一个人最明显的固有特征。如果对此特别在意的人，因为自身这些缺陷而痛苦常常不能自拔时，很容易产生挫折心理。其次，有的高职学生身体素质偏弱，又缺乏锻炼，久而久之，抵御各种疾病的能力自然就差。对一个长期处于亚健康的人来说，抗挫能力当然低于正常人。

2. 心理因素

心理因素是引发挫折产生的重要原因，主要有个体认知、动机冲突等心理因素。

（1）个体的认知。

个体目标的制定、行动的执行、需要满足情况甚至是结果的判断和归因等直接制约着个体挫折感的产生与否。一个善于制定合理目标、思维缜密的个体与一个不善于制定目标的个体相比，产生挫折心理的可能性要更小些。把行动结果归因于外部不确定性因素的个体也更容易产生挫折。同时，高职学生正确合理的需要得不到满足，会产生压力和挫折感，如果这些是因为客观因素造成的，学生内心可以接受，正常情况下这种压力和挫折对学生的心理健康影响不大。但是有些挫折往往是由于学生不合理的需要造成的，如攀比、高消费、绝对平均等，这种心理如果得不到调适，将会严重影响学生的心理健康。

（2）心理冲突。

众所周知，自觉地确立目标，是人们行动成功的前提。所以我们在行动之前就应有明确的目标，并在此目标的指引下付诸行动，否则，当两种或两种以上不同方向的动机、欲望、目标和反应同时出现时，选择障碍会使人产生紧张情绪，并导致心理失衡。当个体在有目的的行为活动中，出现两个或两个以上动机时所产生的一矛盾心理状态被称为心理冲突。它是一种无法摆脱的内在心理困境，如果个体同时怀有两个动机而无法同时得到满足时则会形成此种困境，这是高职学生产生行为挫折的直接内在起因。心理冲突的类型有多种，下面的情形是最常遇到的：

常用的分类有勒温和米勒按冲突的形式分为四类：

双趋冲突——鱼与熊掌不可兼得。两件事物都有吸引力，都想趋之，但二者不可兼得，难以抉择。

双避冲突——左右两难。两件事都有排斥力，都力求避免，但必须择其一，难以决定。

趋避冲突——进退两难。两件事物各有利弊，难以抉择；目标冲突，两种方向相反、强度相似的需要；行动冲突，要达到目的可采取两种行动，各有利弊不知如何抉择；目标冲突，要达到最后需求，有不同目标，但又顾此失彼，不能抉择。

双重趋避冲突。这是双避冲突与双趋冲突的复合形式，也可能是两种趋避冲突的复合形式。即两个目标或情境对个体同时有利和有弊，面对这种情况，当事人往往陷入左右为难的痛苦取舍中，即双重趋避冲突。

18.3.2 客观因素

引起挫折的客观原因主要是社会因素，包括家庭因素、学校因素和社会环境因素等。

1. 家庭因素

家庭环境是伴随着一个人从小到大成长过程中不可分离的一部分，它对于一个人性格的塑造、兴趣爱好的影响、初期的人生观、世界观、价值观的形成及培养都有举足轻重的作用。

2. 学校因素

学校是社会的缩影，学校环境的好坏、学校组织和管理的优劣、学校对学生抗挫能力培养的重视程度等直接影响着学生世界观、人生观、价值观的正确与否，因此创造良好的校园整体环境对高职学生成长成才至关重要。

3. 社会因素

通常来说，良好的社会环境能为个体的成长提供良性的外部动力。相反，不良的社会环境则会给高职学生带来困扰。另外，近年来就业形势日加严峻，每年约700万高职学生毕业走出校门，"双向选择"对毕业生的综合素质要求更高，就业压力也随之逐渐加大。

18.4 求学路上的挫折

高职学生作为一个正在成长的群体，心理波动十分明显，对各种挫折的承受力也处于发展的过程中，有调查显示，高职学生在校期间的挫折主要来自学习、人际关系、失恋、择业等。

体验活动 18-2

一个人能够把挫折转变为财富，他就能够走向成功。这个转变是痛苦的，也是快乐的。下面静下心来，做两个练习，用心体会一下自己的内心感受：

回忆自己所经历过的挫折以及他们给你的人生带来的影响，从正面和负面两个方面来思考：

发生的时间	挫折经过	原因	负面影响	正面影响

想一想，挫折有哪些好处？运用发散思维，给出尽量多的结果。

例：挫折可以让我换个角度思考问题。

1. _____
2. _____
3. _____
4. _____

填写好后，小组讨论交流，小组代表发言。

1. 学业挫折

学业挫折几乎是挫折中最常遇到的。高职学生的学业挫折，主要表现在学科成绩不理想。有调查显示，高职学生由于对所学习专业缺乏兴趣，以及对教师教学方法难以适应，会产生尤为强烈的挫折感。

2. 人际关系挫折

人际交往对于高职学生而言是一项重要的社会需要。大家都希望获得更为广泛的人际交往，良好的人际关系是维系个人发展和社会需要的纽带。但是由于性格特点及处事习惯的差异，在人际交往中，往往难以达到理想的效果。

3. 恋爱挫折

由于生理成熟与心理未成熟之间的矛盾，部分学生在恋爱过程中由于沟通技能的欠缺、维持爱情的物质条件不具备等原因，也会遭遇恋爱挫折。

4. 择业挫折

随着高职学生就业形势越来越严峻，有的高职学生在就业压力下难以定位，盲目从众，因此找到比较理想的工作十分困难。很多高职学生因此产生很大的精神压力，而耐挫力较差的学生就会因此心灰意冷，甚至出现心理问题。

课 堂 实 践

18－1 心理测试

（1）在过去的一年中，你自认为遭受挫折的次数（　　　）。

A. 0～2次　　　　　　　B. 3～4次　　　　　　　C. 5次及以上

(2) 你每次遇到挫折（　　）。
A. 大部分都能自己解决　　B. 有一部分能解决　　C. 大部分解决不了

(3) 你对自己才华和能力的自信程度如何（　　）。
A. 十分自信　　　　　　B. 比较自信　　　　　C. 不太自信

(4) 你对问题经常采用的方法是（　　）。
A. 知难而进　　　　　　B. 找人帮助　　　　　C. 放弃目标

(5) 有非常令人担心的事时，你（　　）。
A. 无法工作　　　　　　B. 工作照常不误　　　C. 介于A、B之间

(6) 碰到讨厌的对手时，你（　　）。
A. 无法应付　　　　　　B. 应付自如　　　　　C. 介于A、B之间

(7) 面临失败时，你（　　）。
A. 破罐破摔　　　　　　B. 使失败转化为成功　C. 介于A、B之间

(8) 工作进展不快时，你（　　）。
A. 焦躁万分　　　　　　B. 冷静地想办法　　　C. 介于A、B之间

(9) 碰到难题时，你（　　）。
A. 失去自信　　　　　　B. 为解决问题而动脑筋　C. 介于A、B之间

(10) 工作中感到疲劳时（　　）。
A. 总是想着疲劳，脑子不好使了
B. 休息一段时间，就忘了疲劳
C. 介于A、B之间

(11) 工作条件恶劣时，你（　　）。
A. 无法工作　　　　　　B. 能克服困难干好工作　C. 介于A、B之间

(12) 产生自卑感时，你（　　）。
A. 不想再干工作
B. 立即振奋精神去干工作
C. 介于A、B之间

(13) 上级给了你很难完成的任务时，你会（　　）。
A. 顶回去了事　　　　　B. 千方百计干好　　　C. 介于A、B之间

(14) 困难落到自己头上时，你（　　）。
A. 厌恶之极　　　　　　B. 认为是个锻炼　　　C. 介于A、B之间

评分分析：

(1) ~ (4)题，选择A、B、C分别得2、1、0分；

(5) ~ (14)题，选择A、B、C分别得0、2、1分。

19分以上：说明你的抗挫折能力很强。

9~18分：说明你虽有一定的抗挫折能力，但对某些挫折的抵抗力薄弱。

8分及以下：说明你的抗挫折能力很弱。

项目19 自助与成长
——增强生命的弹性

案例导入

三只青蛙掉进了鲜奶桶中。

第一只青蛙说:"这是命。"于是它盘起后腿,一动不动地等待着死亡的来临。

第二只青蛙说:"这桶看来太深了,凭我的跳跃能力是不可能跳出去的。我今天死定了。"于是它沉入桶底淹死了。

第三只青蛙打量着四周说:"真是不幸,但我的后腿还有劲儿。我要找到垫脚的东西,跳出这可怕的桶!"

于是它一边划一边跳,慢慢地,奶在它的搅拌下变成了奶油块。在奶油块的支撑下,这只青蛙纵身一跃,终于跳出了奶桶。

资料来源:笔者根据相关资料改编。

案例解析:这则小故事中的三只青蛙是在困境面前的三种人三种截然不同的态度和处事方法的典型代表。第一只青蛙,完全将自己的生死托付给了命运,不做任何的努力和挣扎,静静等待着死神的降临;第二只青蛙,缺乏自信心,没有积极求生的勇气,最终摆脱不了死亡的命运;而第三只青蛙,意志坚定,自强不息,充分发挥主观能动性,在自己一次又一次的努力之下,终于脱离了险境。在每个人的人生道路上,我们会遇到无数次艰难和挫折,甚至是绝境,这些困难就好比是小故事中的鲜奶桶。如果某天,当你也不幸掉进了这个"鲜奶桶",你又会是哪一只青蛙呢?面对困境,你会……

19.1 挫折的心理反应

挫折是一把"双刃剑",它既能使人坚强,也能使人脆弱,有的高职学生能战胜和超越挫折,而有的却被挫折击垮。因此,高职学生遭遇挫折后的反应因人因事而有明显差异,主要表现有理智性反应和情绪性反应。

19.1.1 理智性反应

1. 坚持目标，持之以恒

坚定的目标是一个人前进的动力，坚强的意志和持久的恒心在一个人通往成功的大道上往往会起到事半功倍的效果，既然有目标就应该义无反顾地去坚持直至成功。

马丁·路德·金说："可以接受有限的失望，但是一定不要放弃无限的希望。"成功与失败最终取决于意志的较量。心理学研究也表明：凡有惊人成就的人，他们所表现出来的意志品质主要有自觉性、果断性、坚持性、自制性。由于完成目标一般需要相当长的时间，所以在走向成功的道路上对我们考验最多的就是坚持性。

2. 调整目标，继续前行

欧洲有句著名的格言："不容许修改的计划是坏计划。"外部世界纷扰多变，我们要想顺利地达到自己的目的，就必须随时审视自己的目标是否有偏差。在通常情况下，在通往成功的道路上布满了荆棘与坎坷，对于涉世未深、满怀激情的青年学生来说尤为如此。因此，这就要求青年学生不断总结失败的经验，分析原因，吸取教训，继续努力，只有这样才能较快地取得成功，到达理想的彼岸。

3. 改换目标，另辟蹊径

当我们遭受到挫折后，经过认真的分析，发现原来的目标和行为是错误的，或者目标无法实现，应当吸取教训，放弃它们，重新设置正确的切合实际的目标。对于成功者而言，这个世界根本就没有失败，只有暂时的不成功。这种修正、调整目标的原因，是为了实现目标，取得成功。

拓展阅读 19-1

小时候，他是一个贫穷鞋匠的儿子，母亲帮人洗衣服，因为家里穷，饱受别人的欺侮。

14岁时，父亲去世了。他就梦想自己能够成为一名著名歌唱家，这与他的身份极不相称，遭人嘲笑。

由于贫困和饥饿使得他重病缠身，毁掉了自己引以为豪的嗓音，使他的梦想破灭了。后来，他又从事剧本编写，但仍遭到拒绝，甚至众人谩骂他"没有知识的下层人""笨汉"，面对众人的打击，的确给他带来心理上的痛苦，但他不低头、不气馁，化压力为动力，从逆境中奋起。这位可怜的"丑小鸭"终于在他30岁时，声名大振，他就是世界著名的童话大师安徒生。

资料来源：笔者根据相关资料改编。

19.1.2 情绪性反应

生活中的高职学生总是在无时无刻不受到种种因素的影响,因而对于每个人来说,挫折和失败是在所难免的,对此的反应也是因人而异的。情绪性反应会加大个体心理的焦虑程度,甚至会导致更加严重的挫折伤害。主要表现为以下六种形式:

1. 攻击

案例 19-1

某一高职男生仪表堂堂,才学出众,家庭条件优越,他暗中爱恋着同班一个女生。一日在舞场上,他发现所暗恋的女生不接受他的跳舞邀请,却与另一男生跳舞时,感到自己受到奇耻大辱,不可自制。第二天在公共汽车站遇到那位男生时,他竟拔出水果刀猛刺对方。

攻击是受挫后的一种应激反应,即受挫者采取使他人受到伤害或痛苦的行为。攻击有直接攻击和间接攻击两种形式。直接攻击是受挫者将愤怒直接指向挫折源(人或事),表现为伤害他人或损坏物体。

间接攻击又称转向攻击。间接攻击多在以下情况下发生:一是个体缺乏自信心,受挫后悲观失望,于是把攻击对象指向自己,自我责骂,甚至自杀;二是挫折源不明显,找不到确定的攻击对象,从而把攻击目标指向不相关的人或物上,如指桑骂槐,声东击西地发无名火。

2. 焦虑

案例 19-2

某位来自山区的同学,读高中时因品学兼优,备受器重,满怀自信进入高职。上高职后发现班上同学大多来自城市,且家境优裕,知识面宽,多才多艺,自己则不免相形见绌,除了读书做作业外,在各种集体活动中,他的表现一无所长,不仅不被人重视,反而稍有不慎就受人奚落。渐渐地,他在集体活动中总感到惶惶不安,产生恐惧,不敢进食堂,不敢进课堂,十分焦虑。

焦虑不是真正遇到危险,而是无可名状地担心可能会遇到某种危险而产生的紧张和忧虑情绪。这种情绪多是在个体的强烈欲求遭到多次失败慢慢丧失了自信心以后出现的。

3. 冷漠

案例 19-3

某同学上中学时,长时间担任团总支、学生会主要干部,进高职后,发现周围同学大多数都有同样辉煌的经历。习惯性的自信心驱使他在新环境中为再现辉煌而奋斗。然而，努力一次又一次失败。起初，他把当了干部的学生当作攻击对象，处处发难，经常与集体行为抗衡，结果不但没有使自己摆脱困境，反而受到多数同学的冷落。面对众人的冷眼，他感到孤独和恐惧。在孤独和恐惧中，他从"为人莫当官，当官都一般"的古训中找到了分析问题的"方法论"，认为只有吹牛拍马的人才能当干部，当了干部的学生都是奴才相、"马屁精"，于是他从睥睨学生干部的行为中，求得自我心理平衡，于人于事冷漠相待。

冷漠反应的实质是个体受挫后心理上压抑与攻击之间冲突的表现，也可视为"消极的攻击"。受挫后，对挫折情境不关心，无动于衷。这是一种比攻击更为复杂的反应。冷漠反应通常是在个体长期遭受挫折后，既无法对挫折源进行直接攻击，又找不到适当的"替罪羊"进行间接攻击。

4. 固执

个体在经受多次挫折后，降低了判断是非和调整思想方法的能力，而采取刻板的方法盲目重复某种行为，这种现象就是固执。一些高职学生在遭受挫折后，往往不分析失败的原因，反而盲目地重复着导致其挫折的无效行为。例如，某同学因违反学校相关纪律而受到比较严厉地批评后，不仅不改过和收敛，且类似违反纪律的不良行为反复发生。

5. 逃避

案例 19 - 4

沙漠中的鸵鸟，敌人追赶逼迫在眼前，无法面对，把头埋于沙堆中，当作没这回事一样，逃避正是如此。这种现象在日常生活中也处处可见：一个成年人，当遇到困难无法对付时，便觉得自己身上的"病"加重了，需要休息，以此回到儿童时期被人照顾的生活中去，这就是无意识地使用心理防御的逃避机制；有一女学生，自从被班上同学嘲笑后，每当要上学时，就会肚子痛而无法上学。

逃避是高职学生受挫和预感受挫时表现出来的一种情绪性反应。在现实生活中，高职学生受挫或预感受挫，便逃避到自认为比较"安全"的情境中。逃避主要有三种表现方式：(1) 逃到另一"现实"中；(2) 逃向幻想世界；(3) 逃向疾病。

6. 压抑

案例 19 - 5

某学生因一时糊涂偷了寝室同学的几元钱，事后他羞愧难当，内疚不已，心理冲突所带来的痛苦时时折磨着他，可他又没有勇气向同学承认错误。过了一段时间，他似乎把这件不光彩的事忘了，内心恢复了平静。然而，这并不是真正遗忘，而是压抑在自己的潜意识里。以后遇到同学丢东西，他就害怕被怀疑，甚至在同学面前词不达意，举止失常，以致发展到怕见同学、怕见任何人，把自己封闭起来。

压抑的挫折反应在高职学生中比较常见。在我们的学习、生活中常常把不愉快的经历不知不觉地压抑在潜意识里，不去回忆，不再想起。但是这些被压抑的东西并没有消失，它在日常生活中往往不知不觉地影响着人们的心理和行为，并且一旦出现相近的情景，被压抑的东西就会冒出来，对个体造成更大的危害。它不仅影响个体的正常生活，而且会引起心理异常甚至心理疾病。

此外，文饰、退缩、退化、否认、曲解等也是个体受挫后容易出现的心理反应，其中，有些是本能的反应，有些是习得性反应。不论哪种反应，都是机体用以降低挫折的直接打击，缓解心理压力，维护心理平衡和生理平衡的自发性反应。

体验活动 19 - 1

当你遇见烦恼和痛苦的事情，如学习失利、人际关系处理不好、失恋或其他不顺心的事，你会怎么处理？测一测你的应对挫折水平。

请仔细阅读每一条，根据你的实际情况，在右侧相对应的字母上打"√"，A 表示常常这样；B 表示偶尔如此；C 表示没有或很少时间是这样。

1. 觉得自己没有办法解决这些困难	A	B	C
2. 能随机应变采取相应的措施去对付这些困难	A	B	C
3. 会很长时间情绪低落，陷入紧张或混乱的状态	A	B	C
4. 能冷静地分析原因，修改和调整方案	A	B	C
5. 尽管事情过去很长一段时间，心里还是有阴影	A	B	C
6. 向有经验的亲友、师长寻求解决问题的办法	A	B	C
7. 不知道该怎么办，常会依赖父母、朋友或同学来解决	A	B	C
8. 经常对自己说：这个困难是上天给我的锻炼机会	A	B	C
9. 常常幻想自己已经解决了面临的困难	A	B	C
10. 从有相同经历的人那里寻求安慰	A	B	C

评分与评价：

第 1、3、5、7、9 题，选 A 计 1 分，选 B 计 2 分，选 C 计 3 分；第 2、4、6、8、10 题，选 A 计 3 分，选 B 计 2 分，选 C 计 1 分。将 10 道题的得分相加即可得到你应对策略的得分。

得分在 20~30 分，说明你的挫折感较低，知道一些应对挫折的技巧；

得分在 10~19 分，说明你的挫折感适度，知道少许应对挫折的技巧；

得分在 0~9 分，说明你的挫折感较强，需要掌握一些应对挫折的技巧。

19.2 挫折的应对策略

拓展阅读 19-2

　　有一天某个农夫的一头驴子，不小心掉进一口枯井里，农夫绞尽脑汁想办法救出驴子，但几个小时过去了，驴子还在井里痛苦地哀号着。最后，这位农夫决定放弃，他想这头驴子年纪大了，不值得大费周章去把它救出来，不过无论如何，这口井还是得填起来。于是农夫便请来左邻右舍帮忙一起将井中的驴子埋了，以免除它的痛苦。农夫的邻居们人手一把铲子，开始将泥土铲进枯井中。当这头驴子了解到自己的处境时，刚开始哭得很凄惨。但出人意料的是，一会儿之后这头驴子就安静下来了。农夫好奇地探头往井底一看，出现在眼前的景象令他大吃一惊：当铲进井里的泥土落在驴子的背部时，驴子的反应令人称奇——它将泥土抖落在一旁，然后站到铲进的泥土堆上面！就这样，驴子将大家铲倒在它身上的泥土全数抖落在井底，然后再站上去。很快地，这只驴子便得意地上升到井口，然后在众人惊讶的表情中快步地跑开了！

　　心灵领悟：命运完全掌握在你手中，抱怨与嫉妒只会让你意志消沉，萎靡不振；信心和勇气才会让你成功。其实，人的一生就是不断地寻找、认识、完善自我的过程；每一次挫折，都能帮助我们找到自己独特的位置和价值。

　　资料来源：笔者根据相关资料改编。

　　在生命的旅程中，有时候我们难免会陷入"枯井"里，会被各式各样的"泥沙"倾倒在我们身上，而想要从这些"枯井"脱困的秘诀就是：将"泥沙"抖落掉，然后站到上面去！人生必须度过逆流才能走向更高的层次，最重要的是勇于直面难题。

19.2.1 端正认识，直面人生挫折

　　1. 正确认识挫折，要提高承受挫折的能力

　　挫折能提高人的认识水平。强者面对挫折和失败，不是手足无措、被动等待，而是积极总结经验，反思自己的认识过程，找出不足及时采取补救措施。

　　挫折能增强个体的承受力。一次次挫折及其应对措施，日积月累，奠定了以后他面对挫折的策略及心理准备。这种预期可以大大降低挫折的程度，而提高对挫折的耐受力。

　　挫折能激发人的活力。挫折是一种内驱力，生活中的强者往往为挫折所激发出强大的身心力量。虽身处逆境，却百折不挠，投入更大的时间和精力，发奋努力，终于实现了自己的愿望。

　　正确认识挫折，建立一个正确的挫折观，是提高挫折承受能力的前提条件。在现实生活中，考试不理想、人际关系困难、生活不适应等挫折几乎每个人都曾遇到过。有的人总认为生活中的挫折、困境、失败都是消极、可怕的，受挫后往往悲观抑郁，甚至丧失了生活的勇气。事实上，挫折并不都是坏事，处理得好的话，它也可以成为自强不

息、奋起拼搏、争取成功的动力和精神催化剂。

2. 改变不合理观念

心理学研究表明，引起强烈挫折感的与其说是挫折、冲突，不如说是受挫者对所受挫折的看法，以及所采取的态度。常见的不合理观念有：

（1）绝对化的要求。

它是指人们从自己的意愿出发，对某一事物持有必定怎样的不合理想法，常常带有"必须"和"应该"的特点。这种必须和应该又表现为三个方面：

一是"我必须""我应该"。是人们对自己提出的难以实现的目标，是过于追求完美和苛求自己的表现。

二是"你（他）必须""你（他）应该"。是人们对他人提出的绝对化要求，是苛求他人、控制他人的表现，也是自我中心和高傲自大的一种倾向。

三是"事情必须""事情应该"。是人们强求客观现实服从主观愿望。当客观现实违背主观愿望时，就会感到难以适应，难以接受，从而极易陷入情绪困扰之中。

（2）过分概括化。

它指个体根据一件或很少几件事情就武断地得出关于个人能力或价值的普遍性结论，并将其应用到其他情境之中。这种思维方式主要表现在两个方面：

一是个体对自身的片面认识和评价。有的人往往以自己做的某一件事或某几件事的后果来评价自己整个人，断定自身的价值，其结果常会导致自负或自卑等消极心理，产生相应的不良行为。

二是对他人的片面认识与评价。例如，当别人稍有过失或不合自己的意愿时就愤怒地认为其"一无是处"，从而导致一味地指责等。

（3）糟糕至极。

这种不合理信念认为一件不如意的事情发生了，必定会非常可怕、非常糟糕、非常不幸，将事情想象为"灭顶之灾""大难临头"，从而消极地预测未来而不考虑其他可能的结果。只有改变不良的认知方式、纠正错误的观念，才能实事求是地评价挫折带来的后果，从困难中看到希望。

3. 让榜样的力量来激励自己

当一个人有坚定的信念，有积极的行动，并对未来的自己有一个期待，能通过成功的画面去激励自己的行为，那么这个人面对困难时将会有无比的勇气。因为他能看到克服困难后的曙光。以这样的人为榜样，有意识地观察学习这种人的处世态度、反应模式和应对挫折的心态与模式，有利于激发潜能，获得成功。

体验活动 19-2

找出3个自己最羡慕、最敬仰的人，了解他们的经历，包括曾遇到过哪些挫折，付出过什么样的代价，是怎样从挫折中突破自己的。

_____

_____

4. 用行动的力量来克服困难

从心理发展的角度看，积极主动地适应，勇敢顽强地拼搏，反复不懈地磨炼，会使心理更趋成熟，增强承受挫折、化解冲突的能力，促进心理朝着健康、向上的方向发展。当我们遇到困难，选择积极应对，比选择消极逃避，所能获得的成功概率大很多。在挫折中成长，在挫折中接受教育。

习近平总书记指出："历史是最好的教科书，也是最好的清醒剂。通过'四史'学习，广大学生可以在学习历史中观成败、鉴是非、知兴替、明规律，厚植对马克思主义的信仰、坚定对中国特色社会主义的信念、增强实现中华民族伟大复兴中国梦的信心，做到信仰如山、信念如铁、信心如磐，积攒前行的精神力量。"

"以史为鉴"要求科学对待挫折，用行动克服挫折。一方面，历史的道路从来都不是笔直的，而是曲折的，对于个人而言也是如此。另一方面，看一个政党在政治上是不是高明，不在于是不是不犯错误，而是在于能不能科学地对待问题，能不能找到从错误走向正确、从挫折走向成功的道路。每一位高职学生也会在成长路上遇到困难和挫折，需要以积极的态度、用主动的行动面对它、解决它。

19.2.2 合理运用心理防御机制

在现实生活中，心理防御机制普遍存在。值得注意的是，心理防御机制不仅本身具有积极作用和消极作用之分，而且不同的人使用时也呈现出不同的效果。一般来说，心理正常、人格健全的人，在使用心理防御机制时，倾向于积极、成熟的方式，而且可根据不同的挫折情景灵活运用。积极的心理防御机制能够使主体在遭受困难与挫折后减轻或免除精神压力，恢复心理平衡，甚至激发主体的主观能动性，激励主体以顽强的毅力克服困难，战胜挫折。高职学生在面对挫折时，经常用到的积极心理防御机制有：

1. 认同（identification）

认同又叫"自居作用"，是一个人在遭遇挫折时，自觉地效仿他人的优良品质并获得成功的经验和方法，使自己的思想、信仰、目标和言行更适合环境、社会的要求，从而在主观上增强获得成功的信念与勇气。

2. 升华（sublimation）

它是指一个人因种种原因无法实现预定目标，或者个人的动机与行为不为社会所接受时，用另一种比较崇高的、具有创造性和建设性的、有社会价值的目标来代替，借此弥补因受到挫折而失去的自尊与自信，减轻挫折所造成的痛苦。

拓展阅读 19-3

当个体期望的目标无法实现的时候，把精力更多地转移到另一更有价值的事业上去，这就是升华。弗洛伊德认为，人内心不合理的冲动可以转化为社会所能接受的正当方式表现出来。升华是一种最有建设的、积极的行为反应，它曾经在历史上演绎出了绵绵佳话：古之文王因羁押而推演《周易》，孔子厄运中编《春秋》，屈原放逐后创作

《离骚》，左丘明失明后写出《国语》，司马迁因受辱著《史记》等。

3. 补偿（compensation）

案例 19-6

某高职学生数学成绩欠佳，于是便着力使外语水平名列前茅；某高职学生恋爱失败了，便用功学习，用好的成绩来补偿失恋的痛苦等。上述高职学生由于补偿，相应地减轻了消极情绪的压力。

在社会生活中，由于主客观条件的限制和障碍，使个人的某一个目标无法实现时，行为主体往往以新的目标代替原有目标，从而以现实取得的成功体验去弥补原有失败的痛苦，这就是人们受挫后补偿的行为反应，也就是人们常说的"失之东隅，收之桑榆"。

应该注意的是，补偿的行为反应并非都有积极意义。由于个体要实现的目标有高尚与庸俗之分，挫折后对补偿的选择也有进取和沉沦之别，因而决定了补偿有积极与消极之分。如果补偿选择的目标和活动符合社会规范和人的发展需要，这时的补偿反应是积极的、有益的。

4. 幽默（humor）

案例 19-7

有一次，大哲学家苏格拉底和客人谈话时，庸俗凶悍的桑斯佩为了一点小事大发脾气，对丈夫苏格拉底破口大骂。然后，又将一盆脏水浇到大哲学家的头上，水从头直泻全身，苏格拉底顿时成了"落汤鸡"，但他不仅没有生气，而且还幽默地说："我早知道雷声之后，必有大雨。"本来很难堪的场面，因苏格拉底的幽默被化解了。

资料来源：笔者根据相关资料改编。

当处境困难或尴尬时，人格比较成熟、心理修养较高的高职学生，往往以幽默来化险为夷，在无伤大雅的情形下，传达意图，处理问题，把原本困难的情况转变过来，大事化小，小事化了，摆脱困境，维护自己的心理平衡，渡过难关。幽默是值得称道的一种对付挫折的积极行为反应。

知识窗 19-1

合理化心理防御机制

合理化（rationalization），又称文饰作用。是个体无意识地用似乎合理的解释来为难以接受的情感、行为、动机辩护，以使其可以接受。事实上，在人生的不同遭遇中，除了面对错误外，当我们遇到无法接受的挫折时，短暂地采用这种方法以减除内心的痛苦，避免心灵的崩溃，并无可厚非；不过，个人如常使用此机制，借各种托词以维护自尊，则不免有文过饰非、欺骗别人也欺骗自己之嫌，终非解决问题之道。一般地，"合理化"可分为三种方式：

1. 酸葡萄（sour grapes）

当自己所追求的东西因自己能力不够而无法取得时，就加以贬抑和打击，称为酸葡萄。此机制是引申自伊索寓言里的一段故事：从前有一只狐狸走进葡萄园中，看到架上长满了成熟的葡萄，它想吃，但因架子太高，跳了数次都摘不到，而无法吃到葡萄，它就说那些葡萄是酸的，它不想吃了。

2. 甜柠檬（sweet lemon）

心理学把个体所追求的目标受到阻碍而无法实现时，为了保护自己的价值不受外界威胁，维护心理的平衡，当事人会强调自己既得的利益，淡化原来目标的结果，以减轻失望和痛苦。这种心理反应被称为"甜柠檬心理"。上述伊索寓言里所说的那只狐狸，后来走到柠檬树旁，因肚子饿了，就摘柠檬充饥，而且边吃边说柠檬是甜的，其实柠檬味道是酸涩的。当面对生活中不如意时，有时我们也会努力去强调事情美好的一面，以减少内心的失望和痛苦。例如，娶了姿色平平的妻子，说她有内在美；嫁给木讷寡言的丈夫，说他忠厚老实；孩子资质平庸，说他"傻人有傻福"。

3. 推诿（projection）

此种自卫机制是指将个人的缺点或失败，推诿于其他理由，找人担待其过错，拒绝承担责任。例如，学生考试失败，不愿承认是自己准备不足，而说老师教得不好、老师评卷不公或说考题超出范围；战败的将军不愿承认战败是因自己策略运用错误，而说是"天亡我也，非战之过"。打人说是自卫；喜欢应酬、饮酒作乐，说是为了生意或工作。

19.2.3 培养良好的耐挫力

1. 坦然面对，积极解决

有些挫折已经产生，就无法消除或者短期内无法改变，那么就应学会坦然地面对挫折。一方面通过自我调节和寻求他人帮助来减轻挫折所引起的痛苦；另一方面应积极寻求应对挫折的办法，使自己走出心理挫折的阴影。

案例 19-8

贝多芬小时失聪，长大后又失明。只能通过谈话册与人交谈。他在这种情况下，还创作了《第九交响曲》。正是他坦然面对挫折，才有了这么震撼人心的交响曲。

2. 善于争取，敢于抗争

案例 19-9

湖南怀化学院高职学生洪战辉，在家庭屡遭变故、生活艰辛的情况下，12 年来克服种种困难，把一个和自己没有血缘关系的弃婴一手养大。艰难困苦并没有压弯他稚嫩的脊梁，反而砥砺他乐观坚强地面对生活，不但自己考上了高职，还靠做小生意和打零工赚来的钱供"捡来"的妹妹读书。尽管生活很拮据，但他却从来没有申请过特困补助，还自己拿钱资助其他困难同学。他怀着一颗朴实而善良的心，顽强地学习和生活，真诚地关爱社会，呵护家人，自强自立，勇于进取。

资料来源：笔者根据相关资料改编。

挫折将限制人的意志的自由性，因此争取自己的合理权利，摆脱一些不合理的束缚，或者与不利的环境条件抗争，这也是人本主义心理学所一贯倡导和主张的立场。面对各种挫折，高职学生需要具有同命运抗争的勇气和精神，自觉改善自身发展的环境条件。

3. 创设磨难，积累经验

案例 19 - 10

中国人民大学财政金融学院博士研究生路蒙佳，因得了神经源性肌无力症只能坐在轮椅上"行走"，身体上的缺陷注定她每取得一点成绩，都要比常人付出更多的汗水和艰辛。为了坚持上完每一节课，她绑上带钢板的特质护腰支撑着不堪重负的腰部。7年间，无论烈日当头还是大雨倾盆，无论寒风凛冽还是大雪纷飞，她都坚持上课。以优异成绩完成了大学和硕士研究生学业，以惊人的毅力攻读博士学位。

"保留对生活微笑的权利，这是我享受青春的方式。"路蒙佳常常这样激励自己，她以顽强的毅力战胜挫折，用爱心和快乐感动着同学、老师及社会。

生活就像海洋，若意志坚强就能到达彼岸，坚强的意志可以通过自找苦吃、参加社会实践、现场体验等办法来培养。

资料来源：笔者根据相关资料改编。

日本学者田口英子研究了168位科学家发现：优秀的意志品质是帮助他们走向人生巅峰的关键因素。意志坚强的人挫折承受力较高，在挫折面前我们要主动磨炼意志。西方社会有一种专门为生活在优裕环境中的青少年开设的"磨难教育"，即创设一定的挫折情境，在克服各种艰难困苦中学会生存，锻炼意志和耐力，锻炼吃苦精神和合作精神，提高他们的挫折承受力。

4. 激励潜能、独立自救

独立自救是生命中最闪光的品性，这已经被很多事例所证明。面对挫折的打击，有的人一蹶不振，有的人则激发潜能，自己拯救自己——前者没有看到自己的潜能，后者则充分地汲取了潜能的力量。有时，我们在挫折的伤痛中忽视了自己的潜能和改正错误的勇气，一味地等待外力的帮助，这就等于放弃了自己对自己承担的责任和义务。

拓展阅读 19－4

"马蝇效应"

没有马蝇叮咬，马慢慢腾腾，走走停停；有马蝇叮咬，马不敢怠慢，跑得飞快。"马蝇效应"给我们的启示是：一个人只有被叮着咬着，他才不敢松懈，才会努力拼搏，不断进步。

为什么再懒惰的马受到马蝇叮咬时，都会精神抖擞，飞快奔跑？据分析主要是出于以下两个方面的原因。

（1）外界环境的变化会影响个体的行为：一匹很安逸的马，突然被马蝇叮咬而产生的疼痛感，将直接刺激马对此做出反应——如何摆脱"疼痛感"？

（2）明确的目标会激励我们更好地投入工作：马儿的目标很明确，就是要摆脱"疼痛感"，因此它会精神抖擞，飞快奔跑。

资料来源：笔者根据相关资料改编。

19.2.4 掌握一些具体的有效方法

正确运用具体的应对方法是抵御挫折的关键。下面介绍几种应对挫折的心理调节方法。

1. 自我暗示法

自我暗示是一个人用含蓄、间接的方式，对自己的心理和行为产生影响的一种作用。当我们遭遇挫折，受到沉重的打击时，当心灰意冷时，适当运用积极的心理暗示来增强信心就能从内心给予自己新的动力与支持。

拓展阅读 19－5

罗森塔尔效应

罗森塔尔效应又称皮格马利翁效应（Pygmalion effect），由美国著名心理学家罗森塔尔和雅各布森在小学教学上予以验证提出。美国心理学家罗森塔尔考查某校，随意从每班抽 3 名学生共 18 人写在一张表格上，交给校长，极为认真地说："这 18 名学生经过科学测定全都是智商型人才。"事过半年，罗森又来到该校，发现这 18 名学生的确超过一般，长进很大，再后来这 18 人全都在不同的岗位上干出了非凡的成绩。显然，罗森塔尔的"权威性谎言"发生了作用，因为这个谎言对教师产生了暗示，左右了教师对名单上学生的能力的评价；而教师又将自己的这一心理活动通过情绪、语言和行为传染给了学生，使他们强烈地感受到来自教师的热爱和期望，变得更加自尊、自信和自强，从而使各方面得到了异乎寻常的进步。这一效应就是期望心理中的共鸣现象。暗示在本质上，是人的情感和观念，会不同程度地受到别人下意识的影响。人们会不自觉地接受自己喜欢、钦佩、信任和崇拜的人的影响和暗示。而这种暗示，正是让你梦想成真的基石之一……

资料来源：笔者根据相关资料改编。

2. 信念改变想法

信念改变法就是用一些肯定的叙述来代替对自己的否定性对话，用积极的句子来代表你内心的一种真实愿望，让它把你所希望的东西带进自己的生活。有意识地进行积极、肯定的自我叙述性训练，可以在潜移默化中慢慢改变自己的信念系统，让你能够以更加坚定的信念和更为坚强的意志去面对周围的困难。训练刚开始时，就好像是在和过去的"你"作顽强的对抗，深深体会改变的困难，慢慢来，坚持下去，信念就会改变。以下这些"克服自挫行为和阻力的肯定句"可供参考。

拓展阅读 19-6

克服自挫行为和阻力的肯定句

- 即使成长和改变必须面对一些自己内心的痛苦，成长和改变也是令人兴奋的。
- 我的改变都很容易做到。
- 当一扇门关闭了，必定会有另一扇门开启。
- 当原有的好处对我不再有益时，我愿意放弃。
- 我愿意坦诚面对自己的言行，并说："我不想再那么做了。"
- 我愿意改变。
- 我不受过去限制的困扰。
- 我不受拘束地向前迈进。
- 我愿意抛开改变的阻力。
- 我愿意做一个值得人尊重的人。
- 我配得上生活中最美好的部分，现在我仁慈地允许自己接受它。
- 当我建立自我价值的感觉时，我不再需要把好事情推开。
- 我愿意抛开存在于我心中的模式，那种造成自挫的模式。
- 我越爱自己，就越容易避免自我摧毁的行为。
- 我战胜了否定、自挫的想法。
- 我准备好要拥有梦想的生活。
- 我不断成长，不断改变，并持续在进步。
- 我把自己看成赢家，事事都会成功。
- 我有能力改变。
- 我有能力一步步改善自己的生活，将来也会继续下去。
- 我忘掉过去，为将来开路。

- 我感激自己生活中所有的改变和成长。

3. 正确归因法

所谓归因，就是指人们对他人或自己的所作所为进行分析，指出其性质或推论其原因的过程。也就是把他人或自己行为的原因加以解释和推论。在一般情况下，失败由客观因素（包括任务、难度、机遇）和主观因素（人的能力与努力）造成。人们把失败归因于何种因素，对以后的活动、积极性有很大影响：把失败归因于主观因素，会使人感到内疚和无助；把失败归因于客观因素，会产生气愤与敌意。这两种习惯性归因，不可能找出造成挫折的真实原因，无助于战胜挫折。

拓展阅读 19-7

美国的心理学家曾做过一次实验，研究飓风给美国南部造成的人员伤亡情况。一般认为，飓风造成的破坏情况是由多种外在的、人们不可控制的因素决定的，如风力的强度、飓风发生的次数、建筑物的结构、天气预报情况等。但有一个非常重要、却经常为人所忽视的因素，这就是人的因素。心理学家用测验测量了中北部的伊利诺伊州和南部的阿拉巴马州，伊利诺伊州的居民不太相信个人的命运掌握在上帝手里，认为运气不太重要，个人的努力对于改变命运是最重要的。而亚拉巴马州的居民大多虔信上帝，认为上帝是个人命运的主宰者，运气对于成功是最重要的。两州居民对于命运的不同态度决定了他们对飓风采取了不同防范措施，造成的结果也截然不同。

由于伊利诺伊州的居民相信自己主宰命运，因此，他们在飓风面前积极进取，主动迎击，及时决策，减少损失；而亚拉巴马州的居民消极无为，坐以待毙，乞求上天，悲观绝望，结果他们的损失明显大于伊利诺伊州。

4. 合理宣泄法

人在受挫后，难免心理上产生焦虑、愤怒等消极情绪，如得不到妥善地化解，还可能表现出攻击、轻生等种种消极的行为反应，对社会和高职学生个体都会带来不良的后果。故采取合乎社会规范的方式宣泄受挫后的紧张心理，恢复心理平衡，对我们每一个人都是十分必要的。

（1）自我疏导。自我疏导是高职学生在受挫后，主动地与老师、同学、朋友进行倾诉，消除紧张心理，恢复心理平衡的一种简单且十分有效的宣泄方式。

（2）痛哭。如果受挫后的悲痛情绪无法及时向他人进行有效的倾诉，也可采用情绪宣泄的方式，选择一个适当的场合痛痛快快地大哭一场，把心中所有的郁闷与悲伤彻底倾泻出去。痛哭使身上的负面情绪畅快淋漓地宣泄出来，同时流出的眼泪亦把情绪紧张或悲伤时体内产生的某些化学物质排除了体外。

（3）运动宣泄。运动宣泄是值得提倡的一种良好的宣泄方式。激烈的体育运动，是受挫后"攻击"行为方式的"合理化"，或"攻击"行为方式的一种替代方式。体育运动可以使人增大呼吸量，加速新陈代谢，调节大脑神经活动，直接接触自然环境和社会环境，加强人际交往，从而有助于我们消除悲观、失望的消极情绪，调动自己的积极情绪。

体验活动 19-3

在挫折中站立

操作方法：开始时，大家都处在"蛋"的状态。然后，每两人一组，进行猜拳，赢的升为"小鸡"，输的继续在蛋的状态。接着赢了的队员再两两一组，进行猜拳，赢了的升为小鸟，输了的回到蛋的状态，和同样处在蛋状态的队员猜拳。以此类推，直到连赢五次，经历完从蛋—小鸡—小鸟—猴—人的"五步曲"，才算胜利。

这个游戏内容简洁、规则方法都很简单，但却意味深长。如果把人生比作五步的话，我们开始都是平等的"蛋"，但一轮过去了，赢的长成小鸡，输的仍然是蛋。在游戏中最郁闷的莫过于在猴变人那一关被打回蛋。因为只差一步就成功了，到最后却又得从头再来，真有种前功尽弃的感觉。然而，差别出现了，有的人放弃了，有的人却心不甘，继续"抗战"。

心理导语：

这个游戏正象征着人生的曲折、坎坷。我们正是在不断的挫折中成长、进步。人力，却不得不从头再来时，你是否依然有勇气？

命运完全掌握在你手中，抱怨与嫉妒只会让你意志消沉，萎靡不振；信心和勇气才会让你成功。

其实，人的一生就是不断地寻找、认识、完善自我的过程。每一次挫折，都能帮助我们找到自己独特的位置和价值。

5. 注意转移法

面对挫折，适度转移注意力，自我增加良性压力，可以有效改善自己的心境。比如可以通过从事集邮、写作、书法、美术、音乐等趣味活动来调试自己的心情，缓解苦恼带来的种种压抑，随着时间的推移，沮丧也就渐渐淡忘了。

6. 社会求助法

当我们对挫折的应对确实感到力不从心时，应积极寻求社会支持。学会积极寻求并汲取社会力量的他助，有利于帮助受挫者改善心态，调整行为，缓解挫折的压力与打击。在现代社会，心理咨询就是一种较为常见的寻求社会支持的有效方式，它也是受挫的高职学生克服消极、悲观情绪，宣泄紧张心理，解除心理困惑，取得心理平衡的重要途径。

课堂实践

19-1 身边的故事

海南师范大学学生张九精,自幼家境贫寒,初三时,母亲在一次火车事故中不幸遇难,从此与父亲相依为命。大一下学期,是他父亲糖尿病最严重的时候。每次打电话时,无论张九精怎么大声在喊,他父亲在电话那边什么也听不见。在和父亲的通话中,张九精强烈地感觉到:无论从精神上还是身体上,父亲的情况都非常糟糕,张九精心疼得落泪了(资料来源:陈辑.感恩青年张九精[N].海南日报,2006.)。

想一想:

若你是张九精会怎么想,怎么做?

A. 天啊,世界太不公平了,为什么受伤的总是我。

B. 人有旦夕祸福,生病是无法避免的,我可以打工挣钱养活父亲和自己。

C. 父亲病得那么严重,我怎么办呢?我担心死了,一点办法都没有。

D. 父亲从小教育我要坚强,我相信自己可以应对生活中的磨难。

张九精是怎么做的?

张九精把糖尿病严重的父亲接到学校一起过,为了解决两个人的基本生活费,走上了艰辛的勤工俭学之路,做过电器促销、床上用品促销、文具促销、家教等。他热心帮助同学,讲诚信的事迹感动了校园。他从不怨天尤人,不抱怨命运的不公,凭着坚强、勇气、自信,一路走过来,走出了不平凡的足迹,走出了不一样的精彩。

张九精说:"经济贫困算不了什么,但千万不要思想贫困!只要你敢于面对困难,你就一定是胜者!"是的,每个有所作为的人,必然曾经历种种痛苦、磨难、挫折。能够承受挫折的打击,保持正常的心理活动,是良好社会适应能力和心理健康的标志,也是成才的关键。

领悟:

人的一生中,最大的考验莫过于闯过挫折和失败的关口。挫折耐受力较低的人不能经受挫折的打击。挫折的承受力是后天习得的,培养挫折的耐受力,掌握一定的挫折应对的策略有助于心理健康,有助于成长。

19-2 反思体验

请阅读下面的材料,并思考问题:

三种情景,三个结果,你想到了什么?

一只鸡蛋落在地上，它悲伤地哭道："我完了，我这只倒霉蛋。"接着就粉身碎骨，壮烈"牺牲"了。

　　一块石头落在地上，它愤怒地大叫："谁敢跟我作对？你硬，我比你更硬！"它把地面砸了一个坑，但它永远待在那个坑里出不来了，它气急败坏，但无能为力。

　　一只皮球落在地上，它轻巧地换了一个姿势，在地上打了一个滚，就又蹦蹦跳跳地走了。

项目20　历练与考验
——成就精彩的人生

案例导入

老船长的"压力效应"

有一位经验丰富的老船长,当他的货轮卸货后,在浩瀚的大海上返航时,突然遭遇到了可怕的风暴。水手们惊慌失措,老船长果断地命令水手们立刻打开货舱,往里面灌水。"船长是不是疯了?往船舱里灌水,只会增加船的压力使船下沉,这不是自寻死路吗?"一个年轻水手嘟囔着。看着船长严厉的脸色,水手们还是照做了。随着货舱里面的水位越升越高,船随着一寸一寸地下沉,依旧猛烈的狂风巨浪对船的威胁却一点一点地减少,货轮渐渐平稳了。船长望着松了一口气的水手们说:"百万吨的巨轮很少有被打翻的,被打翻的常常是自身很轻的小船。船在负重的时候是最安全的;空船时,则是最危险的。当然这种负重是要根据船的承载能力界定的,适当的压力可以抵挡暴风骤雨的侵袭;但如果是船不能承受之重,它就会如你们担心的那样,消失在海面。"

这就是"压力效应"。那些得过且过没有一点压力的人,像暴风骤雨中没有载货的船,往往一场人生的狂风巨浪便会把他们打翻;而那些负荷过重的人,却大多不是被风浪击倒,而是沉寂于忙碌的生活中。正因在压力之下,个体才能够坚强地成长;也正是在迈过压力之后,人们才能发现人生的魅力所在。

20.1　成长需要压力

20.1.1　压力的定义

压力是指人们在社会适应过程中,对各种刺激做出的生理和行为反应时所产生的一种紧张的心理体验和感受。

（1）压力是一种心理感受和体验。压力是心理失衡的结果，来源于内心冲突。

（2）压力是压力源作用的结果。压力虽然是一种体验，但离不开客观刺激——压力源。就高职学生而言，诸如生活费超支、即将到来的期末考试、毕业后的就业问题等，都可以成为其压力源。

（3）压力反应与主观评价。压力并不直接导致我们的感受和体验，而我们对压力的认识反应或主观评价，决定了我们的感受和体验。

20.1.2 压力的身心反应与作用

1. 压力的身心反应

（1）压力的生理反应。每天生活中的环境和事件都会引起某类或某种程度的压力，当遇到一个压力源时，你的全身都会做出反应。生理上的反应表现在肌肉、胃肠系统、大脑、心血管系统以及皮肤上，这些反应干扰了你正常的身体平衡，但是它们的目的是帮助你有效地对付那些压力源。有益的压力，它能够给人以成功感或振奋感，这些使人愉快的并能有效地帮助人们的生活。有害的压力使人感到无助、灰心、失望，而且它还能引起身体和心理上的损害。长期处于有害压力的情况下，人们将会出现不同程度的病变，如胃溃疡、高血压和心脏病等；甚至造成免疫功能低下而出现感染性疾病，如心血管系统等。

（2）压力的心理反应。在压力情境下，个体的感知功能被激活，注意力集中，记忆力增强，思维也变得活跃。个体的认知反应既有积极的一面，也具有消极的作用。积极的一面是认知活动增强，有利于应对压力情境，迎接威胁与挑战。但也可能产生诸如"灾难化"消极认知反应，即对负性压力源的潜在后果估计得过分严重。消极认知反应还包括自我评价降低，使得个体的自主感和自信心丧失。例如，一个长期得到师生称赞的学生，突然面对一次考试失利，很可能就会一蹶不振，变得怀疑自己。人们遇到压力时，在心理方面可能出现：焦虑、紧张、担心、悲痛、绝望、性情暴躁、沮丧、冷漠、做噩梦、失眠、退缩和忧郁，个别人会体会到孤独感和疏远感、注意力分散、情绪过敏和反应过敏等。

（3）压力的行为反应。压力条件下的行为反应，与心理和情绪反应密切相关，也可以将其视为心理和生理过程的外显反应。行为反应主要涉及面部表情、目光、身姿和动作，也包括声调、音高、语速和节奏等线索。当压力超过当事人承受能力的时候，个体的行为反应可能会显得惊慌失措，以致身体的协调能力和灵活性下降，动作刻板，或运动性不安，捶胸顿足；或运动减少而呆滞木僵。

（4）压力的反应阶段。加拿大生理心理学家汉斯·赛利以白鼠为对象进行了多次关于压力时间长短与身体反应关系的实验，实验结果表明，身体对长期压力的整个适应反应过程分三个阶段：

①警觉反应阶段。在这个阶段里，压力刚刚产生，个体会感到情绪震撼，体温与血压下降，肌肉松弛，明显缺乏适应能力。紧接着又会产生类似上述应激反应里的状况，

全身生理能力增强。

②抗拒阶段。这个时候生理功能大致恢复正常，但各项指标仍在较平常高的位置，这表示个人已经能适应压力下的艰苦环境。

但是如果压力持续不减，就会导致第三阶段的出现。

③衰竭阶段。到了此阶段，适应能力会丧失，精疲力竭，整个生理陷入崩溃状态，甚至导致死亡。

2. 压力的作用

体验活动 20-1

杯水千斤

让同学们用手拿住一整杯水，并初步估计这杯水的重量，然后在端住一分钟、五分钟、十分钟后再分别估计这杯水的重量，记录每位同学能够坚持的最长时间是多少。

实验完毕，请同学们分享感受。

其实具体多重并非关键，关键在于你举杯子的时间。同一个杯子，举的时间越长，它会变得越重。倘若我们总是将压力扛在肩上，压力就像水杯一样，会变得越来越重。早晚有一天，我们将不堪重负。正确的做法是，放下水杯，休息一下，以便再次举起它。这让我们有时间焕发精神，挑战压力。

压力似乎总在消耗我们的精力，带给我们无限的烦恼和不断升级的紧张情绪，那么，如果我们生活中没有压力的存在，是不是就很美好了呢？

知识窗 20-1

感觉剥夺实验

感觉剥夺是指将志愿者和外界环境刺激高度隔绝的特殊状态。研究人员让志愿者安静地躺在实验室里一张舒适的床上，两只手戴上手套，并进行固定，使其不能活动；室内非常安静，听不到一点声音；一片漆黑，看不见任何东西。吃喝都由研究人员事先安排好，志愿者不用移动就可完成吃喝。总之，来自外界的刺激几乎都被"剥夺"了。

实验开始时，这些志愿者还能安静地睡着，但稍后，他们就开始失眠，不耐烦，急切地寻找刺激。他们唱歌，吹口哨，并自言自语，试图挪动两只手套，或者用手在手套里四处摸索。换句话说，志愿者变得焦躁不安，老想活动，觉得很不舒服。受试者在感觉剥夺试验七天后，出现了经典的病理心理现象：①出现错觉、幻觉，感知综合障碍及继发性情绪行为障碍；②对刺激过敏，紧张焦虑，情绪不稳；③思维迟钝；④暗示性增高；⑤体诉多，各种神经症症状出现。另外，美国心理学者的"感觉剥夺试验"，也说明一个人在被剥夺感觉后，会产生难以忍受的痛苦，各种心理功能将受到不同程度的损伤，经过一天以上的时间才能逐渐恢复正常。

资料来源：笔者根据相关资料改编。

人们日常生活中，漫不经心地接受各种刺激，以及由此而形成的各种感觉是很重要的。同时，大脑的发育、人的成长成熟是建立在与外界环境广泛接触基础之上的。只有通过社会化的接触以及来自外界的刺激，更多地感受到和外界的联系，人才可能更多地拥有力量，更好地发展。

（1）压力给生活带来乐趣。压力可以加深我们的意识，增强我们的心理警觉，导致高级认知与行为表现。正像铁人王进喜说的那样："人无压力轻飘飘，井无压力不出油。"

（2）压力是挑战、是竞争、是机会，它可以让你承受更大的风险，并获得比你想象得更为辉煌的成功。压力可以刺激我们采取行动来挑战自身能力，帮助我们达到自认为不可能达到的目标。压力，能使成大事者在思想感情上受到多方撞击，从中感悟人生的真谛，自觉把握人生的走向。

20.2 正视已有压力

大学生的心理压力是造成他们出现心理不健康或亚健康状态的主要原因。大学生的心理发展具有由依附性向独立性过渡，心理迅速走向成熟又未完全成熟的共性。在理想与现实、自尊与自卑、独立与依赖、交往与闭锁、个人意愿与家庭期望等诸多压力和冲突面前，心理承受力差的学生很容易产生各种心理问题。大学生所面临的压力主要有以下来源：生活压力、学习压力、人际交往压力、前途压力等。

20.2.1 生活压力

大学生处在学校与社会的交接点，已经或多或少地接触了社会，面对社会和学校之间存在的巨大差距，难免有种不知所措的感觉。可毕业要走向社会又不得不使他们必须做好面对社会的心理准备，在这种差距之中去面对，无形之中产生了一种压力。其次，因家庭困难造成学生经济紧张而陷入困境的学生在学校占有相当大的比例。据统计，每年全国26.4%的学生支付不起学费，13.5%的学生甚至生活费用都有问题。高额的学费和生活开支增加了他们的心理压力。

20.2.2 学习压力

大学生作为学生，学习是天职。经历了高考，走过了万马穿行的独木桥，多多少少会感觉大学应该是一个自由轻松的象牙塔和童话世界，可是上了大学随之而来的英语、计算机等级考试以及各专业的资格证的考试等，这些大小不一的考试让他们又回到了为考试而奔波的时代。首先是高等职业教育的课程设置与一般学术型课程有很大的差别，它突出应用性，淡化系统性。许多学生无法适应这一转变，觉得学习负担加重，感到压力很大。其次是考证的压力，一般高职院校都实行"双证"制度，要求学生不仅要拿到毕业证，还要考取各种技术等级证书，既要花钱，又要花时间和精力。许多学生认为"多一本证就多一分竞争实力"，于是互相攀比，在你追我赶中奋力考证，也带来了相应的竞争压力。

20.2.3 情感压力

大学生从生理和心理上都已经趋于成熟，情感生活不可避免地要影响到他们的生活。面临着对自己的不自信、经济上的拮据、精力上的不充裕、感情和学业的冲突、感情的出路等问题，其中的压力不言而喻。

20.2.4 人际交往压力

人际交往作为生活的一个重要方面，良好的人际关系能让人学习生活各方面都如鱼得水左右逢源。相反，没有一个良好的人际关系常常让人感到局促不安，不自信甚至自责，越是这样就越容易退缩以致进入一种恶性循环而不能自拔。大学宿舍是个集体生活的场所，来自大江南北的人聚集在一起，由于民族风俗，生活习惯甚至语言等的不同，在日常的相处中难免磕磕碰碰，小矛盾在所难免，如何处理好人际交往中的问题，成为困惑大学生的难题。

20.2.5 前途压力

近些年，一方面是大学的不断扩招扩建，另一方面是企事业单位的不断精简缩员，下岗失业现象不断。往年还没找到工作的落难大学生急于赶上这趟原本拥挤的班车，每年成百万新毕业的大学生又一拥而入地涌进人才市场；旧问题没有解决新情况蜂拥而至，使得这个原本负荷重重的弹丸之地又要承受新的冲击。毕业了就得就业，用人单位不断抬高招聘要求又使得原本困难重重的大学生雪上加霜。

20.3 从容应对压力

20.3.1 压力应对

1. 压力应对

压力应对是指个体内部或外部特定的需求难以满足或超出个体所能承受的范围时，

个体采用的持续性的认知和行为改变来处理这一特定需求的过程。即应用行为或认知方法，努力处理环境与人内部之间的需求，解决两者之间的冲突，包括评价压力的意义，控制或改变压力的环境，解决或消除问题，或缓解由于压力而出现的情绪反应。

2. 压力应对方式

在社会生活中，每个人都会面对不可避免的各种压力情境，对个体的心理产生一定的影响。面对生活中的各种压力或困境的适应能力也成为压力的反弹能力。但相同的压力水平对不同的人影响是有很大差别的，这种影响差别主要取决于个体用什么样的方式来应对。不同类型的应对方式还可以反映人的心理发展成熟的程度。个体应对方式的使用一般都在一种以上，有些人甚至在同一应激事件上所使用的应对方式也是多种多样的。根据大学生应对行为类型的倾向性，压力应对方式主要有：

（1）烦躁勇进型。表现为低承受力、高反弹力，对应激长于化解压力却短于承受压力，如西楚霸王项羽。

（2）逆来顺受型。表现为高承受力、低反弹力，自欺欺人。鲁迅笔下的阿Q就属于此类型。

（3）自我挫败型。表现为低承受力、低反弹力，对应激不思进取、怨天尤人，在不知不觉中害了自己。在日常生活中，这种人很常见，如《红楼梦》中的林黛玉，《祥林嫂》中的祥林嫂等。

（4）乐观进取型。表现为高承受力、高反弹力，对应激表现得积极乐观，反弹迅速。例如，史蒂芬·霍金，他因患有卢伽雷氏症（肌萎缩性侧索硬化症），被禁锢于轮椅20多年，全身唯一能动的是左手的三根手指和部分面部肌肉，但他身残志坚，做出了探索宇宙的杰出科学成就。

体验活动 20-2

压力弹性测试

每个人在生活中都不同程度地受到过挫折，人们在受挫后恢复的能力却各不相同。有些人弹性十足，有些人受挫后一蹶不振，而大多数人则介于两者之间。下列问题则可以测验出你应付困境的能力。在回答这些问题时，请你用"同意"或"不同意"作答。回答越坦白，越能测验出你的受挫弹性。同意打"√"，不同意打"×"。

（1）胜利就是一切。　　　　　　　　　　　　　　　　　　　　　　（　　）
（2）我基本是个幸运儿。　　　　　　　　　　　　　　　　　　　　（　　）
（3）白天工作不顺利，会影响我整晚的心境。　　　　　　　　　　　（　　）
（4）一个连续两年都名列最后的球队，应退出比赛。　　　　　　　　（　　）
（5）我喜欢雨天，因为雨后常是阳光普照。　　　　　　　　　　　　（　　）
（6）如果某人擅自动用我的东西，我会气上一段时间。　　　　　　　（　　）
（7）汽车经过时溅我一身泥水，我生气一会儿便算了。　　　　　　　（　　）

(8) 只要我继续努力,我便会得到应有的报偿。 （ ）
(9) 如果有感冒流行,我常是第一个被感染的人。 （ ）
(10) 如果不是因几次霉运,我一定比现在更有成就。 （ ）
(11) 失败并不可耻。 （ ）
(12) 我是有自信心的人。 （ ）
(13) 落在最后,常叫人提不起竞争心。 （ ）
(14) 我喜欢冒险。 （ ）
(15) 假期过后,我需要舒散一天才能恢复常态。 （ ）
(16) 遭遇到的每一否定都使我更进一步接近肯定。 （ ）
(17) 我想我一定受不了被解雇的羞辱。 （ ）
(18) 如果向我所爱的人求婚被拒绝,我一定会精神崩溃。 （ ）
(19) 我总不忘过去的错误。 （ ）
(20) 我的生活中,常有些令人沮丧气馁的日子。 （ ）
(21) 负债累累的光景叫我寒心。 （ ）
(22) 我觉得要建立新的人际关系相当容易。 （ ）
(23) 如果周末不愉快,星期一便很难集中精力学习和工作。 （ ）
(24) 在我生命中,我已有过失败的教训。 （ ）
(25) 我对侮辱很在意。 （ ）
(26) 如果聘任职务失败,我会愿意尝试。 （ ）
(27) 遗失了钥匙会叫我整个星期不安。 （ ）
(28) 我已达到能够不介意大多数事情的地步。 （ ）
(29) 想到可能无法完成某项重要事情,会使我不寒而栗。 （ ）
(30) 我很少为昨天发生的事情烦心。 （ ）
(31) 我不易心灰意冷。 （ ）
(32) 必须要有百分之五十以上的把握,我才敢冒险把时间投资在某件事上。 （ ）
(33) 命运对我不公平。 （ ）
(34) 对他人的恨维持很久。 （ ）
(35) 聪明的人知道什么时候该放弃。 （ ）
(36) 偶尔做个败北者,我也能坦然接受。 （ ）
(37) 新闻报道中的大灾难,使我无法专心工作。 （ ）
(38) 任何一件事遭到否决,我都会寻求报复的机会。 （ ）

统计：

上列问题,列入"不同意"者为：(1)、(3)、(4)、(6)、(9)、(10)、(15)、(17)、(18)、(19)、(20)、(21)、(23)、(24)、(25)、(27)、(28)、(29)、(32)、(33)、(34)、(35)、(36)、(37),其余题为"同意"。依上列答案,相符者计1分,相反计0分。

解释：

总分在 10 分或者更少，那么你就是那种易被逆境、失望或挫折所左右的人，你易于把逆境看得太严重，一旦跌倒，要很久才能站起。你不相信"胜利在望"，只承认"见风转舵"。

总分在 10~25 分，遇到某些灾祸或逆境的时候，往往需要相当长的时间才能振作起来。不过这类人却能找到很多的技巧和策略来获取个人的利益。

总分高于 25 分，则显示你应付逆境的弹性极佳。不理想的境遇对你虽然会造成伤害，但不会持久。这类人在情感上通常相当成熟，对生活也充满热爱，他们不承认有失败，纵或一时失败，仍坚信有"东山再起"的一天。

20.3.2 压力应对的策略

1. 正确面对压力，提高心理承受能力

心理学家弗兰克认为，一个人生活的基本要义，在于了解并坚守生活中的责任，能够对自己和他人负责的生活，就是有意义的生活；一个人即使在毫无压力下生活，也不会感到满足，人们唯有在面对问题和解决问题的责任中，才会感到满足与充实，生活才有意义。坚忍不拔的毅力、百折不挠的意志、宠辱不惊的品格以及良好的心理素质对于成就事业是至关重要的。

我们应该认识到大学生活并不总是一帆风顺的，困难是不可避免、客观存在的。因此，当遇到困难时，不应该退缩，要无畏地去正视它、解决它。应采取积极态度看待压力，那就是压力可以磨炼人的意志、激发人的智慧和潜能，把压力看成是生活的挑战、成长的机会。认清自己的价值、相信自己的能力、能够承受打击和勇敢地面对压力，是每个人人生中一笔巨大的财富。

知识窗 20-2

墨菲定理

"凡是可能出错的事必定会出错"。墨菲定理（Murphy's law），指的是任何一个事件，只要具有大于零的概率，就不能假设它不会发生。最简单的表达形式是越怕出事，越会出事。墨菲定理告诉我们，容易犯错误是人类与生俱来的弱点，不论科技多发达，事故都会发生。而且我们解决问题的手段越高明，面临的麻烦就越严重。所以，我们在事前应该是尽可能想得周到、全面一些，如果真的发生不幸或者损失，就笑着应对这些困难和压力吧，关键在于总结所犯的错误，而不是企图掩盖它。

资料来源：笔者根据相关资料改编。

2. 减轻和消除自己的心理负累

应激，即便是本能反应，也足以使我们身心疲惫。消除心理负累的方法有很多：

（1）理性辨析和积极归因。通过如此反复逐层深入地自我辨析，厘清问题症结所在，从而减轻对压力情景认识的模糊或者夸大威胁而产生的焦虑。

（2）合理安排生活任务。确定一个对自我有激励性的合适目标。合适的目标是既符合实际，又能引起自己的兴趣、提高自己的抱负水平的目标。将目标转化为特定时期和特定背景下要完成的特定任务。这些目标对个体来说具有时间性和情境性，个体在不同的情境下将自己的精力和时间投向不同的目标。

（3）学会经常进行放松训练。放松训练是通过一定的练习程序，学习有意识地控制和调节自己的身心活动，以达到降低机体唤醒水平，调整因紧张而紊乱的身心功能，从而使机体内环境保持平衡与稳定的过程。

3. 培养主观幸福感

体验愉快的情绪可以促进自我的"螺旋上升"。美国心理学家弗莱德逊曾说："感觉好远远不等同于没有威胁，但它可使人们变得更好，更具有乐观精神和压弹能力，更与他人合得来。"主观幸福感的训练还可降低对诸如内疚、耻辱、悲伤、气愤、嫉妒等不愉悦情绪体验的感受强度，以减少压力中的应激状况。孔子曾言他"六十而耳顺"，"耳顺"指的就是什么话都能听得进去。不管别人是捧你，还是骂你，你都能心平气和地对待，都不以此完全地肯定或是否定自我，这就是主观幸福感的突出表现。

4. 构建自己的社会支持系统

当一个人独自面对压力的时候，其应激反应的消极作用远远大于社会支持的效果。因此，要想不在压力面前孤立无助，最好构建自己的社会支持系统，其中包括自己的亲人、朋友、同学、老师等。社会支持系统可以在你需要的时候给你情感安慰、行动建议，帮助你渡过难关。强大的社会支持让你不再感到孤立无援，可以迅速恢复你的信心和勇气，面对挑战，解决问题。当然，要构建社会支持系统，你需要：

（1）学会尊重他人。其中当然包括你的同学和老师，因为，只有尊重他人的人才能获得他人的友谊，也才可能获得帮助。

（2）扩大社会交往面，结识更多的朋友。首先，让你的同学成为你最亲密的朋友；其次，你需要一位人生的导师，可以在你遇到困难的时候客观地分析和提供有益的观点，而这样的导师无疑就是你的老师或者其他长者。

（3）向亲人、朋友和老师敞开心扉。你可能基于自尊或面子的考虑而拒绝他人的帮助。但是在你确实无法解决的时候，将你面临的压力说给他们听，让他们帮助你分析并提供建议。请相信这样做不会遭到嘲笑，只会让他们感到你对他们的信任，因此你也能得到最大可能的帮助。

5. 优化自身的人格品质

培养自己良好的人格品质，改变那些不适应发展的不良的人格品质。重点应培养自信乐观、自强不息、宽容豁达、开拓创新等品质。自信才能乐观，乐观才能自信，两者相辅相成。当遇到压力、困境时,如果相信自己一定能取胜,那就会积极去改变现实,克服困难,战胜挫折,这是自信的作用。乐观者在面临挫折、困境时,不会被眼前的困难吓倒,而是能够透过表面的不利看到蕴藏在背后的希望,相信明天是美好的,从而信心十足地去战胜困难。

体验活动 20-3

参加的同学围坐一圈,然后把身体屈成90度后,用手从背后托起椅子,背在背上。每个人与前面的人保持距离,防止椅子相互碰撞。然后,保持弯腰驼背的姿势,所有学生转向顺时针的方向,跟着前面一个同学。教师提供指导语:想象我们都是一只小小的蜗牛,背上背着重重的壳。

控制行走的速度,不要完成得太快,留出足够的时间让学生体验蜗牛壳的压力。所有的学生走完一圈,回到原地,放下椅子,坐好。

讨论:
(1) 刚才背上压着东西是什么感觉?
(2) 这种感觉在生活中是否也存在?
(3) 蜗牛背着它的房子,那么,每天压在我们背上的是什么?

课 堂 实 践

20-1 心灵游戏:我的支持系统

下面是一张人际蛛网,请在上面各个位置填上人名,这些人是在你碰到困难和压力时能给你支持和帮助的人。请你看一看:谁离你最近?你为什么选他/她?在你遇到困难和挑战时,你是怎样向他/她寻求支持的?如果有人填不上五个人,请你仔细探索是什么原因?

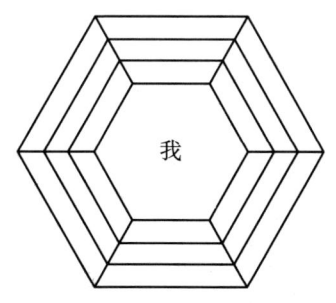

结论：

当我们面临挫折的时候，想想你的支持系统，在这个世界上，有这么多无条件关心你、爱你的人，那么你会不会顿时充满斗志呢？会不会有种幸福感？一个拥有幸福感的人，才可以感恩地感受这个世界，才有强大的内心去面对困难的挑战。

20－2 心理测试：心理压力量表

仔细考虑下列一个项目，看它究竟有多少适合你，然后将你对每一个项目的评分，根据下面这个发生频率表列出来。频率：总是——4；经常——3；有时——2；很少——1；从未——0。

(1) 我受背痛之苦。

(2) 我的睡眠不定，且睡不安稳。

(3) 我有头痛。

(4) 我颚部疼痛。

(5) 若需等候，我会不安。

(6) 我的后颈感到疼痛。

(7) 我比少数人更神经紧张。

(8) 我很难入睡。

(9) 我的头感到紧痛。

(10) 我的胃有病。

(11) 我对自己没有信心。

(12) 我对自己说话。

(13) 我忧虑财务问题。

(14) 与人见面时，我会窘迫。

(15) 我怕发生可怕的事。

(16) 白天我觉得累。

(17) 下午我感到喉咙痛，但并非忧郁得上感冒。

(18) 我心情不安，无法静坐。

(19) 我感到非常口干。

(20) 我心脏有病。

(21) 我觉得自己不是很有用。

(22) 我吸烟。

(23) 我独自不舒服。

(24) 我觉得不快乐。

(25) 我流汗。

(26) 我喝酒。

(27) 我很自觉。
(28) 我觉得自己像四分五裂。
(29) 我的眼睛又酸又累。
(30) 我的腿或脚抽筋。
(31) 我的心跳过速。
(32) 我怕结识人。
(33) 我手脚冰凉。
(34) 我患便秘。
(35) 我未经医师指示使用各种药物。
(36) 我发现自己很容易哭。
(37) 我消化不良。
(38) 我咬指甲。
(39) 我耳中有嗡嗡声。
(40) 我小便频繁。
(41) 我有胃溃疡。
(42) 我有皮肤方面的疾病。
(43) 我的喉咙很紧。
(44) 我有十二指肠溃疡病。
(45) 我担心我的工作。
(46) 我口腔溃烂。
(47) 我为琐事忧虑。
(48) 我呼吸浅促。
(49) 我觉得胸部紧迫。
(50) 我发现很难作决定。

分数	PSTR 压力程度分析
98 （93 或以上）	这个分数表示你确实正以极度的压力反应在伤害你自己的健康。你需要专业心理治疗师给予一些忠告，他可以帮助你削减你对于压力的知觉，并帮助你改良生活的品质
87 （82～92）	这个分数表示你正经历太多的压力，这正在损害你的健康，并令你的人际关系发生问题。你的行为会伤害自己，也可能会影响其他人。因此，对你来说，学习如何减除自己的压力反应是非常重要的。你可能必须花很多的时间做练习，学习控制压力，也可以寻求专业的帮助
76 （71～81）	这个分数显示你的压力程度中等，可能正开始对健康不利。你可以仔细反省自己对压力如何做出反应，并学习在压力出现时，控制自己肌肉紧张，以消除生理激活反应。好老师会对你有帮助

续表

分数	PSTR 压力程度分析
65 (60~70)	这个分数指出你的生活中的兴奋与压力量也许是相当适中的。偶尔会有一段时间压力太多,但你也许有能力去享受压力,并且很快地回到平静状态,因此对你健康并不会造成威胁。做一些松弛的练习仍是有益的
54 (49~59)	这个分数表示你能够控制你自己的压力反应,你是一个相当放松的人。也许你对于所遇到的各种压力,并没有将它们解释为威胁,所以你很容易与人相处,可以毫无惧怕地担任工作,也没有失去自信
43 (38~48)	这个分数表示你对所遭遇的压力很不易为所动,甚至是不当一回事,好像并没有发生过一样。这对你的健康不会有什么负面的影响,但你的生活缺乏适度的兴奋,因此趣味也就有限
32 (27~37)	这个分数表示你的生活可能是相当沉闷的,即使刺激或有趣的事情发生了,你也很少作反应。可能你必须参与更多的社会活动或娱乐活动,以增加你的压力激活反应
21 (16~26)	如果你的分数只落在这个范围内,也许意味着你的生活中所经历的压力经验不够,或是你并没有正确地分析自己。你最好更主动些,在工作、社交、娱乐等活动上多寻求些刺激。做松弛练习对你没有什么用,但找一些辅导也许会有帮助

20-3 思考与实践

(1) 你最近心情如何?

(2) 通过学习这段课程谈谈你如何理解挫折与压力?

(3) 当面对挫折时我们应如何处理?

推荐阅读:凯利·麦格尼格尔著《自控力》。

尚致胜编著《走出困境:如何应对挫折与压力》。

尚致胜编著《以微笑面对生活》卢莉著。

推荐影视:《昔日的我》。

《阿甘正传》。

参考文献

[1] 冉超凤,黄天贵. 高职大学生心理健康与成长 [M]. 北京:科学出版社,2012.

[2] 轩希. 大学生心理健康教育 [M]. 长春:东北师范大学出版社,2013.

[3] 欧阳辉. 大学生心理健康应用教程 [M]. 辽宁:辽宁教育出版社,2012.

[4] 张大均. 大学生心理健康 [M]. 北京:清华大学出版社,2007.

[5] 王新塘. 大学生心理健康教育 [M]. 陕西:陕西人民教育出版社,2012.

［6］郭镛. 大学生心理健康教育［M］. 长春：东北师范大学出版社，2012.

［7］张巧爱. 高职学生挫折应对特点及应对技能的训练研究［D］. 包头：内蒙古师范大学，2007.

［8］蒙艳. 当代大学生挫折心理教育研究［D］. 包头：内蒙古科技大学，2012.

［9］阎晓军. 心理健康教育［M］. 沈阳：东北大学出版社，2021.

［10］罗毅华，等. 自助与成长——大学生心理健康教育［M］. 青岛：中国海洋大学出版社，2021.

［11］何玉梅. 大学生心理健康教育［M］. 合肥：合肥工业大学出版社，2022.

模块八　搭建心灵沟通桥梁
——人际交往

> 想交朋友，就要先为别人做些事——那些需要花时间体力、体贴、奉献才能做到的事。
>
> ——［美］戴尔·卡耐基

青年时期是人生中最美好的时期，是一个渴望理解、需要友谊的时期，爱因斯坦曾经说过："世间最美好的东西，莫过于有几个头脑和心地都很正直的朋友。"在生活中你是否有这样的感受：当你受到委屈时，希望找人倾诉；当你成功时，希望与人分享喜悦；当你感到困惑时，希望有人能够给你真挚的建议，那么我们为什么有这种需求呢？我们应当如何与人良好的交往呢？在生活中与别人产生摩擦或是误会时，我们又应当如何来改善我们的人际交往呢？如何构建诚信友善、和谐互助的人际交往氛围？

学习目标
通过人际交往的基本理论知识，了解高职院校学生人际交往的特点，引导学生学会自尊自爱，尊重他人，真诚待人，培养善于倾听和友善诚实的交往态度。传播优秀的中华民族文化传统，学会礼让和谦逊的良好品质，构建和谐的人际交往氛围。

学习重点
了解人际交往的基本原则和心理效应，学会自尊自爱，尊重他人，真诚待人，培养善于倾听和友善诚实的交往态度。

学习难点
学会自尊自爱，尊重他人，真诚待人，培养善于倾听和友善诚实的交往态度，培养礼让和谦逊的良好品质。

项目21　高职学生人际交往概述

案例导入

丢勒的故事——祈祷的手

大约在 1490 年，丢勒和奈斯丁是一对好朋友，都是奋斗中的画家，由于贫穷，他们必须半工半读才能够继续学业。可因为工作占去他们许多时间，两人的画艺进步很慢。困惑了良久，两个人想出一个办法，决定以抽签的方式决定，一个人工作来支持彼此的生活费，另一个人则全心学习艺术。丢勒赢了，得以继续学习。而奈斯丁则辛勤地工作供应两个人的生活所需。几年后，丢勒成功了，他按照两个人当初的约定找到奈斯丁，履行支持奈斯丁学习的协议。可他发现，为了支持自己而辛勤工作，奈斯丁那双原本优美敏感的双手的手指已经僵硬扭曲，遭到终生损坏，不能灵敏地操作画笔了。丢勒心痛如绞。这天，丢勒去拜访奈斯丁，发现奈斯丁正合着双手，跪在地上，安静而诚挚地为他的成功祷告。艺术家双眼潮湿，将朋友那双祷告的手画了下来。这幅画成为举世闻名的《祷告的手》。

资料来源：笔者根据相关资料改编。

朋友在我们的一生中扮演着很重要的角色，正如巴金老人说过的："财富不是朋友，而朋友是财富。友情在我过去的生活里就像一盏明灯，照彻了我的灵魂，使我的生活有了一点点光彩。"我们在生活中，无论家庭、工作或是娱乐，都时时刻刻与他人产生着交集，那么对于高职生来说，大学生活可能是真正迈出独立生活的第一步，尽管象牙塔内的人际交往要比社会中的人际交往单纯得多，但是许多学生还是被人际交往中的各种问题所困扰，我们该如何看待高职生人际交往呢？高职生人际交往又具有哪些特点呢？

21.1　人际交往的内涵

有人说："没有沟通，世界将成为一片荒凉的沙漠。"人际交往是一门学问，是人类的基本心理需要之一，也是人们社会生活的重要内容之一。我们的日常生活，离不开人际交往，因为人具有社会性，要依赖社会才能生存和活动，因此我们只有认真了解人际交往的基本理论，掌握一定的人际交往技巧，才能掌握开启心灵之门的钥匙。

21.1.1 什么是人际交往

人际交往，是指两个或两个以上的个体通过一定方式发生某种沟通和交流的活动，它是人际关系的具体表现形式之一。它是伴随着人和人类社会的产生而产生的。人际交往从动态上讲，是指人与人之间在心理与行为上的互动，主要是人的心理、情感的交流和沟通。从静态讲，是指人与人之间通过动态的相互作用形成的情感联系，它既是人的实践活动的一种形式，又是人的各种实践活动的内在体现。

知识窗 21-1

人际交往中的几种距离

公众距离（pubie distance），可以到360厘米。一般用于演讲者与听众、彼此极为生硬的交谈及非正式的场合。在商务活动中，根据其活动的对象和目的，选择和保持合适的距离是极为重要的。

社交距离（social distance），120～360厘米。就像隔一张办公桌那样。一般工作场合，人们多采用这种距离交谈，在小型招待会上，与没有过多交往的人打招呼可采用此距离。

个人距离（personal distance），45～120厘米，就像伸手碰到对方那样，虽然认识，但是没有特别的关系。这是在进行非正式的个人交谈时最经常保持的距离。和人谈话时，不可站得太近，一般保持在50厘米以外为宜。

亲密距离（lnimte distance），大概不到45厘米，一般是亲人、很熟的朋友、情侣和夫妻才会出现这种情况。当无权进入亲密距离的人闯入这个范围时，会令人不安。在拥挤的公共汽车、地铁和电梯上，由于人员拥挤，亲密距离常常遭到侵犯。于是，人们尽可能地在心理上保护自己的空间距离。在西方，当你在电梯或者公共交通工具里碰到拥挤的局面时，有一些不成文的规则是必须遵守的：你不能同任何人说话，即使是你认识的人；你的眼神必须始终避免同他人眼神接触；面部不能有任何表情；人越拥挤，你的身体越不能随意动弹；在电梯里，你必须看着头上的楼层号码等。

体验活动 21-1

你的朋友是谁

回答三个问题，测出你心中真正的朋友是谁

第一个问题：你身边有没有朋友？如果有，他/她是谁？（不一定要写出具体的名字，比如写闺蜜、室友都可以）你为什么认为他/她是你的朋友？

第二个问题：请你写出在你成长过程中对你影响最大的人，可以列举三个人。

第三个问题：当你在生活、学习当中遇到困难的时候，最可能对谁说？为什么是这个人？

资料来源：樊富珉，费俊峰. 青年心理健康十五讲［M］. 北京：北京大学出版社，2006：151.

21.1.2 人际交往的动机

人是社会性动物，一个离开人群的人，是无法单独生存的。《鲁滨逊漂流记》的魅力源于真实，主人公鲁滨逊的原型是一位名叫亚历山大·赛尔柯克的苏格兰水手，他经验丰富却脾气暴躁，在一次航海中，他与船长发生了激烈的争吵而被滞留在一个几乎没有生存条件的荒岛上四年的时间，1712年才得以返回家乡，四年孤独的生活，使他害怕与人接触，看到别人就要躲起来，1721年他死在自己所挖的地洞里。由此可见，人际交往是我们生存的基本需要，我们每个人都渴望被理解，被尊重，渴望友情。美国著名社会心理学家马斯洛认为，人人都具有这样一个基本需求：需要归属于一定的社会团体，需要得到他人的爱与尊重。

据马斯洛的需要层次论，不同的需求，决定了不同的交往动机，大致有以下四种：

1. 亲和动机

人是社会性的动物，是群集的动物，几乎所有的人都是在与其他人密切交往中度过自己的一生。人们害怕孤独或深感力量单薄，需要与他人在一起。心理学这样解释亲和：亲和动机是一种重要而又极其复杂的衍生性动机，是人们寻求友谊，建立、发展友谊的动力。亲和动机强的人，对朋友、对家庭、对群体充满了向往，渴望与他人建立深刻的情感联系，渴望成为某群体中的一员。

2. 成就动机

成就动机，是指个人专注自己认为重要的工作，并且愿意百折不挠地全力做好这一工作的心理倾向。任何人都不能没有成就动机，每个人都能在自己的工作中做出不同水平的贡献，达到或超过自己希望达到的标准，获得成就。成就动机影响着人们的交往行为，成就动机强烈的人，乐意与人交往、与人合作，具有强烈的竞争意识，在交往中总是首先明确告诉对方与之交往的目的，向对方提出希望和要求，从而达到追求成功的愿望，满足自我发展。

3. 赞许动机

赞许动机是指人们在活动与交往中希望得到对方的鼓励和称赞，从而获得心理上的满足倾向。赞许动机促使人为了取得他人或集体的欢乐、赞赏而努力工作。社会赞许动机，是被社会心理学家用来解释社会行为的一个重要动机，人们正是通过社会对个体行为的赞许或否定，确立价值标准，进而约束自己的行为。有人甚至认为，社会赞许是人最根本、最纯粹的心理需要。可以说，成就动机最终是建立在赞许的基础上的，如果他人不赞许我们为取得成就而做出的努力，那么，我们也许就不会努力去争取成功。可以这样理解，赞许动机实质上是一种取得成就和得到同伴、组织及社会的承认、尊重、赞扬的需要。

4. 权力动机

权力动机是指在活动与交往中获得对他人的支配与影响力的倾向。积极参加社会活动的目的是表现自己，满足个人的私欲或利益；权力、地位被当成获利的手段。社会化权力动机：寻求权力的目的是为他人，以个人的知识、智慧、才干、人格去影响他人，把权力看成是能更好地为他人谋利、为人类作贡献的手段。

21.1.3 人际交往的发展阶段

人与人之间相互关联的状态从无到关系密切，需要经过一系列的过程。最初，两个互不相识的人，双方处于零接触状态。当双方因为某种原因开始注意到彼此的时候，双方的交往已经开始。接下来，随着双方交往的不断深入，彼此获得初步印象。从双方开始直接谈话交流的那一刻起，两个人产生了直接接触，这是双方情感关系发展的起点。随着沟通的不断深入，交往也会更加深入，建立起情感关系，随着接触时间延长，双方建立起深厚的信任感和安全感，双方的交往状态趋于稳定。关于人际交往的发展过程，心理学中有不同的描述。

奥尔特曼和泰勒认为，人际交往的发展阶段，从交往由浅入深的角度来看，一般需要经过定向、情感探索、感情交流和稳定交往四个阶段。

1. 定向阶段

定向阶段包括对交往对象的注意、选择和初步的交流等。

2. 情感探索阶段

情感探索阶段，此时交往双方开始思考并寻求共同点，包括兴趣、爱好、话题等。随着交往次数的增多，发现可以建立情感联系的方面越多，交往就会持续下去。也有话不投机半句多的，此时交往将会结束。

3. 情感交流阶段

情感交流阶段，此时交往的双方已有了基本的信任和感情。交往的广度和深度继续发展，能真诚地为对方着想，既善于赞美对方的优点也敢于批评对方的过错。通过双方的信息反馈，感情会逐步加深。

4. 稳定交流阶段

稳定交流阶段，此时交往的双方能够包容对方的缺点，在心理上有同一性或相容性。互相认识全面而深刻，允许对方进入自己的私密领域，双方有很高的信任感和安全感。

21.2 高职学生的人际交往

21.2.1 高职学生人际交往的特点

大学是一个特殊的社会，对三年一直在这里学习和生活的高职学生来说，他们的人际交往又有着哪些不同于其他群体的特点呢？

1. 崇尚自由和平等

高职学生基本上都来自普通高中或职高，同学之间都处在同一身心发展水平上。因此，存在着大致相同的年龄、经历和心理，其知识结构和思想特点也相差无几。这样，高职学生的交往就带有明显的人格平等、角色相同等特征。在这种人际交往中，学生们不必承担与父母、师长交往中所感受到的那种心理负荷和不平等感，也感受不到由于观念不同而找不到共同语言的困惑。这种平等的交往可以使他们之间的信息传递、思想交流、感情沟通等过程比较轻松从而更好地发挥人际交往的各项功能。

2. 交往愿望强烈

高职学生自我意识逐渐成熟，对社会的参与意识增强，急于让他人了解和认可自己，得到他人的理解、关心和尊重。无论是活泼好动、还是孤僻好静的学生，在交往中都力图表现出一种自主性。这种自主性主要表现在：首先，高职学生的交往是积极主动的，他们是互为主体、互相影响的交往，因此，在心理上存在着较强的独立感；其次，高职学生的交往大多是兴趣所致，意愿所使，因此，能独立地处理好各自的交往关系，而且带有明显的独立、自尊色彩；最后，高职学生交往外在约束力不强，绝大多数社会活动，甚至集体活动参加与否都由个人自主选择，强迫或被动的成分较少。

3. 交往对象广泛

随着社会的发展，高职学生在交往方面的观念也发生了很大变化，逐渐呈现出开放式的特点。首先，现在的大学生交往意识都很强，一般不会拒绝交往。其次，交往范围也逐渐拓宽。在校内，无论是寝室、班级、还是专业、性别等，都不会成为大学生交往的障碍，而且大学生也正在努力地把自己的交际领域扩大到外校乃至社会。最后，交往渠道多样化。近年来高职院校各类社团的兴起充分说明了这一点。总之，高职学生的交往是全方位的。

4. 交往内容丰富，形式多样

来到大学，同学们的交往方式也随着年龄的增加、学业的需要、兴趣的变化而不断发生着变化。高职学生的人际交往已不再是仅局限于对知识方面的探求，而更多体现在对友谊的发展、志同道合的理解、专业的共同爱好、事业的追求等多方面，人际交往也随之呈现形式多样化的趋势。

5. 交往目的单纯

高职学生之间的交往更注重情感的交流和沟通，对其交往活动中的直接功利性动机一般不会持有肯定态度。因为处于求学阶段，经济来源于家庭，因此经济方面的压力相对较小，交往中更加注重精神方面的获益，往往带有理想主义的色彩。虽然如此，但这并不表明高职学生不注重人际交往中的功利性成分。实际上，高职学生人际交往中的功利性成分正呈上升趋势。

21.2.2 高职学生人际交往的类型

现实生活中的人际交往涉及方方面面,错综复杂,交往的类型也是多样的,从不同的角度可以进行不同的划分。我们根据学生的生活特点,将高职生人际交往分为以下五种类型:宿舍人际交往、同学人际交往、同乡人际交往、师生人际交往和网络人际交往。

1. 宿舍人际交往

宿舍人际交往是高职学生主要的人际交往类型之一。在大学职生活中,除去睡眠时间,学生们每天在宿舍的时间约为 5.72 小时,与宿舍室友的接触比任何其他人时间都长,由于彼此的生活习惯、规律与个性均不同,加之"00 后"学生个性都很强,遇事互不相让,在生活中很容易产生宿舍矛盾引发激烈的冲突,其中尤以女生矛盾居多。与室友关系是否融洽,直接决定了学生一天的心情是否愉悦,甚至影响学习生活,严重的,有的同学三年都不能与寝室同学相处融洽,想换寝室,但又换不了,有的就在外租房住,有的尽量少待在寝室,有的决心离开后再也不与寝室同学来往,有的则力图在毕业时能改善室友关系,可由于长时间以来的隔阂,难以改变而感到痛苦。如果长期处于这样不良的宿舍人际交往中,心情压抑得不到宣泄,就会影响其身心健康。因此,拥有良好的宿舍人际交往对大学生身心健康有着十分重要的意义。

体验活动 21-2

宿舍人际氛围测试

我们生活在同一个屋檐下,宿舍就是我们的家,"家"里的人际交往处得怎样?请在符合你的宿舍情况的括号内打"√"。

(1) 宿舍里常常发生联手排挤某个人的现象。   (   )
(2) 即使室友们都在宿舍,也经常处于鸦雀无声的状态。   (   )
(3) 经常有作息时间争论战,比如何时关灯等。   (   )
(4) 有的室友的行为经常引起大家的不满。   (   )
(5) 为了明哲保身,大家通常都不会指出室友的错误做法。   (   )
(6) 宿舍分为两三个小团体,小团体之间互相不理睬甚至有较大冲突。(   )
(7) 有恃强凌弱现象,而且比较严重。   (   )
(8) 通常大家的做法都是"各家自扫门前雪"。   (   )

小贴士:

如果你打"√"的命中率超过三个,那么说明你处在一个不健康的宿舍人际中,会对大家的身心造成不良影响,必须寻求方法改善了。

资料来源:张大均,吴明霞. 大学生心理健康 [M]. 北京:清华大学出版社,2007.

2. 同学人际交往

同学人际交往同样也是高职学生主要的人际交往类型之一，它包括同校、同系、同班等同学人际交往关系，伴随了我们美好的大学时光。同学之间的人际交往一般可分为：人缘型、中间型和嫌弃型。其中人缘型同学一般具有良好的家庭背景，学习、生活目标明确，有主见，有较强的自制力和坚强的意志，善于自我解剖。中间型同学，有较强的追求进步的愿望，但意志薄弱，做事总是"虎头蛇尾"，这类同学通常占大多数。嫌弃型同学，长期生活在别人的冷眼中，自尊心受到莫大伤害，被同学排斥，即使做了好事也可能会被曲解，很难得到温暖和关爱。

3. 同乡人际交往

同乡人际交往在高职生人际交往中是一种更为亲密的交往类型。俗话说"老乡见老乡，两眼泪汪汪"。当你来到一个陌生的城市，遇到来自家乡的人，彼此说着同一种方言，有着共同的习性，自然会产生一种莫名的亲切感。在入学初，就不乏各种形式的老乡仪式，如同乡会、老乡通信录等，这种同乡关系相对具有排他性和封闭性。

4. 师生人际交往

师生人际交往在高职学生人际交往中同样重要。它包括与在校老师、实习老师之间的交往，师生关系如何，直接影响着学生能否健康地学习、成长，并且在很大程度上影响和决定着学校能不能对学生的身心施加符合社会要求的影响。"尊师"是我国的优良美德。总的来说，学生能做到对老师的尊重，但当前多数高职生则认为大学里的师生关系不如中学时密切，师生之间的交往不多。

体验活动 21 - 3

人际交往类型测试

测一测自己在同学人际交往中属于哪种交往类型，根据实际情况，答"是"或者"否"，并在后边打"√"。

(1) 我对同学的帮助是真心实意的，不会背后害人。　　　　是□　　否□
(2) 我经常拿不定主意，就去问同学的意见。　　　　　　　是□　　否□
(3) 我是一个心直口快、性格爽朗的人。　　　　　　　　　是□　　否□
(4) 我经常批评别人。　　　　　　　　　　　　　　　　　是□　　否□
(5) 在同学眼里，我是一个"雪中送炭"之人。　　　　　　是□　　否□
(6) 我喜欢接受别人的东西，不喜欢送别人东西。　　　　　是□　　否□
(7) 我是一个积极进取、对前途乐观的人。　　　　　　　　是□　　否□
(8) 我经常觉得自己生活无目标。　　　　　　　　　　　　是□　　否□
(9) 同学送礼物给我，我经常会考虑他有什么目的。　　　　是□　　否□
(10) 我尊重同学们，相信他们。　　　　　　　　　　　　　是□　　否□
(11) 我喜欢在背后议论他人，打听同学的隐私。　　　　　　是□　　否□
(12) 别人都说我看起来神采奕奕、精力充沛、自信。　　　　是□　　否□

（13）烦心的事我很少和班级同学说起。	是□	否□
（14）班级同学经常向我倾诉心里话。	是□	否□
（15）我答应同学的事，就会尽力去办到。	是□	否□
（16）有人说我"是一个当面一套，背后一套的人"。	是□	否□

计分与结果解释：

（1）、（3）、（5）、（7）、（10）、（12）、（14）、（15）题选"是"计1分，选"否"计0分；（2）、（4）、（6）、（8）、（9）、（11）、（13）、（16）题选"是"计-1分，选"否"计0分。得分在4分以上，是人缘型的人；得分在-3～3分属于中间型；得分在-4分以下，是嫌弃型的人。如果你得分是负分，说明需要改善你的人际交往了。

5. 亲情人际交往

俗话说"血浓于水"，亲情关系是一种天然的人际关系，这些关系又因关系媒介联系而划分为不同层次，构成一个个横竖交错的血亲关系网，其中尤以亲子关系最为重要。

上了大学的孩子就像牵着线的风筝，虽然离开了父母，但心理上却与父母有着复杂、具有感情色彩的关系。在与父母的关系上，许多同学都存在着矛盾心理。一方面觉得上大学就可以独立了，不再受父母约束了，尤其是空间上的距离确实可以使人感受到这种自由；另一方面，由于上学经济来源主要还是父母，心理的不成熟，无论是在物质上还是心理上仍脱离不开父母，以各种方式与父母保持着复杂和极具情感色彩的关系。而与父母的关系又不同程度地影响着大学生的自我成长。

6. 网络人际交往

在当今网络便捷的社会，网络人际交往成为高职学生不可缺少的一种交往类型。网络交往具有虚拟性、隐蔽性、宣泄性、多元性和平面性的特征，它给在校的学生带来了前所未有的挑战，包括价值观和生活方式的影响等。

人际交往是我们每个人的基本需要之一。每个人的成长、发展、成功、幸福都与人际交往密切相关，构成了每一个人的生活基础。大学生正处在学习知识、了解社会、探索人生的重要发展时期，日常的主要活动都是在人际交往过程中进行与实现的。心理卫生专家丁瓒先生说过："人类的心理适应，最重要的就是对人际关系的适应，所以人类的心理病态，主要是由于人际交往处理失调而造成的。"步入了大学生活，人际交往成为每一个大学生的必修课程。希望通过本章对高职生人际交往的学习，帮助你更好地掌握人际交往的技巧，便于你能更好的处理自己的人际关系网。

体验活动 21-4

画出你的人际关系网

我们来做一项练习，完成下图的人际关系网络图。图的中心是你自己，在周围的圆圈里填上和你相处的人，根据你的感觉关系的远近填在不同的位置上。

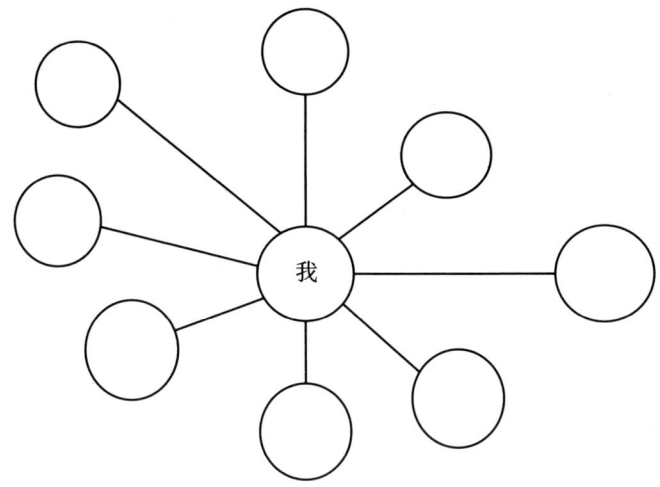

讨论：

（1）你能容易地画出自己的人际关系网络吗？还是需要颇费一番脑筋才能画出来？

（2）你的人际关系网络丰富吗？是多姿多彩还是比较单一？

（3）你与你的人际关系网络联系畅通吗？是经常联系还是久无音信？

（4）你与你的人际关系网络联系紧密吗？是彼此支持还是袖手旁观？

（5）你对你的人际关系网络满意吗？是心满意足还是需要改善？

课 堂 实 践

心灵游戏

1. 滚雪球游戏

全体围坐成圈，由某人开始按照顺时针方向起立，自我介绍说："各位朋友好，我叫张××。"第二人起立说："张××您好，我叫杨××。"第三人起立则说："张××、杨××你好，我叫刘××。"以后的人照样说下去，强迫大家把每人的姓名记住。

2. 蒙眼贴鼻子游戏

一名同学站在离黑板一段距离的位置（称为准备区），用丝巾蒙住双眼，原地转两圈，再一步步走到黑板前，拿起准备好的鼻子贴到自己认为正确的位置上。接下来回到准备区，再用丝巾蒙住双眼，原地转两圈，此时老师随机选一位同学作为伙伴，指挥蒙眼睛学生走到黑板前，再由伙伴告诉蒙眼学生上下左右，把鼻子贴到黑板上。最后比较两次贴鼻子的位置差别。

3. 请你为我做件事

（1）任选12名同学，以单双号搭配组成2人小组，分别扮演施方与受方，由受方请他做件事,例如"请为我唱首歌"等各种可行合宜的事,在接受帮助后,受方必须表示感谢。

(2) 角色轮流。

(3) 讨论施与受的经验。当你帮助别人时,感受如何?当你接受别人帮助时,感受如何?如何向他人表达谢意?

领悟:

在人与人交往中,合作沟通是非常重要的,每个人的成功都离不开朋友的帮助。交流游戏中的感悟体验:一个真正的好朋友能使你少走弯路,是学习上、事业上的帮手。本次体验活动希望给同学们在人际交往的过程中带来一点启示。亲爱的同学们,你收获到什么了?快来和大家一起分享吧。

项目22　高职学生的人际交往困扰

案例导入

小媛和小楠是刚升入大二的学生,两个人从入学开始便同住在一个宿舍,她们性格活泼开朗,在刚刚入学不久很快就成了好朋友。起初两个人天天在一起,吃饭、上课、打水,整日形影不离。在大一期末的一次辩论比赛中,小媛和小楠分别为正反方的最佳辩手,可是她们的关系却在紧张激烈的辩论赛中变得疏远,不但在辩论场上各抒己见,在私下里也不再像从前一样,各说各有理。不但不相互礼让,反而更加敌视对方,原本和谐的宿舍也因她俩时不时争吵变得"热闹"。

资料来源:笔者根据相关资料改编。

我们来思考一下,上面的案例中是什么原因导致小媛和小楠从形影不离到"针锋相对"呢?对于交往,我们总喜欢用"人生若只如初见"来形容初识的美好,古人常说:"打江山容易,守江山难",其实我们人与人相处也是同一个道理。相识只需一句你好、一个微笑。而真正的相处却需要我们彼此深入了解。相处需要辛勤呵护,一旦偷懒彼此的关系很可能就会演变成案例中的小媛和小楠。

那么在高职学生的人际交往中,都会面临哪些人际交往的问题呢?接下来,就让我们展开今天的探讨:影响高职学生人际交往的因素以及高职学生人际交往的常见心理问题。

22.1　影响高职学生人际交往的因素

1. 社会环境因素

21世纪是一个信息大爆炸的时代,伴随着全球化的发展、经济的往来和文化的交流,世界各国的思想观念逐渐地相互融合、渗透。同时由于受到社会市场经济的影响,社会中人际交往越来越趋于功利化,往日的诚挚、坦然和率真在人际交往中逐渐减少,而争名逐利、狭隘和虚伪等成分却有所增加。这些因素都很容易造成学生的价值观念发生混乱,导致学生们在处理人际交往时产生多方面的困惑和疑虑,作出错误的判断和行为。

拓展阅读 22-1

"宁在宝马车里哭，不在自行车上笑"

2010 年初，江苏卫视某相亲节目刚开播不久，一名女嘉宾迅速走红。节目中一位爱好骑自行车的无业男嘉宾问该女嘉宾：你喜欢和我一起骑自行车逛街吗？该女嘉宾毫不犹豫地回答："我还是坐在宝马里边哭吧。"这句大胆、犀利的言论，让她成为人们街头巷尾热议的话题人物，也一度引起社会对金钱观的大讨论。你对此有何看法？

资料来源：笔者根据相关资料改编。

2. 家庭环境因素

父母是子女的第一任老师，家庭环境因素在高职学生人际交往的影响中占有很大的比重。家庭经济状况、家庭结构、家庭内部关系、家庭成员的价值观等因素对高职学生的成长过程有着十分重要的影响。溺爱型、缺爱型等都属于不良的家庭环境，这样成长起来的学生往往更容易产生人际交往问题，如某些独生子女家庭在教育方面，出现了"独生子女问题多""独子难教"的思想倾向，很多人则贴切地称一些娇惯的独生子女为"中国的一群小皇帝"。尤其现在的"00 后"大部分都是独生子女，在家庭中处于特殊位置，父母、爷爷奶奶、姥姥姥爷等全部以孩子为轴心，过分的关注和溺爱很可能会造成孩子们的一些心理问题，如以自我为中心，自大等问题。另外对于许多高职学生来讲，家长在子女考上大学后便将精力放在了保证孩子的经济支持上，然而正处在由校园向社会过渡时期的高职生，在生活、心理方面渴望被关心和理解的需求却往往被家长们忽略。

案例 22-1

19 岁的大一新生小张同学，家庭条件优越，从小得到父母的宠爱，再加上容貌清秀，自我感觉良好。高中时期，在家里有自己的单独卧室，喜欢把自己的房间布置得整洁而有条理，但进入大学后，与来自不同地方的同学居住在一起，有的同学不讲卫生，有的很晚不睡，打电话、听收音机影响他人，有的翻来覆去睡不着，影响小张的睡眠，她开始还能够容忍这些情况，但久而久之，她实在感到难以忍受，偶尔主动表达不满，也得不到回应，还被其他室友认为是娇情，所以她很不喜欢这样的寝室生活，渐渐地，小张与寝室同学关系开始变得紧张，经常发生摩擦。对此小张感到很苦恼，但却不知道如何解决。

资料来源：笔者根据相关资料改编。

看了上面的案例，你会做何感想呢？让我们一起来分析一下：案例中的小张同学，习惯以自我为中心，考虑问题比较狭隘、偏激、过于直率，有什么就说出来。这类同学在与人交往时容易发生争执，一点小事就可能发生争吵，不赢不罢休，是一类不受欢迎的人，所以很容易发生人际冲突，造成紧张的人际关系，令自己痛苦。

3. 学校环境因素

大学生的学习生活都需要在学校中完成，因此校园环境的状况也是影响大学生人际交往的重要外在因素，具体体现在以下方面：

（1）应试教育的影响。如今高校最流行的一句话是："今天你学霸了没有？"你身边一定有这样的学霸，他们认为"学霸的世界不需要被理解，学业发展和人际交往是相对立的，交朋友是浪费时间的事情，不如去自习室学习"。当今社会竞争激烈，校园中也不例外，学习上的工具理性或功利主义自觉或不自觉地存在于学校、老师以及学生中。对世界观、价值观、人生真谛进行探求的知识往往被视为无用，导致很多高职学生拥有肤浅的世界观、文化兴趣淡薄。浮躁的心态、不稳定的情绪等，使当代大学生人际交往能力的发展受到了极大的抑制。

（2）教育质量的影响。许多高职院校的校园面积并不充裕，校园的人口密度相对较高，这便使得校园环境显得更加拥挤和狭小，如学生宿舍拥挤、食堂拥挤，甚至上自习也要提前占座。这种过度密集的校园环境必然会使得学生之间的人际接触更加频繁，因而造成学生情绪焦虑烦躁，同时也增加了校内人际冲突的发生率。

（3）师生交流不够。大学阶段在个人社会化的过程中显得非常关键，世界观、价值观、人生观的形成关键时期就在大学阶段，许多问题都需要教师给予正确的引导和帮助。然而目前学生与教师之间往往缺乏必要的沟通和交流，致使个别学生的生活、学习问题得不到及时地解决，人际冲突得不到有效的化解，心理问题得不到及时地疏导和调节，加之大学生的心理脆弱，自我调节能力差，容易造成学生心理上的失衡，进而影响学生正常的人际交往。

4. 个体自身因素

（1）认知偏差。在人际交往中，我们往往会对交往对象存在认知偏差。遇到以下情况，你的第一反应是什么呢？上课时，有位同学在悄悄地和同桌讲话，你觉得这位同学平时的表现怎样？如果他俩是好学生，你认为他们在干什么呢？如果他们是差生呢？学生之间的人际交往，受到认知主体、认知客体和环境的影响，往往更容易产生认知偏差，这种偏差来自人们根据一定的现象或虚假的信息作出失误判断，而这些将直接影响到学生人际交往的性质和发展趋向。因此，高职学生在人际交往方面存在的一系列认知偏差，是造成人际交往问题的首要因素。很多高职学生在交往中都会不自觉地利用首因效应、投射效应和晕轮效应等去评价他人，使得与他人关系紧张。

知识窗 22-1

人际交往中的心理效应

1. 首因效应

有谁不愿意给别人留下美好的印象呢？首因，即最初的印象，或称第一印象。在人际交往中，人们往往注意开始接触到的细节，如对方的表情、身材、容貌等，而对后来接触到的细节不太注意。这种由先前的信息而形成的最初的印象及其对后来信息的影响，就是首因效应，即我们常说的"先入为主"。

第一印象赖以产生的信息是有限的，第一印象不一定是真实可靠的。由于认知具有综合性，随着时间的变化、认识的深入，人完全可以把这些不完全的信息贯穿起来，用思维填补空缺，形成一定程度的整体印象。正如"路遥知马力，日久见人心"。

2. 近因效应

近因，即最后的印象。近因效应，指的是最后的印象对人们认知具有的影响。最后留下的印象，往往是最深刻的印象，这也就是心理学上所阐释的后摄作用。

首因效应与近因效应不是对立的，而是一个问题的两个方面。在大学生的人际交往中，第一印象固然重要，最后的印象也是不可忽视的。在对陌生人的认知中，首因效应比较明显；而对熟识的人的认知中，近因效应比较明显。这就告诉我们，在与他人进行交往时，既要注意平时给对方留下的印象，也要注意给对方留下的第一印象和最后印象。

3. 光环效应

光环效应又称晕轮效应，指的是在人际交往中，人们常从对方所具有的某个特性而泛化到其他有关的一系列特性上，从局部信息形成一个完整的印象，即根据最少量的情况对别人作出全面的结论。所谓"情人眼里出西施"，说的就是这种光环效应。

光环效应实际上是个人主观推断泛化的结果。在光环效应状态下，一个人的优点或缺点一旦变为光环被扩大，其他优点或缺点也就隐退到光的背后被别人视而不见了。在人际交往中，你有过这种情形吗？对外表吸引人的同学赋予较多理想的人格特征，或为那些长相比较靓的同学设计美好的未来。例如，"你气质好，将来求职就业一定没有问题""那个人第一次见面就对我关心备至，令我难忘"等。

4. 投射效应

投射效应是指在人际交往中，形成对别人的印象时总是假设他人与自己有相同的倾向，即把自己的特性投射到其他人身上。

所谓"以小人之心，度君子之腹"，反映的就是投射效应的一个侧面。投射可分为两种类型：一种是指个人没有意识到自己具有某些特性，而把这些特性加到了他人身上。例如，一个对他人有敌意的同学，总感觉到对方对自己怀有仇恨，似乎对方的一举一动都有挑衅的色彩。另一种是指个人意识到自己的某些不称心的特性，而把这些特性加到他人身上。例如，在考场上，想作弊的同学总感觉到别的同学也在作弊，倘若自己不作弊就吃亏了。目的是通过这种投射重新估价自己的不称心的特性，以求得心理上的暂时平衡。

5. 刻板印象

刻板印象是社会上对于某一类事物或人物的一种比较固定、概括而笼统的看法。主要表现为：在人际交往过程中主观、机械地将交往对象归于某一类人，不管他是否呈现出该类人的特征，都认为他是该类人的代表，进而把对该类人的评价强加于他。刻板印象作为一种固定化的认识，虽然有利于对某一群体作出概括性的评价，但也容易产生偏差，造成"先入为主"的成见，阻碍人与人之间深入细致的认知。例如，男生认为女生心细、胆小、娇气；女生则认为男生心粗、胆大、傲气。农村来的同学认为城市来的同学见多识广，但狡猾、小气；城市来的同学则认为农村来的同学孤陋寡闻，但忠厚、老实，等等。

（2）性格障碍。根据社会心理学家的研究，在阻碍人际吸引的人格因素中，性格特征是最突出的。影响高职生人际交往的不良性格特征主要有：固执偏见、待人不真诚、孤僻、过分自卑、狂妄自大、自私等。

（3）交往能力缺陷。人际交往能力的欠缺也是影响高职生人际交往的原因之一。由于成长环境和个性方面的因素，每个学生的交往能力是不同的。与性格内向的学生相比，性格外向开朗的学生更喜欢主动结识新朋友，并从中体验到愉悦和满足，进一步强化他们交往的主动性。同样的道理，来自农村的学生可能比城市的学生更容易由于自卑心理和不知道怎样交往而导致人际关系的紧张。

（4）相似性因素，又称为类似性因素。相似性因素是指人们之间在价值观、年龄、经历、受教育水平、经济收入、社会地位等方面相似而产生的人际吸引。一般而言，许多学生总是愿意和自己志趣相同或相似的人交往。而对于价值观等方面不同的同学则刻意保持距离甚至是排斥对方。

拓展阅读 22-2

大学生中受欢迎和受排斥的性格特征

受欢迎的性格特征	占比（%）	受排斥的性格特征	占比（%）
尊重他人，富于同情心	100	自我中心，不考虑他人	100
热心于班集体活动，负责任	94	缺乏责任感、不诚实	100
稳重、耐心、忠厚老实	94	虚伪、固执	90
热情开朗、待人真诚	92	不尊重他人	81
聪颖、乐于助人	89	冷漠孤僻	81
独立、谦逊	89	敌意、猜疑	78
兴趣和爱好广泛	51	行为古怪、神经质	70
温文尔雅、端庄、仪表美	38	狂妄自大	69
		成绩好，小看他人	63

资料来源：吕芝，秦从英．大学生心理健康教育［M］．北京：北京工业出版社，2010．

5. 网络因素

当今社会中人与人交往的时空界限被互联网的发展所打破，人和人之间的空间距离大大拉近，构筑一个全新的、便利的人际交往平台。不过信息交流方式的网络化一方面使交际范围得到拓展，另一方面也使人和人之间面对面交流的机会减少，情感的冷淡和空洞随之而来。此外，网络虚拟人际交往的主观能动性很强，面对现实社会的人际环境，学生们往往会选择刻意消极的躲避，这更加重了与社会现实相脱离，最终使自我封闭、孤僻等情绪产生。

体验活动 22 - 1

网络生活面面观

利：

（1）利用网络可以帮助自己查找各种学习资料，提高自己的学习效率和学习的深度、广度。

（2）利用网络可以找到各种实践、兼职、打工、招聘的信息，为自己的前途找到好的信息渠道。

（3）利用网络可以认识更多志同道合、积极发展的社会各界朋友。

弊：

（1）大学生中对网络的价值利用率不高，对网络过分依赖，容易成瘾，影响学习生活。

（2）网络知识欠缺，容易受误导，冲击社会道德。

（3）人际交往的错位，脱离现实生活。

谈一谈：

你对网络生活有何独到见解？说出它的利与弊，快和大家分享一下吧。

22.2 高职学生人际交往中常见的心理问题

年轻人，矜持、羞怯、思想活跃、自尊、冲动，年轻人需要与人交流、渴望真诚的友爱。即使是性格内向、腼腆的同学，内心依然拥有十分强烈的与人交流、被人理解的愿望。大家应该都有这种体会，当我们人际交往和谐时，会心情平静、舒畅、拥有成就感；当人际交往不和谐时，我们就会感到紧张、焦虑、痛苦，继而产生自卑、恐惧等心理，甚至出现严重的心理问题，如果得不到及时疏导，将会影响身心健康，造成严重后果。因此，对于离开家庭来到学校过集体生活的高职生来说，面对全新的环境、全新的生活，容易出现哪些心理问题呢？

1. 自负心理

伏尔泰曾经说过："妄大自尊只不过是无知的假面具而已。"过高的自我评价、不信任他人的心理是自负的表现。自负的人只关心个人的需要，注重自我的感受，在人际交往中则常常表现为目中无人。如与同伴相聚，情绪不佳时会不分场合地乱发脾气，高兴时则海阔天空、手舞足蹈讲个痛快，全然不考虑别人的情绪和别人的态度。此外，在对自己与别人的关系上，过高地估计了彼此的亲密度，讲一些不合时宜的话。这类问题往往发生在一些优秀学生身上。他们成绩好，能力强，备受老师的宠爱，常常向同学发号施令，往往以自我为中心，不考虑别人的感受，骄傲自负、看不起别人，渐渐地同学对他有意见，不支持不配合他，导致与人相处关系不和谐。

2. 自卑心理

人们由于主观和客观原因造成的妄自菲薄、缺乏自信，认为自己某些方面不如他人的一种自我意识，我们通常叫作自卑感。有自卑感的人常常在人群中表现得羞怯，不自然。在与人交流沟通中经常会过多地约束自己的行为，不能坦然地表达自己的思想观点，限制自我潜能的正常发挥，这样往往会使自己处于被动的地位。经调查显示人们在同自卑者打交道时常常会感到压抑和沉闷，自卑者也害怕同别人打交道，彼此间长时间的距离感，势必会影响人际交往的发展。这类问题经常会发生在一些性格内向，胆子较小，成绩又不太好的学生身上。

拓展阅读 22 - 3

庞涓设计害孙膑

庞涓是一个很有本事的人，不只带领魏国军队打败小的周边国家，还打败过齐国，但是他嫉妒心极强。当他发现他的地位将会被孙膑这个学问比他还高的同门师兄弟所代替时，他为了保住地位，就陷害了孙膑。很多人为了保住或是争得很高的地位，都不择手段，连亲兄弟也不认得。又比如李斯陷害同门的韩非子一样。

当然还有一种说法是：庞涓，战国时魏国大将，与孙膑同师鬼谷学兵法。此人嫉贤妒能，编造罪状对孙膑施以膑刑。公元前 344 年齐以膑为军师，攻魏求韩，庞回师迎战，在马陵道中孙膑计，全军被歼，庞涓自杀。

看完这个小故事，你有什么想法？

3. 嫉妒心理

嫉妒是对与自己有联系并且强过自己的人的一种不服、不悦、失落、仇视，甚至带有某种破坏性的危险情感，是通过把自己与他人进行对比，而产生的一种消极心态。当看到与自己有某种联系的人取得了比自己优越的地位或成绩，便产生一种嫉恨心理；当对方面临或陷入灾难时，就隔岸观火，幸灾乐祸；甚至借助造谣、中伤、刁难、穿小鞋等手段贬低他人，安慰自己。

4. 猜疑心理

猜疑心理是人际交往的一大心理障碍，它是一种由主观推测而产生的不信任别人的复杂情绪体验。有猜疑心理的人，往往爱用不信任的眼光去审视对方和看待外界事物，猜忌成癖的人，往往捕风捉影，节外生枝，说三道四，挑起事端，其结果只能是自寻烦恼，害人害己。喜欢猜疑的人往往特别注意留心外界和别人对自己的态度，别人脱口而出的一句话很可能琢磨半天，努力发现其中的"潜台词"，这样便不能轻松自然地与人交往，久而久之不仅自己心情不好，也影响到人际关系。这种人心有疑惑，不愿公开，也少交心，整天闷闷不乐、郁郁寡欢。由于自我封闭，阻隔了外界信息的输入和人间真情的流露，便由怀疑别人发展到怀疑自己、怀疑自己的能力，失去信心，变得自卑、怯懦、消极。

拓展阅读 22-4

历史小故事

（1）《三国演义》中的曹操，他知人善任，很有军事才能，但他又有一个致命的弱点，即猜疑。多疑使曹操丧失理智，错杀了老朋友吕伯奢一家。感情用事，以友为敌。

（2）英国的思想家培根在《论猜疑》中说："心思中的猜疑犹如鸟中的蝙蝠，它们永远是在黄昏里飞的。"他认为这种心理使人精神迷惘，疏远朋友，而且也扰乱事物，使人不能顺利有恒。

5. 孤独心理

孤独是心理情感得不到理解、同情、关爱、支持的心理状态，是与别人缺乏心灵上的沟通、没有友谊和亲情的结果。高职学生很多是有生以来第一次离开父母，离开中学好友，来到一个陌生的城市，没有朋友倾诉心事，便感到孤独无援，将自己封闭起来。这种消极心理持续久了，会导致人体的疾病，如抑郁、孤僻、神经衰弱等。

6. 敌视心理

这是交际中比较严重的一种心理障碍。这种人总是以仇视的目光对待别人。这种心理或许来自童年时期家庭环境使人受到的虐待从而使他产生别人仇视我，我仇视一切人的心理。对不如自己的人以不宽容表示敌视；对比自己厉害的人用敢怒不敢言的方式表示敌视；对处境与己类似的人则用攻击、中伤的方式表示敌视。使周围的人随时有遭受其伤害的危险，而不愿与之往来。

课 堂 实 践

22-1 心灵游戏：换个说法，改变心态

小丽说，刚刚升入大学时曾和几位同学关系不错，交往也很愉快，后来却发现他们"原形毕露，露出狐狸尾巴"：有的竞选班委靠关系拉票，有的在班里销售电信卡赚同学的钱，相互之间钩心斗角，一点都不直率、真诚。小丽看不惯他们的所作所为，不愿

与他们交往，他们有事找小丽帮忙，小丽也予以回绝。小丽觉得很孤独。

如果你是小丽，你认为其他同学的所作所为是"原形毕露，露出狐狸尾巴"吗？

大学班集体，少则几十个同学，多则几百个同学，由于个性、生活习惯、家庭背景等差异，难免产生各种不良心理。不满他人时，请从另一个角度想一想。

消极的说法	积极的说法
"班里同学没啥品位，难找知己啊！"	"同学身上有好多品质值得我学习。"
"班里竞选班委，关我什么事。"	"我要珍惜这次竞选的机会，多锻炼自己。"
"要是世上有个地方只有我一个人就好了。"	"拥有朋友真是件快乐的事。"
"他们这么热情是对我有所企图吧？"	"无论有什么企图，我都应该热情待人。"
"同桌与身后的同学说笑，肯定在笑我！"	"肯定遇到开心的事了，这么高兴。"
"他的奖学金肯定是走后门得来的。"	"恭喜你，兄弟，别忘了请客哦！"
"她算什么班花，不打扮丑死了。"	"你今天好漂亮啊，这头发在哪儿做的呀？"
"他好优秀，我才比不上他呢。"	"只要我努力，就会有进步。"
"我长得丑，同学都不愿意和我交朋友。"	"心灵美比外貌的美要持续得多。"
"这人怎么不搭理我，有什么了不起！"	"他可能忘了戴隐形眼镜，没有看清我。"
"太没礼貌了，懂不懂怎么尊重人！"	"也许他正在想什么问题呢。"

启示：

同学交往，难免会产生矛盾，只要我们换个说法，感受就完全不同了，这会帮助我们减少许多人际交往中产生的问题和矛盾。

22-2 心理测试：高职学生人际交往自测与导向

这是一份人际交往行为困扰的诊断量表，共28个问题，在每个问题上，选"是"的打"√"，选"非"的打"×"。请你认真完成，然后看后面的计分方法和对测验结果作出的解释。

(1) 关于自己的烦恼有口难言。　　　　　　　　　　　　　　　　(　　)

(2) 和陌生人见面感觉不自然。　　　　　　　　　　　　　　　　(　　)

(3) 过分地羡慕和妒忌别人。　　　　　　　　　　　　　　　　　(　　)

(4) 与异性交往太少。　　　　　　　　　　　　　　　　　　　　(　　)

(5) 对连续不断的会谈感到困难。　　　　　　　　　　　　　　　(　　)

(6) 在社交场合感到紧张。　　　　　　　　　　　　　　　　　　(　　)

(7) 时常伤害别人。　　　　　　　　　　　　　　　　　　　　　(　　)

(8) 与异性来往感觉不自然。　　　　　　　　　　　　　　　　　(　　)

(9) 与一大群朋友在一起，常感到孤寂或失落。　　　　　　　　　(　　)

(10) 极易受窘。　　　　　　　　　　　　　　　　　　　　　　　(　　)
(11) 与别人不能和睦相处。　　　　　　　　　　　　　　　　　　(　　)
(12) 不知道与异性相处如何适可而止。　　　　　　　　　　　　　(　　)
(13) 当不熟悉的人对自己倾诉他的生平遭遇以求同情时，自己常感到不自在。(　　)
(14) 担心别人对自己有什么坏印象。　　　　　　　　　　　　　　(　　)
(15) 总是尽力使别人赏识自己。　　　　　　　　　　　　　　　　(　　)
(16) 暗自思慕异性。　　　　　　　　　　　　　　　　　　　　　(　　)
(17) 时常避免表达自己的感受。　　　　　　　　　　　　　　　　(　　)
(18) 对自己的仪表（容貌）缺乏信心。　　　　　　　　　　　　　(　　)
(19) 讨厌某人或被某人所讨厌。　　　　　　　　　　　　　　　　(　　)
(20) 瞧不起异性。　　　　　　　　　　　　　　　　　　　　　　(　　)
(21) 不能专注地倾听。　　　　　　　　　　　　　　　　　　　　(　　)
(22) 自己的烦恼无人可倾诉。　　　　　　　　　　　　　　　　　(　　)
(23) 受到人排斥与冷漠。　　　　　　　　　　　　　　　　　　　(　　)
(24) 被异性瞧不起。　　　　　　　　　　　　　　　　　　　　　(　　)
(25) 不能广泛地听取各种意见、看法。　　　　　　　　　　　　　(　　)
(26) 自己常因受伤害而暗自伤心。　　　　　　　　　　　　　　　(　　)
(27) 常被别人谈论、愚弄。　　　　　　　　　　　　　　　　　　(　　)
(28) 与异性交往不知如何更好地相处。　　　　　　　　　　　　　(　　)

评分方法：

打"√"的计1分，打"×"的计0分。

小贴士：

如果你得到的总分是在0～8分，那么说明你在与朋友相处上的困扰较少。你善于交谈，性格比较开朗，主动关心别人。你对周围的朋友都比较好，愿意和他们在一起，他们也都喜欢你，你们相处得不错。而且，你能够从与朋友相处中得到许多乐趣。你的生活是比较充实而且丰富多彩的，你与异性朋友也相处得很好。一句话，你不存在或较少存在交友方面的困扰，你善于与朋友相处，人缘很好，获得许多人的好感与赞同。

如果你得到的总分是在9～14分，那么，你与朋友相处存在一定程度的困扰。你的人缘很一般，换句话说，你和朋友的关系并不牢固，时好时坏，经常处在起伏波动的状态之中。

如果你得到的总分是在15～28分，那就表明你在与朋友相处上的行为困扰较严重。分数超过20分，则表明你的人际关系的行为困扰程度很严重，而且在心理上出现较为明显的障碍。你可能不善于交谈，也可能是一个性格孤僻的人，不开朗或有明显的自高自大、讨人嫌的行为。

项目 23　构建和谐人际

案例导入

萧伯纳与小女孩的故事

英国著名戏剧家萧伯纳应邀到俄国访问。有一天他漫步在莫斯科街头,遇到一位可爱的小女孩,一时兴起,便高兴地与她玩起游戏。分手时,萧伯纳得意地对小女孩说:"回去告诉你妈妈,今天同你玩耍的是世界上鼎鼎有名的萧伯纳。"谁知小女孩望了萧伯纳一眼,学着大人的口气,骄傲地说:"你也回去告诉你妈妈,今天同你玩的是小女孩安妮。"这个回答使萧伯纳大吃一惊,立刻意识到自己的傲慢。事后,他经常想起这件事,他感慨万分地对朋友说:"一个人不论有多大的成就,在与任何人交往过程中,都应该平等相待,常常保持谦虚的态度,这个俄国小女孩给我的教训,我一辈子也忘不了啊。"

资料来源:笔者根据相关资料改编。

萧伯纳所犯的错误,其实是在日常的人际交往中最容易被我们所忽视的问题。良好而深厚的人际关系,是事业成功与生活幸福的前提。那么作为高职学生,应当乐于与人交往,使自己既有广泛而深厚的人际关系,又有知心朋友;在交往中保持独立而完整的人格,有自知之明,不卑不亢;能客观评价别人和自己,善取人之长补己之短,宽以待人,乐于助人,积极的交往态度多于消极态度,交往动机端正。

23.1　积极构建良好人际

1. 良好的人际交往可以帮助学生顺利完成社会化的过渡

高职学生在校期间,不仅要学文化,还要学做人,学修身;既要学习专业技能知识,又要掌握社会角色必备的技能和规范,成为有道德、有理想、有价值的人。社会规范、技能不是被动接受的,而是人们在社会交往过程中,积极主动地获得各种社会规范,适应社会生活。因此,人际交往范围越广泛,获得的社会技能、规范越多;反之则越少。良好的人际交往是学生完成个人社会化过渡的有效途径,不善人际交往的学生难以完成社会化的过渡。

2. 良好的人际交往可以帮助学生增强信息交流

当今时代是信息的时代、知识的时代，科学技术日新月异，各种新知识层出不穷。而一个人的信息量、知识面毕竟很有限，单枪匹马很难博闻强记。孔子说："独学而无友，则孤陋而寡闻。"这话一针见血，指出封闭式做学问的弊端。日本伦理学家池田大作也曾说："失掉人与人紧密纽带的人生，无疑是黑暗的，一个孤独的生命，只能说是处于寂寞之中的一个僵死的灵魂。"因此，和谐的人际交往对于大学生交流信息、积累知识、增长见识、开启心智、开阔视野、活跃思维、启迪思想、推动自身的进步和发展无疑具有十分重要的意义。

3. 良好的人际交往可以帮助学生促进思维发展

萧伯纳说过："你我是朋友，各拿一个苹果彼此交换，交换以后仍然各有一个苹果；倘若你有一个思想，我也有一个思想，互相交流，那么每人就有两个思想。"大家都有这样的体验，在与人交谈时，思维比平时活跃，灵感频频出现，不断闪现智慧的火花，这时某些消失了的记忆或从未考虑过的问题、见解竟然从脑海中涌现出来，连自己都感到吃惊。有些难题，无论怎样苦思冥想都找不到解决的办法，但经人一点拨，顿时豁然开朗，问题迎刃而解。著名华裔科学家、诺贝尔奖获得者李政道教授说过，他和杨振宁教授合作打破宇称守恒定律，就是在一起吃饭交谈时解决的。由此可见，人际交往对人提高思维发展的意义十分重要。

4. 良好的人际交往可以帮助学生的心理健康与成熟

健康的心灵总是与健康的人际交往相伴随的。心理学研究表明，如果一个人长期缺乏与别人的积极交往，缺乏稳定的良好人际关系，那么这个人往往有明显的性格缺陷。比起高中时期，高职生的人际交往更为复杂、广泛，更具有社会性。大学生开始独立地步入了准社会群体的交际圈，开始尝试独立地与他人交往。而且，交往能力越来越成为大学生心目中衡量个人能力的一项重要标准。

5. 良好的人际交往能够促进学生的共同进步

良好的人际交往会给我们营造一个和谐、美妙的生活环境和学习环境。很多大学生都有这样的体验：生活在一个不团结的集体里，关系紧张，人情冷漠，互相嫉妒，不仅生活幸福指数不高，学习质量也会受到影响；反之，在一个班级或宿舍里人际交往健康、和谐，大家自然感到心情舒畅，生活管理人人抓，学习进步有人夸，遇到困难有人帮，谈心互勉如在家，生活在这样一个有向心力、凝聚力的群体里，心情愉悦，学习效率也会与日攀升。

拓展阅读 23 - 1

福特公司的故事

美国著名的福特汽车公司新泽西的一家分工厂，过去曾因管理混乱，而差点倒闭。

后来总公司派去了一位很能干的人物，在他到任后的第三天，就发现了问题的症结：偌大的厂房里，一道道流水线如同一道道屏障隔断了工人们之间的直接交流，人际关系的冷漠使员工失去了工作的热情。

这位新任的管理者果断地决定以后员工的午餐费由厂里负担，并在每天中午大家就餐时，亲自在食堂的一角架起烤肉架，免费为每位员工烤肉。他希望所有的人都能留下来聚餐，共渡难关。一番辛苦没有白费，员工们餐桌上谈论的话题都是有关组织未来的走向的问题，大家纷纷献计献策。

这位经理的决定是有相当风险的。他冒着成本增加的危险使所有的成员都回到了一个和谐的氛围中去了。两个月后，企业业绩回转，5个月后，企业奇迹般地开始盈利了。后来，企业便一直保持着这一传统，中午的午餐大家欢聚一堂，由经理亲自派送烤肉。

6. 良好的人际交往能够帮助学生完善自我个性

人的个性不仅受遗传因素的影响，更主要的还是受环境因素的影响。社会心理学认为：大学生尽管具有丰富的知识，但他们的社会知识面比较窄，只有在与人的交往中，个体才能认清自我的个性特点，认识自我的长处和短处，进而做到正确对待自己和他人，形成悦纳自己、善待他人、自尊、自律、自强的健康个性。

23.2　善于利用人际交往的原则

心理学家凯瑟琳说过："如果你能使一个人对你有好感，你就有可能使周围的每一个人甚至是全世界的人，都对你有好感。只要你不只是到处与人握手，而是以你的友善、机智、幽默去传播你的信息，那么时空距离就会消失。"良好人际交往的关键在于要意识到他人的存在，理解他人的感受，把握正确的原则。

拓展阅读 23-2

进入心灵的频道

一把坚实的大锁挂在铁门上，一根铁杆费了九牛二虎之力，还是无法将它撬开。钥匙来了，它瘦小的身子钻进锁孔，只轻轻一转，那大锁就"啪"的一声打开了。铁杆奇怪地问："为什么我费了那么大力气也打不开，而你却轻而易举地就把它打开了呢？"

我们想一下钥匙会怎样回答呢？

钥匙说："因为我最了解它的心。"进入心灵的频道！人际交往的金钥匙。

1. 平等原则

斯梯尔曾经说过："平等相待是社交的起码条件；谁自视太高，盛气凌人，谁就无异于自认是社交上的下流之辈。"平等是良好人际交往的前提，是最基本的交往原则。在实际生活中，我们的同学们来自五湖四海，不同的家庭背景，不同的生活环境，家庭经济状况、社会地位、个人能力都不相同，这些因素都使得我们在交往过程中很难做到一视同仁，例如，家里经济条件好的学生难免会有一种优越感，而家庭经济条件差的学生就会有一种自卑感，这必然会使我们的交往出现障碍，因此，在人际交往中，彼此平等相待，以心换心、以情换情，达到相互间的心理平衡与理解，会使人际交往更加协调和融洽。

2. 守信原则

信守承诺是做人的基本素养，也是社会文明程度的标志。它可以帮助我们来追求自己肝胆相照的友情、至死不渝的爱情，构建自己事业的基石，打造自己坚实的明天。商鞅移木、曾参教子，季步一诺千金，宋濂连夜抄书，无不说明了言必信，行必果，答应做到的事情不管有多难，也要千方百计、不遗余力地办到。如果经再三努力而没有实现，则应诚恳说明原因。我们在交往中言行一致、信守诺言，会赢得别人的拥戴，彼此建立深厚的友情。

拓展阅读23-3

商鞅移木的故事

商鞅变法的条令已准备就绪，还没公布，担心百姓不相信自己，于是在国都集市的南门竖起一根三丈高的木头，招募有能把这根木头搬到北门的人赏十两银子。百姓对此感到奇怪，不敢去搬。又说"能搬木头的人赏五十两银子"有一个人搬了木头，就给了他五十两银子，用来表明没有欺骗（百姓）。最后终于颁布了法令。

资料来源：笔者根据相关资料改编。

3. 宽容原则

我国素有"礼仪之邦"的美称，遵守礼节、学会礼让是和谐人际交往的必要手段，常言道，"退一步海阔天空"。宽容是一种高尚的美德，它可以使摩擦减少到最低限度，甚至可以化冲突为祥和，化干戈为玉帛；宽容是一种豁达的涵养，是一种善待生活、善待自己的境界，它不但可以改善自己与他人的关系，同时也使自己的心灵得到了慰藉和升华。凡事不斤斤计较，做到"宰相肚里能撑船"。在人际交往中，难免会产生一些不愉快的事情，甚至产生一些矛盾冲突，这时候我们就要学会宽容别人。不要因为一些小事而陷入人际纠纷，这样我们会浪费很多时间，同时也变得很自私自利，变得很渺小。

拓展阅读23-4

钉钉子的故事

有个年轻人，脾气挺大，总是动不动就喜欢和身边的人吵架。有一天，他的父亲对他说:"孩子,你想改变现在的脾气吗?我教你一个方法。你每生一次气,就在院子外面篱笆的木桩上钉一颗钉子,而你每次想发脾气,但又忍住没有发时,你就将以前钉过的钉子拔掉一颗。这样一定会有意想不到的收获。"半年过去了,年轻人的脾气好了许多。有一天,父亲又把他叫到身边,问他:"篱笆上还有多少钉子呀?"年轻人有点得意地告诉父亲,钉子都没有了。父亲说:"你去看一看拔掉钉子的地方留下了什么?"年轻人真的去看了,每一个木桩上都留下了一个坑。父亲说:"人与人相处,每一次争吵都会在对方的心灵上留下一个伤痕,就算事情过去了,也无法完全抚平。你要学会包容和忍耐。"

思考:在生活中你遇到令你愤怒的事情时,你会如何处理?是睚眦必报还是退一步海阔天空呢?

在对别人做判断或者下结论之前,首先想想你是否一定要钉下这个"钉子"。如果你觉得要钉的话,也请你"且慢下手",因为,当你能够做到"宽容"的时候,你也一定会成为一个受欢迎的人。

4. 真诚原则

真诚是心灵之间的桥梁,人际交往的基础,是每个人在人际交往中都渴望达到的一种境界。人都是有感情的,没有人会喜欢虚情假意,夸夸其谈,你对周围的人好,他们不会视而不见的,只有诚以待人,才能产生感情的共鸣,才能收获真正的友谊。人际交往的心理规则告诉我们,一个人只要真诚,总能打动人。

拓展阅读 23-5

"真诚"菜谱

1968年,美国心理学家安德森展开了这个颇有趣味的实验调查。安德森筛选出了500个描述人的个性品质的形容词组成了一张调查表。所有参加调查的人需要在这张类似"菜谱"一样的调查表上选出自己最喜欢的品质,之后再选出其最厌恶的德行。

当所有的调查数据经过统计分析后,结果显示:在被调查者最喜欢的8个形容词中,有6个是直接与"真诚"相关的,分别为:真诚的、诚实的、忠实的、真实的、信得过的、可靠的。而撒谎、虚伪,作假和不老实是他们最厌恶的品质。也就是说,真诚最受人欢迎,不真诚最令人生厌。

由此可见,作为人际交往中百里挑一的"招牌菜",真诚具有一种巨大的人格力量,毫无疑问,一个人要想吸引别人,赢得别人,与别人保持良好的交往,真诚是必须有的品质和交往方式。

5. 尊重原则

我国古人有言:"敬人者,人恒敬之;爱人者,人恒爱之。"尊重是对他人人格和价值的充分肯定，尊重能够引发人的信任、坦诚等情感，缩短交往的心理距离，尊重，是形成良好人际交往的前提和基础。尊重包含了两个方面：尊重自己和尊重他人。一方面是要学会尊重他人，在人际交往中维护他人的荣誉和自尊心，承认或肯定他人的能力与成绩，这样就会赢得别人的尊重和友谊。另一方面，自尊就是在各种场合都要尊重自己，维护自己的尊严，不要自暴自弃。

案例 23-1

小新，女，20岁。高中时学习刻苦，没有其他的爱好，也没什么朋友。因高考成绩不理想，补习了一年。考入大学后，班主任安排她当寝室长，她也想好好与寝室同学相处。但时间一长，发现自己真的无法和室友们相处，小新习惯早睡，她们却喜欢聊到深夜；小新比较爱干净，她们却喜欢乱丢乱搭，把寝室搞得乱七八糟。小新常常以寝室长的身份给她们提出一些建议和要求。她们不但不听，反而恶言相骂。就这样小新与室友经常因为一些琐事发生争执，谁都认为自己是对的。现在小新和室友的关系很糟糕，已经到了孤立无援的地步。

资料来源：笔者根据相关资料改编。

其实根据小新的经历，我们知道问题主要是在与室友相处的过程中，由于生活习惯的不同，导致生活节奏无法与室友保持同拍，产生一定差距，需要大家一起慢慢磨合。而在磨合的过程中，她因为担任寝室长，可能没有较好地遵循人际交往的"平等""尊重""宽容"原则，与室友的沟通交流缺乏恰当的方法和技巧，致使沟通受阻、误会加深，甚至发生冲突，受到孤立，导致人际关系僵化。

6. 互惠互助原则

人际交往永远是双向选择，双向互动，正如"君子成人之美，不成人之恶"。在交往的过程中，双方应互相关心、互相爱护，既要考虑双方的共同利益，又要深化感情。如果交往双方的心理需要都能获得满足，其关系才会继续发展。没有互惠互助，这样的关系就难以建立，更难以维持和发展。因此，交往双方只有本着互帮互助原则，都付出和奉献，合作共赢，才能持久和谐的交往。

23.3 掌握人际交往的艺术

1. 建立良好的第一印象

在我们的人际交往中，经常会发生一些很有趣的现象，例如说不出因为什么，就喜欢某个人，同样也莫名其妙地会厌烦某些人；又如当我们走进书店挑选一本书的时候，是什么驱使我们在众多选择中拿起了一本书？这里首因效应存在着很大的作用。在人际交往中，我们往往注意开始接触到的细节，如对方的表情、身材、容貌等，而对后来接触到的细节不太注意。因此,在成功的人际交往中,我们首先要做到的就是给别人留下一个良好的印象,这就是我们常说的"先入为主",它影响着我们今后交往活动的深入进行。当然,我们也应该明确第一印象也不是不可改变的。虽然第一印象赖以产生的信息是有限的,但是由于人的认知具有综合性,完全可以把这些不完全的信息贯穿起来,用思维填补空缺,形成一定程度的整体印象。

体验活动 23-1

以下是 A 君与 B 君的性格特征描述,看过以后你更喜欢谁?

A 君:精明的、勤勉的、冲动的、善辩的、倔强的、嫉妒的;

B 君:嫉妒的、倔强的、善辩的、冲动的、勤勉的、精明的。

你的选择是:_____;原因:_____。

曾有心理学家请同一群被试依据主观感觉评定对 A 君与 B 君的印象。研究发现,尽管两人六种性格特征完全相同,只是排列的先后顺序不同,却影响了被试对其印象的评定。一般来说,被试大多以前两项性格特征为主要评定依据,对 A 君形成正面的印象,对 B 君形成负面印象,而且还用此来解释后面的性格特征,例如尽管都善变,A 君因为精明所以善变,而 B 君因为倔强所以善变,可以看出同样是善变,但在两个人身上的意义是截然不同的。

2. 学会真诚的赞美

莎士比亚曾说:"赞美是照在人心灵上的阳光。"生活中,我们都会有一种自然天性,就是渴望别人的赞扬与肯定,因此,在与同学相处的过程中,运用恰当的机会给别人以赞美,如"我觉得你很善解人意""你真能干"等话语,别人听了之后,嘴上不说,心里也会异常的高兴和感激。人缘好的同学不是每天挑别人的刺,而是懂得在交往中使人心情愉悦和舒畅。赞美是一种激励别人而又激励自己的人际协调艺术,相处中因赞美而使大家自信、充满快乐,因赞美而化解心中的积怨与矛盾,赞美使陌生人成为挚友,使朋友成为知己。当然了,仅仅是赞美还不够,我们的赞美必须是发自内心的,而不是溜须拍马,阿谀逢迎,我们在赞美别人的同时,要学会取长补短,以此来提高自我。

体验活动 23-2

优点大轰炸

规则:每组 10 人,轮流做被轰炸人,其他轰炸人说出他的优点,态度要真诚,努力寻找别人的优点,说出别人的优点。被轰炸人在听别人说自己优点的时候,只能听,不允许表达任何情感或者态度。

体验和感悟:通过游戏学会如何发现别人的优点,其实每个人都有许多的优点,我们应该正确地了解自己的优点，积极地发掘它，增强对自己的信心，同时在被称赞的时候，你的感受如何？是否心情愉快，感受到他人的友爱了吗？

3. 换位思考，学会欣赏

中国有一句古语"以小人之心，度君子之腹"，在心理学上，我们则称为投射效应。例如，一个对他人有敌意的同学，总感觉到对方对自己怀有仇恨，那针对这种现象，我们又该如何改变呢？首先，善于欣赏他人，加强自身修养。嫉妒心严重的人往往目光短浅、气量狭小，凡事愿被别人称赞，而很少称赞别人，情绪不稳，易受外界影响。"三人行必有我师焉，择其善者而从之"，从他人身上汲取对我们自身有益的东西。其次，树立目标、积极上进。班固曾说过一句话"临渊羡鱼不如退而结其网"。有嫉妒心理的同学应树立自己的远大目标和制订自己近期的计划，比如高职生进校年龄一般在18～21岁，那么你的三年计划、五年计划乃至十年计划有没有？该如何去努力实现自己的人生计划等。如果你考虑到了这些问题，并努力去改变自己、充实自己，你还有时间去嫉妒别人吗？

拓展阅读 23－6

沙漠中的故事

穿行在沙漠中的两个人是一对好朋友。途中，两人发生了激烈争执，其中的一个人掌了另外一个人一记响亮的耳光。被掌耳光的人什么话也没有说，只是在沙子上写道："今天，我最好的朋友在我的脸上打了一耳光。"他们继续行走，终于发现了一个绿洲，两人迫不及待地跳进水中洗澡，很不幸，被掌耳光的那个人深陷泥潭，眼看就要被溺死，他的朋友舍命相救，终于脱险。被救的人什么话也没有说，在石头上刻下一行字："今天，我最好的朋友救了我的命。"打人和救人的这个人问："我打你的时候，你记在沙子上，我救你的时候，你记在石头上，为什么？"另一个人答道："当你有负于我的时候，我把它记在沙子上，风一吹，什么都没有了。当你有恩于我的时候，我把它记在石头上，什么时候都不会忘记。"这个故事告诉我们，在人际交往中忘记那些不愉快，学会爱与包容，懂得欣赏别人，这样你的生活才会阳光灿烂。

资料来源：笔者根据相关资料改编。

4. 正确地把握角色定位

在人际交往过程中，每个人都充当着一定的社会角色，这种社会角色规定了他在人际交往中的职能及其行为规范，同时也体现了他所具有的个性心理特征。因此，捕捉准确的"角色"，严格地把握角色的规律性，并能适时进行角色变换是人们彼此相互理解、相互谅解的前提。我们应当从两方面去审视自己：首先，对自己有一个正确的认知，客观地作出自我评价。过高地评价自己，会引起骄傲自大，在人际交往中盛气凌人，或不屑交往。而过低地评价自己，则会引起自卑，害怕与他人交往，导致人际交往中的恐惧心理，如社交恐怖等。另外，对交往本身的认知，也会影响交往行为，因为交往的过程是双方彼此满足需要的过程，如果只考虑满足自己的需要，忽视他人的需要，就会引起交往障碍。其次，调整心态、主动积极地与他人交往。不要把自己局限于某个固定的小圈子中，应不断地扩展自己的交际范围，去感受他人的喜怒哀乐，去感受美好的生活。

5. 运用语言艺术，展现语言魅力

我们都知道"良言一句三冬暖，恶语伤人六月寒"。一句温暖的话，就像往别人的身上喷洒香水，自己也会沾到两三滴。因此我们在人际交往过程中要注意运用语言的艺术。那么我们应当如何运用语言艺术呢？

首先要做到称呼得体。恰当得体的称呼，使人能获得一种心理满足，使对方感到亲切，交往便有了良好的心理气氛。所以，在交往过程中，要根据对方的年龄、身份、职业等具体情况及交往的场所、双方关系的远近来决定对方的称呼。对长辈的称呼要尊敬，对同辈的称呼要亲切、友好，对关系密切的人可直呼其名，对不熟悉的人要用全称。

其次说话要注意礼貌，我们应当尽力做到以下四点：

（1）正确运用语言，表达清楚、生动、准确、有感染力、逻辑性强，少用土语和方言，切忌平平淡淡、滥用辞藻、含含糊糊、干巴枯燥。

（2）语音、语调、语速要恰当，要根据谈话的内容和场合，采取相应的语言、语调和语速。

（3）讲笑话要注意对象、场合、分寸，以免笑话讲得不得体，伤害他人的自尊心。

（4）避免争论。学生喜欢争论，但争论往往是在互不服输、面红耳赤、不愉快甚至演化成直接的人身攻击或严重的敌意中结束。这对人际交往的影响是显而易见的。因此同学之间要尽量避免争论，而要通过讨论、协商的途径解决分歧。语言艺术运用得好，就能吸引和抓住对方，从内容到形式适应对方的心理需求、知识经验、双方关系及交往场合，使交往关系密切起来。

6. 做一个良好的倾听者

在人际交往中，有时候听比说更重要，要正确理解别人，首先要听懂对方，成为一个良好的倾听者，要提高"听"的能力，不仅用耳朵听，还要体会对方流露出来的感情和态度，设身处地地感受对方，才能够真正地听懂对方。其次要做一个良好的倾听者，要把自己的想法暂时搁置到一边，全神贯注地听对方的表述，而不是中途打断对方表达自己的想法，抑或是带着自己的情绪去倾听别人。最后，要做一个良好的倾听者，在倾听过程中要给予适当的回应，可以用眼神、点头、些许赞同的言语来鼓励对方敞开心扉，说出自己的真实想法，这样才能促进真诚的沟通，产生良好的沟通效果。

7. 恰当运用非语言交际

在生活中我们会听到一些很美的句子如"眼睛是心灵的窗户""眼睛像嘴一样会说话"。其实在人际交往中，如果我们稍加观察就会发现：一个眼神、一种面部表情、一个手势等都会发挥着奇妙的作用，有时甚至达到了语言交际所达不到的效果。这就是非语言交际的效用。它主要是通过包括身体的动作、局部表情、空间距离、触摸行为、声音暗示、服饰和其他装饰等来表达意思的过程。当然非语言艺术要运用得恰到好处，不可过于频繁和夸张，以免给人手舞足蹈之感。那么运用非语言交际时我们又要注意哪几点呢？

（1）要学会使用面部表情和身体动作。研究认为，眼睛的相视一般只停留在 0.3 秒左右。若注视时间过短，表示与对方没有交往动机，若注视时间较长，意味着引起了交往兴趣和动机。从注视的频率看，社交中眼睛注视多半是一次性的。如果不停地、反复地注视同一个社交对象就说明对眼前的社交对象产生了好感或发现了问题。善意的目光、和蔼可亲的面部表情能使对方乐于和敢于与你接近。

（2）恰当运用空间距离。交往双方距离的远近往往能表明双方的感情程度或心理距离的远近。心理学家研究表明：适合于父母与孩子或恋人的亲密距离在 0.5 米以内；适合于知心朋友间促膝交谈的亲密距离为 0.5～1.2 米；适合于一起工作的同事及商务或非私人性交谈的距离为 1.2～3.7 米；适合于与陌生人交往，常用于正式场合，如演讲者与听众之间采用的距离为 3～7 米以外。在交往中应恰当运用交际距离，以免使人感到不舒服或造成误会。

拓展阅读 23-7

空间会说话

美国人类学家爱德·霍尔有一句名言："空间也会说话。"他研究发现，每个人都有自己独有的空间需求。霍尔曾观察到一种有趣的情景：一个南美人与一个北美人在大厅的一端交谈，由于前者按照自己觉得最适宜的距离而不断向前靠，而后者也自然地保持着自己的个体空间而不断退后，当谈话结束时，两人已不知不觉地移到了约 12 米长的大厅的另一端。

资料来源：笔者根据相关资料改编。

点评：

看完这个小故事，你是否有所思考？为什么会出现一方"步步紧逼"，而另一方"连连后退"的有趣现象？其实人们在交往中，相互距离的不同，也是一种沟通。我们在同他人交往时，相距的空间尽管是在无意中确定的，但也反映了一个同他人已有的关系或希望形成的关系。作为高职学生我们来自不同的地方，有着各方面的差异，在这种情况下，就需要我们每个人懂得沟通交流，求同存异。

（3）声音暗示。在不同场合，要注意调节自己的声音。音量的大小，声音的高低都要与场合协调。如遇到丧事，看望病人，不能大声吼叫；发表演说要抑扬顿挫等。

（4）服饰的作用。服饰打扮也是一种信息符号，它能反映出一个人的个性和心理状态。无论在什么场合，一个共同遵守的原则是：着装一定要适合自己的身份、年龄、气质、环境；注意整洁、大方、得体，以显示自己良好的审美观和修养。

8. 敞开心扉，建立信任

中国有句俗话"人心隔肚皮"，在生活中，许多人喜欢把自己真实的一面隐藏起来，就好像穿着防弹衣，别人看不出他的喜怒哀乐，看不到他的真实内心，摸不透他的真实个性，无论别人如何敲打他的心门，他始终不肯向他人敞开心扉。这样的人，很难与人做到亲密的相处。

金正昆教授曾说："人际交往中我们一般最希望达到的目的是成为受欢迎的人。"当我们置身在改革开放和市场经济的大潮中，每天都不可避免地与他人交往，每天也有可能遇到社交的难题。交往给我们带来幸福和欢乐。"赠人玫瑰，手有余香"当我们拿花送给别人时，首先闻到花香的是我们自己；当我们抓起泥巴抛向别人时，首先弄脏的也是我们自己的手。与人相处是一门学问，更是一门艺术。来自五湖四海的学生们，我们为了一个共同的目标走到了一起，这是一种缘分，我们应该加倍珍惜这份战友情、兄弟情、姐妹情，更应该学会与他人和谐相处。最后，预祝各位同学能够良好地与他人交往，拥有健康、快乐的生活。

课 堂 实 践

23-1 心灵游戏：爱在指间

目的：

（1）懂得感恩、懂得付出。

（2）学会体谅他人，感受爱与被爱。

规则：

（1）一半的同学先围成一个圆圈，另一半的同学分别站在围成圆的同学的身后，形成一个稍大的圆圈。

（2）播放音乐。圈里的同学转过身来与外圈的同学相对而站。当大家听到"手势"时大家来做：如果你与对方都伸一个手指，表明你们互为陌生，不愿认识，听到"动作"时请把脸转向左边；如果你们伸两个手指，表明你们愿意相识，听到"动作"时互相握一下手；如果你们伸出三个手指，表明喜欢对方，听到"动作"时双手握一下；如果你们伸出四个手指，就表明你们愿意分享对方的快乐、承担对方的痛苦，能为对方真心诚意地付出，听到"动作"时请拥抱对方。如果你与对面的同学伸的手指不一样，就不需要做动作。

（3）开始活动：教师说"手势"完成一个动作。

（4）一个动作完成后，内圈的同学向左跨一步，再次进行活动……重复活动，直到向左走了半圈。

讨论：

（1）你在活动中有何感受？

（2）谈谈活动过后对你在人际交往方面的启示。

23－2　心灵氧吧

人际交往经典电影推荐——《楚门的世界》。

23－3　思考与实践

（1）你在人际交往方面有困难吗？

（2）如何提高你的人际魅力？

推荐阅读：靳西编著《卡耐基人际关系学》。

魏清月编著《生活中的关系学》。

推荐影视：《当幸福来敲门》。

《心灵捕手》。

《社交网络》。

参考文献

[1] 黄学规，金瑾如. 大学生心理健康指导［M］. 杭州：浙江科学技术出版社，2005.

[2] 邓志军. 大学生心理健康教育［M］. 北京：北京理工大学出版社，2010.

[3] 程玮. 大学生心理健康教育与发展［M］. 北京：科学出版社，2008.

[4] 贾晓明. 大学生心理健康——走向和谐与适应［M］. 北京：北京理工大学出版社，2010.

[5] 张大均，吴明霞. 大学生心理健康［M］. 北京：清华大学出版社，2007.

[6] 仲稳山，倪亚兰，潘林元. 大学生心理健康维护［M］. 苏州：苏州大学出版社，2006.

[7] 冉超凤，黄天贵. 高职大学生心理健康与成长［M］. 第三版. 北京：科学出版社，2005.

[8] 樊富珉，费俊峰. 青年心理健康十五讲［M］. 北京：北京大学出版社，2006.

[9] 吕芝，秦从英. 大学生心理健康教育［M］. 北京：北京工业出版社，2010.

[10] 高颖. 大学生人际交往研究［D］. 沈阳：辽宁大学，2012.

[11] 赵增娜. 当代高职院校大学生人际关系现状及对策研究［D］. 石家庄：河北师范大学，2009.

[12] 强明. 高职学生人际关系困扰的研究［D］. 南昌：江西科技师范大学，

2012.

[13] 黄敏侠. 新时期高职院校学生和谐人际关系的构建研究 [D]. 西安：西安科技大学，2010.

[14] 解读人际交往心理效应 [EB/OL]. http：//health. zjol. com. cn/05zjhealth/system/2011/02/25/017321180. shtml.

[15] 人际交往小故事_百度文库 [EB/OL]. http：//wenku. baidu. com/link？url = HANoNmrEWsYcgaZmbVq _ lK128deShrVJIiduHi0Oynz8wyRMwFr2WlbVVNVBZ51YoUbpAwX4v92FD08BzUOQ_FRZGvAxSK2tv1t1Opalve3.

[16] 高职学生人际交往中常见的心理问题及对策探析 [EB/OL]. http：//wenku. baidu. com/view/dbc35d04e87101f69e31958f. html.

[17] 人际沟通交往能力测试题_免费下载_百度文库 [EB/OL]. http：//wenku. baidu. com/link？url = qjveaB9XbmfTcZeBsdquOfqgcUWYfV － _ojpJk2vEO6OoQMTh6_r7zbALUVD2AFZgHZZwhvYu0pKDJEhDsoyZJ5INGW1WtfBCeoOPV2DKoBG.

[18] 建立良好人际关系的意义 [EB/OL]. http：//www. cnpsy. net/ReadNews. asp？NewsID = 7702.

[19] 人际交往中应遵循哪些基本原则 [EB/OL]. http：//wenku. baidu. com/link？url = 1u1BkfE － RdRjrmIc2Auenum － 5Id2gvtJH5whJ_aAnguyal6sPYdUgNBSPb0WJDzK5k2KEvfoQre80Jq4VDskcBW_pTqCAf1gLb8FnmqbTnu.

[20] 百度知道 [EB/OL]. http：//zhidao. baidu. com/link？url = mRGSsSpL5qmrBa5xf0P9vD － V7B4yp7xYlsZB0DP1FmLUsQuB11iQ7g-V-fMt8EVqDAlM3_FP2W8R_Pu1N7Ll0q.

[21] 四个有助于我们处理人际关系的小故事 [EB/OL]. http：//blog. sina. com. cn/s/blog_51e5d0610100ckga. html.

模块九　我们的爱情

——恋爱与性心理

爱情与高贵的心灵互为形影，它们彼此辉映，难舍难分。

——［意大利］但丁

"闺女求天女，更阑意未阑。玉庭开粉席，罗袖捧金盘。"一首古诗描绘了中国古代女子穿针乞巧过"七夕"的欢乐情景。七夕作为我国最具浪漫色彩的传统节日，从古至今演绎了许多美丽动人的故事。其中不仅有对爱情的坚贞、对家庭团圆的祈盼，更有对美好生活的向往与追求。每一个情窦初开的高职学生一定希冀这样一份天时地利的爱情，在追逐爱情的道路上几多欢喜，几多忧愁，有时我们不禁要问，爱情的真谛是什么？为什么随着时光的流逝，爱情会发生化学反应？我们又该如何面对爱情带来的美丽与哀愁呢？

学习目标

通过本项目的学习让学生理解爱情的含义；了解恋爱心理特点和性心理特征，引导学生树立正确的恋爱观，正确对待和处理失恋困扰，正确对待青春期性心理，学会自尊自爱，明确恋爱角色中的责任与担当。

学习重点

正确理解恋爱心理特征，掌握培养爱的能力与方法，学会恋爱与性心理问题的自我调适。

学习难点

正确对待和处理失恋困扰，正确对待青春期性心理，学会自尊自爱，明确恋爱角色中的责任与担当。

项目 24　探索爱情的真谛

案例导入

有一个男孩爱上了一个女孩，他决定向女孩求婚。

第一次求婚，女孩为了自己的矜持，拒绝了男孩。男孩哭了，他的眼泪让女孩很失望，她说，你这么脆弱，这么不爱惜一个男人的坚强形象，我怎么敢嫁给你呢？

一年后男孩第二次向女孩求婚。女孩出于谨慎，又拒绝了。男孩跪在她面前，苦苦哀求。女孩更失望，她说，你这么不爱惜自己的尊严，我怎么能嫁给你呢？

又过了一年，男孩第三次向女孩求婚。女孩为了最后的考验，又拒绝了他。谁知男孩掏出一把匕首，寒光一闪，他的一根手指头已经离了身体，男孩绝望地咆哮"你答不答应"？

女孩彻底失望了，她对男孩说："我花了三年的时间来启发你，却仍然没能让你真正地懂得爱情，你连自己的身体都不爱惜，你还会爱我吗？"

资料来源：笔者根据相关资料改编。

男孩深爱着女孩，但是他却始终没有理解爱情的真谛。爱情是男女双方相互吸引达到精神升华的产物，虽然以物质生活为基础，但追求的是更加高尚的精神生活。男孩为了得到女孩不惜放弃坚强的品质、人格的尊严，甚至以伤害自己的身体作为威胁，这样接近于疯狂的偏执最终导致了女孩离他而去。

24.1　解读爱情

爱情的定义与本质

24.1.1　爱情的含义

所谓爱情，是人与人之间的强烈依恋、亲近、向往，以及无私专一并且无所不尽其心的情感。这种情感是一种依赖，就是一对男女之间由于相互欣赏、关心、牵挂而形成的默契的、超出一般友情的男女关系。爱情是人性的组成部分，是两颗心灵相互向往、吸引、达到精神升华的产物，是一种高尚的精神生活，具有亲密、情欲和承诺的属性。

模块九　我们的爱情——恋爱与性心理

体验活动 24-1

What is true love

爱情使者丘比特问爱神阿佛洛狄：LOVE 的意义在哪里？阿佛洛狄说：

"L"代表 listen（倾听）。爱就是要无条件无偏见地倾听对方的需求，并且予以协助。

"O"代表 obligate（感恩）。爱需要不断地感恩与慰问，需要付出更多的爱，灌溉爱苗。

"V"代表 valued（尊重）。爱就是展现你的尊重，表达体贴、真诚的鼓励，悦耳的赞美。

"E"代表 excuse（宽恕）。爱就是仁慈地对待、宽恕对方的缺点与错误，维持优点与长处。

也有人这样解释爱情（LOVE）：

L——loyal（忠诚）

O——observant（用心）

V——valiant（勇敢）

E——enjoyment（喜悦）

那么你认为什么是爱情？

L——_____

O——_____

V——_____

E——_____

体验活动　认识爱情

1. 畅想爱情——我想定做一个他（她）

（1）目的：明确理想爱情与现实爱情的差距，学会调整自己的心态与目标。

（2）操作步骤：

①填写下表。

理想中的完美爱人需要具备以下条件：

外表：

内涵：

人品：

智慧：

经济：

……

②就自己的表格内容自由发言。

③教师组织同学们就发言内容进行讨论。

④教师总结。

2. 品尝爱情——我的爱情水果

（1）目的：了解爱情因人而异。

（2）操作步骤：

①教师讲解。有人说爱情像苹果，酸酸甜甜，象征着矛盾与甜蜜；有人说爱情像菠萝，虽然其貌不扬，但是里面却是甜丝丝的……

②同学们写下自己的爱情水果。

③同学们自由发言。

④教师总结。

3. 体味爱情——聆听诗歌

（1）目的：在聆听诗歌的过程中领悟爱情的实质。

（2）操作步骤：

①教师播放诗歌《致橡树》。

②同学们就聆听诗歌后的感受自由发言。

③教师总结爱情的实质。

24.1.2 爱情的实质

1. 动机成分

动机有内发的性驱力，也包括异性之间身体容貌等特征彼此吸引。性驱力是引起爱情的主导形式，其他自尊、归属、支配等动机也是唤醒爱情体验的源泉。

2. 情绪成分

情绪是由刺激引起的身心激动状态，如喜、怒、哀、惧等，以情绪为主的两性关系是亲密的，能够引起爱情关系中的温暖体验。

3. 认知成分

爱情的认知成分对动机和情绪是一种控制因素，是爱情中的理智层面，如果说以动机和情绪为主的爱情是感性的，那么以认知为主的两性关系则是理性的。

24.1.3 爱情的基本特征

1. 平等性

爱情的平等性是以互爱为前提的。爱情是人类的一种特殊的心理体验，是男女双方发自内心的、自觉自愿的，基于一定客观现实基础上的自由选择。没有客观现实基础的爱情在现实生活中是不存在的，要想建立恋爱关系，在两人之间的确有着主动与被动之分，但并不代表有不平等的含义在里面。

2. 专一性

爱情的专一性，就是指一个人在同一时间内只能有一个恋爱对象，这是由爱情的本性所决定的。爱情是建立在双方追求和维持性结合基础上的,与人类的其他情感,如亲情、友情等,最明显的区别是,爱情以"性吸引"为基础的,还有一个明显区别就是具有强烈的嫉妒心理,而专一的爱情则是缓解甚至消除这种嫉妒心理最有效的东西。

3. 排他性

爱情是无私的,他将全部身心倾注于所爱的人,甚至愿意为爱情奉献一切;爱情有时是自私的,具有独自占有所爱对象的欲望。男女之间一旦形成爱情关系,爱情所包含的为它所特有的情感和义务,只能存在于恋爱者两人之中。尤其是在性爱方面,排他性表现得更为明显,即抗拒其他人对自己性爱对象予以任何性亲近的心理倾向。

4. 依存性

在爱情中,男女双方相互吸引,在情感上彼此离不开对方,在这种情况下内心才感觉到踏实,这就是爱情的依存性。爱情的依存性并不是过分地相互依赖,将依赖性当成真爱是对爱情理解的误区。过分地依赖会导致个体心理失调,因此我们要突破自我界限,不能将自己的人生价值依赖于和别人的情感关系。

知识窗 24-1

斯腾伯格的爱情三元理论

美国心理学家斯腾伯格(R. J. Sternberg)提出的爱情三元理论,他将爱情的动机、情绪、认知三种基本成分解释为激情、亲密和承诺。激情是爱情中的性欲成分,亲密是指在爱情关系中能够引起的温暖体验,承诺指维持关系的决定期许或担保。这三种成分构成了爱情的七种类型。

(1) 喜欢。在爱情的三个成分中只有亲密因素时,相处的双方在交往中会感觉亲切,轻松,有很强的信赖感,表现在生活中就是两性之间真诚的友谊。

(2) 迷恋。在爱情的三个成分中只有激情因素时,双方有强烈的性吸引,但缺乏彼此的了解,缺乏彼此的信任,更没有发展到承诺的阶段。

(3) 空洞的爱。在爱情的三个成分中,只有承诺,没有亲密和热情时,表明两者只有责任和义务,是高度道德化或价值高度异化的两性伙伴关系。

(4) 浪漫之爱。当两性之间的关系具有亲密和热情两个成分,双方的关系不需要承诺来维系时,被认为是一种最轻松最享受最唯美的浪漫之爱。

(5) 伴侣之爱。当两性之间的关系有亲密也有承诺,而缺乏性爱吸引时,彼此的关系已经升华为亲情式的信任和依赖,可能缺乏激情,但却具有深度的情感体验。

(6) 虚幻的爱。当爱情中的热情和承诺相结合,却没有亲密成分时,这种爱情的感情基础不牢固,双方缺乏信任感,随时有变异的可能。

(7) 完美之爱。真正完美的爱情应该以信任为基石,以性的吸引和欣赏为催化剂,以承诺为约束。即亲密、热情、承诺三种成分相结合,这样的爱情既具有相对的稳定性,又充满热情和活力。

24.1.4 爱情的发展阶段

1. 好感阶段

人类认识事物都要经过由表及里、由浅入深的过程，恋爱也是如此。第一印象在恋爱中非常重要，是男女双方互相产生好感的基础。在第一印象较好的情况下，随着接触的深入，双方逐渐了解对方的内心世界，进一步产生好感，最终发展为恋爱关系。

2. 恋爱初始期

恋爱的心理很奇特，很微妙，一方面反映在内部的心理活动上，另一方面表现在外部的情绪行为上。恋爱初期，有的人直截了当、热情似火，有的人则表现得羞怯忸怩、腼腆内敛。每个人都有自己表达爱意的方式，但是在刚刚获得爱情时应该理智地审视双方感情产生的基础，不要贸然激进，也不能过分含蓄。

3. 热恋期

爱情的热恋期恋人彼此间的吸引力达到顶峰，恋爱双方的内心世界相互融合，心理高度达到平衡，完全沉浸在爱情的幸福和快乐之中。在经过恋爱初期有意识的克制后，双方的情感完全爆发，强烈渴望身体上的亲密接触甚至性体验。

4. 质变期

经过初始期和热恋期，双方的恋爱关系发展到最为关键的阶段，爱情将会产生一个结果，这个时期叫作恋爱的质变期。高职学生维持热恋的时间一般在三个月到一年之间，随着激情逝去，恋爱双方在心理上、生活细节上、情感处理上很容易产生矛盾和摩擦，这就需要两个人冷静地处理双方关系，互相理解，互相包容，切勿失去理智。

体验活动 24 - 2

爱 的 真 谛

目的：

通过活动，让同学们思考自己的爱情观，同时通过同学们对爱的实质的讨论，拓宽大家的思路，更全面地领悟爱的真谛，并能对自己的情感生活有所反思。

操作：

请静静地思考一下"爱"是什么，并在白纸上写出5条你所认为的爱的实质，如爱是需要、关怀……（请更多关注那些直觉的、第一印象的内容，而非理性思考的内容和感受），写完后每个同学在小组里向大家汇报自己的选择及感受。

A. _____

B. _____

C. _____

D. _____

E. _____

讨论：

（1）你在活动中有何感受？

（2）对你而言，爱的实质是什么？它对你曾经或目前的恋爱有何影响？你的选择与你的爱情观相符合吗？

（3）其他人的爱情观对你有何影响？

（4）最后每个小组将排在前5位的爱的实质写到黑板上在全班进行分享，教师进行点评补充、总结。

24.2 高职学生的爱情

高职学生常见的恋爱问题及调试

24.2.1 高职学生恋爱的主要特点

1. 比较纯洁，浪漫色彩浓重

高职学生的恋爱相对比较纯洁，往往要比进入社会后的恋爱更单纯、更真挚。高职学生在恋爱对象的选择上，更重视精神层面的相互认同。他们在恋爱中谈论的话题大多是学习、人生、理想等，很少涉及婚姻、家庭、经济等现实问题。高职学生恋爱的这种浪漫色彩和理想主义，掩盖了理想和现实之间的矛盾，脱离了现实基础，他们对将来要面临的困难和挫折没有做好心理准备，这就注定了高职学生的恋爱成功率较低。

2. 自主性较强

高职学生文化层次高，独立意识强，思想开放，容易接受新事物、新观念。高职学生的自主意识增强，在恋爱问题上形成了独立的个性，不受传统习俗的局限。他们在处理恋爱关系的过程中，都会以自己的意志和情感作为根本出发点，较少受到外界因素的干扰；在恋爱对象的选择上，自主性水平高，以自主恋爱为缔结恋爱关系的主要方式。

3. 恋爱观念相对开放

随着社会的发展，传统道德观念对恋爱的影响逐渐淡化，大学校园对恋爱的态度越来越开放，对大学生的恋爱行为"既不提倡也不禁止"。在高职学生中，恋爱呈现出公开化、大众化的趋势。虽然高职学生的恋爱依然会受到来自传统观念的压力和伦理道德的束缚，但这已经不能成为制约高职学生追求自由恋爱的力量。

4. 恋爱动机简单化，盲目追求爱情

首先，很多高职学生认为"缘分到了，感觉来了"，就可以勇敢去爱，当遇到恋爱挫折时，就解释为"缘分尽了，感觉没了"，草率地结束自己的爱情。其次，高职学生无法正确处理恋爱与学业的关系，很多同学都表现为一旦坠入情网就无法自拔。再次，高职学生的恋爱动机多种多样，其中不乏为了满足感官上的需要，或者是为了排遣寂寞、填补空虚。最后，还有一些高职学生把恋爱作为取得生活经验的实践活动，甚至当作一种消遣文化，以此来体验感情，寻求刺激，而没有将婚姻作为恋爱行为的最终目的。

5. 具有不成熟性和不稳定性

近年来，高职学生恋爱呈现低年级化趋势，男女双方社会阅历少，学习能力差，缺乏生活经验，思想较为单纯，没有形成正确的爱情观和价值观，对自己的人生目标没有明确定位，对恋爱的理解和认识不够成熟。

案例 24-1

小王，女生，大学三年级。在刚刚入校时，因为舞蹈等才艺出众，很多男生对她竞相表达爱意，其中一个个头高大、眉清目秀的男孩子最终成为她的选择。接下来的两年里，两人加深了对彼此的了解，小王发现这个男孩子胆小、细心，因为自私人际关系很不好，而小王的性格又乐群善交，两人总是为小事吵架，此外，男孩子还经常限制小王交异性朋友。最后，小王不得不提出分手，感情上也陷入了痛苦。

资料来源：笔者根据相关资料改编。

同时，高职学生的心理还处于不成熟的阶段，思想和情感不够稳定，人生经验不足，经济尚未独立，缺乏妥善处理情感纠葛和冲突的能力，这些因素导致了高职学生恋爱具有周期短、频率快、成功率低等不稳定性。

6. 缺乏责任感

高职学生对于恋爱有着很强的冲动性，但多数人只注重情感的体验，享受一时的快乐，缺乏坚守爱情的信念，忽略了爱情中的责任感。一旦遇到挫折他们就会选择主动放弃，给对方的身心造成极大伤害。

7. 自我控制力较差，耐挫折能力较弱

当代高职学生的家庭条件相对优越，在生活中很少受到挫折，这样的现实状况使高职学生的人格表现出自我和任性的特征，缺乏自我控制力和挫折承受力。处在恋爱过程中的高职学生，难以控制个人情感，缺乏驾驭感情的能力，一旦受到挫折和考验，就会容易产生情绪波动甚至失控，对其学习生活和身心成长都将造成不良影响。

24.2.2 高职学生的恋爱心理

1. 冲动心理

高职学生追求爱情、渴望恋爱是建立在性生理成熟的基础上的，是满足性生理和性心理冲动的需要。科学研究表明，在这个年龄阶段，人的大脑脑垂体前叶性激素分泌活跃，性腺逐渐发育成熟，导致性意识的觉醒和性冲动的增强。因此，高职学生的恋爱心理是基于最原始的欲望冲动而形成的。

2. 从众心理

在当今的大学校园，谈恋爱并不稀奇，高职院校里成双成对的学生情侣更是随处可见，这无疑是对单身学生的一种心理刺激。有的高职学生原本并没有谈恋爱的想法，但是受到周围有恋爱行为同学的影响，也就"随大流"加入了校园恋爱的大军。

案例 24-2

林林是某大学的女生，长得漂亮，学习也好。刚入学时，身边有不少追求者，但都被她拒绝了。原来，为了不影响学业，她曾向父母作了保证，大学期间不谈恋爱。然而，随着时间的推移，林林发现同伴的女生都有了男朋友。林林逐渐感到了孤独，尤其是在节假日，整个宿舍往往就只有她一个人。于是，林林改变了初衷，很快和一位男生交上了朋友，此后，经常和男友逃课外出约会，学业也因此受到了影响。当别人问她以后的打算时，她说："我现在没想那么多，走一步算一步，大学时找个人陪着就好。"

对于林林的这种想法你有什么看法？

3. 倾慕心理

在大学的学习生活中，由于爱好、兴趣等方面的志同道合，使得男女双方相互吸引，相互倾慕。他们在学习上互相帮助，在生活中互相关心，逐渐由同学关系演变成恋人关系。

4. 好奇心理

对于社会经验不足的高职学生来说，恋爱既新鲜又神秘，具有很强的吸引力。在性发育日趋成熟的特殊时期，由于神秘爱情的诱惑，好奇心的驱使，高职学生开始在恋爱的道路上摸索，寻找自己的意中人。

5. 空虚寂寞心理

高职学生进入大学校园之后，在学习方面动力不足，课余时间丰富，精神世界变得空虚缥缈，这就产生了用恋爱来填补时间和心灵空虚的想法；加之离开了父母的关心和照顾，缺少了家庭的温暖和保护，寻找一个恋爱对象便成了最好的弥补方法。值得提醒的是，恋爱是对内心欲望的本能回应，但不是治愈心灵空虚的灵丹妙药。

6. 虚荣心理

许多高职学生不是因为追求真爱而去恋爱，而是为了满足自己的虚荣心理。他们或是为了与别人攀比，或是为了赢得旁人的羡慕，或是为了炫耀自己的魅力，从本质上讲都是以满足自己的虚荣心为前提而恋爱的。

7. 功利心理

还有一部分高职学生的恋爱是出于功利心理。有的学生为了达到个人的某种目的，刻意地去选择物质条件比较优越、家庭成员具有一定社会地位的同学作为目标，不惜付出任何代价地去追求对方，不择手段地与其确定恋爱关系。

24.2.3 影响高职学生恋爱的因素

1. 生理因素

从生物学角度来讲，满足性冲动是促使人类投入恋爱活动的重要诱因。高职学生年龄一般在 18~20 岁左右，正处于青春发育期，性生理和性心理都处在发育的高峰期，他们渴望并寻求与异性的交往，这种对异性的渴望就构成了恋爱行为的生理基础。

2. 社会因素

（1）社会本能。恋爱是一种普遍的社会现象，爱情引导一对男女去建立亲密关系，恋爱促使他们去组建婚姻和家庭。

（2）文化背景。许多经典文学作品把爱情渲染得纯洁神圣，加快了高职学生追求爱情的步伐。同时，一些淫秽书刊和不健康网站对高职学生的恋爱也起了误导的作用。

（3）道德规范。传统社会观念总是对高职学生这个年龄段的青年人恋爱持有封闭、保守的态度，不可避免地影响到高职学生的恋爱观。

3. 其他环境影响因素

（1）家庭因素。家庭气氛对高职学生的恋爱有重要影响。一些家庭或是父母失和，或是疲于奔波劳碌，忽视了对子女的关心和爱护，使孩子长期体会不到家庭的温暖，导致子女在大学时期寻找异性恋爱来寄托感情。

（2）教育理念。高职学生的学习成绩普遍不理想，在求学过程中一直受到家长和老师的批评和否定，使他们对自己丧失信心，一些学生就通过选择恋爱来缓解和抚慰，在恋爱中寻找自我。

24.3 恋爱对高职学生的影响

24.3.1 恋爱对高职学生的积极影响

1. 恋爱对高职学生身心成熟有促进作用

随着生理的成熟和性意识的发展，恋爱成为释放性冲动的重要途径，也是完善性意识的必经阶段。高职学生通过恋爱去接触异性，使他们性方面的压抑紧张得到缓解。

2. 恋爱可以增强高职学生的责任感

恋爱是男女双方深层的接触，可以增强他们的责任感。由于深爱彼此，他们就会慢慢调整自身问题去适应对方，懂得如何去爱一个人，进而懂得如何珍惜家人和朋友。

3. 恋爱有利于提高高职学生的社交能力

在恋爱过程中，男女双方不仅要学会处理问题与矛盾的能力，还要经常介入对方的社交网络，认识更多的朋友，在无形中个人的社交能力也能得到提升。

4. 恋爱可以增加高职学生的学习兴趣

爱情的力量是伟大的，如果将这种力量化为学习的动力，就会让高职学生在学习方面得到提高。

案例 24-3

王涛与小丽是某高职院校的同班同学，大一时就确定了恋爱关系，双方都爱得很投入。但他们很清楚,由于生源地不同,家境也不富裕,将来要想走在一块的难度很大,唯一的办法就是努力学习,继续深造,争取将来能留在同一城市。因此,从大一开始,两个人在学习上相互帮助、相互鼓励、相互监督,在大三的时候,王涛和小丽均以优异的成绩考入本科院校,后来又取得硕士学位,最终两人靠自己的努力结为连理,实现了最初的愿望。

24.3.2 恋爱对高职学生的消极作用

高职学生恋爱虽然有很多积极的方面,但是也有不少消极的影响。

1. 恋爱中的高职学生情绪波动较大

恋爱是在心理紧张量表上分值很高的心理体验,过度的兴奋和悲伤都会加剧心理紧张。高职学生在恋爱过程中情绪波动大,会经常带来高度的心理紧张。

2. 过分地谈情说爱耽误学习进步和个体发展

恋爱可以提高双方对学习的兴趣,但是对于大多数高职学生来说,他们的恋爱不够理性,没有将爱情的正能量发挥在学习和个人发展上。相反,他们不再学习,不再关心他人,只是两个人每天腻在一起谈情说爱,这样的大学爱情是盲目的、不负责任的。

3. 恋爱会使高职学生承受一定的经济负担

在高职学生恋爱中经常会有这样的现象:只有一方承担两个人恋爱的全部或大部分费用,或者恋爱双方的爱情消费巨大,条件一般的家庭难以承受。

4. 受挫的恋爱很苦涩

恋爱中既然有甜蜜和美好,也会伴随着困难与挫折。草率的恋爱在高职学生中不在少数,他们的爱情具有了很大的不稳定性,恋爱双方经常因为一些小事不快、吵架,甚至分手,给对方造成了很大的伤害。

5. 恋爱可能导致高职学生过早地发生性行为

很多恋爱中的高职学生不懂得保护自己和对方,贪图一时之快而导致怀孕,造成女方身体严重失调和心理负担超重,这是让人非常痛心的现象。

课 堂 实 践

24-1 心理测试:测测你的爱情观

恋爱观是人生观在恋爱上的反映。它不仅决定着对恋人选择的标准,也决定着一个人恋爱的目的和为达到目的所采取的方式,由此也关系到婚姻幸福美满的程度。

请从下列各题所给的备选答案中选出最符合你的一项。

（1）你和对方建立恋爱关系时所依据的条件是（　　）。
A. 各有所长，但总是相等的　　　　B. 我比对方优越
C. 对方比我优越　　　　　　　　　D. 没考虑

（2）你对恋爱日程和起始的时间安排是（　　）。
A. 懂得了人生的真谛和爱情的内涵，又确定了事业上的前进方向和出发点
B. 随着年龄增长，自有贤妻与佳婿的光临，"月下老人"总有有空的时候
C. 早下手为强，越早越主动
D. 还没想过

（3）你认为恋爱最终达到的目的是（　　）。
A. 结为情投意合的伴侣　　　　　　B. 成家过日子，养儿育女
C. 满足情欲的需要　　　　　　　　D. 只是看着恋爱好玩儿，下步没想什么

（4）（男做）你对未来妻子首先考虑的是（　　）。
A. 善于理家，进得厨房　　　　　　B. 容貌漂亮，出得厅堂
C. 人品好，能体贴、帮助自己　　　D. 只要爱，其他无所谓
（女做）你对未来丈夫首先考虑的是（　　）。
A. 潇洒有风度　　　　　　　　　　B. 金钱权势占优势
C. 为人正直、待人和蔼可亲，有上进心　　D. 只要他爱我，其他都不考虑

（5）你希望同你恋人的结识是这样开始的（　　）。
A. 青梅竹马，一往情深　　　　　　B. 一见钟情，难舍难分
C. 在工作和学习中逐渐产生的感情　　D. 经人介绍

（6）你认为巩固爱情的最佳途径是（　　）。
A. 设法讨好对方　　　　　　　　　B. 努力使自己变得更完美
C. 对恋人诚恳，言听计从　　　　　D. 无计可施

（7）恋爱的过程是互相了解、互相适应和培养感情的过程，你希望恋爱的时间是（　　）。
A. 越短越好，最好是"闪电式"　　　B. 时间长些
C. 时间拖得很长　　　　　　　　　D. 自己无所谓，听对方的

（8）你认为了解恋人的最佳途径是（　　）。
A. 自己精心设计某些场面，对恋人作无休止的考验
B. 诚挚的交谈，细心地观察
C. 通过朋友
D. 没想过

（9）当你在恋爱过程中遇到一位比恋人条件更好的异性对你有好感时（　　）。
A. 说明真相，更忠于恋人　　　　　B. 对其冷淡，但保持友谊
C. 讨好对方并瞒着恋人和其交往　　D. 感到困惑，不知如何是好

（10）你原以为恋人很理想，随着时间的推移发现恋人也有缺点和不足时，你怎么

办?（ 　　 ）。

　　A. 用对方能接受的方式帮助对方改进　　B. 因事先没想到而伤脑筋

　　C. 嫌弃对方，犹豫动摇　　D. 不知如何是好

(11) 恋爱进程不是一帆风顺的，你对恋爱中出现的波折认识是（ 　　 ）。

　　A. 最好不要出现。不过，即使出现也是件好事，是对对方的互相了解和考验

　　B. 有点儿难过，认为这是不幸

　　C. 疑从心生，打算分手

　　D. 束手无策

(12) 当你倾慕某异性并开始对他（她）展开追求时，发现他（她）已经另有所爱，你怎么办?（ 　　 ）。

　　A. 静观其变　　B. 千方百计"切入"

　　C. 抽身止步，成人之美　　D. 没想过

(13) 当你们的爱情小舟在行驶中由于对方的原因搁浅时，你怎么办?（ 　　 ）。

　　A. 千方百计缠着对方　　B. 毁坏对方名誉

　　C. 说声再见，各奔前程　　D. 不知所措

(14) 当你的恋人背信弃义，甩掉你以后，你怎么办?（ 　　 ）。

　　A. 只当自己瞎了眼　　B. 你不仁，休怪我不义

　　C. 吸取教训，重新开始　　D. 悲愤痛苦，不知所以

(15) 当你多次恋爱都未成功，随着年龄的增长成了"老大难"时，你将怎么办?（ 　　 ）。

　　A. 一如既往，宁缺毋滥　　B. 随便找一个结婚

　　C. 检查一下择偶标准是否切合实际　　D. 自认命不好，对再恋爱感到绝望

计分方法：

题目	A	B	C	D
(1)	3	2	1	0
(2)	3	2	1	0
(3)	3	2	1	1
(4)	2	1	3	1
(5)	2	1	3	1
(6)	1	3	2	0
(7)	1	3	2	0
(8)	1	3	2	0
(9)	3	2	1	0

续表

题目	A	B	C	D
(10)	3	2	1	0
(11)	3	2	1	0
(12)	2	1	3	0
(13)	2	1	3	0
(14)	2	1	3	0
(15)	2	1	3	0

结果解释：

得7个以上0分：你的恋爱观还没有确定。

如你的年岁尚小，切不可匆匆跨入情场，以防色狼的袭击。如年龄已长，也要读几本指导婚恋的读物，待爱情观确定以后再跨入情场为宜。

15~24分：恋爱观需好好端正。

这是因为你的恋爱观有不少问题，这些问题使你辛勤散播的爱情种子难以萌发，即使萌发了也难结甜蜜之果。如你已进入情场，劝你及早退出来，改进恋爱观后，不愁爱情之树不枝繁叶茂。

25~34分：恋爱观尚可。

你在情场上虽不至于有大的失误，但一时也难以得到真正的爱情。爱情是圣洁的事，为了你的幸福，最好把恋爱观再矫正一下，变"尚可"为"正确"后，再跨入情场不迟。

35~45分：恋爱观正确。

这是你进入情场的最佳入场券，进场以后也可能会有点儿曲折，这种曲折只不过是你实际目标的暂时困难。但你最终会寻觅到称心如意的恋人。

24-2 心灵游戏：当我们面对恋爱难题的时候：

每组6~8人，用课堂讨论和角色扮演的方式去学习如何面对将来可能面对的问题。

（1）当我失恋了，我应该如何面对？当我的好朋友失恋想不开的时候，作为好朋友的我应如何帮助他（她）渡过难关？

（2）当我遇到一个我不爱的人追求我的时候，我如何去拒绝他（她）对我的求爱？

（3）当我的恋人向我提出性要求，而我又没有心理准备的时候，我如何去拒绝才能不影响我们之间的感情？

每个话题每组分别选两名同学扮演，其他同学做观察员对扮演同学的表述进行评价，并给予帮助。

项目25　高职学生恋爱中常见的心理困扰及调适

案例导入

大学男生小陈与女生小娟是中学同学，小陈为了能与小娟上同一所大学，高考成绩优秀的小陈放弃了读名牌大学的机会，而是选择了与小娟同一个城市的高校。经过几年的交往，小娟觉得小陈并不适合自己，于是提出了分手。小陈陷入了难以自拔的痛苦之中。在挽回小娟无果后，小陈买了一瓶农药喝了下去，幸亏被同学及时发现，经过抢救最终脱险。

很显然，小娟是提出终止恋爱关系的一方，小陈是承受的一方，因此小陈受到失恋的巨大打击。小陈失恋后没有积极调节情绪和宣泄感情，也没有找人倾诉或转移注意力，而是一味地在痛苦、悲伤、绝望的情绪中挣扎，体验到强烈的挫折感和自卑感，造成严重心理失衡，最终出现了自杀行为。

25.1　高职学生恋爱中的心理困扰

25.1.1　失恋

1. 失恋对高职学生的影响

失恋就是恋爱中的一方单方面否认或终止恋爱关系，并因此给对方造成严重心理挫折的现象。

失恋成为很多高职学生的恋爱心理困扰，产生失恋现象既有客观原因，也有主观原因。首先，由于双方的文化水平、道德素养、个性特征、兴趣爱好不一致，导致双方缺乏共同语言。其次，由于恋爱者自身的原因，如任性、高傲、孤僻、自私等，使彼此的关系慢慢疏远，最后导致恋爱关系终止。

有恋爱就有可能失恋，失恋是青春期最严重的挫折之一，是一种痛苦的情绪体验。但是，恋爱是一对男女为追求和建立爱情而相互了解和选择的过程，双方都有自由选择的权利。由于各种主观或客观的原因，一方不愿再保持恋爱关系，双方的恋爱就要终止，这是恋爱者选择放弃恋爱关系的权利。实际上，终止恋爱关系对于恋爱双方来说都意味着失恋，对双方都是一种痛苦的情绪体验，都会带来不同程度的心理创伤，从而引发一系列的心理问题。如失落、悲伤、孤独、抑郁、冷漠、绝望甚至报复等，会严重影响高职学生正常的学习，具体表现为：回避、退缩，陷入自卑和迷惘，走向怯懦和封闭；有的变得抑郁、孤僻、冷漠，以烟解闷，借酒消愁，以致积郁成疾；悲观厌世，不再相信爱情的存在；攻击以前的恋爱对象，向对方进行行为和心理上的报复；更有甚者因为失恋而导致心理严重失衡，产生自残、自杀、报复社会等念头。

2. 失恋心理调适

失恋是一种痛苦的心理体验，会不同程度地造成剧烈而深刻的心理创伤，有时候会使人处于极其强烈的自卑、抑郁、焦虑、悲愤甚至绝望的消极情绪状态，甚至有的人会对生活失去信心和勇气。深陷失恋痛苦的高职学生必须端正认识，调整自我，及时、正确地宣泄情绪，达到心理平衡，尽快走出失恋的阴影。

（1）合理认知感情，勇敢面对失恋。解决失恋的心理困扰，首先要正确认识男女情感问题。恋爱是双方选择、相互考验的过程，是以互爱为前提的，应该尊重对方选择爱与被爱的权利。其次，要勇敢地面对现实，对失恋进行合理认知。一切事物都具有两面性，恋爱既然有成功的喜悦，当然也会有失败的悲伤。失恋固然是痛苦的，但这样的人生经历会给人留下一段刻骨铭心的回忆，同时磨炼了意志，提高了心理承受力。

（2）倾诉和咨询。为了避免加重心理负担，高职学生失恋后应该与他人进行深刻交流，可以向家人、朋友倾诉自己心里的烦恼和郁闷，多听取他们的劝慰和评说，也可以寻求学校的心理咨询老师的帮助和引导，重新建立信心，走出失恋的困境。

（3）调节情绪，适时宣泄。高职学生失恋后容易产生愤怒、失望、悲伤、悔恨等负性情绪，如果这些不良情绪长期压抑在内心，可能会造成更大的痛苦。情绪调节和宣泄的方式有很多，比如找个安静的地方大哭一场，或者去一个环境优美的地方旅游……需要注意的是，调节情绪的方式要合理，宣泄要适度。

（4）移情。移情是解决失恋困扰最有效的手段之一，它包括环境迁移和注意力转移。所谓环境迁移，就是尽量不要接触以前与恋人一起去过的环境或共同用过的物品，因为睹物思人会使你更加悲伤，而时过境迁，痛苦就会慢慢淡化。另一种方法是将注意力转移到失恋对象以外的人或事物上，比如说扩大人际交往圈子，去与别人发展一段密切的朋友关系；全身心投入到学习中去，化悲伤为动力，用优异的成绩来弥补失恋的损失；积极参加学校社团活动，用文体活动的娱乐性来冲淡失恋的痛苦。

体验活动 25 - 1

走 出 失 恋

划分若干小组，每组 4 ~ 8 名同学，完成下列任务。

(1) 找出失恋后的十大好处。

尽管失恋是痛苦的和不幸的,但并非绝对就是坏事,在某种意义上也可以说是件好事。各小组分别列举失恋后的十大好处。之后在全班范围内由全体同学共同评比出最合理的说法。

请以下面的句型为模板。完成 10 句话。

因为我失恋了,所以我_____

(2) 找出放松失恋心情的渠道。

失恋后心情会很不好,但不能永远不开心。各小组说出 4 种失恋后放松心情的方法。

方法一:_____

方法二:_____

方法三:_____

方法四:_____

(3) 说出拒绝他人的 10 个理由。

组内同学共同讨论,提出拒绝他人的 5 个理由,在全班范围内选出最合适的 10 个理由。

要求:善意拒绝,不伤害对方的自尊心,避免出现尴尬局面。

25.1.2 单恋

经典阅读 25 - 1

"关关雎鸠,在河之洲。窈窕淑女,君子好逑。参差荇菜,左右流之。窈窕淑女,寤寐求之。求之不得,寤寐思服。悠哉悠哉,辗转反侧。"

我国《诗经》之开宗明义第一篇《关雎》,娓娓细述的就是一个男子的单相思,他的倾慕、爱恋与渴望,道尽了亘古以来每一个单相思者心中对爱情最深的期盼。

1. 单恋对高职学生的影响

单恋,也称为单相思,是指在异性关系中,一方对另一方产生倾慕之情,但又不能告知对方,或者不被对方接受的一厢情愿的恋爱渴望,这种状态仅仅停留在个体单方面的爱恋,而无法发展成双方相恋。

单恋较多地出现在性格内向、思维敏感、富于幻想、自卑感强的人身上。单恋人群有一些共同的心理特点:由于痴情而对对方产生强烈关注、幻想和冲动。由于得不到对方情感上的回应,经常会自我埋怨,情绪不稳定,时而沉默寡言,时而焦躁不安。长期处于单相思状态,会使人变得孤僻、固执、消极、自卑、不合群,也会对本人的自尊心理、自我概念和性意识的发展造成极大的消极影响。

单恋可以给高职学生带来极大的心理危害。高职学生的心理发展尚未完全成熟,他们对爱情有一种神秘感、虚幻感和羞怯感,很容易激发对某人的强烈眷恋,因此单恋现象就会出现。在具体行为上表现为:郁郁寡欢、闷闷不乐、神情恍惚、茶饭不思,对生活失去兴趣；情绪极不稳定，时而沉默寡言，时而烦躁不安；在个性发展上也受到很大影响，变得孤僻、固执、自卑、消极。

2. 高职学生产生单恋的主要原因

第一，单方面的一见钟情，一方在某一方面的优点被另一方发现并放大，这个优点可能是外貌出众，可能是幽默风趣，也可能是学习成绩优秀。

第二，由于长期的接触和深层的交往，彼此之间逐步了解，某一方产生了把同学关系或朋友关系升华为恋爱关系的愿望。

第三，对方一句嘘寒问暖的话，一个让人感到温馨的举动，会产生心理暗示作用："他是不是有点喜欢我？"

第四，一些校园里的体育健将、文艺明星和社团积极分子，他们外表光鲜，有某一方面的特长，经常活跃在校园的大舞台上，可能会使别人对他们产生痴迷和狂热，进而形成单恋。

3. 单恋问题的心理调适

第一，树立正确的爱情观，理智面对单恋。

树立正确的爱情观可以指引我们正确的恋爱行动。对于爱情而言，重要的是双方情投意合，当你发现自己单恋某个人时，请理智思考，冷静面对，客观分析两人走到一起的可能性，在没有得到对方爱的回应时，不要任性地沉浸在单恋里受其折磨。

第二，主动了解对方的态度，及时克服恋爱错觉。

当爱上某人时，需要钟情的一方客观地了解对方对自己的态度，准确地分析对方的言行，用心去体会、分辨对方的情感。在做了实际的了解和分析之后，根据实际情况作出恋爱可能性的判断，如果你已经产生了恋爱错觉，那就必须客观地正视自己的问题，及时调整心态，克服恋爱错觉，避免深陷单恋漩涡。

第三，大声说出"我爱你"。

当出现单恋时，在经过认真思考和综合评估之后，如果认为你们有发展成恋爱关系的可能性，那么就要鼓足勇气，克服羞怯心理，大胆地表达自己的感情。在这个过程中，切忌犹豫不决、优柔寡断，并做好对方不接受你的心理准备。

第四，自我解脱，把爱埋在心底。

单恋也是美好的，它既有相思之苦，又有牵挂之美。如果单恋的对象真的不接受你的感情，最明智的做法就是把这份美好、真挚的感情封存在心底，与其忍受遥遥无期的单恋，不如及时自我解脱。

第五，情感转移。

当对方明确表示不接受你的感情，但自己依然深深地爱着对方不能自拔时，就要求适时调整心态，通过情感的转移和升华来获得心理平衡，尽早摆脱单恋的痛苦。可以把更多的精力投入到学习中去，说不定会有意外的收获；广泛建立友谊，扩大人际交往圈子，深刻体验亲情和友情，通过与家人、朋友更多的交流来削减相思之情；还可以积极参加校园文体娱乐活动，用丰富的课余生活来淡化感情伤痛。

体验活动 25-2

你单恋了吗

对于下列各题，请作出"是""不确定""否"的回答。
（1）我常心烦意乱，什么事也做不下去。　　　　　　　　　　（　）
（2）我常常在梦里与某个人谈情说爱。　　　　　　　　　　　（　）
（3）我是那么喜欢他（她），可对方却没什么反应。　　　　　（　）
（4）最近我在学习时总是不能集中注意力。　　　　　　　　　（　）
（5）平时我喜欢的活动，现在兴趣也减少了。　　　　　　　　（　）
（6）我常记日记倾诉心事。　　　　　　　　　　　　　　　　（　）
（7）我总是盼望他（她）能出现在我的面前。　　　　　　　　（　）
（8）我希望他（她）能向我表白爱意。　　　　　　　　　　　（　）
（9）他（她）好像总是故意躲着我。　　　　　　　　　　　　（　）
（10）我相信"心有灵犀一点通"。　　　　　　　　　　　　　（　）
（11）我喜欢打听有关他（她）的一切信息。　　　　　　　　（　）
（12）我的桌上一直放着他（她）的照片。　　　　　　　　　（　）
（13）我常换新衣服和新发型，想引起他（她）的注意。　　　（　）
（14）他（她）只要和我说话，我就有点紧张。　　　　　　　（　）
（15）我看见他（她）和别的异性在一起有说有笑，心理就不是滋味。（　）
（16）多么希望他（她）能约我出去玩。　　　　　　　　　　（　）

测试结果分析：

选择"是"和"不确定"计1分，选择"否"计0分，各题得分相加，统计总分。

0～6分：说明你并没有对他人产生好感。

7～12分：说明你已经喜欢上对方了，找个方法试探一下对方是否喜欢你。

13～23分：说明你已经爱上对方了，但对方好像没有给你同等的感情回报，使得你最近比较痛苦，影响了你的生活和学习。

24～32分：说明你已经深深爱上对方了，但对方好像只把你当成一般的朋友。你不妨鼓起勇气去问问对方，并做好准备承受被拒绝的痛苦。

25.1.3　三角恋、多角恋

1. 三角恋、多角恋对高职学生恋爱的危害

案例 25-1

王刚上大学前，就和家乡的一个女孩确定了恋爱关系。两人已相处一年有余，在一起时很开心，感情也很纯洁。女友由于高考失败，在家中复读。

大学半个学期后，王刚在一次社团活动中认识了小丽，这个活泼可爱的女生一下子占据了他的心。一周后，社团再次活动时，王刚表示了想和小丽交朋友的愿望，而小丽也欣然答应，接受了王刚的感情。尽管和小丽在一起时，王刚感到很快乐，但在王刚的内心深处，总是感觉有一种愧疚之情，觉得对不起家乡的女友。王刚陷入了深深的矛盾与痛苦之中。

三角恋爱关系简称"三角恋"，是指两个人同时爱上一个人，或者一个人同时爱两个人的复杂恋爱关系。多角恋是指在三角恋的基础上增添了更多参与成员的恋爱关系。

三角恋和多角恋是一种极为不健康的恋爱观念，是对自己不负责和对他人不尊重的表现，是违背社会道德规范的行为。三角恋和多角恋，无论是哪种形式，无论是何种目的，都是畸形的、不道德的，不仅耗费大量时间和精力，也会影响正常生活和人际关系，是有百害而无一利的感情游戏。

在高职学生恋爱中，三角恋和多角恋并不少见，已经成为一个不可忽视的现象，也是高职学生恋爱中主要的心理困扰。爱情确实具有选择权，但行使权利的阶段是在确立恋爱关系之前，而不是与多人确定恋爱关系之后再去进行选择。高职学生在恋爱的过程中应具有足够的责任心和强烈的道德感，否则就有可能陷入三角恋或多角恋的深渊，给自己、给对方带来无尽的烦恼，给家庭、给社会带来巨大的危害。

2. 高职学生发生三角恋或多角恋的因素

第一，有些高职学生选择恋爱对象的动机不纯，感情态度不专一，他们在具有不同功能、代表不同角色的异性中周旋，以满足自己的各种欲望需要。

第二，很多高职学生没有明确的择偶标准，不知道自己需要什么样的恋爱对象，从而出现选择多元化的情况。

第三，恋爱方式不正确，有的学生对当前的恋爱对象逐渐失去新鲜感，想终止恋爱关系，却藕断丝连。

第四，少数高职学生在恋爱方面存在炫耀心理，通过建立多角恋爱关系来满足强烈的虚荣心。

3. 高职学生三角恋和多角恋心理困扰的调适

第一，树立正确的道德观和爱情观。男女之间的恋爱应该是相互坦诚，忠贞专一，自尊自爱的，具有强烈的排他性，高职学生应该抵制和摒弃三角恋和多角恋。

第二，比较、权衡，果断抉择。拥有多个恋爱对象是因为他们有各自的优点，可以满足多角恋主角各方面的需要。三角恋或多角恋的主角需要比较更喜欢哪个恋爱对象，权衡哪个对象更适合自己，一旦确定了目标就必须果断抉择，中断其他恋爱关系。

第三，理智控制情绪，和平解决问题。处理三角恋或多角恋，首先要尊重自己，尊重对方，客观地分析目前的矛盾焦点；其次要保持冷静，避免冲突，防止事态扩大。

第四，正确评价自我，学会放弃。高职学生要正确地评价自我，客观地审视自己的恋爱状况，一旦发现自己处于三角恋、多角恋中，应该悬崖勒马，急流勇退。放弃，看上去是消极的、懦弱的表现，实际上却是解决三角恋、多角恋问题的积极策略。

体验活动 25-3

男女眼中的对方

男生和女生有不同的感情需要，更有不同的思维方式。将全班分成男女两个组，每组选出一个组长，对统计的结果及本组的观点进行阐述。

1. 男生眼中的女生（男生填写）

（1）把你认为女生最吸引你的三项特质，依次选出。

A. 热情　　B. 稳重　　C. 贤惠　　D. 温柔　　E. 真诚　　F. 漂亮
G. 聪明　　H. 勤奋　　I. 好运动　　J. 有修养　　K. 身材好　　L. 有主见
M. 活泼　　N. 爱好相近　　O. 穿着大方　　P. 善于打扮　　Q. 内向沉稳　　R. 家庭背景好
S. 其他（列出上面未说明而你认为重要的特质）＿＿＿＿＿＿＿＿＿＿＿＿＿

（2）简单描述你讨厌什么样的女生。

＿＿＿＿＿＿＿＿＿＿＿＿＿＿＿＿＿＿＿＿＿＿＿＿＿＿＿＿＿＿＿＿＿＿＿＿＿

2. 女生眼中的男生（女生填写）

（1）把你认为男生最吸引你的三项特质，依次选出。

A. 幽默　　B. 英俊　　C. 高大　　D. 热情　　E. 稳重　　F. 真诚
G. 聪明　　H. 潇洒　　I. 好运动　　J. 有主见　　K. 讲义气　　L. 有修养
M. 乐于助人　　N. 出手大方　　O. 爱好相近　　P. 乐观外向　　Q. 家庭背景好
R. 其他（列出上面未说明而你认为重要的品质）＿＿＿＿＿＿＿＿＿＿＿＿＿

（2）简单描述你讨厌什么样的男生。

＿＿＿＿＿＿＿＿＿＿＿＿＿＿＿＿＿＿＿＿＿＿＿＿＿＿＿＿＿＿＿＿＿＿＿＿＿

3. 统计并公布调查结果，并由此展开讨论

（1）女生为什么看重男生的这些特质？对男生有何启示？
（2）男生为什么看重女生的这些特质？对女生有何启示？
（3）在爱情观上，男生和女生有差异吗？表现在什么地方？请加以讨论。

25.1.4　网恋

1. 网恋对高职学生恋爱的影响

随着网络成为新的恋爱载体和工具，网恋问题日益突显为新时期人类情感的新问题。网恋，即网络恋爱，是指男女双方通过网络媒介进行交流和互动，从而产生彼此爱慕的感觉，进而确立恋爱关系。网络的时空距离感增加了彼此的神秘色彩，异性之间更

容易相互吸引。但是，网恋缺乏现实的感情基础，不能全方位地认识和了解对方。因此，网恋具有一定的主观性、片面性和虚幻性，容易因为理想和现实的巨大落差而导致恋爱失败。

网络已经成为高职学生重要的交流方式。一方面，高职学生可以在网上大胆而直接地与异性交往，满足自己的情感需要；另一方面，这种虚幻的网络情感又给高职学生的身心健康带来了负面影响。处于青春期的高职学生承受着来自学习、生活、情感等各方面的压力，现实环境使他们倾向于通过网络宣泄情绪，寻求情感寄托。

通过对高职学生网恋的动机、态度、成因和亲密关系的发展等问题的调查和了解，我们发现高职学生网恋的特征有以下六点：

第一，高职学生网恋的随机性较大，发展较快，大多为没有目的性的偶遇后发展。

第二，高职学生网恋与性格内外向无显著相关性，即使性格内向，也可以在网络中畅聊。

第三，高职学生在网恋中先出现心理依赖，之后才出现情感依赖。

第四，外表是影响高职学生网恋的重要因素，网恋双方在建立深刻恋爱关系之前，其他外部条件都是从属条件。

第五，高职学生在网上信任度较高，原因是他们主观上愿意去相信对方。

第六，由于理想和现实存在着巨大的落差，高职学生网恋中的亲密性可能在现实中出现倒退，因而从网恋走向婚姻的成功率很低。

我们不否认网恋的成功实例，但是高职学生在对待网恋问题上应保持冷静和慎重的态度，避免受到伤害或欺骗，酿成不可挽回的后果。

2. 高职学生网恋中的心理

（1）需求心理。追求爱情、渴望同异性交往是高职学生生理成熟的标志，但由于心理不成熟，在处理现实中的情感问题时出现了力不从心的情况。于是，他们开始寻找新的获取情感的方式。网络是高职学生沟通、交流的重要途径，所以网恋成了他们的精神寄托。

（2）从众心理。根据调查显示，高职学生网恋的人数庞大，很多人是在周围人网恋经历的影响下选择这种恋爱方式的。虽然主观上告诫自己不要盲目从众，但是网恋早已存在于自己的潜意识中，这是高职学生网恋人数不断扩大的原因之一。

（3）补偿心理。高职学生中有一部分学生在中学阶段的学习成绩是比较优秀的，因为高考发挥失常或其他因素使他们进入了高职院校。他们为了缓和心理矛盾，寻求心理补偿，便在网络中寻找恋爱伴侣来慰藉心灵。还有一种情况是，高职学生在现实中的恋爱受挫，就想到网上寻觅爱情来作为补偿。

（4）逃避心理。高职学生在遇到情感挫折时一般会产生三种反应：补偿、逃避、攻击，而网络环境为他们提供了一个良好的避难场所。

（5）宣泄心理。网络具有隐匿性、开放性、便捷性、互动性等特点，这给现实中有人际障碍的高职学生适时地转移、倾诉和宣泄自己的不良情绪提供了场所。

3. 高职学生网恋心理困扰的调适

面对虚拟的网络世界，高职学生需要时时保持头脑清醒，以应对网恋的侵袭。调试网恋困扰，需要做到以下三点：

第一，处理好现实生活中的人际交往。在现实的学习生活中，多与同学、舍友沟通和交流，建立良好的同学关系和舍友关系；勇敢地去接触现实中的异性，寻找适合自己的恋爱对象，要清楚身边的异性比网络中的更可靠；积极参加各种联谊活动，丰富课余生活，不要整天沉浸在虚拟的网络世界中。

第二，正确对待网恋关系。高职学生接触网络异性的时候一定要做好充足的心理准备，一旦网恋开始，必须冷静地理智地对待网恋对象。如果双方在深刻了解之后，感觉具备了恋爱的心理基础和物质条件，就可以发展成为现实中的恋爱关系，否则就应该立即终止网恋关系，对本人、对对方都是一种避免伤害的保护。

第三，理智看待网恋，避免感情受骗。高职学生单纯、善良、容易相信别人，他们之所以钟情于网恋，是因为网络的虚幻性给他们提供了一个遐想的空间。但是网络同时具有虚假性和欺骗性，很多感情骗子正是利用高职学生的这种单纯和善良进行骗财骗色。因此，高职学生要理智地看待网络信息，谨慎处理网恋关系，避免上当受骗。

25.2　培养爱的能力

如何培养爱的能力

爱是一种与他人建立亲密关系的能力，是宽容、奉献和为爱人付出的能力，是认识、保持、发展恋爱关系的能力。培养和提升爱的能力，可以引导高职学生真正地认识爱情，理解爱情，把握爱情，发展爱情。

1. 表达爱的能力

当一个人倾慕对方时，如何向对方表白，什么时候是恰当的时间，什么地方是合适的地点，什么方式对方比较容易接受，都是表达爱意能否成功的重要因素。确立恋爱关系之后，爱的表达能力也同样重要。因为男人和女人对爱的需求不同，男人需要信任、理解、鼓励、接受、认同，而女人则更多地需要关心、尊重、赞许、专一和承诺。根据男女双方需要的不同，表达爱的方式也有所不同，许多恋爱关系紧张的情况并不是彼此缺少爱恋，而是心中的爱没有得到充分的表达。

2. 鉴别爱的能力

鉴别爱的能力就是要客观、准确地区分好感、友情和爱情，并学会识别爱情的真伪，这是高职学生迎接爱情的必要准备。首先，好感不是爱情。高职学生往往会因为良好的第一印象而对某个异性产生好感，这是正常的心理反应，也是发展恋爱的基础。但好感只是直觉性的感情，而并非实质性的爱情。其次，友情不是爱情。高职学生在与异性同学或朋友的交往中可能会建立深厚的友情，这种感情在情感基础、包容性、稳定性和双方所承担的义务方面都区别于爱情。高职学生必须培养和提高鉴别爱的能力，防止爱情与其他情感相混淆，努力使自己的爱情朝着健康、良性的方向发展。

3. 接受爱的能力

当爱情来临，能否勇敢地接受也是爱的能力的表现。面对别人的示爱，能够及时、准确地对施爱方进行评估和判断，并作出接受、谢绝或再观察的选择，这就是接受爱的能力。高职学生面对他人的追求和示爱时，在正确的自我意识和健康的恋爱观念基础上，适时地考察，理智地判断，果断地选择。树立科学的恋爱观，明确择偶标准，确定理想的恋爱对象，以成熟的心态来迎接他人的示爱。接受意味着承诺和责任，当爱情到来时，切忌被冲昏头脑，匆忙行事，草率决定。

4. 拒绝爱的能力

每个人都有爱和被爱的权利，也有接受爱和拒绝爱的权利。高职学生遇到自己不想接受的示爱时应该果断拒绝，这是对自己和对他人的尊重。拒绝爱也是需要技巧的，首先要以恰当的方式予以拒绝，给对方足够的尊重，感谢对方对自己的欣赏，切记不能讽刺挖苦对方，更不能伤害对方的感情和自尊心。其次，拒绝对方的态度要明确，表达要清楚，言行要一致，不能因为怕伤害对方而表现得态度暧昧，使对方产生误解。

5. 发展爱的能力

体验活动 25-4

"谢谢你的爱"——善意地拒绝他人

操作：全班分成若干小组，每个小组分别由两名同学轮流扮演示爱者与拒绝者，其他同学作为观察员，来评判扮演拒绝者的同学的表达能力和拒绝方式，并对其不足给予帮助。

活动要求：

（1）小组内的每一名同学都至少扮演一次示爱者，也扮演一次拒绝者。

（2）小组内的评比标准：拒绝方式是否是一种有效的，而且不使示爱者感到尴尬的表达方式。

体验活动 增加爱的能力

1. 爱的准备

（1）每位同学拿出一张纸，认真思考：我应该为爱情做些什么准备？

（2）分小组交流讨论：为了美好的爱情我们要做些什么准备？

（3）每组选出一名新闻发言人，把组内同学的观点综合起来，在全班介绍分享。

2. 他（她）该怎么办

（1）全班同学分男生组、女生组和混合组3个组，推举一名同学担任主持人，负责组织各组讨论以下问题中的一个问题。要尽量从多元的角度进行讨论：他们该如何选择？每一种选择所要承担的后果可能是什么？

问题一：我暗恋班上一个男生很久了，心里好烦，是向他表白还是不表白呢？怎么

办？（女生组）

问题二：强同学觉得，同伴男生中好多都有女朋友了，也有女生对我印象不错，我是不是赶紧找一个？要不太没面子了。强同学这样想对不对？他该怎么办？（男生组）

问题三：自从我来到这个学校以后，师兄对我很好，特别关照我。最近频频约我，又写情书，又送礼物，分明是想追我。我对他印象也不错，就是还不想与他有进一步发展。怎么办？（混合组）

（2）请各组的主持人分别汇报讨论结果，其他组成员可以提不同看法。

发展爱的能力，就是要培养无私的品格和奉献精神，培养善于处理恋爱矛盾的能力，有效地化解、消除恋爱和家庭生活中的矛盾纠纷，保持爱情长久、和谐、稳定、幸福地发展下去。发展爱的能力需要足够的智慧和耐心，需要足够的包容和体谅，在尊重对方、理解对方的基础上还应该做到以下四点：第一，双方要有意识地培养自己的人格魅力，保持恋爱的新鲜感。第二，在恋爱关系中，既要保持自己独特的个性，又要保持与对方的和谐。第三，培养和提高处理两性关系和恋爱中出现的问题的能力。第四，要善于向恋爱对象表达自己的爱意，加深双方的感情。

6. 解决爱的冲突的能力

高职学生在恋爱过程中，产生一些矛盾冲突是不可避免的。恋爱中的矛盾冲突一方面来自日常生活中的不一致或不协调；另一方面可能来自性格的差异。冲突表示恋爱关系中出现了不和谐的因素，但并不一定会影响到感情的发展和恋爱关系的继续。及时地交流和沟通是化解恋爱中矛盾和冲突的有效方法，恋爱双方要相互包容、相互理解，不要斤斤计较、苛求对方。

7. 承受恋爱挫折的能力

在恋爱过程中不可避免地会遇到各种各样的挫折和打击，对恋爱挫折的应对方式反映了一个人心理成熟的水平。高职学生的恋爱受多种因素的制约，在追求爱情的过程中可能会遇到各种各样的困难和挫折。高职学生必须提高承受恋爱挫折的能力，在遇到恋爱挫折时，要及时地调整情绪，理智地看待问题，客观地分析原因，不断地总结经验，使痛苦的情绪得到及时地疏导和发泄，减轻心理紧张，避免心理失调。

知识窗 25 - 1

关于爱情与友情的区别，一位日本心理学家提出了 5 个指标：

项目	爱情	友情
支柱不同	感情	理解
地位不同	一体化	平等
体系不同	开放的	关闭的
基础不同	纠缠着不安	信赖
心境不同	充满欠缺感	充满充足感

课堂实践

心理测试：爱情忠诚度测试

对下列各题作出"是""不确定""否"的选择。选择"是"的计2分，选择"不确定"的计1分，选择"否"的计0分。

(1) 有她/他陪着才不会感到寂寞。
(2) 我不相信世界上有什么天长地久的爱。
(3) 不在乎天长地久，只在乎曾经拥有。
(4) 人生就要追求快乐，谁给我快乐，我就和谁谈恋爱。
(5) 男欢女爱只是逢场作戏。
(6) 只要能和他/她在一起，我可以抛弃一切。
(7) 不谈恋爱说明自己没有魅力。
(8) 我不想对恋人有太多的理解。
(9) 我的她/他是完美无缺的。
(10) 我同时会爱上好几个人。
(11) 我希望马上和他/她结婚，以免被人夺去。
(12) 我特别想找个异性来安慰我。
(13) 我渴望柏拉图式的精神恋爱。
(14) 谈这场恋爱只是为了证明自己不落后于人。
(15) 我渴望每时每刻与她/他在一起。
(16) 男欢女爱是你情我愿的，不需要负什么责任。
(17) 和他/她谈恋爱，我是有个人目的的。
(18) 反正闲着没事，谈恋爱也能充实一下生活。
(19) 我不相信恋人天各一方还能温暖人心。
(20) 其实谈恋爱和打网球、玩游戏是一回事。
(21) 有了男/女朋友，也可以和别的异性约会。

测试结果：

0~14分：说明你有较正确的爱情观，只要努力，一定可以获得真正的爱情。

15~28分：你有许多的想法和做法是要不得的，继续下去，最后只能使自己陷入自己编织的痛苦之中。

29~42分：你将会或是已经陷入假恋之中了，你区分不了。

项目26　高职学生性心理困扰及调适

案例导入

静静与男友交往一年多了。男友外貌帅气，体贴照顾。可是近来，静静很烦恼。男友与她单独相处时，总是提出要发生性关系。静静家教保守，一直洁身自好。可是，男友说如果不答应，就是不爱他的表现。纠缠几次后，男友慢慢冷淡了，电话也不主动打了，静静觉得很无助……

日本女作家三浦绫子曾在《感性世界》中说道："热恋中的少女，最容易在男友'你如果爱我，就应该献身于我'这句话的引导下，轻易献出少女的身体。其实，这样做对谁都没有好处，并隐含着某种危险。真正爱你的人，在结婚前是绝不会对你动手动脚的，因为他将与你共度一生，又何必急于对你在性方面有所求呢？"

26.1　高职学生性心理问题

26.1.1　高职学生性心理特点

1. 阶段性

高职学生的性心理发展可分为困惑期、倾慕期、成熟期等阶段。

（1）对性的困惑期。随着生理发育的完全，高职学生的性心理也逐渐成熟，对性的认识也越来越敏感。但在处理两性关系时还处于比较困惑的时期，表现为与异性的接触和交流中显得腼腆、羞怯，或者躲避、疏远，甚至出现相互排斥的情况。

（2）对异性的倾慕期。高职学生的性心理发育成熟，性意识随之觉醒。他们渴望在异性面前展现自我魅力，期待异性的注意和赞许，并且开始主动与喜欢的异性接近。

（3）性成熟期。通过对异性的倾慕和追求，双方开始建立恋爱关系。随着亲密关系的深入，恋爱双方渴望得到适当的性体验，以满足生理和心理上的需要。

2. 朦胧性

性心理的朦胧性，是对性的本能好奇和对性知识的强烈渴望交互作用而产生的特征。随着性意识的逐渐成熟和越发强烈，高职学生突然性地对异性产生兴趣，对恋爱强烈渴望，这看上去是性心理的成熟，实际上是缺乏深刻社会内容的表现，是生理急剧变化带来的本能作用。涉世未深的高职学生缺乏基本的性知识，不了解性生理和性心理的发育过程，对性充满了好奇心和神秘感。

3. 矛盾性

高职学生性心理的矛盾特征，是性意识的强烈性与行为表现的文饰性之间的矛盾。具体表现为心理想法与实际行动之间的矛盾，即内心对异性非常感兴趣，对恋爱体验充满了强烈的渴望与期待，但表面上却表现出若无其事、满不在乎的行为。他们希望与异性接近，关注异性对自己的评价，渴望与异性发生亲密关系甚至性体验，但同时又害怕别人察觉自己内心的秘密，因此在行为上表现为拘谨、羞涩、冷漠。

4. 冲突性

冲突性是由性心理的动荡性和压抑性构成的。高职学生这个年龄阶段性激素分泌旺盛，性欲望非常强烈，容易产生性冲动。但他们的心理发育尚未成熟，道德观念和婚恋观念不够稳定，缺乏自我控制能力，其性心理容易受到外界的刺激而发生动荡，容易因性冲动而做出越轨行为。另外，由于性具有一定的社会属性，高职学生的性活动受到了客观环境的制约和道德伦理的束缚，他们的性欲望得不到合理的疏导和发泄，导致过分的性压抑和性焦虑。

5. 性别差异性

高职学生的性心理在很多方面表现出了显著的性别差异。首先，女生比同龄的男生更早地表现出对异性的兴趣；在性体验方面，男生获得性体验的年龄比女生小，更容易产生性幻想和性梦等现象，同时男生的性欲望更强烈，而女生的性欲望较深刻；在对异性的感情流露方面，男生更为外显和热烈，女生则表现得含蓄而深沉；在内心体验方面，男生更多的是新奇、神秘和喜悦，而女生常常惊慌、敏感和羞涩；在表达方式方面，男生大多比较主动和直接，女生则喜欢被动和暗示；在性冲动的唤醒方式上，男生容易被视觉刺激唤起性冲动，女生容易在听觉、触觉的刺激下引起性兴奋。

26.1.2 高职学生性心理问题产生的原因

1. 性生理与性心理发展不平衡

高职学生性生理与性心理成熟的不同步，造成了性欲需求与个体行为调节之间的矛盾。找不到合理的宣泄渠道，自我认知能力的缺失、性知识的相对匮乏，使得不少高职学生无法进行行为矫正，对个人的心理健康造成影响。

2. 社会道德观念的影响

一方面封建性观念迅速消退；另一方面开放、自由的观念在洗刷着当代高职学生的意识。落后意识的淡去并不意味着先进观念的树立，在旧与新的转型期，处在精力旺盛时期的高职学生，比其他年龄段的个体更容易冲动。

3. 高职学生特有的生活方式

高职学生特有的心理品质和生活方式加剧了其性心理的困扰。高职院校的大学生，无论从学业水平，还是整体素质在大学生群体中都处于劣势，这些都大大地加重了高职学生的心理负担。在无力改变外界环境的情况下，转向自身，在情感、性方面的寻求突破，以获取些许的满足。

4. 性压抑造成的结果

正常的欲望得不到合适途径来发泄，就会受阻并积滞成心理上的矛盾冲突，产生不满、压抑等消极情绪。性意识支配性行为，由于性压抑的影响，有的高职学生即使平时表现良好，也会一改常态，特别是那些内向、孤僻和心理素质差的学生往往表现得比较明显。

26.2　高职学生性心理困扰

1. 性焦虑

性焦虑困扰主要包括对自己的形体特征、性别角色及性功能等方面的焦虑。随着生理发育几近完成，高职学生开始日益关注自己的形体状况，如果不具备自己满意的形体状况，或者与理想中的形体特征具有明显差距，高职学生就会自卑、焦虑、敏感、多疑。同时，性焦虑还体现在对自己性功能和生殖器发育状况的担忧，男女生对这个问题都十分关心，却难以启齿，从而导致焦虑和不安。

性焦虑心理会使高职学生变得内向、孤僻，不愿与人沟通，尤其抵触异性间的交往，从而影响正常的身心发展。

2. 性冲动

性冲动是在性激素和内外环境刺激的共同作用下产生的对性行为的渴望与冲动。由于受到传统道德观念的影响，高职学生缺乏对性知识的学习和了解，不能正确地、客观地看待性冲动反应，进而产生极大的心理矛盾。并且，由于受到来自社会各方面的限制和约束，高职学生不能自由地选择性活动，无法释放强烈的性能量，导致性紧张和性压抑，甚至引发严重的心理问题。

3. 性梦

性梦是指在梦中与异性谈情说爱或者发生性行为，其特点是发生在睡眠中，在个体无意识的情况下产生。很多高职学生不了解性梦的产生原因及其合理存在性，对自己的性梦体验感到羞耻和肮脏，清醒后会陷入深深的自责。性梦是性成熟后正常的生理行为和心理现象，普遍存在于青少年群体中。

案例 26-1

某男，21岁，大学二年级学生。平时性格比较内向，不善于与人交往，从没有和哪一个女孩子特别亲近。然而，他不久前做了一个梦，梦中居然和别人发生了性关系。梦醒后他愧疚不已，感到犯了乱伦的罪过，无颜面对他人。后来又做了一个梦，梦到和班里的一个女生发生了关系。潜意识中似乎在证明什么，他不相信自己道德如此败坏，竟这样下流无耻。他担心女生因此受到伤害，以至于不敢面对她，只要她在教室，他就看不下去书。如果单独与她不期而遇，一天便会心神不宁，强烈的罪恶感使他不能安心学习。他担心自己要变成性犯罪分子，有时还怀疑自己是不是得了精神病，为什么会如此不正常。心理的负荷使他不敢入睡，生怕"旧梦重温"，讲又讲不出口，想也想不开，忘更是忘不掉，万般苦闷中，他走向咨询室。

性梦是一种本能的、自然的宣泄，是被现实制约和束缚的性欲望得到释放的过程，在一定程度上缓解了性紧张，有利于性器官功能的完善和成熟。因此，要正确看待性梦现象，认识到性梦的积极作用，不必为自己的性梦体验过分羞怯和焦虑。

4. 性幻想

性幻想是指在意识清醒的状态下，由某种特定因素诱导而产生的与性活动有关的联想，性幻想是一种精神自慰行为，是在大脑中满足个体性需要的心理活动。

高职学生正处于强烈渴望异性的青春期，他们在不能自由与异性发生性行为的情况下，通过性幻想达到生理上的性兴奋，偶尔出现性高潮，男生有时还会出现性自慰行为。性幻想是性成熟过程中的正常现象，是一种释放性能量的方式，在一定程度上缓解了对性行为的需求。偶然出现性幻想现象是正常的、自然的，但是性幻想过于频繁会给学习、生活带来负面影响。

5. 性自慰

性自慰是指，通过自我抚弄（用手或其他器具）以不同方式刺激性器官，引起性快感，缓解性欲望，疏泄性冲动，从而产生性兴奋或性高潮的一种行为方式。性自慰是一种普遍的满足性需要的现象，它可以消除性冲动，缓解性压抑，满足性欲望。

为什么有人觉得性自慰是不健康甚至下流的行为呢？受我国传统性观念的影响，很多人认为性自慰是肮脏可耻、道德败坏的行为，这种观点是不科学的。性自慰并不可怕，它的负效应主要来自对性自慰的错误认识而造成的性焦虑、性羞耻和罪恶感。性自慰是正常的、出于本能的行为，既不会影响身体健康，也与道德伦理无关，不必为自己的性自慰行为感到后悔和自责。但是，长期频繁的性自慰会引起大脑高级神经功能和性神经反射的紊乱，导致免疫力下降，注意力不集中，严重者还会出现食欲不振，神经衰弱的症状，影响正常的学习、生活。

知识窗 26-1

某医科大学心理健康教育与研究中心的一项抽样心理健康调查显示：在接受调查的600多名大学生中，六成学生有过性自慰行为。其中，男生的比例达80%以上，女生的比例近40%，60%以上的大学生有性自慰行为，少数大学生有性指向及性身份方面的障碍。

该中心的副主任介绍，自从20世纪50年代后期金赛研究了16000例美国男女的性行为，指出92%男性和58%的女性有性自慰行为，而且没有产生恶性后果以后，即改变了性自慰有害的看法。

6. 婚前性行为

热恋中的男女常常会通过亲密的身体接触来表达爱意，当身体触及对方性敏感部位时，就会唤醒双方强烈的性意识，积聚已久的性能力瞬时爆发，顺其自然地发生性行为。尽管受到家长、学校、社会的否定和反对，但高职学生婚前性行为比较普遍已经成为一个不争的事实。高职学生正处于性激素分泌旺盛、性欲强烈的年龄阶段，他们常常不能对自己的性冲动进行理性的控制，或是出于生理需要，或是出于好奇、从众的心理，在与恋爱对象的亲密接触中发生婚前性行为，给自己、给对方带来了不同程度的负面影响。

拓展阅读 26 - 1

婚前性行为的心理畸变

1. 初次性交后的女性心理

A. "我不再是姑娘了。"
B. "我是他的人了。"
C. "我为他奉献了一切，他应该心里只有我。"

由于没有法律的保障，她会感到不安全，对男友的态度往往表现为两种极端：
（1）苛刻、纠缠、刁钻，他的一举一动都想控制。
（2）百般依赖、迁就、顺从，即使发现他有难以容忍的缺点，也不能或不想与之分手。

2. 初次性交后的男性心理

A. "这是她同意的，我又没有强奸她。"
B. 感到放心了，对女友不再像从前那样呵护和关怀备至。
C. 对女友的纠缠和控制感到厌烦。
D. 女友越是依赖、顺从、迁就，越感到她变得"无价值、不值钱"。
E. "始乱终弃"是对男性态度的规律性描述。

26.3 高职学生性心理问题的调适

高职学生正处在身心飞速发展的成长阶段，性生理日益成熟，性意识逐渐觉醒，极易产生有关性方面的心理困扰。因此，除了广泛开展性教育，普及性知识，高职学生也要学会自我调适，主动走出性问题的误区。

1. 树立正确的性观念，科学看待性问题

在对待关于性的问题上，高职学生应该摆脱传统道德观念和封建伦理思想，积极学习性知识，了解性意识的发展规律，认识到性的客观存在。还要避免性意识带来自我否定评价，消除由于性活动而产生的罪恶感和自卑心理，克服对性梦、性幻想、性行为失当等问题的恐惧和焦虑。

2. 学习性知识，了解性心理的发展规律

为了摆脱性困扰，高职学生应该积极学习有关性生理和性心理的科学知识，通过科普书籍、网络媒体等正规途径，了解性意识的发展规律，培养良好的性道德，正确看待自然的性行为，从而消除性困惑，减轻心理负担。

3. 建立正常的异性交往，促进心理发展成熟

能正常与异性交往，体现了高职学生处理人际关系的能力，有利于性心理健康发展。首先要学会鉴别友情和爱情，正确处理友情与爱情的关系；其次，注意与异性交往的方式，既不能害羞、回避异性交往，也不能与异性的关系过于暧昧、朦胧。

4. 广泛发展兴趣爱好，消除心理紧张

高职学生应该转移注意力，培养和发展各种兴趣爱好，积极参加体育锻炼，踊跃投身于各种集体活动中，增进人际交往，拓宽知识视野，培养乐观的态度，保持愉快的心情，从而达到保持心理平衡，消除心理紧张的目的。

5. 自尊自爱，健全人格

高职学生在性方面的行为不仅体现了生物的本能性，也反映了个人对性的态度以及人格定位。恋爱中的高职学生应该培养和健全人格，充分尊重自己、尊重对方，加强责任感，增强性道德意识和法律意识，克服性冲动带来的心理冲突。同时，要谨慎处理性行为方面的问题，规范自己的行为，做到自尊自爱、自省自控，不断提升自我、完善自我，以高尚的人格魅力在异性面前树立健康的形象。

6. 通过倾诉和心理咨询消除心理困扰

高职学生的性心理困扰多种多样，主要源于对自己性角色、性幻想、性冲动的认识偏差和恐惧心理，他们以为只有自己才会遇到种种关于性的困扰。这就需要转变观念，寻找知心的同学或好友，通过倾诉和沟通来宣泄不良情绪。当了解到同学或好友会遇到同样的困扰时，便会意识到性的问题是身心发展过程中的正常现象，从而达到正确对待性疑问的目的。如果找不到知心好友或自己羞于向别人倾诉，也可以寻求专业心理咨询老师的帮助，进行相关问题的咨询和交流。

知识窗 26 - 2

高职学生性心理健康的标准

（1）科学的性认知，正确的性态度。具有科学的性知识，正确认识性的自然属性

和社会属性。维护自己的性权利，拒绝他人的性要求，尊重对方的意愿，学会克制自己的性冲动。

（2）有正常的性欲望。性欲望是生理健康的人的本能，正常的性需要和性欲望的对象应指向特定的异性。

（3）能正确认识和接纳自己的性别。一个性心理健康的人，首先要能够认识自我，对自己的性别角色有正确的认知。

（4）性心理特点和性行为符合相应的性心理发展年龄特征。

（5）和异性保持和谐的人际关系。对高职学生来说。能够在日常学习生活中，与异性进行自然的、符合社会道德规范的交往，并保持独立而完整的人格。

（6）性适应能力。懂得如何排解性冲动，懂得如何克服性冲动，知道怎样消除由于性冲动带来的烦恼。

（7）健康的性行为。健康的性行为应该建立在彼此婚姻承诺的基础上。

课 堂 实 践

26-1 心理测试：测测你的性观念

请你对下列问题回答"是"或"否"。在括号内打"√"。

（1）你认为情侣只要两情相悦就可以发生性行为吗？　　是（　）否（　）
（2）你不赞成同性恋吗？　　是（　）否（　）
（3）你认为电视检查制度过于严格吗？　　是（　）否（　）
（4）你厌恶杂志或报纸上刊出的裸体照片吗？　　是（　）否（　）
（5）如果不会有人看见，你会在自家庭院里做日光浴吗？是（　）否（　）
（6）即使有人看见，你会在自家庭院里做日光浴吗？　　是（　）否（　）
（7）瞧见邻居做日光浴，你会尴尬吗？　　是（　）否（　）
（8）你喜欢到裸泳海滩吗？　　是（　）否（　）
（9）你曾经裸泳吗？　　是（　）否（　）
（10）你厌恶电视上的裸体镜头吗？　　是（　）否（　）
（11）你厌恶色情服务业吗？　　是（　）否（　）
（12）家人里有人喜欢裸体走动，你会觉得尴尬吗？　　是（　）否（　）
（13）如果让客人看到家人裸体走动，你会觉得尴尬吗？是（　）否（　）
（14）如果没人在家，光着身子从卧房或浴室走出来，你会觉得尴尬吗？
　　是（　）否（　）

测评方法：

(1)、(3)、(5)、(6)、(8)、(9) 选"是"计1分，选"否"计0分。

(2)、(4)、(7)、(10)、(11)、(12)、(13)、(14) 选"是"计0分，选"否"计1分。

评价参考：

1. 9~14分：你是个观念非常保守的人。大概是从小父母教育你，性是一件肮脏的行为，并且暴露自己的身体无疑是可耻的，一个有教养的人不应该以性作话题。

2. 4~8分：你固然有些性压抑的倾向，但不算太强烈，许多时候，你仍能以开放的眼光来看待这件事。

3. 3分及以下：在性观念上，你的确跟上了时代的潮流。你能够以开放的眼光来看待性，任何观念都能够接受。

26-2 体验活动

请按照下面给出的场景进行想象，并给出自己的答案及感受。

(1) 你是否介意将来与你结婚的另一半不是处女或者处男？

(2) 当你看到或者听到"性"这个词时，你会想到哪些词汇？（不少于四项）

(3) 看这样一则消息：

一则原发于《生命时报》的新闻说每年全球有10万女性死于人工流产。新闻中的一些说法基本都是针对成年人的。但是，人工流产已经不仅仅属于成年女性，有数据表明，我国每年的堕胎数是1000万人，而其中不满18周岁的就有250万人之多。在这些未成年人之中，她们有相当一部分是选择条件和技术都很差的医院甚至是个体诊所。

看完上面的这个消息，你有什么感受？请同学发言。

26-3 思考与实践

(1) 结合你的理解谈谈什么是爱情？

(2) 如何处理恋爱中的心理问题。

推荐阅读：meiya 著《你值得拥有最好的一切》。

方刚著《性别心理学》。

推荐影视：《相爱一天》。

《亲爱的，不要跨过那条江》。

参考文献

[1] 靳博，等．大学生性观念调查与加强性教育对策[J]．长春理工大学学报，2009(8)：5-6.

[2] 张富洪,李斐,卢文丰.大学生心理健康教育[M].上海:复旦大学出版社,2011.

[3] 佘双好.大学生恋爱中的性问题及教育[J].青年研究,2005(5):41-46.

[4] 吉家文,杨剑.大学生心理健康教育[M].杭州:浙江大学出版社,2010.

[5] 左红梅.杨华.大学生性教育在思想政治教育中的缺失与补位[J].教育与职业,2010(29):84-85.

[6] 武月刚.大学生心理健康[M].北京:航空工业出版社,2010.

[7] 白光斌,李建英.当代大学生恋爱心理分析及调试措施的研究[J].教育与职业,2009(5):96-97.

[8] 宋迎秋,曾雅丽,姜峰.大学生恋爱与情感问题应对方式分析与探究[J].调查与研究,2007,(10).

[9] 吴菁.大学生心理健康教程[M].苏州:苏州大学出版社,2009.

[10] 玉芳,来秀明,万建华.高校大学生恋爱问题的探索[J].青年探索,2007(3).

[11] 马力.心理健康教育[M].北京:北京师范大学出版社,2010.

[12] 耿步健.大学生健康恋爱心理的培育[J].当代青年研究,2006,(10):65-69.

[13] 袁红梅.大学生爱情心理学[M].长沙:中南大学出版社,2009.

[14] 孙晨宇,刘从云,朱华庆.大学生恋爱现状及其心理因素[J].中国校医,2009(3):349-352.

[15] 吕麟.心理健康案例教程[M].北京:航空工业出版社,2012.

[16] 熊丽娟.当代大学生恋爱心理分析[J].中华文化论坛,2008(8):112-113.

[17] 郝春生.高职大学生心理健康指导[M].北京:清华大学出版社,北京交通大学出版社,2009.

[18] 胡春贞.大学生恋爱心理分析的偏差、成因与纠正策略[J].河南教育学院学报:哲学社会科学版,2009(2):111-112.

[19] 余琳.大学生心理健康(修订本)[M].武汉:武汉大学出版社,2004.

[20] 张文平.大学生健康恋爱心理的培育策略探讨[J].沈阳教育学院学报,2008(5):78-80.

模块十　让生命开出绚丽之花

——生命教育

> 生命如流水，只有在他的急流与奔向前去的时候，才美丽，才有意义。
> ——张闻天

大学阶段是思考和探索"我是谁""我为什么而活""我到底要做什么""我要度过怎样的人生"等问题的重要时期。总会有一些时候，你会想到："生命存在的价值和意义是什么？我该如何面对自己的人生？"或许是和朋友们聊天时感慨："我不知道自己到底为何而忙，未来生活的方向在哪里？"亦或许是经历了某些事情，忽然觉得这一切都没有意义，陷入颓唐、沮丧、失落……这些问题和思考都涉及我们对生命的理解。

学习目标

通过本模块的学习使学生理解生命的概念和内涵，培养学生感悟生命幸福、探寻生命价值的能力；提高学生识别常见心理危机的基本素质，引导学生主动思考生命的意义，帮助学生树立正确的人生观，增强学生的理想信念和使命担当。

学习重点

正确理解生命的价值和意义，了解影响生命观念的主要因素，树立正确的生命观，掌握珍爱生命，积极生活，健康成长的主要途径。

学习难点

通过对生命知识的学习，树立正确的生命观、人生观，培育积极的心态，树立敬畏生命、珍爱生命的观念，不断深化认知，内化认同，外化于行，积极探寻自身生命的意义和价值。

项目27　点亮生命之光

案例导入

2020年春节前，新冠肺炎疫情突然暴发给我们的生活带来了极大的影响。世卫组织（WHO）总干事谭德塞于2021年7月在例行记者会上表示，全球新冠肺炎死亡病例已超过400万例，且这一数字还有可能被低估了，他表示："世界正处于疫情大流行的危险关头。"

突如其来的疫情不仅给广大人民群众的生命安全和身体健康带来了危害，还严重影响了人们正常的生产生活。我国30个省区市根据疫情防控的形势，先后启动了重大突发公共卫生事件一级响应，掀起了新冠疫情阻击战。在这场"战疫"中，全国确诊住院患者所有费用全部医保报销、国家兜底。不计代价、不讲条件，构筑起人民生命安全和身体健康的坚实防线。正如习近平总书记所言，"为了保护人民生命安全，我们什么都可以豁得出来！"

在抗疫斗争中，党和政府始终把人民生命安全和身体健康摆在第一位，不惜一切代价全力以赴救治患者，最大限度提高治愈率、降低病亡率。"中国的做法是，能怎样去拯救生命就怎样去拯救生命，"正如世界卫生组织赴中国考察专家组外方组长布鲁斯·艾尔沃德所感慨的，一个把人民放在心中最高位置的执政党，一个坚持以人为本的国家，总是时刻心系人民的安危冷暖。生命重于泰山，人民高于一切，这样的信念，需要我们始终坚守，不断用行动去诠释、用担当去守护。

人的生命是宝贵的，没有了人的世界是残缺的。世界正是因为有了人的生命，因为有了人的生命创造性的演绎，才会如此精彩。全国抗击疫情给我们一些启示：生命是宝贵的，不可能重来一次，我们一定要珍惜；人生是一个有始有终的过程，我们可以实现生命的意义，活出人生的精彩，展现自我的价值同时也为他人和社会创造价值；生命总会面临无尽挑战，唯有尊重生命，关怀、珍爱每个生命的价值，热爱生活、积极乐观，才会拥有一个丰盛的、无悔的人生。本章我们共同学习生命的含义、生命的特征、生命的价值和意义。

27.1 认识生命

认识生命

27.1.1 生命的含义

1. 自然生命

自然生命是指生命的自然、物质形态，是剔除了精神生命和社会生命的一种纯粹的生命形态。它无知无识，自得自足，代表着生命原初的现实形态。恩格斯曾从生物学角度指出，"生命是蛋白体的存在，这个存在方式的重要因素是在于与其周围的外部自然界的不断的新陈代谢，而且这种新陈代谢如果停止，生命也就随之停止，结果便是蛋白质的解体。"恩格斯的生命定义说明了生命是物质的生物体的存在，是由物质构成的。因此，人的生命过程必然要服从生物界的法则和规律。生物性是人的生命的最基本的特性，是人的生命的社会性、精神性存在的前提和基础。自然生命也是生命存在的物质载体和本能性的存在方式，是最基本的生命尺度。身体是构成自然生命的物质载体，自然生命的满足主要是指人的自然属性和自然欲望的基本满足，它不祈求物质的过分欲望，处于一种本真状态。作为自然界的产物，人首先是一个自然存在物，但是他又是一个特殊的自然存在物。人的自然生命不只是肉体的固定组成、自然自在的顺序发展和本能冲动任意释放，而是还能够意识到自身生命的存在和发展并且能够对于自身生命的存在和发展做出自主的选择。这就使得人的自然生命与周围的环境之间有了一种既相互依赖又相互对抗的特殊关系。只有保持这二者关系的动态平衡，人的生命的发展才能拥有一个健康、完满发展的坚实基础。自然生命是人的现存的自在之有，同时还存在着主观形态中的目的和活动的自由之有。

冯契主编的《哲学大辞典》中指出："生命是主要由核酸、蛋白质大分子组成的，以细胞为单位的复合体系的存在方式。"《不列颠百科全书》中列举了五种关于生命的定义：第一，生理学定义，认为生命是具有进食、代谢、排泄、呼吸、运动、生长和繁殖等功能的系统；第二，新陈代谢定义，认为生命系统与外界经常交换物质但不改变其自身的性质；第三，生物化学定义，认为生命系统包含储藏遗传信息的核酸和条件代谢的酶蛋白；第四，遗传学定义，认为生命是通过基因复制、突变和自然选择而进化的系统；第五，热力学定义，认为生命是一个开放的系统，通过能量流动和物质循环而不断增加内部秩序。

显而易见，这些论述都是从生物学的角度去认识和理解生命，主要强调的自然生命。

知识窗 27-1

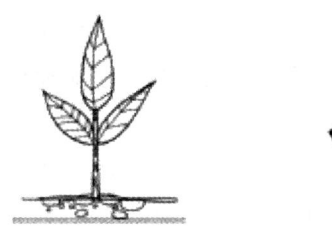

图 27-1　说文解字

资料来源：笔者根据相关资料整理。

许慎在《说文解字》中对"生""命"二字有着非常详尽的阐述。"生，进也。像草木生出土上。凡生之属皆从生。""生"是个象形字，字形下方的一条横画代表地面，上方的一个分叉，代表植物的枝叶，合在一起的意思就是从土中生出了一株嫩苗，"生"的本义为草木从土里生长出来。"命，使也。从口，从令。""命"是个会意字，甲骨文的上部是一个屋顶（从），下部是一个面朝左跪坐的人在发布命令；金文的左下又增加意符"口"，强调用"口"发布。古人的"生命"意指"活着"，不仅指生命个体一生一世地活着，更指整个人类的生生不息，不断繁衍，不断进步。

2. 社会生命

康德曾说过："当我们仰望浩瀚无边的星空时，始终相随的只是空虚、失落与沮丧，因为自我的自然生命渺小得如同一颗尘埃，顷刻之间就可能化为乌有；在无穷的时空长河中，自然生命就像一道激流，或一个过客的旅居，短暂得无法为自身的存在找到理由。唯有过一种有道德的生活，人才能走出生命无意义的困境，才能不因自己只是宇宙中的一粒尘埃而感到失落和惆怅。"可见，人们只有将个体的自然生命融入到特定的社会中去，才能实现自己的社会生命。

马克思指出："动物和它的生命是直接统一的，它没有自己和自己的生命活动之间的区别。人则把自己生活活动本身变成自己的意志和意识的对象。"马克思的论述表明，人不同于动物，只有人类才具有思维和意识，人的生命是自然生命、精神生命和社会生命的统一。

人是有意识的，与其他生物的生命有着本质的不同，人的本质是"一切社会关系的总和"。人总是处于社会关系之中，并承担一定的社会角色，人的社会的存在方式既关联于人的内在意识，又有超越人的内在意识的感性对象性、客观普遍性。忽视人的生命及其生活的社会性，看不到社会存在、社会生命对人的自然和精神生命的某种决定作用，就不可能正确地认识自然生命的本能的冲动和释放，不可能正确地认识人的自由。不考虑人的社会性及其与他人的关系，单纯地强调精神生命的自由，它会破坏人与人的协调关系，最终使每个人都走向不自由。所以，对体现精神生命之本的自由而言，只能是关系中的相对自由,自由是与控制及秩序同在的。只有从个人领域进入到公共领域,在民主的空间和公正的制度指导下,人才能从一个自然的生物人、个体人变成社会人、契约人,人才能通过自己的社会"角色"以及相应的权利和义务,意识到自己的社会存在、社会生命,并从而开掘、充实和引领自己的精神生命和自然肉体生命。

3. 精神生命

人生存于世界之中,生存于自我意识之中,人能够意识到自身生命在世界之中的活动,人对人的生命活动的意识构成生命的意义,人的生命是一种追求意义的存在,就是人的精神生命。威廉·赫舍尔在《人是谁》中特别强调:"探索有意义的存在是生存的核心。"臧克家在《有的人》中也写道:"有的人活着,他已经死了;有的人死了,但他还活着。"人生的过程,就是生命个体不断追求生命意义、实现生命发展的过程;人们的精神生命是不会随着肉体而消亡的。人类个体对人生意义的追寻,提升了个体的生命存在。

意识性使人的生命扬弃了动物自在的本能、成为自为的精神存在。"精神"与人的身体相对,是一种与观念、意识、思维、理性等相一致的概念。从个体的角度看,精神主要指个体独特的内心世界,是个人存在的深层尺度。精神固然有多个层次,但精神的最终归宿应该是个体的精神生活。就个体生命言及人的精神性,显然是在个体层次上而言的。人正因为有精神的存在,使人超越了动物的本能,而获得了自由。因此,哲学家把精神生命看作人的本质,甚至否认自然的生理生命的存在。海德格尔就认为,世界总是精神性的世界。动物没有世界,也没有周围世界的环境。精神是人不同于动物的所在。

人类在自然生命的成长过程中,心智逐渐成熟,在不断认识环境、认识自我的基础上逐渐形成了有个体差异的人生观、世界观、价值观等心理状态,即人的精神生命。精神生命是理性、情感、意志等相互作用构成的内在生命,表现为人类特有的精神力量和精神追求。主要表现为对理想信念、情绪感情、道德情操、生命价值的追求,是一种意识形态。人类的精神生命是对自然生命的升华,它赋予了人类健全的人格。

总之,自然生命、社会生命和精神生命是生命整体的三维,其中每一维都是全息的,他们相互关联、相互影响、相互包容和嵌套、相互融通,共同构成人的完满的生命。这是就人的生命本身所做的全景式描写。

体验活动 27-1

生 命 一 叶

活动目的:

通过绘画的方式,将自己意象化为一片叶子,对所画内容的探索,去感悟自己的生命。通过它,感知自己内心深处的力量,看到自我的资源,认识到生命的独特性,激发生命活力。

活动步骤:

(1) 在白纸上绘制出一片代表自己的树叶,分享叶子的生命故事。

(2) 画出叶子从萌芽到落叶的不同形态。
(3) 制作枯叶书签，并在书签背面写上自己对生命的感悟。

思考讨论：
(1) 你在活动中有何感受？
(2) 如何理解"生命"和"死亡"？

27.1.2 生命的特征

1. 生命的有限性

人的生命有限性表现在三个方面。第一，生命存在时间的有限，人的寿命是有限的。第二，生命的无常性，表现在生老病死、旦夕祸福等不可预测，任何人都逃脱不了，任何人必然走向死亡。第三，个体生命的存在不能离群索居，不食人间烟火，每个人都需要别人的帮助、支持和关怀。

2. 生命的曲折性

生命是一个过程，自然会遇到许多艰辛、挫折、困顿，这些苦难和幸福一样，都是生命的一部分，是无法选择的。生命的进程曲折起伏，需要具备承受挫折和失败的能力与素质，不畏艰难，历经风雨，在艰难中磨砺意志，在困苦中增长智慧，始终保持乐观的心态、昂扬的姿态，不断成长成熟。

3. 生命的珍贵性

生命的珍贵性源于它的不可替代性，具体表现为生命的产生需要苛刻的条件、复杂的过程，每一个生命的诞生都是珍贵的，而每一个生命的过程又是有限的。

4. 生命的独特性

每一个生命都是独一无二的，都是大自然最珍贵的礼物，每个人都具有各自与众不同的特点，既包含优点，也包含缺点，正是这些复杂的特点构成了独特的生命，生命也因其独特而呈现多彩的样貌。

5. 生命具有双重性

在人的生命体中存在着两种生命，一是人作为肉体的生命存在，受自然规律的决定和制约，具有自然性，有生老病死。二是人作为精神的存在，受到道德规律的决定和支配，实现生命的真正意义和价值。

拓展阅读 27-1

战胜命运的孩子

有两个孩子，一个喜欢弹琴，想当音乐家；一个爱好绘画，想当美术家。不幸的是，想当音乐家的孩子，突然耳聋了，想当美术家的孩子，突然眼睛瞎了，他们非常伤心，痛哭流涕，埋怨命运不公平。

恰巧，有位老人从他们身边经过，听见了他们的怨恨。老人走上前去，先对耳聋的孩子比画着说："你的耳朵虽然坏了，但是眼睛还是明亮的，为什么不改学绘画呢？"接着，他又对眼睛瞎了的孩子说："尽管你的眼睛坏了，但耳朵还是灵敏的，为什么不改学弹琴呢？"孩子们听了，心里一亮，他们擦干了眼泪，开始了新的追求。说也奇怪，改学绘画的孩子，渐渐感到耳聋反而更好，而且他可以避免一切干扰，使他的精力高度专注。改学弹琴的孩子，反而慢慢也觉得失明反倒有利，因为，他能够免除许多无谓的烦恼，使心思更加集中。后来，耳聋的孩子成了美术家，艺术超凡，名扬四海；眼睛瞎的孩子，成了音乐家，技艺卓越，饮誉天下。

一天，美术家和音乐家又遇见了那位老人，他俩十分激动，拉住老人，连连道谢。老人笑着说："不用谢。事实证明，只要努力，当命运堵塞了一条道路的时候，它常常还会留下另一条道路的！"

27.2 探索生命

案例 27-1

最近，"现实版福贵大爷"上了热搜，有人称他的人生为余华经典小说《活着》的现实版。

这位大爷父母双亡，大哥去世，妻儿早逝，只有患智力障碍的弟弟和一条老狗陪着他，只能捡废品维生。但哪怕人生经历如此坎坷，大爷依然心态乐观，"我不要国家抚养，我自力更生，艰苦奋斗自己干。我没办法选择，就慢慢克服。往前看，不要去想那些不开心的事情……"，大爷的经历让无数网友动容。但也有人问，人生为什么有这么多苦难，似乎从我们生下来那刻起，就有各种不同的痛苦，我们必须要忍受痛苦吗？

心理学家弗兰克尔认为，痛苦也是生命意义的一部分，我们要学会从被动体验的、自身受限的处境中找到价值，从有限的可能性中汲取生命的意义。

27.2.1 生命的价值

人在探寻生命价值的前提和基础，即是生命的存在。生命的存在是人的生命价值的根本，也是衡量人的生命价值的最低标准。马克思指出："任何人类历史的第一个前提无疑是有生命的个人的存在。"可见，人类所有的价值关系都是以人的生命存在为前提建立起来的，人的生命存在是一切价值关系存在的基础和依托。对个人而言，只有生命存在，人才可能去获得金钱财富求取事业功名，实现人生理想。一切人世间的价值物，也只有生命存在时，才是有价值的。哲学家说，价值是客体满足主体需要的一种肯定关系，当主体已不存在时，价值也就荡然无存了。

生命的价值主要在于自我价值和社会价值。人生在世，不仅希望活着，而且希望知道为什么活着，明白人生的意义和价值。然而，作为一个自然存在物，它生存于其中的自然界并没有什么意义和价值，应该说，所谓的意义和价值是人赋予这个世界的。在通常意义上，当人们说某个事物有"价值"的时候，总是对人有好处、有意义。探讨生命价值的哲学内涵，以及大学生的生命价值，有其独特的重要意义。了解生命价值的内涵，我们不仅要关注自身生命，还要尊重他人的生命；既需要积极创造生命的自我价值，满足自身的物质和精神需要，又要努力提升生命的社会价值，为社会和他人做出贡献。

生命的自我价值和社会价值是辩证统一的。一方面，自我生命价值的实现是以个体为社会创造更大价值为前提的。生命的自我价值是个体生存和发展的前提条件，只有个体自身物质和精神需要得到了满足，即个体自我价值不断实现，才能为社会、为他人作出自己的贡献，创造社会价值。另一方面，生命的社会价值是实现自我价值的基础，没有社会价值，生命的自我价值就无法存在。人的本质属性是社会性，人总是生活在一定的社会当中，个体无法脱离社会而存在和发展。

27.2.2 生命的意义

探究生命的意义是关于生命的积极思考，它主要包括两个方面：对生命意义的执着追求和对生命意义的深刻理解。一个人对生命意义的认识会随着年龄的增长、阅历的加深而逐渐丰富。一旦形成了对生命意义的认识，就会稳定下来，指导人在生命发展不同阶段实现人生价值。

认识生命的意义对一个人的人生发展有着重要的意义。

第一，有助于体会生活的意义。社会性的存在使得我们每个人一出生，就不是孤立的，不是与世隔绝的。人的生命必须融入社会活动，在社会活动中追求生命的意义，实现生命的价值；我们都是社会性的生物，正是这种社会性存在使人有了千差万别、千变万化的社会生活，也形成了每个人独有的个性特点和生命历程，积累了更多的人生智慧。一个人只有能够理解并承担生活中的责任，才会感到满足和充实，才能真正体会到生活的乐趣和意义。第二，有助于确立生活的目标。对生命意义的探求能使人在不同人生阶段确立自己所面对的生活目标，在朝向实现目标的过程中感受到活得充实、活得丰富、活得精彩。第三，有助于增强意志力。当我们有了生活的目标时，我们才有毅力为实现目标勇往直前。当我们了解到生命的神奇可贵，才能够有动力去克服各种困难，有决心去承受压力和应对挫折，磨炼坚强的生命意志。

另外，生命意义与死亡态度具有一定关联。具体来说，生活目标越明确，个人积极程度越高，对自杀行为越否定，对生命的热爱程度越高。

模块十 让生命开出绚丽之花——生命教育

经典解读 27-1

热爱生命

汪国真

我不去想，
是否能够成功，
既然选择了远方，
便只顾风雨兼程。
我不去想，
能否赢得爱情，
既然钟情于玫瑰，
就勇敢地吐露真诚。
我不去想，
身后会不会袭来寒风冷雨，
既然目标是地平线，
留给世界的只能是背影。
我不去想，
未来是平坦还是泥泞，
只要热爱生命，
一切，都在意料之中。

解读：

《热爱生命》是汪国真的代表作之一，围绕的是人生永恒的主题——生命的意义。有人认为生命的意义在于成功，有人觉得生命的意义在于爱情，有人宣称生命的意义在于理想，而汪国真给出的答案是：生命的意义在于过程，只要你为之努力过、奋斗过，无论你是否获得了成功、收获了爱情或者是实现了理想，你的生命就是有意义的。而只要将生命的意义放在过程上，那么"一切，都在意料之中"。

课 堂 实 践

27-1 推荐阅读

书籍名称：《活着》 作者：余华

该书讲述了农村人福贵悲惨的人生遭遇。福贵本是个阔少爷，可他嗜赌如命，终于赌光了家业，一贫如洗。他的父亲被他活活气死，母亲则在穷困中患了重病，福贵前去求药，却在途中被国民党抓去当壮丁。经过几番波折回到家里，才知道母亲早已去世，妻子家珍含辛茹苦地养大两个儿女。此后更加悲惨的命运一次又一次降临到福贵身上，他的妻子、儿女和孙子相继死去，最后只剩福贵和一头老牛相依为命，但他依旧活着，仿佛比往日更加洒脱与坚强。

作者更旨在用福贵的故事教会读者面对苦难来袭时的勇敢，带给读者面对苦难生活时的信念。活着，热爱生活，珍惜身边人；活着，不只为自己，也为挚爱之人。正视生命的苦难，命运就永远扼不住活着的咽喉，这种活着才是真正意义上的活着。

27-2 推荐阅读

书籍名称：《滚蛋吧！肿瘤君》　　作者：熊顿

该书以作者治疗的过程和内心感触为素材，讲述了一个癌症患者笑对生活的感人纪实。在睁眼就是治疗室，入耳就是化疗、吃药、体温、白细胞增减的环境里，她乐观地记录了自己的每一段经历，用画笔细心捕捉了来自父母、亲人、朋友的关怀和生活中的点滴感动。

一个风趣幽默的漫画家，在经历疾病给她带来的天翻地覆的变化后，仍旧用作品里难以置信的坚强和幽默风趣的自嘲泰然处之，也能从中获得积极面对人生挫折的正能量。相信《滚蛋吧！肿瘤君：我与癌症斗争的一年里》，能帮助千千万万的读者，留下彼此人生中最珍贵的东西——信念。

项目28　开启生命旅程的灯塔

案例导入

小兰的重生

寒假期间，小兰发现自己的腹部经常会隐隐作痛。爸爸妈妈不放心，带小兰去医院做检查。检查结果显示，在她的腹腔内有一个拳头大小的恶性肿瘤！医院很快安排小兰做了手术。但令人惋惜的是，小兰的子宫和卵巢被切除了，她永远丧失了生育能力。这个结果犹如一个晴天霹雳，瞬间击垮了小兰，她痛苦极了，甚至产生了放弃生命的念头。

在医生的建议下，小兰及时接受了心理治疗。在心理咨询师的帮助下，小兰逐渐走出阴影，对生命的价值和意义也有了新的理解和认知：人的生命只有一次，生命的精彩源于自我价值的不断实现。手术恢复后，小兰加入到当地的义工队伍中，帮助了许多孤寡老人和留守儿童，她自己也逐渐找到了新的人生支点，开启了另一段不一样的人生。

在生活中，大家是否遇到过与此类似的状况？一些同学在遭遇对自己产生严重打击的负性生活事件时，出现了焦虑、抑郁、自暴自弃、无价值感、无意义感等不同程度的心理症状，有个别严重者甚至产生了放弃生命的念头。

许多青年大学生在面临人生考验时，都提出了这样的问题：我为什么而活？我的人生方向究竟在哪里？我存在的价值和意义到底是什么？我是重要的吗？我该怎样度过自己未来的人生？作为高职院校的学生，我们应该如何正确看待和理解生命教育这样一个严肃而深邃的话题呢？

28.1　生命观之"我"见

作为高职院校的学生，我们正处在个人成长成才的全面发展期。大学阶段，不仅是我们的人生观、价值观形成的关键时期，也是生理和心理逐步走向成熟的黄金时期。刚步入大学的学生，在生命价值观和生命意义感方面有其独到的现状和特点。"我为什么而活""人的生命究竟有什么意义"等问题，是每一代大学生在青年阶段亟须探寻和解答的重要人生课题。

28.1.1 高职学生生命观念的特点

进入大学阶段,同学们的生理和心理发展逐步走向成熟。随着大家知识水平的提高,人生阅历的增长和社会实践的不断丰富,我们对自己生命价值和意义的探索也在不断加深。

在埃里克森提出的人格发展理论中,青年大学生正处于自我同一性与角色混乱的时期,这个时期是确定人生目标和意义,找到"真正自我"的关键时期。面对理想与现实、机遇和挑战,我们经常思考"我们的生命应该如何度过才会更有价值更有意义"等关键问题。因此,如何在这一阶段形成正确的生命观念显得尤为重要。

存在主义认为,个体首先是存在的。我们在实现目标的过程中,体会到自身存在的意义和价值。更重要的是,我们要学会在生命历程中,通过自己的选择和行动去寻找、发现、构建自己生命的意义。

案例 28-1

直面生命的丧失

小伟同学从小生活在农村,由于他的父母长期在外打工,小伟一直与爷爷奶奶一同生活,与两位老人的感情非常深厚。今年年初,小伟的爷爷不幸因病过世了。丧事之后,老师和同学发现小伟的状态很不好,他无心上课,整天沉默寡言,心情总是非常低落。小伟说,自己还是不能接受爷爷的离世,面对亲人的死亡,自己真的不知道该怎么办。

丧失即"失去",从心理学的角度分析,狭义的丧失,包括失去工作、罹患疾病、亲属过世、失恋、迁居、离异等情况带来的情感创伤或情感中断。其中,亲属或是亲密关系的朋友死亡,是对我们有较大影响的丧失。

对我们来说,如何处理好丧失反应,让自己的生活逐步回到正轨是十分重要的。心理学家建议:有效的陪伴、及时的干预、接纳并找到合适的疏解方式来表达丧失的痛苦感受,都有利于尽快度过丧失期,逐步恢复正常生活。

心理学家认为,对意义的追寻,是人类生活中的首要动机。人类有在生命中寻找意义和价值的内在需求。生命意义感对幸福生活有着无可置疑的重要作用。如果意义感和目的感产生缺失,将使人深陷痛苦。

我国学者的研究数据显示:在大学生群体中,约有74%的同学开始思考人生观和价值观的问题;其中92%的同学"经常"或者"随时"考虑人生问题。在原生家庭、成长经历、个人特质等不同因素的共同影响下,高职学生的生命观念有其独到的特点。

1. 较强的现实相关性

大学阶段是我们个人发展的关键时期,也是我们的心理从不成熟逐步走向成熟的过渡阶段。在这个阶段,我们往往会经历学业、人际、情感等各方面的重要生活事件,在生活实践中逐步形成自己的世界观、人生观、价值观。所以,高职学生的生命观念具备较强的现实相关性。例如:在遭遇学业困难、失恋、亲属过世、罹患重病等重要生活事件之后,我们往往会在身体上和心理上产生不同程度的波动,这种波动促使我们对生命的意义和价值产生新的思考和理解。

作为高职院校的学生,我们首先要知道,我们接触到的许多具有现实相关性特点的社会现象、人生问题、生活实践,都引领着我们,让我们对自己的生命进行不断探索和思考,从而对生命的价值和意义产生更加深刻的理解。高职学生对"生命"这一内涵的思考和理解,是通过自己的思维不断反映周边客观现实的发展变化从而不断成长和成熟的,体现出了较强的现实相关性。

2. 明显的时间阶段性

高职学生对生命价值和生命意义的理解,受到自身领悟能力和知识掌握程度的影响。由于思维逻辑的发展进程不同,在不同阶段,高职学生对生命的理解深度是不一样的;在不同时期,高职学生对生命意义和生命价值的内涵也会产生不同的理解。从整体上看,高职学生的生命观念呈现出较为明显的时间阶段性特点。大一年级的同学初入学,大三年级的同学即将走向社会,这两个时期,是我们对自身生命价值和意义的探寻需求较为迫切的时期。

刚刚步入大学的新生,面临个人发展的新机遇和新挑战,迫切需要适应新的环境,树立新的目标,形成新的认知。尤其是从高中进入大学之后,学习方式、生活模式、人际交往、社会实践等方面都发生了新的变化,有了更多的自主权和选择权。在这个阶段,我们更容易对自身价值、生命意义、人生发展等重大问题进行深入思考。在大三年级,高职学生面临着就业或者升学的压力,他们即将离开熟悉的校园,走向新的人生阶段。对未知前途的担忧,促使大三年级的毕业生同学更加迫切地思考自己生命的价值,思考自己人生的意义。

3. 连续的辩证统一性

我们对生命意义的追寻,可以分为两个层面。一是对自身和周围世界的理解、对自身价值和目标愿望的明确、对个体生命价值和意义的体验和感受;二是我们为了增强对生命的理解和追求所付出的努力,即:为了让我们的生命变得有意义而采取的行动。

进入大学之后,随着我们自身的不断成长,在思维层面,辩证思维所占比重逐渐增多,同学们对自身和周围世界的理解逐渐变得成熟。原有的"非此即彼""非黑即白"的二分法认知模式,逐渐被连续的、发展变化的辩证统一思维模式所替代。

在对生命价值和意义的探寻过程中,我们能通过比较,具体问题具体分析,既能在一定程度上坚持固有的立场和观点,也能够把握事物的本质和规律,较为充分地意识到自身和周边事物的变化性。在认识和理解自身生命价值和意义的时候,能够做到连续的、辩证的统一，能够理解"生命"这一概念的深刻内涵，逐步产生对"生命"的正确认识和理解，进而做出积极的、恰当的行为反应，使自己的生命变得更有意义。

知识窗 28-1

生命意义对心理健康的积极影响

生命意义一直被认为是一个积极的变量，它是一个与成长相关的变量。生命意义与我们的身心健康有着非常密切的联系。

生命意义，是积极情感、幸福、适应、成就、人际、身体健康等内容的关键组成部分。如果我们能够过上真正有意义的生活，我们就找到了走向真正幸福的途径。意义和积极情绪是能够相互影响的。体验到生命意义感，会给我们带来积极的情绪体验。因为生命意义感的存在，能够让我们更容易体验到幸福和希望，能够让我们对自己产生更积极的评价。所以，具有较高生命意义感的人，通常会更快乐、更健康、更幸福、更长寿。

28.1.2 高职学生心理危机面面观

在高职阶段，同学们不仅需要面对来自个人成长与发展方面的难题，还要面对来自外界的享乐主义、虚无主义等消极观念的冲击，也有可能遭遇亲人过世、家庭变故、人际冲突、不可抗力造成的天灾人祸等重大生活事件。如果大家在这一时期没有接受正确的生命观教育，很容易就会陷入心理危机的泥潭，产生一系列心理问题，严重影响自己身心健康，有的甚至会危及生命。这些危机主要表现为：

1. 自伤和自杀倾向

自伤和自杀问题，长久以来已经引起了国家、社会和心理学界的广泛关注。尤其需要注意的是，我国人群中 15~34 岁人群的自杀率不断上升。有数据显示，平均每年自杀死亡的人数可达 20~30 万人。

我国高等院校学生的自杀概率与学生自身的心理健康水平密切相关。是否具备正确的生命观念是衡量大学生心理健康水平的一个关键指标。

从外界环境因素角度分析，一方面，青年大学生容易受到来自家庭、学校、社会等外界环境中的负性因素的影响。同时，随着经济社会不断发展，生活节奏加快，竞争日益激烈，另一方面，也加重了大学生的不安全感，造成了大学生群体的心理负担。

家庭暴力、父母婚姻关系破裂、学业压力、就业压力、人际冲突、情感纠葛等，都能在不同程度上造成生命价值的丧失和生命意义的崩塌，进而引发自伤和自杀的意念或行为。例如，有学者通过研究发现，50%以上大学生自杀者的自杀原因都与亲子关系有关，紧随其后的是恋爱情感原因和学校原因。

从内在个体因素角度分析，有的同学性格内向，遇到问题容易"钻牛角尖"；有的同学敏感紧张，时常感到焦虑和不安；有的同学被动消极，容易陷入颓废和沮丧的情绪，认为"活着没有意思"。有研究显示，自杀者中性格内向和较内向的占95.2%，孤僻的占52.4%，虚荣心强的占71.4%。值得注意的是，研究发现，选择自杀的大学生，往往缺乏对自身价值的正确理解。找不到"存在意义"的大学生，陷入生命意义缺失的泥潭之后，可能会倾向于放弃努力。

此外，从思维观念和意识形态角度分析，在国外一些错误思潮的影响下，有一部分学生将放弃生命视为自己的一种权利，将自杀视为一种"解脱"，认为"我自己有选择生或者死的自由"。这些错误观念都在潜移默化地影响着缺乏足够鉴别能力的青年学生，这是非常值得我们警惕的。

知识窗28-2

识别自杀危机，挽救生命悲剧

80%的自杀者在自杀前都会有一些征兆，只要及时发现自杀行为的前期征兆并进行有效干预，很多生命悲剧都是可以避免的。大部分自杀者在自杀行为发生前都处在一种矛盾心态，既想自杀求死又渴望被救助。由于这种内心的痛苦和犹豫，他们往往会直接或间接发出"求助信息"的信号。具体表现为下面几种情况：

（1）传达想要自杀的意念，向周围人间接、委婉地表露自杀念头，或在日记、绘画中表现出来。

（2）无故送东西、送礼物给亲人和同学，无故向他人道谢或致歉。

（3）行为表现发生明显改变，例如：之前冷漠的人忽然变得热情等。

（4）情绪明显反常，焦虑不安或者抑郁状态，无故哭泣等。

（5）无故缺课、迟到早退、出走、回避他人等。

（6）躯体症状，体重减轻，食欲不好，失眠等。

（7）查询或者阅读关于死亡的书籍，写遗书，谈论自杀的途径和方法等。

诸如此类的种种征兆，都可以为自杀的识别和预防提供线索。这些信号提示我们，掌握识别自杀征兆的相关知识，提高预防自杀危机的能力，不仅能够助人自助，还能有效地避免生命悲剧。

2. 负性情绪和无聊状态

这种"无聊"主要体现为一种"注意力唤醒程度较低"的状态，是由于个体对自己的生活缺乏意义感，失去人生目标，生命价值感与意义感淡化的一种负性情绪体验。这种"无聊感"通常会伴随焦虑、抑郁等负性情绪。

如果同学们长期保持在这种"无聊"状态中，就会逐渐失去人生目标和意义，内心产生强烈的虚无感，带来消极的情绪体验。这种"无聊感"导致的注意涣散，会影响高职学生不能专注于当前的学业和正常的社会交往，严重影响高职学生的整体精神状态。

有研究表明，生命意义感与无聊状态呈现负相关，无聊状态与负性情绪呈现正相关。这就是说：当个体的生命意义感降低的时候，就会促使我们产生无聊的状态，进而引发负性情绪。心理学家通过研究发现，我们对自己人生中的事物越不明晰，就越容易引发无聊状态和负性情绪。即：在追求生命意义的过程中，个体越不重视对生命意义的追寻，就越容易体验到"无聊"；反之，生命意义感越强，对心理健康产生积极的影响也越强。我们的生命意义感越强，我们体验到的主观幸福感也就越强。高职学生处于人生发展的关键时期，生命意义感的影响尤其明显，值得我们对它多加关注。

知识窗 28-3

什么是空心病？

"空心病"是知名心理学者徐凯文博士提出的一个概念。"空心病"描述了一种价值观缺陷导致的心理障碍，主要表现为：无价值感、无意义感，精神空虚，对生活感到十分迷茫，不知道自己想要什么；疲惫、孤独、无聊、情绪低落，学习和生活缺乏动力；不知道自己活着有什么意义，对未来没有任何希望，存在感缺失，身心被掏空。

"空心病"是暂时无法找到自己的价值所在，无法平衡自我期待和社会需求。"空心病"的核心问题是缺乏支撑人生意义感和存在感的价值观。

想要彻底解决"空心病"问题，我们必须回到一个非常终极的问题，人为什么要活着？人生的意义是什么？对于我们来说最重要的东西是什么？

"空心病"的缓解方法主要有：

（1）培养自己的兴趣爱好，注意是自己喜欢的，而不是外界觉得有用的。
（2）积极参加团体活动或者社交活动。
（3）和自己信任的人交流自己内心的困惑。
（4）通过做好一件事去感受自己的价值。
（5）明白什么是自己需要的，明白什么是社会标准需要的。
（6）寻求专业心理咨询的帮助。

3. 内心痛苦和悲观绝望

弗兰克尔（Frankl）认为，个体生命意义的缺失会导致心理痛苦。美国的心理学家塞利格曼（Seligman）指出，生命意义是健康最有力的正向指标，是沮丧和精神机能障碍的负向指标。

从现实的角度分析，当高职学生的生活缺乏意义感，他们的心理状态会受到很大影响。主要表现为：更高的焦虑和抑郁水平、更低的自我评价、消极的自尊感、更少的幸福感等，在这种情形下体验到的内心痛苦和悲观绝望，更是难以忍受的。这种悲观、绝望、无助、无价值感、无意义感和对个体自身的否定和怀疑，将会给误入困境的高职学生带来消极的痛苦体验。

假如在这种情况下经历家庭关系紧张、学业失利、恋爱受挫等负性生活事件，就会导致高职学生自暴自弃、一蹶不振，产生一系列心理情绪问题甚至健康问题。如果这种状态长期得不到缓解，高职学生长期不能寻求自身生命的价值和意义，在某种情况下，就会陷入享乐、金钱、欲望的深渊，导致内心被虚无主义侵袭，认为"做什么事情都是无意义的"，使自己逐渐演变成为一种僵化、漠然、无目的、无意义的状态。

案例28-2

小琴的"伤"

在新生军训期间，小琴不慎从楼梯滑倒，导致膝关节骨折，虽然及时进行了手术治疗，但小琴的双腿仍然留下了难看的疤痕。由于手术治疗和长期的病假，小琴没有顺利完成专业课的学习，多门课程都挂科了。

在经历了意外摔伤、学业受挫之后，小琴从一个开朗阳光的女孩，变得孤僻。小琴觉得，自己的生活全毁了，她感到十分痛苦，自己的心里充满了负性的情绪。她不知道自己未来的大学生活应该怎样度过。她整天窝在寝室里，沉迷于手机游戏，不按时上课，也不愿和室友、同学、老师交流，有时候甚至连家长的电话也不接。

小琴知道这样的生活没有什么意义，就是在混日子而已。但她又非常痛苦，不知道如何摆脱这种负性情绪的困境。突然有一天，室友发现，小琴竟然用小刀割伤了自己的手臂。室友们吓坏了，连忙报告了老师。在学校心理老师的帮助和干预下，小琴进行了系统的心理咨询和治疗，她的状态也逐渐得到了缓解。渐渐地，往日开朗阳光的小琴又回来了。

28.2 是谁影响了"我"的生命观

通过观察，我们不难发现，一部分大学生脱离了原有的生活环境进入大学后，出现了诸如：放纵自我、享乐怠惰、空虚无聊、悲观厌世、焦虑抑郁、自伤自杀等令人惋惜的情况。这些都是由于大学生生命观念缺失造成的不良后果。

综合分析，高职学生的生命观念受到家庭、学校、社会等多重因素的影响。主要体现在以下几个方面。

28.2.1 家庭因素

家庭因素是影响青年学生生命观的重要因素。从家庭层面分析：家庭成员的关系、家庭结构的变化、家庭经济困难、家人离世或发生婚姻变故、家庭暴力等，都能直接影响高职学生的生命观、价值观。

在原生家庭中，学生可能会遭受一些早期心理创伤，例如：父母离异或父母亡故导致的关心关爱缺失、来自家庭成员的暴力伤害或虐待、家庭中的不公平待遇（重男轻女）等，都影响着在家庭环境中生活和成长起来的大学生。

有研究显示，生命价值观与家庭亲密度和适应性存在着不同程度的相关性。对生命的目的、生命的意义的理解和认识水平越高，幸福感越高。其中，家庭氛围、父母期望、教育方式、亲子关系、父母婚姻关系状况、家庭经济状况等因素，对青年大学生理解和探寻自身生命价值和意义的影响尤其明显。

在家庭生活中，父母关系和谐、尊重理解孩子、关心支持子女发展、具有高生命意义感的学生，精力充沛，主观幸福感较高，感受的忧郁情绪较少，愉悦程度高，对生活比较满足，担忧的程度较轻。

反之，如果家庭当中存在父母关系不和、家庭暴力、家长教育方式不良、亲子冲突，以及对儿女身心成长的精神支持和情感支持的忽视、缺失和拒绝等，就很容易让学生对自身生命价值和意义产生不确定和怀疑，使他们失去追求自己未来前途和美好生活的勇气和信心，使他们迷失道路和方向。人生目标的缺失、生命意义感的丧失，也是导致自杀等许多心理危机的根源之一。

来自上海市某大学的统计数据显示，家庭经济状况差的同学、父母家庭关系紧张的同学、由于家庭问题在近一年有过自杀想法的同学，他们"生活目的感"的程度相对较低。来自少管所、监狱等有关部门的统计数据显示，有 27% 的犯罪青少年来自破碎家庭，父母离异家庭的子女犯罪率是健全家庭的 4.2 倍。

在类似家庭环境中生活成长的同学，在现实生活中如果遇到一些挫折和困难，更容易唤起他们内心的早期创伤性记忆，导致他们产生消极和悲观厌世的情绪，认为自己的生命和人生"没有意义""活着没有什么价值"，在这种情绪的影响下很容易产生一些过激的消极行为，造成难以挽回的后果。

28.2.2 学校因素

学校因素对学生生命观念的影响不可忽视。我们的人生观、生命观、价值观是在不断社会化的过程中形成的。学校是学生成长时期的主要环境影响因素，是我们参与社会生活的关键平台。

大学生在校期间如果能够注重对生命意义的思考，追求积极的生命价值观，树立新的人生目标，不断适应新的环境，重视自身未来发展，就能够不断完善自己，逐步实现个人成就。

随着我国高等教育的不断普及，大学教育不断"大众化"，大学生群体也逐渐面临更为激烈的竞争。对于高职院校学生而言，大多面临着就业、升学的压力和竞争。大一年级是消极生命价值观最明显的时期。在步入大学之后，先前学业上的失利、来自自身或他人的不认可、当前学习和生活的压力、集体生活环境下的负性生活事件，都能够对高职学生的生命观产生很大的影响。以高职学生的学业为例进行分析：很大一部分高职学生是由于学习成绩一般，或者高考失利而进入高职院校学习。一方面，从学生个人角度看，面对学业的困境，同时又受到来自家长的压力、社会的压力，很多高职学生迷失了方向，缺乏动力，出现了生命价值观模糊、生命意义感缺失的现象。一部分学生没有明确的发展方向，同时又缺乏对自身价值和生命意义的思考，就会显得非常迷茫，出现荒废学业、沉迷网络、得过且过的状态，焦虑、抑郁、烦躁等情绪也随之增多。

另一方面，随着社会关系需求的增长，很多学生由于担心融入不了集体、被同学排斥，在从众心理或者群体压力的情况下，动摇了原有的价值观，不再努力奋斗，不愿意提升自己，更不会寻求生命的意义，逐渐失去了自己原有的人生目标，懒散疲乏、享乐怠惰、惶惶终日，慢慢滑入对个体生命价值和意义的漠视、回避和麻痹的状态。

体验活动 28-1

探寻生命中的重要他人，优化社会支持系统

我们生命中的重要他人主要是指：在我们成长发展过程中对我们具有重要影响的人物。重要他人可能是一个人的长辈、父母、兄弟姐妹，也可能是老师、同学、朋友，甚至可能是萍水相逢的陌生人。重要他人对我们的影响是深远的，主要体现在对我们生存、成长、健康、发展、学业、事业、情感、价值观等不同方面产生了重大影响。可以说，重要他人具备改变一个人一生的力量。

社会支持系统是20世纪70年代提出的心理学专业词汇，是指个体在自己的社会关系网络中所能获得的来自他人的物质和精神上的帮助和支持。社会关系网络中包括家人、朋友、同学、师长或者其他专业人士（医生、律师、心理老师）等。

这些支持和帮助可以分为：

（1）客观的、可见的、实际的支持。包括：物质方面的直接支持，知识能力或手段方面的帮助，在家庭、婚姻、团体、组织中的社会联系与支持等。

（2）主观的、能够体验到的支持。包括：个体在社会中受尊重、被理解、从情感上能够体验到的支持等。

请同学们思考并总结自己生命中至少三位重要他人，描述一下这三位重要他人为你提供了哪些社会支持？

第一位重要他人是：_____。
提供的支持主要有：_____。
第二位重要他人是：_____。
提供的支持主要有：_____。
第三位重要他人是：_____。
提供的支持主要有：_____。

28.2.3 社会因素

随着社会的不断发展,人们的观念呈现出多元化发展的趋势,尤其是各种思潮涌入,深刻影响着高职学生的生命观、价值观。从社会因素的角度分析:价值观的冲突、生活压力的增大、就业竞争的困境、社会对人才需求的变化,都深刻影响着高职学生的思想和行为模式。例如:在享乐主义、金钱至上、懒癌、佛系等一些消极观念的侵袭下,青年学生逐渐淡漠了对生命意义和生命价值的探求。

同时,在国内外一些不良媒体和影视资源中,不同程度地对悲观厌世、安全感缺失等不稳定的情绪加以渲染,致使一些缺乏鉴别力和理解力的高职学生行为失范,不能正确处理生活、学习、工作中出现的各种突发性问题,也不能理性协调人际关系中的矛盾和纠纷,出现了焦虑、抑郁、轻生等现象。

案例 28-3

小磊的"坎坷求职路"

小磊是某校计算机应用技术专业的一名"准毕业生"。毕业在即,找工作的事情却让小磊一筹莫展。一开始,小磊想做一名软件编程工程师,因为这类工作不仅与他的专业对口,而且能够获得较为丰厚的薪资收入。可是,小磊由于平时沉迷网络游戏,荒废了专业课程的学习,大三期间甚至还有专业课挂科的经历。因此,小磊接连面试了几家软件公司都没能如愿。

后来,小磊看到很多大公司的高层都是销售出身,年薪丰厚,于是打算去面试做销售,兜兜转转一个月下来,小磊感觉自己可能接受不了销售工作的辛苦,最终放弃了。最近,小磊听朋友说教育培训行业收入不错,他又打算做培训老师。

临近毕业,看着寝室里的室友陆陆续续都找到了心仪的工作,小磊有点着急了。他变得焦虑、失望,感觉自己的个人能力不错,为什么不被社会接受呢?心烦意乱的小磊来到网吧,想着上上网、玩玩游戏,暂时缓解一下自己的情绪……

28.2.4 网络因素

在当今互联网时代下,青年大学生很容易迷失自己,由于在现实生活中得不到肯定和满足,无法实现自己的人生目标和人生价值,就转而在网络中获取存在感和成就感。

网络成瘾不仅损害身心健康,还会直接影响高职学生能否顺利完成学业。值得注意的是,网络成瘾对个体生命价值观和生命意义感的侵害尤其严重。

一些青年学生在虚拟感受中不断"成瘾",对网络产生依赖,对现实生活失去兴趣,对自身生命价值和意义的理解出现漠视和偏差。他们长期沉迷于虚拟世界中,出现社交和行为障碍、认知功能下降、社会角色退化等问题，导致他们自身的社会心理功能受到损害，有的甚至出现躯体依赖、行为障碍、焦虑、烦躁、暴力倾向等不良后果。

长期沉迷于网络的大学生，身体会处于亚健康的状态。在躯体症状上体现为：食欲不振、精神萎靡、记忆力减退、情绪低落等。通过对武汉及其周边地区的高校学生进行的调查数据显示，大学生中网络成瘾的现象比较普遍。有研究表明，网络成瘾者每周使用网络的时间平均可达38.5小时。其中，轻度网络成瘾者占调查对象的16.7%；有58.3%的调查对象表示存在网络成瘾的一些症状。调查还发现，由于网络成瘾导致的学业中断（休学、退学）等情况，占总数的比例可达20%。

课 堂 实 践

28-1 荒岛求生

在一个即将被海水淹没的荒岛上，有十位游客，由于求生条件有限，仅有四位能够被救，请问，你会如何选择这四个人？为什么？

01号：32岁，未婚，女明星

02号：42岁，单身，男病毒学家

03号：一名法官（年龄、性别、婚否等未知）

04号：一名医生（同性恋，年龄、性别、婚否未知）

05号：一个国家的副总统

06号：一个非洲部落的酋长

07号：这个非洲部落酋长的怀孕妻子

08号：一个已婚失业的男人（有四个孩子）

09号：一个38岁的寡妇（有三个7岁以下的孩子）

10号：一个离婚男人（有两个10岁的双胞胎儿子）

（1）请同学们分组讨论，在本小组内通过讨论，阐述理由，逐步形成本组的统一意见。

（2）在老师的组织下，各组派出一名同学，担任"发言人"，在班级中与其他组别的成员分享自己的观点。

28-2 拓展阅读：敬畏生命

1915年，著名的思想家阿尔贝特·史怀泽提出了"敬畏生命"的理念。在1919

年，他第一次公开阐述这一理念，随后又在《文明的哲学：文化与伦理学》一书中详细论述了"敬畏生命"的伦理思想。

在1952年，阿尔贝特·史怀泽因其"敬畏生命"的理论，获得了诺贝尔和平奖。在他逝世之后，他的好友贝尔收集了他的主要论著和基本见解，出版了《敬畏生命——50年来的基本论述》一书。

《敬畏生命》一书是一个重要的里程碑，对世界文明的发展走向产生了重要而深远的影响，具有划时代的意义，推荐同学们阅读。

项目29　生命的礼赞

案例导入

无臂钢琴王子刘伟

有一个北京男孩叫刘伟,从小就有着自己的音乐梦想。由于家庭经济条件所限,一直没有机会学习。10岁时的一次触电事故,他意外地失去了自己的双臂。然而,他并没有因此绝望消沉,而是在伤愈后开始重新挑战自己。最初,他参加了残疾人游泳队,并于2002年在武汉举行的全国残疾人游泳锦标赛上获得奖牌;但为了曾有的音乐爱好,他最终放弃了运动员的生涯,开始凭借着他的坚持和毅力,用双脚苦练弹琴。经过一年的不懈努力,他终于可以用脚去弹奏自己喜欢的音乐。2008年,他参加了北京电视台《唱响奥运》节目,用与常人不同的方式演奏了钢琴曲,技惊四座。2010年,在东方卫视举办的《中国达人秀》现场,刘伟空着袖管走了上来,坐到钢琴前,那首《梦中的婚礼》响了起来,曲子结束全场起立鼓掌。当评委问他这一切是怎么做到的时候,刘伟说了一句:"我觉得我的人生中只有两条路,要么赶紧死,要么精彩地活着。"

虽然刘伟是个残疾人,但他并没有放弃自己,没有放弃对梦想的追求,没有放弃对生命的热爱。就如他所说:"我能像正常人一样生活,养活自己,虽然我体会不到拥抱别人的幸福感,但我能够在琴声中感受到更多的幸福。"一个看似普通平凡的人,虽有着身体的残缺,却拥有着常人所无法比及的毅力和坚持。这就是一种对生命意义最好的诠释。人的躯体可以不健全,但一定要拥有健康的心态和积极的生活态度。

资料来源:笔者根据网络资料整理。

刘伟的经历让很多人感到震撼,不可思议,但更多的是他给予我们的一种力量,一种尊重生命、敬畏生命、感恩生命的力量,一份追寻生命意义的初心。

29.1　生命意义的追寻

作为天地之间的最高造物——生命,是世间的奇迹,是一切价值的源泉。我们如何去认识生命,去探寻生命的意义呢?关注和感受生命的意义是人们创造性活动的目的,这是人之所以存在的必然性。对生命意义的追寻提升了生命个体的当下存在，澄清了生命的航向，不断助力我们保持或提升人生境界。

案例 29-1

人为什么要活着？

某高校一名大二的男生，因入学后放弃了学业，经常逃课，甚至考试缺勤，所以大部分科目成绩不及格。为此，学校让他留级复读一年，如仍不合格就要请他退学。他的心理压力很大，甚至想到了自杀。为摆脱心理困扰，他到心理咨询室求询，并阐述了他的生死观。他向咨询师提出的第一个问题是："人为什么要活着？人总有一死，早死晚死都一样，与其苦苦地面对现实生活中的各种难题，还不如早点死掉。"当咨询师问到他对人生意义的理解时，他说："有人为了追求名利而生活，而我对名和利都不感兴趣，我认为名是虚的，对个人来说没有什么意思。而利呢？我从小到大没缺过吃穿，生活需要父母都能提供，金钱对我也没有太大的吸引力。"问他父母老了怎么办？他说，这正是他对人生意义感到渺茫的原因。父母活了大半辈子，为生活而辛苦奔忙，自己不愿再像他们那样，辛苦一生，而且现在的学习也很辛苦，目前又遇到了留级、复读甚至退学的难题，因此他想到了死。

这个案例让我们思考，人为什么活着？生命的意义是什么？

29.1.1 参悟生命，敬畏生命

1. 向死而生，参悟生命

尼采曾说："参透'为何'，才能迎接'任何'。"只有参透了"死"，并能从立于"死"的视角来观察生者，才能更好地"生"。我们希望能够运用这种方法来和自己的生命对话，站在生命的终点回溯过往，也就是立于生命的"终点"来看待生命的"中点"，所谓向死而生。有研究者通过访谈和调查发现，不少大学生对死亡存有恐惧感、无知感、神秘感，不能正确看待生死之间的关系，害怕面对与死有关的事情。正是因为对死亡的本质缺乏理性认识，才有恐惧，更难以真正体会生命的价值和意义，无法理解生命的可贵和艰辛，从而在一定程度上存在着对生命的漠视和轻蔑。因此我们需要直面死亡，从而更敬畏生命。

苏格拉底有句名言："未经思考过的生活不值得活。"它的意义在于引导我们从医学、哲学、社会学、伦理学的角度进行理性思考，感受生命逝去之伤痛，更新对死亡的看法，创造更丰富而有意义的人生。所谓"生如夏花之绚烂，死若秋叶之静美"的意义在于，死亡不能被挑战，只能走向和解，是终极的关怀。正视了死亡，我们才懂得了珍惜生命，从而敬畏生命。

2. 敬畏生命，追寻生命的意义

何谓"敬畏"？敬畏，是一种既敬重又畏惧的态度。自古以来，民间对佛教的信奉是一种敬畏；人类对自然的虔诚是一种敬畏；祭祖时的深深一躬是一种敬畏。敬畏的方式可以有很多种，然其最虔诚者，是敬畏生命者。

敬畏生命可以很小，小到不去摧残身边一草一木；敬畏也可以很大，大到国际援助；无论大小，其中体现的，不仅仅是一种人文道德，更是一种对于生命的敬畏，敬畏他人的生命，敬畏自己的生命。这也充分体现了我国古代儒家思想要求人们在有限的生命中做到"仁、义、礼、智、信"，通过"三不朽"（立德、立功、立言）来注重修身和实现生命的意义及价值，"杀身成仁、舍生取义"，从而超越死亡。拥有远大的理想，把自己的生命与民族、国家的大生命相联系，坚定"修身、齐家、治国、平天下"的理念，找到敬畏生命的意义以及实现生命意义的方向。

敬畏生命，是人的精神世界与道德水平的完善，也是社会和谐无形的屏障。对生命的敬畏让历史得以延续，价值得以尽数展现。常存敬畏生命之心，让生命在历史的长河之中焕发应有的光彩！

3. 用行动为生命护航

爱护、保护自己生命的基础是人身的安全和存在。但是，近些年来，大学生出现安全事件的报道频频出现，这与大学生的安全意识、生命意识薄弱关系密切。例如某学生使用违规电器宿舍失火、某学生过马路不遵守交通规则被撞、某学生游泳溺水身亡、某女生夏夜单独晚归被劫持、某男生和他人发生暴力冲突被对方失手杀害、某学生因为情感或学习等原因选择轻生等，结局让人惋惜！

因此，作为大学生，我们首先应坚定生命安全意识、加强防御能力、提升应变能力、学习心理健康知识等。人身安全是我们实现生命的最基本的条件，人若没有了生命，一切都无从谈起，后面的"0"再多，没有前面的"1"，一切都是"0"。其次，遵守规则，按规行事。比如遵守交通规则、遵守校规校纪等。再次，要学习法律知识，具备一定的法律意识，避免以身试法、铤而走险。如校园网贷让多名正值花季的大学生家破人亡，如果具有法律意识，相信不会出现这样的惨剧。最后，是树立正确的世界观、人生观、价值观，养成良好的生活方式，避免不良的生活习惯等。例如要坚定地对毒品说"不"，洁身自好等。

知识窗 29-1

找到生命的真谛

有统计显示，日本妇女和意大利东北部小国圣马力诺男性最长寿，平均寿命分别为86岁及80岁。中国男女平均寿命分别为71岁和74岁。有一个德国人根据人活60年来计算：其中睡觉用去20年；看电视、上网用去13年；购物、娱乐用去1年半；交通拥堵花去两年又4个月；打电话、聊天用去1年，因对方无人接听又耗费6个月；个人爱好用去 1 年又 8 个月；参加竞选、投票、游行，年轻时打架斗殴，成家后家庭争吵，有孩子后打骂小孩等用掉 4 年又 3 个月；找东西浪费 1 年；看乱七八糟的广告用掉两年；打官司用去 3 年；上厕所 1 年……最终真正用于工作、学习的时间仅为 9 年 8 个月左右。每个人都拥有生命，但并非每个人都能够珍惜生命、爱惜生命、找到生命的真谛。

29.1.2 了解生命中的渴望与追寻

约瑟夫·坎贝尔说："你知道什么是沮丧吗？那就是当你花了一生的时间爬梯子并最终达到顶端的时候，却发现梯子架的并不是你想上的那堵墙。"有的时候人生的不快乐并非是拥有得太少，而是发现自己苦苦追寻得来的东西并不是自己真正想要的。很多人走完了一生，却从未感到过拥有和快乐，因为他从未问过自己内心的渴望和目标究竟是什么。一个人若能挖掘出自己内心真正的渴望，树立目标，当身心疲惫时，他仍然心存激情，勇往直前，收获更多的充实与愉悦。

体验活动 29 - 1

我的五样

请取一张纸、一支笔，写下你生命中最重要的五样东西，你尽可以天马行空地想象，只要把内心最珍贵的五样东西写出来就行，不必考虑顺序。

然而不幸的是，你的生活发生了意外，你要在这最宝贵的五样东西中舍去一样，请你把其中某一样东西涂掉。

生活又发生了重大变故，你必须再放弃一样。现在只剩三样宝贵的东西了，但又一次不幸的遭遇迫使你还得放弃一样。

最后，你的生活滑到了前所未有的低谷，你必须做出最艰难的选择，只能留下一样，其余全部放弃。至此，你的纸上只能剩下最宝贵的一样东西。你涂掉的四样，它们同样是你看中的东西，被涂掉的顺序是你心目中划分的次序。

人生的决定必有取舍，有取舍就会有痛苦，世上没有万全之策，你不可能占尽便宜。当你明确了什么是生命中最重要的东西，依次明晰了重要事项的次序，剩下的就是按图索骥。

29.1.3 在于行动，关注当下

如果你不能飞，就奔跑；如果你不能奔跑，就走；如果你不能走，就爬……但无论如何，请你一定要一直前行。生命是一次刻骨铭心的旅行，需要一路播种，一路开花，迈开步伐行动起来，一路前行。

王阳明说："夫学、问、思、辨，皆所以为学，未有学而不行者也。"学习、询问、

思考、分辨，这些都是为了学习某一件事，而要掌握这件事，光学不做即不行动是不可能的。这个世界上，绝大部分人失败不是因为没有思考而是因为犹豫不决，迟迟没有行动；或者人云亦云地一直在盲目行动，其结果无异于按下了自动导航按钮，只能让你得出以前重复多次的结论，于生命的有限性面前更加困顿。日常生活中，提起行动，常表现出两个方面的现象：一方面，许多同学披着"谋定而后动，三思而后行"的外衣，将自己的勇气一点点消磨掉，患上拖延症。"三思"成了自己拖延的绝佳借口，于是事情一拖再拖，最终等到拖不下去的时候才仓促行动。然而，行动起来的时候才发现有很多问题是可以在行动中呈现的，而此时已经没有足够的时间和耐心解决这些问题了，只能草草收场。所以，目标明确后，要先让自己行动起来，只有做了以后才能知道问题所在，才能真正解决问题。另一方面，虽激情四射却"三天打鱼，两天晒网"，难以坚持。激情仅仅是感情的瞬间爆发，并非时时刻刻存在的情感，故容易丧失，所以改激情为兴趣可能更为合适。"世界这么大，我想去看看"，努力奔跑，勇往直前，追逐光的方向，追寻生命的意义。

29.2 生命能量卡

人自从降生到这个世界就被赋予了生命，生命由三个因素构成，即自然属性、社会属性和精神属性。生命的自然属性也即自然生命，决定着人的生命长度，即寿命的长短；生命的社会属性也即社会生命，决定着人的生命宽度，它是以文化为内核和根基，从零开始不断拓展的；生命的精神属性也即精神生命，决定着人的生命的高度，它并非纯粹指人在成功的顺境中所能达到的高度，也指人在失败的逆境中所处的低谷。因为生命的深刻体验和灵性的深层次激发，也构成了富有意义的生命高度的一部分。生命的长度、生命的宽度和生命的高度相统一，共同凝结成了人的生命亮度和厚度，也即个体生命"我之为我"的生命价值。

29.2.1 延伸生命的长度

一根火柴总因为感觉生命太短而伤心。怎样才能延长生命呢？它找到光明大师，请他指点迷津。"点燃一束火把吧。"光明大师说，"只要薪火相传，生生不息，生命的长度不就延长了吗？"新冠疫情期间的白衣天使们的逆行，在最短时间集结一同奔赴前线，她们不只延长了他人的生命，也延伸了自己的生命长度。同时，在疫情防控中涌现出的志愿者，凝结一股力量，在保卫着人民、家乡和国家。这也许就是一种生命长度的无限延伸吧！

那么我们延伸生命的长度可以从两个纬度来为之努力：一是我们的寿命，即人类生命期的最大长度。寿命的长短一方面受社会经济条件和卫生医疗水平的制约，不同社会不同时期有很大差别；另一方面由于体质、遗传因素、生活习惯、生活条件等个体差异的不同而影响生命的长度。当然，人的身体健康和寿命的关系是联结十分紧密的。世界卫生组织的研究结果对各项影响健康因素的重要性做了提示：个人的健康和寿命有60%取决于自己，15%取决于遗传，10%取决于社会因素，8%取决于医疗条件，7%取决于气候的影响。这充分说明，个体的健康主要与自己做出的与健康有关的选择有关系，这也有力地印证了健康离不开健康生活方式的说法。所以作为当代大学生的我们，一定要以健康的生活方式来延伸我们生命的长度。

健康生活方式包括的内容很多，主要了解以下四个方面：

（1）合理安排膳食。合理安排膳食，包括健康的饮食和良好的饮食习惯两大方面。健康的饮食是指膳食中应该富有人体必需的营养，同时还要避免或减少摄入不利于健康的成分。良好的饮食习惯包括按时进餐、坚持吃早餐、睡前不饱食、咀嚼充分、吃饭不分心、保持良好的进食心情和气氛等。

（2）坚持适当运动。生命需要运动，过少和过量运动都不利于健康。个人可根据自己的年龄、身体状况和环境选择适当的运动种类。运动形式并不重要，重要的是量力而行，循序渐进，持之以恒。最简单的运动是快步走，每天快步走路3公里，或做其他运动30分钟以上（如爬楼梯）。每周至少运动5次。运动的强度以运动时的心率达到170减去年龄这个数为宜。

（3）改变不良行为。不吸烟、远离二手烟。吸烟不仅浪费金钱，影响环境，危害安全，而且与高血压、慢性支气管炎、冠心病、癌症等多种疾病有直接关系，严重危害健康。

不过度饮酒、酗酒。长期大量饮酒会损害人体的肝脏、肾脏、神经和心血管系统，酒后驾驶危害大。

远离毒品。毒品（海洛因、大麻、冰毒、摇头丸等）能够麻醉人的神经，危害极大。如与别人共用针头注射毒品，极易传染艾滋病和肝炎等疾病。

保持忠贞的爱情，遵守性道德。卖淫、嫖娼是传播性病、艾滋病、肝炎的高危险行为。

保持良好的生活习惯。无规律的生活习惯会扰乱人体的生命节律，降低人体的免疫力，使疾病发生率增高，对健康极为不利。因此应该起居定时、按时作息、保证充足的睡眠。进食不过饱。心情平静，避免焦虑或激动。

学习、工作有张有弛，不过度紧张和长期劳累。

（4）保持平和心态。在学习、工作和生活中与时俱进，跟上客观环境的变化，不断变换角色，调整心态。具有正确的世界观、人生观、价值观，保持良好的人际关系，适应社会的能力。树立适当的人生追求目标，控制自己的欲望。保有知足常乐、愉悦的心态。

二是通过自身的努力，创造社会价值，拥有传承的力量，将生命无限延续，薪火相传。其实，延伸生命的长度，不光是给自己一个精彩的人生，更是为世人创造一种风景,为世界增添几多美丽。

体验活动 29 - 2

寿 命 公 式

寿命计算公式如果您是一位男性,请以 86 岁作为基数,依次回答以下问题并计算;如果您是一位女性,请以 89 岁为基数。开始计算:

(1) 结婚:婚姻生活会让男性的寿命延长 3 年,对女性则没有影响。

(2) 压力过大:过大的压力会使寿命缩短 3 年。

(3) 与亲人长期分离:寿命减少 0.5 年。

(4) 每天睡眠时间少于 6 小时:休息不好寿命减少 1 年。

(5) 超负荷工作:过量劳作,寿命减少 1 年。

(6) 认为自己可能病了,或觉得自己老了:寿命减少 1 年。

(7) 每天抽 10 根烟:寿命减少 5 年;每天抽 40 根烟:寿命减少 15 年。

(8) 每天饮茶一杯:寿命延长 0.5 年;每天饮用含咖啡因的饮品:寿命减少 0.5 年。

(9) 每天饮用啤酒超过 3 杯/含酒精的饮品超过 3 杯/4 杯白酒:寿命减少 7 年。

(10) 不刷牙:卫生习惯不好,寿命减少 1 年。

(11) 不采取任何防晒措施/频繁晒日光浴:寿命减少 1 年。

(12) 肥胖:寿命减少 5 年。

(13) 每天食用未完全煮熟的肉:寿命减少 3 年。

(14) 经常食用垃圾食品:寿命减少 2 年。

(15) 喜食不健康、无营养的快餐:寿命减少 1 年。

(16) 每天不止一次吃甜食:寿命减少 1 年。

(17) 体育锻炼:长期不活动,寿命减少 1 年;每天锻炼至少 30 分钟:寿命增加 5 年。

(18) 不能保证至少每两天一次大便:寿命减少 0.5 年。

(19) 定期做身体检查,避免癌症:寿命增加 1 年。

(20) 血压有点偏高:寿命减少 1 年;血压高:寿命减少 5 年;血压非常高:寿命减少 15 年;体内胆固醇高:寿命减少 2 年。

案例 29 - 2

"最美司机" 吴斌

吴斌 1965 年 3 月 8 日在杭州出生。2003 年进入杭州长运客运二公司担任班车驾驶员。2012 年 5 月 29 日他像往常一样驾驶大客车,当车行驶在沪宜高速上时,突然一个长方形刹车片砸中他的腹部和手臂,他忍住剧痛停稳大客车拉好手刹闪起双黄灯,用自己的生命换来了 24 名乘客安全。

飞来横祸

2012年5月29日早7点10分，吴斌驾驶着浙A19115大客车从杭州出发，开往无锡，10点10分顺利抵达。休息了1个小时后，11点10分，他从无锡站再次出发，准备返回杭州。他工作九年没有出过任何事故。可这次，他却没能平安返回。

11时40分左右，车辆行驶至锡宜高速公路宜兴方向阳山路段时（江苏境内），突然一铁块（后确认为制动毂残片）从空中飞落击碎车辆前挡风玻璃再砸向吴斌的腹部导致肝脏破裂及肋骨多处骨折，肺、肠挫伤。

安全停车

在危急关头，他强忍着剧烈的疼痛将车辆缓缓停下，拉上手刹、开启双闪灯，以一名职业驾驶员的高度敬业精神，完成一系列完整的安全停车措施。之后，他又以惊人的毅力，从驾驶室艰难地站起来告知车上旅客注意安全，然后打开车门，安全疏散旅客。当做完这些以后，耗尽了最后一丝力气的他，瘫坐在座位上。吴斌，他没有把最宝贵的第一时间留给自己拨打120，而是留给了车上的24名乘客。

无锡交警在新浪微博上发表："处警民警说，大客车刹车拖印是笔直的，一个肝脏被突然刺破的司机，要用怎样的意志力才能做到这一点啊！"

当"最美司机"吴斌用尽最后一丝力气停车，并及时疏散乘客下车时，他的生命得到了延长，他的人生价值也得到了证明。一个人的生命，并不仅仅在于时间的长短，更需要品质的锻造，吴斌之所以能够在受伤极重的情况下做出那样的举动，就是因为长期以来养成的优秀品格。可以说，一个人的人格品质影响，决定着其生命的又一延续。衡量自己价值的尺度有很多，我们何不在有限的时间内勇敢地开创未来，追求生命的长度呢！

资料来源：笔者根据网络资料整理。

29.2.2 拓展生命的宽度

尼采曾说"每个不曾起舞的日子，都是对生命的辜负。"正如南山的不老松虽然傲然挺立几千年，可它终究只能孤零零地站在那里；一现的昙花虽是白驹过隙，但它经历了那云卷云舒的苦辣酸甜。人的生命属性除了长度还有宽度。长度是指一个人的寿命，宽度则是指一个人生命的价值。你可以丰富它的内涵也可以提升它的品质。

生命的宽度是一个人在漫漫的生命旅途中所能达到的范围，能够实现的人生价值。因此，制定合理的个人追求目标显得尤为重要。如果我们的一生中没有理想信念，不思进取，稀里糊涂地过日子，就会感到生活枯燥无味，度日如年，生命的意义将大打折扣，甚至被生活的艰辛所压垮。那么，如果一个人重视生命价值的实现，将生命与高尚的道德品质，无私的奉献精神，努力拼搏的意志品质相连，在生命的长度里，珍惜分分秒秒的光阴，用知识、用智慧、用奉献拓展生命的宽度，终将实现人生的价值。

案例 29-3

三年橄榄绿，四年藏青蓝

陈小迪，女，满族，警察大学 2023 届毕业生，一位与警大同行了七年的女孩子，勇敢地追逐梦想，努力地向着目标前行，拥有了绚烂的青春。

与校久相知，不道星霜变

日月不淹，春秋代序。七年间，学校变化颇多、换羽新生，陈小迪也与学校同行，成为伟大变化的见证者、亲历者。

"春风浩荡满目新，扬帆奋进正当时。"2016 年，陈小迪第一次穿上军装，信仰与忠诚的种子在这一刻正式萌芽，成了她生活中动力与力量的来源。陈小迪感慨道人生中我们会穿上无数种不同的衣服，可这身军装承载着的无形重量让人铭记终生。

作为武警学院 2016 级边防系学员，陈小迪与警大一起换上藏青蓝。经历从军装到警服的变化是一种非常独特的体验，陈小迪说仿佛感受到了宏观历史车轮的滚动。从军装到警服，不变的是坚守与担当。"在党和国家的利益面前，要始终不忘服务大局、矢志不渝的家国情怀，初心不改、使命依旧的军人情怀，以更加昂扬的姿态迎接全新的挑战。"陈小迪如是说。

胸怀虚若谷，常新气自华

奋于笃行，臻于至善。陈小迪把人生中最美好的青春年华留在了警大，同时，警大也带给了她最难忘的回忆。初入学的她懵懂无知，如今已然成了别人的榜样。陈小迪的专业成绩排名列前茅，在全国大学生英语竞赛中荣获一等奖，获得过三等功一次，嘉奖两次。在学术期刊、学术论坛发表多篇论文，她成功通过英语专八，撰写的论文也被中国国际法学会的论文集收录，并成为中国法学会会员，受邀参加习近平法治思想与国际法研讨会暨中国国际法学会 2021 学术年会。在全国研究生考试中陈小迪以 441 分的成绩拿下第一名，获评"省级三好学生""省级优秀毕业生""优秀硕士论文"。"心里有火，眼里有光。"在荣誉的背后，是日复一日地努力与坚持。

只有在心田里插秧的人，才能从心湖中看见广阔的蓝天。七年青春，陈小迪从武警学院到警察大学，从警大走向社会，目标坚定，实现自我价值，在该努力的年纪耕耘在希望的田野之上，在该奋斗的岁月里对得起每一寸光阴，蓦然回首，方觉步步生花，如此拓展了生命的宽度，为自己打开了广阔的人生之路。

资料来源：笔者根据网络资料整理。

29.2.3 提升生命的高度

曾庆宁在《生命的高度》中这样写道：正是青黄不接的初夏，一只母老鼠掉进了一个半满的米缸里，这飞来的口福老鼠自然不会放过，但饿慌了的它仍是十分警惕的。

这不，上一回自己的三个孩子因为贪吃玉米棒而毙命了，刚从悲哀里缓过神来的它这回多了一个心眼，先用舌头舔一舔表层的米粒，几个时辰以后，发现自己依然口不干、舌不燥、头不痛，反倒觉得有点多虑了。接下来自然是一通饱吃，吃完倒头便睡，不知不觉中这样丰衣足食地过了好长一段时间。有时，它也想跳出来算了，但一想到这么多这么好的白米。嘴里便直发痒痒，直到有一天，它发现瓷器米缸见了底，才觉得这样的高度是自己难以企及的了。心里不由得发了慌，更要命的是此刻的它已肥得如一只笨拙的肥猫，没有弹跳力了。这样下去的结果自然只有两个，不是成为主人的棒下鬼就是饿死缸中。可以肯定的是，对于这只老鼠而言，这大半缸米是上帝在它生命的途中放置的一块试金石。如果老鼠想全部据为己有，其代价是它的性命。因此，有人把这只老鼠能跳出米缸外的高度叫"生命的高度"，而且这个高度就掌握在老鼠自己的手里，它多待一天，多吃一寸，就越接近死亡一步，到头来只能困死在其中。

在现实生活中，大多数人能在明显有危险的地方止步，而一旦眼前有诱人的物欲，许多人就沉浸其中，不能自拔了。因此，一个人要有坚定的理想信念，这就是生命的高度。生而为人，无论你在什么高度，也无论你有多么大的能力，要想取得成功，都必须用信仰指引方向，用汗水铺平道路，用血泪浇铸根基。"盖文王拘而演《周易》；仲尼厄而作《春秋》；屈原放逐乃赋《离骚》；左丘失明厥有《国语》。"不同高度成功者的业绩与其所表现出来的这种魄力，往往是非常迷人的。可这迷人的光环，却是由血汗的透镜折射出苦难的光辉——是一种悲壮，更多的也是一种坚强。

让我们再来体味一下当今影响过时代和社会的一个个名字，授予共和国勋章的于敏、申纪兰、孙家栋、李延年、张富清、袁隆平、黄旭华、屠呦呦，我们会发现，忠诚、担当、奉献、执着是共和国一代代建设者薪火相传的精神家谱。这些精神植根在我们每个人的血液中，是力量、是信仰，是我们前行方向的指引，这正是我们生命成长的高度。

生命的高度没有极限，生命没有真正的巅峰。只有每一个从零开始的生命，用自己的双脚丈量出属于自己的峰峦。这座山峰支撑起了你自己的世界，给予你属于自己的色彩。因为这座山峰又基于生命无穷的空间。所以，只要你肯向上再登一步，你就会拥有这一步之上的更广阔的天空。

案例 29-4

残疾人登山家夏伯渝

1975 年，夏伯渝在攀登珠峰时因帮助队友而失去双腿。40 余年来，夏伯渝并未放弃登顶珠峰的渴望。在此次成功登顶前，夏伯渝已经先后 4 次尝试登顶，但均未成功，其中一次离登顶只剩 90 多米。"有人跟我说差 90 多米就等于上去了，但我觉得那就是遗憾，我的人生应该是完美的。"夏伯渝为此不断尝试攀岩、攀冰等运动，并每天爬一次香山，为登顶珠峰做准备。

"我以前是足球运动员,失去双腿后再也没法踢球了,当时心里非常沮丧,人生也陷入低谷。"夏伯渝称直到他遇到一个外国假肢专家,才知道自己仍有可能实现登山梦想。"这么多年,我试过很多假肢。一直到2008年时,我觉得假肢可以登山了。到了2014年,我知道我可以尝试攀登珠峰了。可以说,我这些年的登山准备也见证了中国假肢的发展过程。"

5月14日,夏伯渝成功登顶珠穆朗玛峰。夏伯渝说:"我能登上珠峰,是梦想的力量,是永不放弃的结果,只要努力一定会有收获。"

残疾人登山家夏伯渝先生,用自己坚定的理想信念、积极的心理品质、永不放弃的意志力量,最终攀登了自己生命的高峰!

作为高职学生,首先,我们应树立远大理想,拥有正确的世界观、人生观和价值观。同时理解并践行社会主义核心价值观的价值取向和价值标准。其次,我们应树立责任意识、法治观念,拥有奉献精神。在上学期间及时制定职业生涯规划,努力开发自己的潜能,毕业后实现职业价值。最后,在人生的长河中,我们应关爱自我、关注自我,培养创新、乐观、专注、坚毅、合作等积极心理品质,拥有幸福的人生!

体验活动 29-3

生 命 线

生命线游戏——认识生命特征我们每个人都有自己的生命线,世界上有多少人就有多少条生命线,而每一条生命线都是我们用心生活的每一秒组成的。生命线就是我们每个人生命走过的路线,这个游戏就是画出我自己的人生路线图。

1. 活动工具

一张白纸,红色、蓝色笔各一支。

2. 活动过程

(1) 准备工作

①游戏活动需要画一条有方向的线段,代表生命的长度,从生到死,终点即是你预测死亡的年龄。然后在线段上找出今天你的位置,写上今天的年龄、今天的日期。然后以此为分界线。

②在线条左侧写上"0"这个数字,在线条右方、箭头旁边写上你为自己预计的寿数。可以写69,也可以写100。此刻,在这条标线的最上方写上你的名字,再写上"生命线"三个字。游戏的准备工作就基本完成了。

(2) 实施过程

①请按照为自己规定的生命长度,找到目前所在的那个点。比如你打算活75岁,现在只有25岁,就在整个线段的1/3处,留下一个标志。

②之后在标志的左边,即代表过去岁月的那部分,把对你有重大影响的事件用笔标

出来。比如6岁上学，就找到与6岁相对应的位置，填写上学这件事。注意：如果你觉得是件快乐的事，就用鲜艳的笔写，并写在生命线的上方。如果觉得快乐非凡，就把这件事的位置写得更高些。依此操作，用不同颜色的彩笔和不同位置的高低记录自己在今天之前的生命历程。数一数截至目前，你的生命线是在上方的线多还是下方的线多。

③接下来就是将来生涯的规划，当然还会有挫折和困难，如父母离世、孩子离家、自己开始第二个事业、自己实现年轻时的目标、自己的资产突破千万、自己做了爷爷/奶奶、自己写了一本自传等。

（3）活动引导

看看亲手写下的这些事件位于线的上半部分较多还是下半部分较多。也就是说，是快乐的时候比较多还是痛苦的时候比较多。这不是评判你选择的正误和你生活质量的优劣，而是看你感受如何。如果你觉得这样还好，你就不妨如此继续下去。如果你不甘心，可以尝试变化。已经发生的事情不能改变，重要的是我们从中得到成长，能够改变的是我们看待它的角度。一个人的成熟度体现在治愈自身创伤的程度。过去的再重要也没有现在的生活重要。活在当下，活在此时此刻，这是最有价值的生活态度。真正抓在你手里的只有此时此刻。把握当前，更是对生命本体的尊重。不要因为将来的改变而不肯在今天作出决定。如果有人一生都无须改变，那他要么是未卜先知，是具有极高悟性和远见卓识的天才；要么就是僵化和刻板的化石。

3. 活动感悟

生命线只有一条，而且它时时刻刻地在你毫无觉察的时候静悄悄地行进着。我们的生命只有一次，就像是这条有方向的线，我们不能够重新来过，我们能做的就是回顾过去，总结经验，调整心态，并且朝着心中未来的方向勇往直前地走下去，时刻不要忘记最要紧的是当下的每时每刻。未来不可改变，我们只有把握当下的每时每刻，才能书写未来的美好篇章。

拓展阅读：推荐书目

《生命这出戏》

《活出生命的意义》

《一日浮生：十个探问生命意义的故事》

《生命能量卡》

《生命向前》

《遇见未知的自己》

推荐观影：《荒岛余生》

电影《荒岛余生》的主人公查克是一名联邦快递的业务督导，他的工作就是每天飞来飞去到各地处理事务。在一次不幸的飞机空难中，他奇迹般地生还，成为唯一的幸存者，但是，更不幸的是，他漂流到一座与世隔绝的荒岛，与他一起流落荒岛的只有一块镶嵌着未婚妻照片的怀表、一个排球、一个联邦快递和一个皮划艇。故事就这样展开了……

课 堂 实 践

29-1 心理测试：高职学生珍爱生命问卷调查

请同学们对以下单项选择题，进行真实的回答：

(1) 你对大学的生活是否感到快乐（　　）。

　　A. 不快乐　　　　　　　　B. 快乐　　　　　　　　C. 很快乐

(2) 你感到学习有动力，生活有目标（　　）。

　　A. 总感到没有　　　　　　B. 有时有　　　　　　　C. 有

(3) 对于自己的看法（　　）。

　　A. 总讨厌自己　　　　　　B. 有的方面不满意　　　C. 对自己很喜欢

(4) 你是否掌握了自我心理调适的一些基本方法？（　　）。

　　A. 没掌握　　　　　　　　B. 掌握一点　　　　　　C. 掌握不少

(5) 你身体非常胖（　　）。

　　A. 非常　　　　　　　　　B. 一般　　　　　　　　C. 不胖

(6) 下列说法中正确的是（　　）。

　　A. 吸烟对身体没什么危害　B. 吸烟危害不大　　　　C. 吸烟容易上瘾危害很大

(7) 你每天起居饮食有规律（　　）。

　　A. 没规律　　　　　　　　B. 有点规律　　　　　　C. 非常有规律

(8) 你有自己喜欢的体育项目（　　）。

　　A. 没有　　　　　　　　　B. 有一项　　　　　　　C. 有两项以上

(9) 你认为自己身体健康（　　）。

　　A. 不健康　　　　　　　　B. 健康　　　　　　　　C. 非常健康

(10) 你经常感冒（　　）。

　　A. 每次流感都避免不了　　B. 很少感冒　　　　　　C. 从不感冒

(11) 你对基本的交通规则熟悉（　　）。

　　A. 不熟悉　　　　　　　　B. 熟悉　　　　　　　　C. 十分熟悉

(12) 你在过马路时，走斑马线（　　）。

　　A. 不走　　　　　　　　　B. 有时走　　　　　　　C. 总走

(13) 在日常生活中，你注意安全（　　）。

　　A. 不注意　　　　　　　　B. 注意　　　　　　　　C. 十分注意

(14) 你知道用电与煤气安全常识（　　）。

　　A. 不知道　　　　　　　　B. 知道一些　　　　　　C. 都知道

（15）在家或在校时，你发现过周围环境有不安全的隐患（　　）。
A. 从来没发现过　　　　　　B. 知道一些　　　　　　C. 经常发现

（16）你喜欢听或看安全知识（　　）。
A. 不喜欢　　　　　　　　　B. 喜欢　　　　　　　　C. 很喜欢

（17）你喜欢听法制课（　　）。
A. 不喜欢　　　　　　　　　B. 喜欢　　　　　　　　C. 很喜欢

（18）你知道日常的法律常识（　　）。
A. 不知道　　　　　　　　　B. 知道一些　　　　　　C. 知道很多

（19）你在做事时，是否时刻想到法律规定（　　）。
A. 从来不想　　　　　　　　B. 有时想到　　　　　　C. 时刻想到

（20）你认为法律是神圣的（　　）。
A. 不认为神圣　　　　　　　B. 不能犯法　　　　　　C. 神圣的

（21）你了解预防艾滋病知识（　　）。
A. 不知道　　　　　　　　　B. 知道一点　　　　　　C. 知道很多

（22）你了解毒品预防知识（　　）。
A. 不了解　　　　　　　　　B. 了解　　　　　　　　C. 非常了解

（23）你认为吸毒后果严重（　　）。
A. 不严重　　　　　　　　　B. 严重　　　　　　　　C. 非常严重

（24）你认为环保教育有必要（　　）。
A. 无所谓　　　　　　　　　B. 必要　　　　　　　　C. 非常必要

（25）你在日常生活中注意卫生（　　）。
A. 不注意　　　　　　　　　B. 有时注意　　　　　　C. 非常注意

（26）你对死亡的看法（　　）。
A. 恐惧死亡　　　　　　　　B. 忌讳谈死
C. 死亡是生命的归宿，是生命的重要部分

（27）你对人的生命及生命价值进行过思考（　　）。
A. 从不思考　　　　　　　　B. 偶尔思考　　　　　　C. 经常思考

评分标准：

选择 A 得 2 分，选择 B 得 1 分，选择 C 得 0 分。
请自己累计一下，看自己得多少分。

0~14 分：恭喜你，你的测试结果很让人满意。你是一位比较珍惜生命、尊重生命、热爱生命的大学生，在日常生活中，你比较注意安全、健康，有法律意识。目前，你身心状态很好，是快乐、幸福并非常珍爱生命的学生。

15~34 分：你的测试结果还可以。有时你对生命是珍惜、尊重、热爱，在日常生活中，你时常有安全、健康与法律意识。但对生命的珍爱程度还不高，存在一些问题，还需要改进，不断完善自己。

35～54分：是黄色警告，你的测试结果令人失望。你不太珍爱自己的生命，在日常生活中，你不注意安全与健康，缺乏法规意识。目前，你对自己生命珍爱程度不高，需要自我调适与改进。

参考文献

[1] 李焰，杨振斌．新时代中国特色大学生心理健康教育［M］．长春：吉林大学出版社，2018.5：19-22．

[2] 陈葵．高职学生生命教育现状分析［J］．求知导刊，2015（07）：65．

[3] 申艳婷．大学生常见心理问题解析［M］．成都：四川大学出版社，2012．

[4] 程明明，樊富敏．生命意义心理学理论取向与测量［J］．心理发展与教育，2010，26（4）：431-436．

[5] 弗兰克尔．活出生命的意义［M］．吕娜，译．北京：华夏出版社，2010．

[6] 曲长海．大学生心理健康教育教程［M］．北京：化学工业出版社，2018．

[7] 李莉，周石其．大学生心理健康教育教程［M］．北京：人民邮电出版社，2019．

[8] 胡真．大学生心理健康教育［M］．北京：中国中医药出版社，2019．

[9] 叶华松．大学生生命教育［M］．杭州：浙江大学出版社，2011．

[10] 许慎．说文解字［M］．北京：中华书局，2023．

[11] 熊晓梅．心理健康教育［M］．沈阳：东北大学出版社，2021．

后　　记

　　本书由刘冬、郑利群、胡铂设计写作提纲，胡铂、王柳丁、陈艳芳负责全书的统稿、定稿和修订，具体分工为：第一模块由胡铂撰写、修订；第三、第五模块由周兰芳撰写，程思、张雅美修订；第九模块由荣太原撰写，陈艳芳修订；第七模块由陈艳芳撰写、修订；第六模块由田竹撰写，徐丹修订；第八模块由王玲撰写、修订；第四模块由周琦撰写、修订；第二模块由郑思思撰写，贠哲修订；第十模块由李霄霞、卢希、郭宇曦撰写。案例、拓展阅读部分由张志宇、程思、张雅美整理，知识窗及心理测验部分由徐丹、贠哲、杨丹整理。

　　本书的编委均为长期工作在高职院校心理健康教育教学第一线的教师，有着坚实的理论功底和丰富的实践经验。

　　本书在撰写的过程中得到了河北省职业教育研究所、经济科学出版社、秦皇岛职业技术学院、河北环境工程学院、河北能源职业技术学院、石家庄铁道大学、衡水职业技术学院等单位的大力支持，同时参阅了大量专家、学者的著述和研究成果，还得到了许多同志、朋友的支持和帮助，在此一并表示衷心的感谢！

　　由于编者理论水平和研究能力有限，书中疏漏和不妥之处在所难免，敬请专家、同行和广大读者批评指正。衷心地希望广大高职教师和学生能喜欢《心理健康教育》这本教材，喜欢心理健康教育这门课程，能够拥有健康的心理，悦纳自己，快乐一生！

编　者
2023 年 8 月